LE GENIE DES OISEAUX

JENNIFER ACKERMAN

LE GÉNIE DES OISEAUX

MARABOUT
SCIENCE & NATURE

Publié pour la première fois aux États-Unis en 2016, sous le titre
The Genius of Birds par Penguin Books,
une division de Penguin Random House LLC.

Illustrations : John Burgoyne

Traduction : Patrice Salsa
Relecture : Séverine Legrand
Mise en pages : Nord Compo

POUR KARL (1955-2016), AVEC TOUT MON AMOUR.

Sommaire

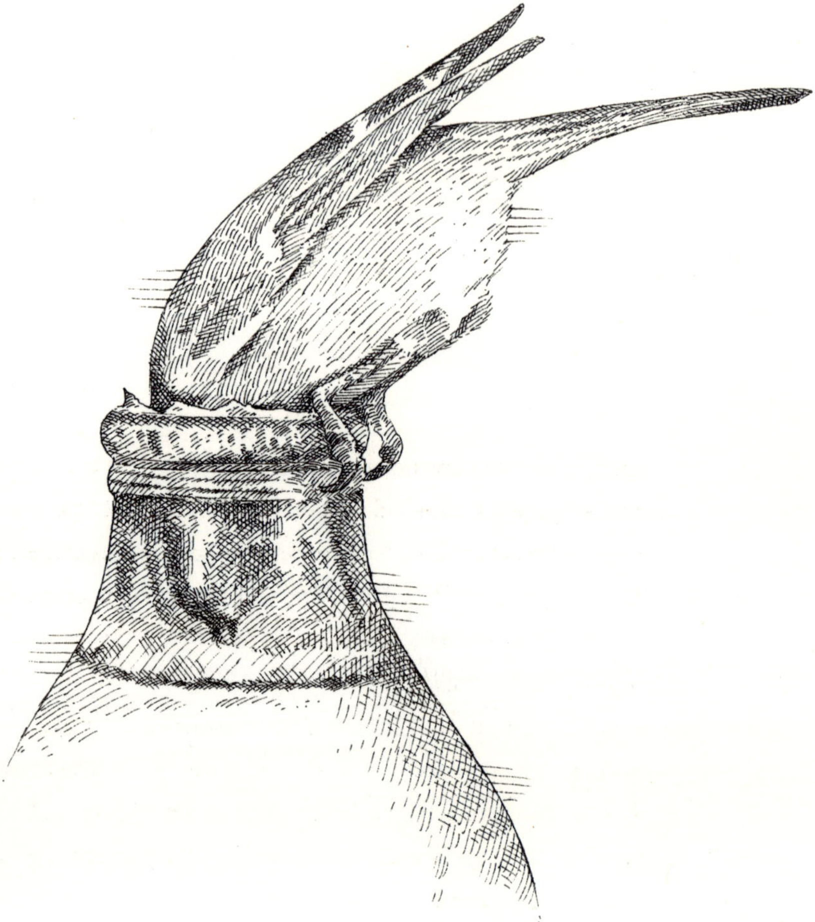

Introduction

LE GÉNIE DES OISEAUX

L'image de l'oiseau dans nos sociétés a longtemps été celle d'un animal stupide à l'œil rond perpétuellement étonné, qui s'assomme en fonçant sur les fenêtres fermées, donne des coups de bec dans son reflet et se précipite, pour y griller, sur les lignes électriques. En somme, une sorte de lézard avec des ailes, presque une erreur, ou tout du moins une impasse, de l'évolution.

Notre langue même traduit notre manque de considération. Ne dit-on pas de quelqu'un d'étourdi, de doué de peu de mémoire, qu'il s'agit d'une tête de linotte[a] ? Sans compter nombre d'expressions péjoratives… Être une dinde est-il plus flatteur qu'être une oie blanche ? Réciter comme un perroquet, c'est répéter bêtement ce que l'on a appris, sans comprendre ce que l'on énonce. Le pigeon se retrouve souvent le dindon de la farce. Quant à la poule qui a trouvé un couteau, elle ne vaut sans doute pas mieux que le canard boiteux. L'expression *une cervelle d'oiseau* démontre

a. Un petit oiseau passereau (NdT).

que nous voyons ces animaux comme des créatures idiotes, dotées d'un cerveau si petit qu'il est incapable de pensées rationnelles. Les oiseaux n'ont pas la cote, nous ne leur attribuons guère plus de valeur qu'à de la roupie de sansonnet.

Ces représentations sont cependant en train d'évoluer. Au cours des deux dernières décennies, que ce soit dans leur milieu naturel ou en laboratoire, de nombreuses espèces d'oiseaux capables de comportements mentaux comparables à ceux observés chez les primates ont été étudiées. Certains mâles parviennent ainsi à élaborer des dessins colorés à partir de baies, de morceaux de verre et de fleurs pour attirer les femelles, tandis que d'autres variétés d'oiseaux dissimulent des milliers de graines sur des dizaines de kilomètres carrés et les retrouvent sans difficulté des mois après. Il existe une espèce qui résout un casse-tête classique à peu près à la même vitesse qu'un enfant de cinq ans et une autre, experte dans l'ouverture des loquets. Il y a des oiseaux qui peuvent compter et effectuer des calculs simples, fabriquer leurs propres outils, se déplacer au rythme d'une musique, comprendre les principes fondamentaux de la physique, se souvenir du passé et planifier l'avenir.

On a mis naguère en évidence, chez d'autres animaux, des capacités proches de celles de l'homme. Les chimpanzés conçoivent par exemple des lances en bois pour chasser des primates plus petits qu'eux et les dauphins communiquent par un système complexe de sifflements et de clics. Les grands singes consolent leurs congénères et les éléphants pleurent la perte de leurs proches.

C'est à présent au tour des oiseaux de rejoindre le club des êtres pensants, et de nombreuses recherches viennent balayer les représentations communes les concernant. Nous sommes de plus en plus nombreux à convenir que leur intelligence surpasse ce que nous imaginions jusqu'alors et qu'ils sont d'une certaine manière plus proches de nos parents les primates que de leurs ancêtres les reptiles.

À partir des années 1980, un charmant perroquet gris du Gabon nommé Alex[1], très malin, s'est associé à la scientifique Irene Pepperberg pour témoigner à la face du monde que certains oiseaux semblent avoir des capacités intellectuelles qui rivalisent avec celles des primates. Avant de mourir subitement à l'âge de trente et un ans (la moitié de son espérance de vie), Alex possédait un vocabulaire riche de plusieurs centaines de mots anglais désignant des objets, des couleurs et des formes, et maîtrisait les concepts de semblables et de différents les concernant. En examinant un plateau contenant un ensemble d'objets de diverses couleurs et de matériaux variés, il pouvait quantifier ceux d'un type donné. « Combien de clés vertes ? », demandait Irene Pepperberg en lui montrant plusieurs clés et bouchons verts et orange ; et huit fois sur dix, il donnait la bonne réponse. Il savait également utiliser les nombres pour indiquer le total d'une addition. Mais ses performances les plus étonnantes attestaient sa connaissance de concepts abstraits, comme celui du zéro, sa capacité à comprendre la valeur d'un chiffre à partir de sa position dans une série et son aptitude à épeler un mot simple comme le ferait un enfant, par exemple « N-U-T » (noix). Avant qu'Alex ne nous démontre le contraire, l'espèce humaine pensait être la seule, ou presque, à faire usage de mots[a]. Non seulement ce perroquet en comprenait un grand nombre, mais il pouvait les combiner pour communiquer avec clarté et intelligence, et peut-être exprimer des sentiments. Les dernières paroles qu'il adressa, la veille de sa mort, à Irene Pepperberg, alors qu'elle le remettait dans sa cage pour la nuit, furent, comme chaque jour : « Tu es gentille, à demain. Je t'aime[b]. »

Dans les années 1990[2], des comptes-rendus d'observation commencèrent à nous parvenir de Nouvelle-Calédonie, une petite île du Pacifique

---

a. La guenon chimpanzé Washoe (1965-2007) est connue pour avoir été le premier primate non-hominidé à acquérir un langage humain (la langue des signes américaine) ; cependant, si elle comprenait plus de 130 signes, il n'est pas établi qu'elle s'exprimait réellement.

b. *You be good, see you tomorrow. I love you.*

Sud, décrivant la manière dont des corbeaux à l'état sauvage façonnaient leurs propres outils et semblaient se transmettre ce savoir-faire spécifique d'une génération à l'autre – une prouesse qui rappelle la culture des Hominidés et une preuve que la capacité d'élaborer des outils n'est pas réservée au cerveau des primates.

Lorsque les scientifiques ont présenté à ces corbeaux des casse-tête pour tester leurs aptitudes à résoudre des problèmes, ils ont été étonnés par l'astuce des solutions élaborées. En 2002, Alex Kacelnik et ses collègues de l'université d'Oxford ont « demandé » à un corbeau calédonien captif, une femelle nommée Betty : « Peux-tu atteindre la nourriture dans ce petit seau placé au fond d'un tube ? » Elle les a stupéfiés en recourbant spontanément un morceau de fil de fer pour en faire un crochet lui permettant de tirer le récipient par son anse[3].

Parmi les études publiées dans des revues scientifiques, certaines sont affublées de titres qui font hausser les sourcils : « Nous sommes-nous déjà rencontrés ? Les pigeons reconnaissent les visages humains familiers », « La syntaxe des gargarismes chez les mésanges », « Discrimination linguistique chez le moineau de Java », « Les poussins aiment la musique harmonique », « Les différences de personnalité chez la bernache nonnette expliquent pourquoi certains sujets sont dominants » ou « Maîtrise des nombres : les pigeons à égalité avec les primates »[a].

« Cervelle d'oiseau ! » Cette insulte vient de la conviction que ces animaux étaient dotés d'un si petit cerveau qu'il pouvait uniquement être consacré au comportement instinctif et qu'il était dépourvu d'un cortex comparable au nôtre, où se passent les choses « intelligentes ». Si les

a. « Have we met before ? Pigeons recognize familiar human faces », « The syntax of gargles in the chickadee », « Language discrimination by Java sparrows », « Chicks like consonant music », « Personality differences explain leadership in barnacle geese » ou « Pigeons on par with primates in numerical competence ».

oiseaux avaient des têtes si réduites, c'était pour une bonne raison : leur permettre toutes sortes d'acrobaties aériennes, et ainsi de défier la gravité, de décrire des arabesques, de plonger en piqué, de planer durant des jours, de migrer sur des milliers de kilomètres, de manœuvrer dans des espaces restreints. Le prix à payer pour cette maîtrise de l'air étant alors un lourd déficit cognitif.

Un regard plus attentif nous a montré qu'il en allait autrement. Le cerveau des oiseaux est effectivement très différent du nôtre, et ce n'est pas étonnant. Les hommes et les oiseaux évoluent de façon indépendante depuis fort longtemps, c'est-à-dire depuis notre dernier ancêtre commun, il y a plus de 300 millions d'années. Certaines espèces aviaires possèdent cependant un cerveau relativement volumineux proportionnément à la taille de leur corps, tout comme nous. En outre, en ce qui concerne les capacités intellectuelles, la taille du cerveau semble moins importante que la quantité de neurones, leur localisation et leur mode d'interaction. Il s'avère que certains oiseaux utilisent un nombre très élevé de cellules neuronales, avec des densités semblables à celles observées chez les primates et des liens et des connexions identiques aux nôtres[4]. Cela contribue largement à expliquer pourquoi ils jouissent de capacités cognitives aussi sophistiquées.

Comme le nôtre, le cerveau des oiseaux est latéralisé et possède des zones qui traitent des types distincts d'informations[5]. Il a également la possibilité de remplacer d'anciennes cellules par des nouvelles, lorsqu'elles sont les plus nécessaires. Bien que le cerveau aviaire soit organisé de manière entièrement différente du nôtre, il partage avec l'homme des gènes similaires et des circuits neuronaux semblables ; il est capable d'exploits d'une puissance intellectuelle extraordinaire. Les pies peuvent ainsi reconnaître leur propre image dans un miroir : elles sont dotées d'une « conscience de soi » que l'on pensait limitée à l'homme, aux grands singes, aux éléphants et aux dauphins, qui est directement liée à une intelligence sociale hautement développée[6]. Les geais ont recours à des tactiques machiavéliques pour dissimuler leurs caches alimentaires à leurs congénères, mais seulement s'il s'agit de nourriture qu'ils ont eux-mêmes dérobée[7]. Ces oiseaux semblent avoir la capacité rudimentaire de savoir ce que pensent les autres oiseaux et peut-être de saisir leur point de vue[8]. Ils peuvent également se rappeler quel genre d'aliment ils ont enterré dans un endroit particulier – et quand –, afin de le récupérer avant qu'il ne se gâte[9]. Cette aptitude à mémoriser le « quoi », le « où » et le « quand » d'un événement est appelée « mémoire épisodique » et conduit, pour certains scientifiques, à la possibilité que les geais puissent revivre en esprit un moment passé. Le voyage mental dans le temps a pourtant longtemps été envisagé comme une caractéristique purement humaine[10].

On sait aujourd'hui que les oiseaux chanteurs apprennent leurs chants de la même façon que nous-mêmes apprenons les langues et que leurs mélodies sont riches de traditions culturelles qui ont commencé il y a des dizaines de millions d'années, lorsque nos ancêtres les primates se débattaient à quatre pattes[11].

Certains oiseaux sont nés euclidiens, c'est-à-dire qu'ils sont capables d'utiliser des indices et des repères géométriques pour s'orienter dans un espace tridimensionnel, naviguer sur un territoire inconnu et localiser des ressources cachées. En 2015, des chercheurs ont constaté que les poussins nouveau-nés répartissent spatialement les nombres de gauche à droite, comme le font la plupart d'entre nous (la gauche signifie moins ; la droite, plus)[12]. Cela suggère que les oiseaux partagent avec nous un système d'orientation de gauche à droite – une stratégie cognitive qui sous-tend notre capacité humaine pour les mathématiques supérieures. Les oisillons peuvent également comprendre les proportions et apprendre à choisir une cible dans un ensemble d'objets, sur la base de leurs positions ordinales (troisième, huitième, neuvième)[13]. Ils peuvent aussi faire de l'arithmétique simple, comme des additions et des soustractions[14].

Le cerveau des oiseaux est peut-être petit, mais il est évident qu'il joue dans la catégorie des grands.

Les oiseaux ne m'ont jamais paru stupides. Peu de créatures, dans le règne animal, semblent au demeurant si alertes, si éveillées, dotées d'un tel dynamisme perpétuel mobilisant des aptitudes diverses. Bien sûr, j'ai entendu l'histoire du corbeau qui tentait de briser une balle de ping-pong, la prenant pour un œuf dont il pourrait se régaler. Une de mes amies, en vacances en Suisse, a vu un paon essayer de déployer sa large queue alors que soufflait un vent violent, être renversé, se relever, faire une nouvelle tentative, et cela six ou sept fois de suite. Chaque printemps, les merles qui nichent dans notre cerisier attaquent le rétroviseur de notre voiture comme s'il s'agissait d'un rival, becquetant furieusement leur image et souillant la portière de leurs fientes. Mais qui parmi nous n'a pas été victime de sa vanité ou n'a pas été surpris par son reflet, potentiellement menaçant, qu'il n'a pas reconnu tout de suite ?

J'ai passé une grande partie de ma vie à observer les oiseaux, et j'ai toujours admiré leur détermination, leur courage, leur capacité à se focaliser et leur vitalité agile qui semble trop intense pour être contenue dans un si petit corps. Comme l'a écrit Louis Halle : « Un être humain serait consumé en peu de temps par une telle intensité vitale[15]. » Les espèces communes qui vivaient dans mon voisinage paraissaient occuper leur monde avec une vive curiosité et beaucoup d'aplomb. Les corbeaux, qui explorent nos poubelles en ayant l'air de princes parcourant leurs propriétés, se comportent comme des créatures très ingénieuses. J'en ai vu un, une fois, empiler deux biscuits salés au milieu de la route avant d'emporter son butin dans un endroit sûr pour le dévorer tranquillement.

Une année, un petit duc maculé nichait dans une boîte placée sur un érable, à quelques mètres de la fenêtre de ma cuisine. Durant le jour, le hibou dormait, montrant seulement sa tête ronde, parfaitement encadrée dans l'ouverture circulaire de son logis. La nuit, il quittait cet abri pour aller chasser, et au fur et à mesure que la lumière de l'aube montait s'accumulaient les signes de ses succès : l'aile d'une colombe ou d'un oiseau chanteur se tordant et se débattant avant qu'ils ne soient tirés à l'intérieur.

Même les bécasseaux maubèches que j'ai rencontrés sur les plages de la baie du Delaware et qui, mentalement, ne sont pas les oiseaux les plus rapides, semblaient très bien savoir où il fallait être – et quand – pour festoyer avec les œufs déposés à chaque pleine lune de printemps par les limules, surnommés « crabes fer à cheval ». Quel calendrier céleste attire ces oiseaux vers le nord et leur indique où aller précisément ?

J'ai beaucoup appris sur les oiseaux grâce à deux hommes prénommés Bill. Le premier était mon père, Bill Gorham, qui m'a initiée à l'observation ornithologique près de chez nous, à Washington, lorsque j'avais sept ou huit ans. Notre territoire d'étude se situait à l'intérieur de la Beltway, une zone délimitée par l'Interstate 495, une autoroute périphérique à cheval sur les États du Maryland et de la Virginie. C'était la version américaine du *gökotta* suédois, l'action de se lever tôt pour apprécier la nature et écouter les chants des oiseaux, et c'était l'une des joies concrètes de mon enfance. Les week-ends de printemps, au point du jour, nous quittions la maison dans l'obscurité et nous nous dirigions vers les bois, le long du fleuve Potomac, pour profiter du « chœur de l'aube », ce moment mystérieux où les oiseaux chantent de mille voix « une musique aussi vaste que l'espace, mais proche comme le soleil à midi », ainsi qu'Emily Dickinson l'a écrit[a].

C'est quand il était scout que mon père a appris à connaître les oiseaux, auprès d'un homme âgé presque aveugle appelé Apollo Taleporos, qui se fiait à ses seules oreilles pour identifier les espèces. Paruline à collier.

---

a. *A Music numerous as space – / But neighboring as Noon* (1863).

Setophaga coronata. Pipilo. « Les oiseaux sont là !, disait-il aux garçons. Allez les voir. » Mon père les différenciait très bien par leurs appels, la mélodie flûtée de la grive des bois, le doux pépiement de la paruline masquée ou le sifflement clair du bruant à gorge blanche.

Lorsque je me promenais avec lui dans les bois, à la lumière des étoiles matinales, j'écoutais la mélodie enrouée du troglodyte[a] de Caroline et je me demandais ce que ces oiseaux racontaient et comment ils avaient assimilé leurs chants. J'ai entendu une fois un jeune bruant à gorge blanche apparemment engagé dans l'apprentissage de son appel. Perché, invisible, quelque part sur la branche basse d'un cèdre, il laissait couler doucement ses sifflets et ses trilles, se trompait, puis reprenait en toute tranquillité et insistait jusqu'à avoir émis la séquence finale de l'appel de son espèce. Ce passereau, je l'ai appris plus tard, ne forme pas son chant avec ses parents, mais au contact des oiseaux de son environnement natal, cette zone de bois et de rivières où mon père et moi randonnions, une aire qui compte son propre dialecte, transmis à travers les générations.

L'autre Bill, je l'ai rencontré au Club des oiseaux du Sussex, alors que je vivais à Lewes, dans le Delaware. Bill Frech sortait tous les matins à 5 heures pour observer pendant quatre ou cinq heures les oiseaux de rivage et tous les passereaux bruns très communs dans les champs et les bois alentour. Patient, dévoué et inépuisable, il a accumulé des notes minutieuses – recensant les lieux et les horaires – sur les espèces qu'il apercevait, qui ont finalement rejoint les enregistrements officiels d'État de la Société ornithologique de Delmarva. Bill était presque sourd, mais c'était un magicien pour identifier les oiseaux visuellement, par leur allure générale, leur taille et leur forme[b]. Il m'a montré comment repérer un

---

a. Famille d'oiseaux de l'ordre des Passériformes, qui comprend 19 genres et 84 espèces essentiellement originaires du Nouveau Monde (NdT).

b. Ce que les Anglo-Saxons appellent le GISS (ou *jizz*) : *general impression, size, and shape* (NdT).

chardonneret par son vol de plongée et comment distinguer les oiseaux de rivage – vanneaux, pluviers et gravelots – selon leur personnalité, leur comportement, leur apparence générale, tout comme on reconnaît ses amis de loin par leur maintien et leur démarche. Il m'a appris la différence entre l'observation élémentaire des oiseaux et un examen ornithologique détaillé, intense et concentré, et m'a exhortée à aller au-delà de la simple reconnaissance des espèces pour noter les actions et les comportements de chacune.

Les oiseaux que j'ai observés lors de mes excursions semblaient savoir ce qu'ils faisaient, comme ce coulicou à bec noir repéré par un ami[a]. Perché juste au-dessus d'un nid de chenilles *Malacosoma americanum* – que les Américains appellent « chenilles à tente », car leur mode de vie sociale les conduit à construire un abri de soie collectif en forme de tente –, l'oiseau attendait que les larves grimpent en procession le long de l'arbre et les cueillait une à une, comme on saisit les sushis présentés sur un petit tapis roulant dans certains restaurants japonais.

Pourtant, je n'avais jamais imaginé que les pies, les geais, les mésanges et les hérons, dont j'admirais tant le plumage, le vol et le chant, pouvaient avoir des capacités mentales équivalentes, voire supérieures, à celles de ma tribu, les primates.

Comment des créatures dotées d'un cerveau de la taille d'une noisette peuvent-elles réaliser des prouesses mentales aussi sophistiquées ? Qu'est-ce qui a façonné leur intelligence ? Celle-ci est-elle semblable à la nôtre ? Qu'est-ce que leurs petits cerveaux peuvent nous apprendre sur le nôtre ?

L'intelligence est un concept flou, même au sein de notre propre espèce, elle est difficile à définir et à mesurer. Un psychologue la décrira comme la « capacité d'apprendre ou de tirer profit de l'expérience[16] », un autre

---

a. Observation de l'ornithologue Dan Bieker.

comme la « capacité d'acquérir une capacité[17] », le type même des définitions circulaires proposées par le psychologue Edwin Boring, de Harvard : « L'intelligence est ce qui est mesuré par les tests d'intelligence[a, 18]. » De même, Robert Sternberg, ancien doyen de l'université Tufts[b], a déclaré : « Il semble y avoir presque autant de définitions de l'intelligence que... d'experts qui ont tenté de la définir[19]. »

Pour juger de l'intelligence globale des animaux, les scientifiques peuvent se pencher sur leurs modes de survie et de reproduction dans des environnements distincts. Sur ces aspects, les oiseaux se situent au niveau de presque tous les Vertébrés, y compris les poissons, les amphibiens, les reptiles et les mammifères. Ils sont l'unique forme de faune présente presque partout. Ils vivent sur toutes les parties du globe, de l'équateur aux pôles, des déserts les plus bas aux plus hauts sommets, au sein de pratiquement tous les habitats – terrestres, maritimes et d'eau douce. En termes biologiques, leur niche écologique est très vaste.

En tant que classe biologique[c], les oiseaux sont sur terre depuis plus de 100 millions d'années[d, 20]. Ils sont l'une des grandes réussites de la nature par les stratégies de survie qu'ils ont élaborées et par leurs marques distinctives d'ingéniosité qui, à certains égards, semblent largement excéder les nôtres.

---

a. Le père de cette formule, « l'intelligence, c'est ce que mesure mon test », est Alfred Binet, pédagogue et psychologue français (1857-1911), connu pour sa contribution essentielle à la psychométrie (NdT).

b. L'université Tufts est une institution éducative de Somerville et de Medford (Massachusetts), près de Boston, aux États-Unis, fondée en 1852 (NdT).

c. En biologie, la classe est le troisième niveau de la classification classique, après le règne et l'embranchement (ou division). Les 7 règnes du vivant sont constitués de 352 classes (NdT).

d. Je parle ici de la classe Aves, c'est-à-dire des espèces vivantes ou disparues d'oiseaux, toutes descendantes de leur ancêtre commun le plus récent. Les animaux ailés à plume, qui volent, eux, existent depuis plus de 150 millions d'années.

Oedicnèmes et courlis, vanellinés et vanneaux, kakapos (ou perroquets-hiboux), milans, calaos et burcoves, becs-en-sabot du Nil, perdrix choukars, ortalides... Quelque part dans la brume des temps anciens vivait l'ancêtre commun de tous les oiseaux, du colibri au héron. Il existe de nos jours près de 10 400 espèces d'oiseaux, soit plus du double du nombre d'espèces de mammifères. À la fin des années 1990, des scientifiques ont estimé que la population totale d'oiseaux sauvages sur la planète s'élevait à 200 à 400 milliards d'individus[21]. C'est environ 30 à 60 oiseaux vivants par personne. Dire que les hommes sont plus efficaces ou avancés dépend vraiment de la façon dont vous définissez ces termes. Après tout, l'évolution ne concerne pas l'avancement : il s'agit de survie. Il s'agit d'apprendre à résoudre les problèmes posés par votre environnement, une chose que les oiseaux font exceptionnellement bien depuis longtemps. Ce qui, à mon avis, rend d'autant plus surprenant le fait que nombre d'entre nous, même ceux que ces animaux passionnent, ont du mal à admettre qu'ils puissent être à ce point brillants.

C'est peut-être parce qu'ils sont tellement différents de nous qu'il nous est difficile d'apprécier pleinement leurs capacités mentales. Les oiseaux descendent des rares dinosaures adaptatifs et chanceux qui ont survécu au cataclysme, quel qu'il soit, qui a éradiqué leurs cousins. Nous sommes des mammifères liés aux créatures timides et minuscules qui ne sont sorties de l'ombre de ces reptiles que lorsque la plupart d'entre eux avaient déjà disparu. En termes de taille, alors que les ancêtres des mammifères étaient occupés à croître, les oiseaux, par le même processus de sélection naturelle, s'employaient à réduire la leur. Alors que nous apprenions à nous dresser sur deux pieds et à marcher, ils devenaient plus légers et perfectionnaient le vol. Tandis que nos neurones s'organisaient en couches corticales pour générer un comportement complexe, les oiseaux développaient une autre architecture neuronale, distincte de celle des mammifères, mais, au moins à certains égards, aussi sophistiquée. Comme nous, ils se sont adaptés au fonctionnement de leur environnement, et l'évolution n'a cessé de peaufiner et d'affûter leur cerveau, les dotant des facultés extraordinaires qu'ils démontrent aujourd'hui.

Les oiseaux apprennent. Ils résolvent des problèmes nouveaux pour eux et inventent des solutions alternatives à ceux qu'ils connaissent. Ils fabriquent et utilisent des outils. Ils comptent. Ils imitent des comportements. Ils se souviennent des emplacements où ils ont entreposé des choses.

Même lorsque leurs capacités mentales ne correspondent pas à notre mode de pensée ou ne reflètent pas sa complexité, elles en contiennent souvent les germes. Par exemple, l'une de nos aptitudes cognitives remarquables a été définie comme l'émergence soudaine d'une solution complète à un problème, sans apprentissage de type essai/erreur[a, 22]. Elle implique souvent une simulation mentale face à un obstacle quelconque, suivie d'un « Eurêka[b] ! » au moment où la solution devient apparente dans un éclair de compréhension. La question de savoir si les oiseaux disposent d'un réel discernement reste à déterminer, mais certaines espèces semblent comprendre les notions de cause et d'effet, qui sont des éléments constitutifs de la perspicacité intuitive. Il en va de même pour la « théorie de l'esprit[c] », la compréhension nuancée de ce qu'un autre individu sait ou

a. Le zoologiste britannique William H. Thorpe a qualifié cette capacité d'« émergence soudaine d'une nouvelle solution non issue du comportement d'essai/erreur ou [de] résolution d'un problème par la réorganisation adaptative soudaine à partir de l'expérience ».

b. En grec ancien, εὕρηκα (« J'ai trouvé ! ») est le cri que le savant grec Archimède aurait lancé quand il comprit les lois qui régissent les objets par leurs densités révélées par la poussée qu'ils subissent en les plongeant dans l'eau ou tout autre liquide. L'*effet eurêka* est l'instant euphorique de soudaine compréhension et de certitude après une phase de tension (NdT).

c. La « théorie de l'esprit » désigne, en sciences cognitives, les processus permettant à un individu de reconnaître un type d'état mental, pour lui-même ou pour une autre personne. C'est donc le processus cognitif qui permet de théoriser un état d'esprit : intention, désir, jeu, connaissance (NdT)...

pense. L'existence d'une telle capacité chez les oiseaux comme son degré d'expression sont discutables, mais les membres de plusieurs espèces paraissent pouvoir adopter la perspective d'un autre oiseau ou détecter ses besoins, deux composantes nécessaires de la théorie de l'esprit. Certains scientifiques considèrent ces éléments constitutifs, qu'ils soient des briques de base ou des tremplins, comme la signature de la cognition et estiment qu'ils peuvent être les précurseurs de capacités cognitives typiquement humaines aussi complexes que le raisonnement et la planification, l'empathie, la perspicacité intuitive et la métacognition, c'est-à-dire la conscience de ses propres processus de pensée[23].

Bien sûr, ces critères ont tous été élaborés sur la base de l'intelligence humaine, et leur évaluation chez les animaux ne sert qu'à comparer leur esprit au nôtre. Mais les oiseaux possèdent également des dispositifs de connaissance qui dépassent notre compréhension et qui ne peuvent pas si facilement être classés parmi les comportements instinctifs ou précâblés.

Quel type d'intelligence permet à un oiseau d'anticiper l'arrivée d'une tempête pour nous encore lointaine, d'imiter avec précision les chants complexes de centaines d'autres espèces, de dissimuler des dizaines de milliers de graines sur des centaines de kilomètres carrés et de les retrouver six mois plus tard ? Comment trouve-t-il son chemin vers un lieu où il n'est jamais allé auparavant, bien qu'il se situe à des milliers de kilomètres ? Si des tests de cette nature nous étaient appliqués, que diraient-ils de notre intelligence ?

C'est pour cette raison que je préfère au mot *intelligence* le terme *génie*. Il possède la même racine latine que *gène* : *genius*, de *generare*, « produire », « créer ». Il désigne aujourd'hui en français le talent inné et exceptionnel d'une personne ainsi que cette personne même, mais son sens primitif renvoyait à la vitalité et à la spécificité d'un sujet, à son inspiration naturelle, à sa créativité, à ses aptitudes et à ses capacités. On continue de l'employer pour nommer le caractère propre et distinctif d'une espèce ou d'un sujet, ou dans le cadre d'un domaine de connaissance lié à une technique (d'où le terme *ingénieur*).

Le génie peut donc aussi être défini comme la possibilité de « bien faire ce que n'importe qui d'autre peut mal faire[24] ». C'est une compétence mentale exceptionnelle par rapport à d'autres, que ces autres appartiennent à votre espèce ou soient d'une autre nature. Les pigeons ont un génie pour la navigation, qui dépasse de loin le nôtre. Les oiseaux moqueurs peuvent apprendre et mémoriser plusieurs centaines de chants de plus que la plupart des autres espèces d'oiseaux chanteurs. Les geais et les casse-noix montrent une capacité à se rappeler où ils ont placé des objets, qui rend la nôtre ridicule.

Dans ce livre, le génie est défini comme le talent de savoir maîtriser son environnement, de comprendre les choses et les situations, et de déterminer comment résoudre les problèmes rencontrés. En d'autres termes, il s'agit de l'aptitude à relever les défis environnementaux et sociaux avec perspicacité et flexibilité, une faculté que de nombreux oiseaux semblent posséder de façon développée. Cela implique souvent de tenter quelque chose d'inédit, d'innovant, comme de profiter d'une nouvelle source de nourriture ou d'apprendre à l'exploiter. L'exemple classique est celui des mésanges au Royaume-Uni[25]. Deux espèces, la mésange charbonnière et la mésange bleue, ont appris à ouvrir les bouchons en carton des bouteilles de lait livrées le matin à la porte de chaque résident, afin de boire la crème accumulée sur le col. Les oiseaux ne peuvent pas digérer les glucides du lait, seulement ses lipides. Les mésanges ont d'abord trouvé l'astuce en 1921, dans la ville de Swaythling[a] ; en 1949, cette même technique avait déjà été observée dans des centaines de localités à travers toute

a. Dans le comté de Hampshire, au sud-ouest de Londres (NdT).

l'Angleterre, au pays de Galles et en Irlande. Elle s'était apparemment répandue par imitation du comportement d'un oiseau par un autre, une manifestation impressionnante d'apprentissage socialisé.

L'utilisation péjorative de l'expression *cervelle d'oiseau* est désormais battue en brèche. Une à une, les distinctions entre les oiseaux et les primates les plus proches de l'homme semblent s'effacer. Élaboration d'outils, culture, raisonnement, aptitude à se souvenir du passé et à se projeter dans l'avenir, facultés d'adopter la perspective de l'autre et d'apprendre les uns des autres : nombre de nos capacités intellectuelles paraissent, en totalité ou en partie, avoir évolué parallèlement – et astucieusement – chez les oiseaux.

Comment cela est-il possible ? Comment des créatures séparées par un gouffre de 300 millions d'années d'évolution distincte peuvent-elles posséder des stratégies, des compétences et des capacités cognitives similaires ?

D'une part, nous partageons plus de biologie avec les oiseaux qu'on pourrait le penser. La nature est une experte du bricolage, maîtresse dans le maniement des éléments biologiques de base et dans l'art de les modifier, de les recombiner pour parvenir à des objectifs diversifiés. Nombre de critères qui nous séparent des autres créatures ne sont pas issus de l'évolution de nouveaux gènes ou de cellules, mais de changements subtils dans la façon dont ils sont utilisés. Cette biologie partagée permet de recourir à d'autres organismes comme systèmes modèles pour comprendre notre propre cerveau et nos comportements : par exemple, à travers l'étude de l'apprentissage chez le lièvre de mer, un mollusque gastéropode marin à corps nu, de l'anxiété chez le poisson-zèbre, du trouble obsessionnel compulsif chez le border collie.

D'autre part, nous partageons avec les oiseaux des moyens analogues de relever les défis naturels, bien que nous y soyons parvenus par des chemins évolutifs très différents. C'est ce qu'on appelle la « convergence évolutive », fort répandue dans la nature. La forme similaire des ailes chez les oiseaux, les chauves-souris et les reptiles connus sous le nom de ptérosaures résulte des problèmes posés par le vol. Afin de tirer avantage d'une nourriture nécessitant d'être filtrée, des créatures aussi éloignées dans l'arbre de la vie que les baleines et les flamants roses présentent des parallèles frappants dans leur comportement, dans certaines spécificités corporelles (grande langue et lamelles recouvertes de poils fins et mobiles, assurant la filtration de l'eau) et même dans l'orientation de leur corps durant l'alimentation[26]. Comme le souligne le biologiste évolutif John Endler : « De plus en plus, dans des groupes totalement indépendants, nous découvrons nombre de convergences de forme, d'apparence, d'anatomie, de comportement et d'autres aspects. Alors pourquoi n'y en aurait-il pas également en matière de cognition[27] ? »

Que les hommes et certaines espèces d'oiseaux aient développé de gros cerveaux proportionnellement à la taille de leur corps représente certainement une évolution convergente[28], comme le fait de posséder les mêmes modèles d'activité cérébrale durant le sommeil ou de disposer de circuits et de processus cérébraux analogues pour l'apprentissage du chant et de la parole. Darwin disait que le chant des oiseaux était le moyen de communication « analogiquement le plus proche de la langue[29] ». Il avait raison. Ces parallélismes sont étranges, surtout quand on considère la distance évolutive entre les hommes et les oiseaux. Plus de deux cents scientifiques issus de quatre-vingts laboratoires ont récemment jeté un nouvel éclairage sur ces parallélismes lorsqu'ils ont séquencé les génomes de quarante-huit oiseaux[30]. Leurs résultats, publiés en 2014, révèlent de façon surprenante une activité génique semblable au sein du cerveau chez les êtres humains en phase d'apprentissage de la parole et chez les oiseaux qui apprennent à chanter, suggérant qu'il existe peut-être une forme d'organisation fondamentale des gènes d'expression pour l'apprentissage, partagée par les oiseaux et les hommes à travers une évolution convergente.

Pour toutes ces raisons, les oiseaux sont devenus de merveilleux modèles animaux nous permettant de comprendre comment nos cerveaux assimilent et se souviennent, comment nous créons du langage, quels processus mentaux peuvent sous-tendre la résolution de problèmes et comment nous nous situons dans l'espace et dans les groupes sociaux. Les circuits neuronaux aviaires qui contrôlent le comportement social ressemblent beaucoup à ceux de notre propre cerveau et il s'avère qu'ils sont gouvernés par des gènes similaires et des substances chimiques semblables. En étudiant la neurochimie du comportement social des oiseaux, nous pouvons en tirer des éléments d'information à propos du nôtre. De même, si nous pouvions saisir ce qui se passe dans le cerveau d'un oiseau quand il maîtrise une mélodie, nous pourrions mieux comprendre la façon dont nos cerveaux apprennent le langage, pourquoi il devient plus difficile d'assimiler une nouvelle langue avec le temps et peut-être même les évolutions primitives de la parole. Si nous concevions pourquoi deux animaux si éloignés l'un de l'autre ont convergé vers le même mode d'activité cérébrale lorsqu'ils dorment, nous pourrions résoudre l'un des grands mystères de la nature : la finalité du sommeil.

Ce livre est une quête dont la visée est de comprendre la nature des génies qui ont permis aux oiseaux de réussir d'un point de vue évolutif, et les voies qu'ils ont empruntées. C'est une sorte d'expédition dans des contrées aussi lointaines que La Barbade et Bornéo, comme dans des lieux aussi proches que le jardin voisin. Il n'est nul besoin de voyager dans des endroits reculés ou d'observer des espèces exotiques pour témoigner de l'intelligence des oiseaux. Elle est partout autour de nous, sur les mangeoires que nous mettons à leur disposition, dans nos squares et nos parcs, dans les rues de nos villes et le ciel quotidien. C'est aussi à un voyage au cœur de leur esprit, jusqu'aux cellules et aux molécules qui gouvernent leur pensée, et parfois la nôtre, que je vous convie.

Chaque chapitre explore leurs facultés ou leurs compétences extraordinaires, qu'elles soient techniques, sociales, musicales, artistiques, spatiales, inventives ou adaptatives. Certaines espèces vous paraîtront exotiques, d'autres se révéleront plus communes. Les familles des Corvidés et des perroquets, suprêmement intelligentes, réapparaissent souvent au fil des pages, mais les moineaux, les pinsons, les pigeons et les mésanges sont aussi amplement représentés ; je me suis intéressée aussi bien aux Einstein qu'aux sujets plus ordinaires. J'aurais sans doute pu mettre en scène d'autres espèces, mais chacune de celles que j'ai retenues a d'excellentes histoires à raconter, des histoires qui éclairent ce qui pourrait se passer dans l'esprit d'un oiseau quand il résout les problèmes qui l'environnent, et qui peut-être nous donnent une idée de ce qui se produit dans notre propre esprit. Tous ces oiseaux élargissent notre réflexion sur ce que signifie « être intelligent ».

Le dernier chapitre porte spécifiquement sur l'intelligence adaptative de certains oiseaux. Seules quelques espèces possèdent ce génie particulier. Les changements environnementaux, notamment ceux induits par nos sociétés, ont un impact considérable sur la vie de nombreux oiseaux et perturbent leur mode d'existence. Un rapport récent d'Audubon[a] estime que la moitié des espèces aviaires d'Amérique du Nord – de l'engoulevent bois-pourri à l'élanion à queue blanche, en passant par le plongeon huard, le canard, la sarcelle, le pluvier siffleur et le tétras sombre – risquent de s'éteindre d'ici à un demi-siècle pour une raison simple : elles ne peuvent pas s'adapter au rythme rapide des transformations provoquées

---

a. http://climate.audubon.org/article/audubon-report-glance. La National Audubon Society, fondée en 1905 aux États-Unis, œuvre pour la préservation de l'environnement et en particulier des populations aviaires (NdT).

par l'homme sur la planète. Quels oiseaux seront en mesure de survivre et pourquoi ? De quelle manière l'espèce humaine agit-elle comme une force évolutive sélectionnant un certain type d'oiseau et d'intelligence aviaire ?

Les scientifiques abordent ces énigmes sous des angles variés. Certains examinent le cerveau des oiseaux en utilisant des techniques modernes, afin de voir ce qui se passe dans les circuits neuronaux lorsque ces animaux reconnaissent un visage humain, d'observer une cellule cérébrale quand un oiseau chanteur apprend une mélodie ou de mettre en parallèle la neurochimie des oiseaux vivant en groupes sociaux et celle des espèces solitaires. D'autres séquencent et comparent les génomes, repérant avec précision les gènes impliqués dans des comportements complexes tels que l'apprentissage. D'autres encore fixent de minuscules sacoches géolocalisées sur le dos des oiseaux migrateurs pour retracer leurs déplacements et sonder leur capacité à cartographier leurs itinéraires. Ils analysent, relèvent, mesurent, scrutent infatigablement, conduisent des études sans fin, préparent soigneusement les expériences de façon approfondie, dont certaines échouent et doivent être reconfigurées parce que leurs sujets sont trop prudents, vigilants ou entêtés. Bref, ces scientifiques explorent le cerveau et le comportement des oiseaux dans des conditions compliquées, de manière extraordinaire et même héroïque.

Dans ce livre, les oiseaux eux-mêmes sont les héros de leurs propres histoires. Mon espoir est qu'après la lecture de ces pages la mésange et le corbeau, l'oiseau moqueur et le moineau apparaissent un peu différents de la représentation que l'on en a trop souvent. Comme des parents éloignés, mais brillants, car ce sont des individus entreprenants, inventifs, rusés, joueurs, astucieux, qui savent adopter des « accents » en sifflant les uns pour les autres, prennent des décisions de navigation complexes sans demander leur chemin à quiconque, se rappellent l'emplacement des choses en utilisant des repères et la géométrie, dérobent de l'argent, volent de la nourriture et comprennent l'état mental de leurs congénères.

De toute évidence, il existe dans la nature plus d'une façon de câbler un cerveau intelligent.

{ chapitre premier }

DU DODO AU CORBEAU : *prendre la mesure de l'esprit d'un oiseau*

Le sous-bois est frais, sombre et surtout calme, à l'exception de l'appel occasionnel d'un oiseau quelque part dans la canopée[a] épaisse, un patchwork de nuances de vert émeraude, de lichen, d'avocat et d'un vert foncé, cuivré, presque irisé. Il s'agit d'une forêt tropicale montagneuse typique de l'île de Grande Terre en Nouvelle-Calédonie, un archipel situé dans le sud-ouest du Pacifique, à mi-chemin entre l'Australie et les îles Fidji. Le parc des Grandes Fougères est ainsi dénommé en raison de ses fougères géantes atteignant plus de 20 m qui confèrent à cette forêt une allure véritablement primitive. Le chemin grimpe pendant un moment, puis descend vers un ruisseau où les chants et les appels d'oiseaux deviennent plus forts.

Je suis venue sur cette île pour voir l'oiseau sans doute le plus intelligent du monde, le corbeau calédonien (*Corvus moneduloides*), un membre

---

a. La canopée est l'étage supérieur de la forêt, directement influencé par le rayonnement solaire. Elle est parfois considérée comme un habitat ou un écosystème en tant que tel, notamment en forêt tropicale où elle est particulièrement riche de biodiversité et d'activité biologique (NdT).

de la famille des Corvidés communs, mais exceptionnellement doué. Cette espèce a été popularisée grâce à Betty, une femelle qui, il y a quelques années, pliait spontanément un fil de fer en forme de crochet pour récupérer de la nourriture difficile à atteindre. Plus récemment, un spécimen nommé 007, un petit sorcier, est devenu une vraie star après avoir résolu rapidement un casse-tête en huit étapes, un exploit filmé qui figure dans un documentaire de la BBC[a].

Ce test a été créé par Alex Taylor, chargé de cours à l'université d'Auckland en Nouvelle-Zélande[b, 1]. Il se composait de boîtes distinctes contenant des bâtonnets et des petites pierres, disposées sur une table. Ce corbeau avait déjà été confronté aux différents éléments du casse-tête, mais jamais dans cette configuration précise. Pour atteindre le cube de viande contenu dans la dernière boîte, 007 a dû réaliser les étapes dans l'ordre approprié.

La vidéo nous montre un bel oiseau noir qui volette dans une salle, s'installe sur un perchoir et prend quelques instants pour évaluer la situation. Il se dirige vers un autre perchoir où un bâtonnet court est suspendu à une ficelle. Il tire sur la ficelle pour remonter le bâtonnet jusqu'à pouvoir le saisir avec son bec ; c'est la première étape. Il se pose sur la table et se dirige vers une boîte allongée dotée d'une ouverture étroite, mais il comprend immédiatement que son outil est trop court pour atteindre le cube de viande qu'elle contient. Il se sert alors du petit bâtonnet pour récupérer successivement trois cailloux placés dans des boîtes munies de barreaux. Il jette une par une les petites pierres dans un trou, au sommet d'une dernière boîte transparente qui contient un bâtonnet plus long, disposé à l'extrémité d'une balançoire. Le poids des trois cailloux inverse la

---

a. https://www.youtube.com/watch?v=AVaITA7eBZE#t=51.

b. Il s'agissait de l'extension d'une expérience précédente en trois étapes portant sur l'usage de métaoutils.

position de la balançoire à l'intérieur de la boîte, libérant le grand bâtonnet ; l'oiseau s'en empare et retourne à la première boîte pour en extraire, enfin, la viande convoitée.

C'est un enchaînement d'actions tout à fait étonnant, que l'oiseau met deux minutes et demie à réaliser. Le paramètre qui demande une ingéniosité particulière est que ce casse-tête en huit étapes exige de comprendre qu'un outil peut être employé non seulement pour atteindre directement la nourriture, mais aussi pour obtenir un autre instrument qui permettra d'accéder à cette nourriture. Identifier spontanément qu'un objet est un outil non pas directement utilisable, mais nécessaire pour accéder à un autre outil[a] est un comportement qui n'a été observé que chez l'homme et les grands singes[2]. « Cela suggère que les corbeaux possèdent une compréhension abstraite de ce qu'est un outil[3] », explique Alex Taylor. La tâche exige également une mémoire de travail, c'est-à-dire la capacité de garder à l'esprit des faits ou des pensées et de les manipuler durant un court laps de temps – de l'ordre de quelques secondes – tout en résolvant un problème. La mémoire de travail est ce qui nous permet de nous rappeler le titre précis que nous recherchons lorsque nous parcourons une étagère couverte de livres ou un numéro de téléphone juste avant de prendre une feuille de papier et un stylo pour le noter. C'est une composante de l'intelligence que ce corbeau semble posséder à un degré élevé.

Le long du ruisseau, j'entends les croassements d'un corbeau calédonien ou peut-être de deux qui se répondent, pas vraiment différents de l'appel des corneilles américaines. Je perçois aussi faiblement le chant lugubre, très caractéristique, du ptilope vlouvlou, ou pigeon soyeux, une espèce locale fort colorée, dont le collier blanc et noir sépare le jaune sur

a. On parle alors de « métaoutils » – du grec μετά, *meta*, « avec » (NdT).

le ventre du vert de la gorge et des ailes. La canopée est si épaisse que le contact avec les oiseaux se limite à ces chants désincarnés, car je n'en vois aucun.

Le soleil passe derrière un nuage et la forêt s'assombrit. Soudainement, dans le sous-bois, un sifflement étrange se fait entendre, puis, jaillissant de l'obscurité verte, un grand oiseau pâle court vers moi comme un esprit surgi du sol, un hybride d'oiseau et de fantôme. Il ressemble à un héron arborant une crête de cacatoès, mais gris fumé avec des pattes rouges. Il s'agit d'un kagou huppé (*Rhynochetos jubatus*). Cette espèce, qui ne vole pas, est la seule représentante de sa famille et figure parmi les cent oiseaux les plus rares.

Je cherchais un oiseau suprêmement intelligent, commun dans ces contrées, et je suis tombée sur un oiseau rarissime, mais qui ne brille pas par sa perspicacité. Le kagou est de fait proche de l'extinction, sa population étant réduite à quelques centaines d'individus. « *Pas étonnant*, pensais-je, *s'il se précipite ainsi en direction d'un prédateur éventuel.* »

D'une certaine manière, le kagou semble être un parent pauvre du corbeau, un représentant de l'autre extrémité du spectre de l'intelligence. Comment cette créature peut-elle se trouver dans la même classe phylogénétique que les astucieux corbeaux, alors que ces deux espèces occupent la même île éloignée ? Le corbeau calédonien est-il le résultat d'une anomalie évolutive, un déviant hyperintelligent qui aurait progressé bien au-delà des facultés dont sont dotés ses congénères à plume ? Ou représente-t-il la limite supérieure du continuum du génie des oiseaux ? Et se peut-il que le kagou soit aussi stupide que le dodo, aujourd'hui éteint parce qu'il ne fuyait pas l'homme ?

De toute évidence, les oiseaux ne sont pas également brillants ou doués, du moins selon les critères que l'on prend en considération. Les pigeons, par exemple, ne réussissent pas très bien les tâches qui demandent de dégager une règle générale pour résoudre une suite de problèmes similaires, alors que c'est une compétence facilement acquise par les corbeaux. Mais l'humble pigeon est un magicien à sa façon : il peut se souvenir de centaines d'objets distincts pendant de longues périodes, il sait distinguer les styles en peinture et déterminer où il se trouve, même à des centaines de kilomètres de son territoire familier. Les oiseaux de rivage, tels le pluvier, le bécasseau, le vanneau et autres échassiers, ne montrent aucune disposition pour l'apprentissage intuitif qui permet aux oiseaux comme le corbeau calédonien d'établir des relations de causalité, conduisant à l'utilisation d'outils ou de dispositifs artificiels récompensant leur ingéniosité par des aliments. Le pluvier siffleur est cependant un maître en comédie dramatique, capable de détourner les prédateurs de son nid, peu profond et exposé, en feignant d'avoir une aile blessée.

Qu'est-ce qui rend un oiseau plus intelligent qu'un autre ? Et tout d'abord, comment mesure-t-on l'intelligence d'un oiseau ?

Afin de trouver des éléments de réponse à ces questions, j'ai laissé la Nouvelle-Calédonie et traversé la moitié de la planète pour me rendre sur l'île de La Barbade, dans les Caraïbes, où Louis Lefebvre a mis au point la première échelle d'intelligence pour les oiseaux voilà plus de dix ans[4].

Biologiste et psychologue comparatif à l'université McGill[a], Louis Lefebvre a consacré sa carrière à enquêter sur la nature de l'esprit des oiseaux et sur la façon de le mesurer. Je suis allée récemment lui rendre visite en hiver, ainsi qu'à ses oiseaux, au Bellairs Research Institute, un complexe de quatre petits bâtiments près de Holetown, sur la côte ouest de La Barbade où il conduit ses recherches. L'Institut est un modeste

a. Située à Montréal, au Québec, il s'agit de l'une des plus anciennes universités du Canada (NdT).

domaine qui a été légué en 1954 à McGill par le commandant Carlyon Bellairs, un officier et politicien britannique, pour servir de station de recherche marine. En cette période de l'année, peu de chercheurs utilisent l'endroit, hormis Louis Lefebvre et son équipe. C'était en février, au milieu de la saison sèche à La Barbade, mais les averses de mousson sont fréquentes, inondant la cour de l'Institut et formant des bassins dans les dépressions de la terrasse du Seabourne, le bâtiment résidentiel édifié au bord de la mer des Caraïbes, où Louis Lefebvre demeure quand il mène ses travaux.

La soixantaine, le sourire facile et une masse bouclée de cheveux noirs grisonnants, ce dernier a été formé par le biologiste de l'évolution Richard Dawkins. Il s'est d'abord intéressé au toilettage chez les animaux, un comportement inné, « programmé ». Il tente désormais de comprendre le comportement plus complexe des oiseaux – la manière dont ils pensent, apprennent et innovent – en étudiant les espèces vivant dans son propre jardin bajan[a].

Contrairement à la Nouvelle-Calédonie, La Barbade n'est pas forcément l'endroit idéal pour s'installer et y vivre. Comparée à la diversité luxuriante qui caractérise la plupart des régions tropicales, l'île déçoit. Elle est marquée par une avifaune spécifique « appauvrie[b, 5] », comme disent les experts, comptant seulement trente espèces indigènes d'élevage et sept espèces sauvages introduites par l'homme. Minuscule massif de calcaire corallien de faible altitude à l'est de la chaîne principale des îles mineures des Antilles, La Barbade est trop plate pour la forêt tropicale et trop poreuse pour les ruisseaux et les marais[6]. De nos jours, elle est fortement urbanisée avec des villes et des installations pour le tourisme. Des fenêtres ouvertes des autobus peints qui circulent entre les hôtels et les plages s'échappe le

a. Relatif à La Barbade ou aux Barbadiens, appelés aussi Bajans (NdT).

b. « Depauperate avifauna » (NdT).

rythme chaloupé du calypso. Loin de reculer, les quelques espèces aviaires présentes prospèrent face à cette expansion humaine. Pour un amoureux des oiseaux intéressé par les espèces rares, tel le kagou, La Barbade est un désert, mais pour observer des oiseaux dégourdis, rusés et astucieux, c'est un paradis.

« Le caractère domestique des oiseaux de l'île permet de réaliser facilement des expériences », explique Louis Lefebvre. La vaste terrasse en pierre juste en face de son appartement, par exemple, est une sorte de laboratoire improvisé où les tourterelles à queue carrée – les pigeons de La Barbade – et les quiscales merles se promènent, attendant de passer à l'action. Les quiscales merles (*Quiscalus lugubris*), d'un noir brillant avec un œil vif de couleur jaune, sont plus petits et plus compacts que leurs cousins américains, les quiscales des marais. Ils savent que le biologiste est le « livreur de croquettes et d'eau », ce dont celui-ci s'amuse, et font les cent pas comme des ecclésiastiques impatients, dans l'espoir d'une livraison. Louis Lefebvre vide une casserole d'eau sur la terrasse, créant une flaque, et jette des granulés déshydratés pour chiens sur une partie sèche du sol. Avec leur bec, les quiscales saisissent une croquette et, cérémonieusement, se penchent sur la flaque pour la tremper délicatement dans l'eau, puis s'éloignent afin de manger le granulé ramolli.

Dans la nature, plus d'une vingtaine d'espèces d'oiseaux trempent leur nourriture dans l'eau pour une raison ou pour une autre : laver des morceaux souillés ou toxiques, les attendrir ou les hydrater, lisser la fourrure ou le plumage d'une proie afin de l'avaler plus facilement, comme on a pu l'observer chez le corbeau de Torres, ou corbeau à nuque claire, avec un moineau mort. « C'est un comportement de type proto-outil, un mécanisme de transformation alimentaire », précise Louis Lefebvre. Le trempage rend la croquette plus facile à manger. « Une fois, j'avais imbibé d'eau les granulés pour les ramollir, et ils ne les ont pas humectés.

Ils se sont dirigés vers la flaque, mais n'y ont pas véritablement plongé les croquettes. Ils savent donc ce qu'ils font. »

Pour le quiscale merle, le trempage est un comportement relativement rare, car il est risqué[7]. « Nos études montrent que 80 à 90 % de ces quiscales sont capables de ce comportement, mais ils ne le feront que si les circonstances le permettent, explique le scientifique, selon la qualité de la nourriture et l'environnement social, la nature des concurrents en présence et le risque de se faire voler. » Le temps plus long de manipulation de la nourriture augmente le risque de vol par d'autres quiscales qui guettent et chapardent. « Le vol par un congénère est un coût majeur du trempage, jusqu'à 15 % des prises. Le rapport coût/bénéfice est manifeste, et ces oiseaux sont assez intelligents pour déterminer si tenter de mouiller sa nourriture en vaut la peine[8]. » Cela semble en effet relever d'un comportement intelligent, quelle que soit la façon dont on le mesure.

« Les scientifiques qui étudient les animaux ont tendance à se détourner du terme *intelligence* en raison des connotations humaines qu'il renvoie », me dit Louis Lefebvre. Dans son *Histoire des animaux*, Aristote a écrit que ces derniers manifestent des éléments de nos « qualités et attitudes humaines », telles que « la férocité, la douceur ou l'irritabilité, le courage ou la timidité, la peur ou la confiance, l'esprit ou la ruse et, en ce qui concerne l'intelligence, quelque chose de semblable à la sagacité[a] ».

---

a. « On trouve chez la plupart des animaux des traces, des états psychologiques qui, chez les hommes, offrent des différences plus marquées. En effet la douceur et la sauvagerie, l'humeur facile et le mauvais caractère, le courage et la lâcheté, les craintes, les audaces, les colères, les ruses, les traits d'intelligence appliqués à la pensée constituent des ressemblances avec l'homme qu'on retrouve chez beaucoup d'animaux [...]. Car certains animaux diffèrent de l'homme selon le plus et le moins [...] ; d'autres au contraire diffèrent de lui selon un rapport d'analogie : ainsi à ce qui est chez l'homme technique, sagesse, intelligence correspond chez certains animaux quelque autre faculté naturelle du même genre » (Aristote, *Histoire des animaux*, dans la traduction de Pierre Louis, 1964 [NdT]).

Aujourd'hui cependant, suggérez qu'un oiseau présente une attitude qui ressemble à l'intelligence humaine, à la conscience ou à un sentiment subjectif, et vous êtes tout de suite accusé d'anthropomorphisme : interprétation du comportement de cet animal comme s'il s'agissait d'un homme couvert d'un plumage. C'est une impulsion humaine naturelle de projeter notre propre expérience sur la nature des autres créatures ; néanmoins, cela peut nous égarer. Les oiseaux, comme les êtres humains, appartiennent au sous-embranchement des Vertébrés dans l'embranchement des Chordés du règne animal[a], mais la partie commune s'arrête là. Les oiseaux sont une classe[b] et les mammifères[c], une autre. Cette séparation implique énormément de disparités biologiques.

Il serait cependant tout aussi erroné de supposer que, parce que les oiseaux sont fondamentalement différents de nous et leur cerveau du nôtre, il n'y aurait rien de commun entre nos capacités mentales et les leurs. Nous appelons notre espèce *Homo sapiens*, le *sapiens* – intelligent, raisonnable, sage, sensé – nous distinguant des autres formes de vie. Toutefois, dans *la Filiation de l'homme et la sélection liée au sexe*[d], Darwin a soutenu que les animaux et les hommes ne diffèrent dans leurs pouvoirs mentaux qu'en degré, non en nature. Pour lui, même les vers de terre « montrent un certain degré d'intelligence[9] » dans leur façon de traîner les aiguilles de pin et les matières végétales pour boucher l'entrée de leur tunnel et se protéger ainsi de leurs prédateurs. Il est tout aussi tentant d'interpréter le comportement des animaux en termes de processus mentaux humains que de rejeter la possibilité d'une parenté, une attitude que le primatologue Frans de Waal appelle l'« anthropodéni » et qui consiste à être aveugle aux caractéristiques humaines d'autres espèces. « Ceux qui sont

---

a. Animalia, Chordata, Vertebrata.

b. Aves.

c. Mammalia.

d. *The Descent of Man, and Selection in Relation to Sex*, 1871.

dans l'anthropodéni, dit de Waal, essaient de construire un mur de brique pour séparer les hommes du reste du règne animal[a, 10]. »

« Dans tous les cas, précise Louis Lefebvre, il faut surveiller son vocabulaire. » Il pointe une étude récemment publiée sur l'empathie chez la souris et une autre sur le voyage mental dans le temps chez les oiseaux, qui ont fait froncer bien des sourcils. « Je ne questionne pas les expériences relatées, elles sont solides et n'anthropomorphisent pas, assure-t-il, mais peut-être allons-nous trop loin dans les mots employés pour décrire ce que nous pensons qu'il se passe. »

Comme Louis Lefebvre, la plupart des scientifiques qui étudient les oiseaux préfèrent le terme *cognition* à celui d'*intelligence*. La cognition, chez l'animal, est définie comme le mécanisme par lequel celui-ci acquiert, traite, stocke et utilise l'information[11]. Elle se réfère généralement aux processus impliqués dans l'apprentissage, la mémoire, la perception et la prise de décision. Il existe des formes de cognition plus ou moins élevées. Par exemple, la perspicacité, le raisonnement et la planification sont considérés comme des capacités cognitives de haut niveau. Les compétences cognitives de niveau inférieur comprennent l'attention et la motivation.

La forme que prend la cognition dans l'esprit d'un oiseau fait moins consensus. Certains scientifiques suggèrent que les oiseaux possèdent des types distincts de cognition – spatiale, sociale, technique et vocale – qui ne sont pas forcément ajustés les uns aux autres. Un oiseau peut être spatialement intelligent sans être doué dans la résolution de problèmes sociaux. De ce point de vue, le cerveau aviaire est considéré comme un

a. Comme le souligne de Waal, les inconvénients liés à l'anthropomorphisme semblent moins prégnants dans les cultures non occidentales, où les distinctions entre ce qui relève de l'humain et du non-humain ne sont pas si catégoriques.

ensemble de processeurs spécialisés, des sortes de « modules », des zones disjointes dédiées – et donc adaptées – à un objectif particulier tel qu'apprendre le chant ou se repérer dans l'espace[12]. L'information contenue dans chaque module serait alors « indisponible » pour d'autres modules. Louis Lefebvre, en revanche, soutient l'hypothèse d'une cognition générale, d'un processeur polyvalent sans répartition préétablie, en capacité de résoudre des problèmes dans différents domaines, soulignant que lorsqu'un oiseau obtient des résultats élevés pour une faculté cognitive il a tendance à également bien se classer pour les autres[13]. « Quand un animal résout des problèmes, dit-il, il est probable que différentes zones du cerveau soient impliquées dans un réseau d'interactions. »

Selon le biologiste, des scientifiques partisans de la théorie modulaire commencent à se rallier à l'approche globalisante, car les études révèlent que certains oiseaux utilisent des mécanismes cognitifs généraux pour résoudre différents types de problèmes. Par exemple, l'intelligence sociale de certains oiseaux semble aller de pair avec la mémoire spatiale ou la mémoire épisodique, qui est la capacité de se rappeler ce qui s'est passé, où et quand.

Le champ de l'intelligence humaine suscite une discussion similaire. La plupart des psychologues et des neuroscientifiques conviennent de l'existence de types d'intelligence chez l'homme – émotionnelle, analytique, spatiale, créative, pratique, pour n'en nommer que quelques-unes –, mais ils débattent encore sur la question de savoir si ces types sont indépendants ou corrélés. Dans sa théorie des « intelligences multiples », le psychologue Howard Gardner, de Harvard, en identifie huit formes et suggère qu'elles sont indépendantes[14]. Il s'agit des intelligences corporelle-kinesthésique, linguistique, musicale, logico-mathématique, naturaliste (sensibilité au monde naturel), spatiale (savoir se positionner relativement à un repère fixe), interpersonnelle (comprendre les autres et être en harmonie avec eux) et intrapersonnelle (comprendre et contrôler ses propres pensées et émotions). Cette liste trouve un parallèle intrigant dans le monde des oiseaux si l'on pense aux acrobaties en vol du colibri, au talent étonnant du troglodyte maculé pour les duos musicaux et au don du pigeon pour se diriger.

D'autres scientifiques sont plutôt partisans d'un concept comme celui de l'intelligence générale, une sorte d'habileté mentale globale, que l'on nomme le *facteur g*. Un groupe de cinquante-deux chercheurs s'est réuni pour s'attaquer à la question il y a quelques années et a conclu : « L'intelligence est une faculté très générale qui, entre autres critères, implique la capacité de raisonner, de planifier, de résoudre des problèmes, de penser de façon abstraite, de comprendre des idées complexes, d'apprendre rapidement et d'apprendre de l'expérience[15]. »

Si la définition de l'intelligence chez les oiseaux est problématique, sa mesure semble être encore plus difficile. « La vérité, c'est que le développement d'une batterie de tests pour mesurer la cognition des oiseaux en est encore à ses balbutiements », commente Louis Lefebvre. Il n'existe pas de test de QI (quotient intellectuel) standard pour les oiseaux. Les scientifiques tentent donc de mettre au point des casse-tête qui puissent révéler leurs capacités cognitives par comparaison des performances entre les espèces, mais aussi entre les individus d'une même espèce.

Un petit oiseau bajan brun, tout à fait quelconque, joue un rôle clé dans les recherches récentes de Louis Lefebvre. Alors que je suis occupée à rédiger mes notes sous le porche arrière de son logement surplombant une mer d'azur, quelques représentants de cette espèce voltigent entre les branches des casuarinas et des acajous voisins, puis viennent se poser directement sur la balustrade de la terrasse. J'en observe un, perché à portée de bras ; il se retourne, incline la tête et me considère lui aussi.

« *Pourquoi ce vif intérêt ?* », semble-t-il demander.

Parce que vous êtes célèbres ici pour vos habiles larcins et votre capacité à découvrir de nouvelles sources de nourriture.

Loxigilla barbadensis : les pères-noirs de Barbade, aussi appelés sporophiles de La Barbade, sont les moineaux de l'île, selon Louis Lefebvre. Avant que l'on ait installé des moustiquaires pour se protéger de la dengue, les pères-noirs entraient par les fenêtres et les portes ouvertes et ravageaient les bananes sur le plan de travail de la cuisine ou filaient avec des morceaux de pain ou de biscuits. Mais leur exploit le plus glorieux est d'avoir su exploiter la ressource alimentaire que constituent les restaurants de plein air bordant la mer des Caraïbes. Un peu plus tard, le scientifique me montre l'ingéniosité dont peuvent faire preuve ces oiseaux dès qu'il s'agit de tirer profit d'une nouvelle source d'approvisionnement. Dans une étroite allée entre deux clubs riverains de Holetown se trouve un mur de pierre bordant un manoir de style palladien, près de la mer. Louis Lefebvre place un sachet de sucre sur une roche, puis en aligne quatre de plus le long du mur. Il ne faut que quelques secondes à un père-noir pour repérer le trésor. Il se pose sur le mur, inspecte le petit carré de papier blanc, le retourne, apparemment à la recherche d'une ouverture, puis l'emporte sur une branche voisine. En trente secondes, il a picoré le sucre à travers le papier, couvrant son petit bec de cristaux blancs. C'est un talent unique, que ne possèdent pas les autres espèces qui ont fait de cette île leur demeure. Ce père-noir sait ce qu'il fait, il est audacieux, effronté et prompt à saisir les opportunités de se nourrir.

C'est ici que Louis Lefebvre a conçu une échelle cognitive fondée sur l'idée que les oiseaux intelligents innovent, comme les pères-noirs à La Barbade et les mésanges en Angleterre. Les oiseaux moins doués cognitivement n'explorent pas les nouveautés, ne changent pas leurs habitudes et n'inventent que rarement.

Il se trouve que le père-noir de Barbade possède sur l'île un double, le cici verdinère (*Tiaris bicolor*), aussi appelé sporophile cici, qui permet d'intrigantes comparaisons. Les deux oiseaux se ressemblent sur tous les aspects, sauf un : leur position sur le barème de l'intelligence. Autant le père-noir est vif et brillant, autant son espèce sœur est lente et balourde. Le contraste entre les deux a offert au biologiste un éclairage sur la nature de l'esprit des oiseaux.

« Ces deux oiseaux sont des jumeaux génétiques virtuels possédant le même ancêtre, ils ont probablement divergé il y a seulement quelques millions d'années, explique-t-il ; les deux vivent dans le même environnement, partagent le même territoire et ont un système social identique. » La seule différence est que le père-noir est astucieux, intrépide et opportuniste, tandis que le cici est godiche, très timoré et profondément immobiliste.

L'arrière-plan évolutif du père-noir fournit peut-être quelques informations. À son arrivée sur La Barbade, l'espèce a divergé du père-noir rouge-gorge (*Loxigilla noctis*), aussi appelé sporophile rouge-gorge. Cette espèce de passereau commune dans les Petites Antilles présente un dimorphisme sexuel de couleur : les femelles sont brun clair, tandis que les mâles arborent un beau plumage noir, orné d'une gorge rouge vif. Le père-noir de Barbade, lui, est monomorphe, les deux sexes ont la même modeste livrée brune.

« Une explication concevable de ce changement évolutif est que La Barbade n'offre pas d'aliments à base de caroténoïdes permettant aux oiseaux de produire du rouge et du jaune pour leur plumage, commente Louis Lefebvre. Mais comme il s'avère que la formation des plumes rouges ne nécessite pas de caroténoïdes, il est possible que les femelles sélectionnent leurs mâles sur un autre critère que celui de leurs couleurs, les choisissant parmi ceux capables de découvrir des sources de nourriture innovantes, comme le sucre en sachet[a, 16]. » En d'autres termes, chez le père-noir de Barbade, les femelles sont attirées par les intellectuels.

« Je ne connais pas d'autres exemples d'espèces très proches qui soient si ressemblantes physiologiquement et néanmoins si différentes dans leurs stratégies de recherche de nourriture », développe Louis Lefebvre. Pour appuyer son point de vue, il propose une expérience informelle sur une petite étendue de bois et de champs du Folkestone Marine Park. À une trentaine de mètres, plusieurs cicis en train de chercher des graines sont visibles et quelques autres oiseaux sont perchés sur des branches un peu plus loin. Louis Lefebvre jette une poignée de graines, puis s'accroupit dans l'herbe. Les quiscales merles sont les premiers à repérer l'aubaine alimentaire et, en trente secondes à peine, se rassemblent en formation bruyante. Leurs cris attirent des tourterelles, d'autres quiscales et un escadron de pères-noirs. Les cicis, eux, n'ont pas bougé. Têtes baissées, ils continuent à ne s'occuper que de leur petite parcelle. Prenant l'accent britannique, Louis Lefebvre murmure : « Un résultat parfait, cet oiseau fait des choses *incroyables*... », dans une surprenante imitation de David Attenborough[b] commentant un de ses célèbres documentaires animaliers.

---

a. Cela aurait également à voir avec le fait que les pères-noirs de Barbade mâles contribuent plus aux soins parentaux que leurs cousins plus colorés des autres îles. Selon une récente publication de Louis Lefebvre et de ses collègues : « Chez les oiseaux, les espèces ont tendance à être monochromatiques lorsque les deux sexes participent aux tâches parentales, y compris à la construction des nids. [...] Les pères-noirs de Barbade mâles, par rapport aux pères-noirs rouges-gorges mâles, contribuent davantage à l'élaboration du nid, restent plus longtemps à proximité après sa constitution et durant l'élevage de la couvée, nourrissent plus souvent les femelles et sont plus agressifs autour de leur nid. [...] Le système d'élevage pourrait ainsi être un facteur important dans la perte du dimorphisme masculin dans cette espèce. »

b. Scénariste scientifique, écrivain et chercheur naturaliste britannique né en 1926, il est narrateur dans de nombreux documentaires animaliers pour la BBC, et notamment pour la série *Wildlife on One*, diffusée en France sous le titre *le Monde des animaux* (NdT).

Puis il se lève brutalement et déclare, pointant du doigt les cicis : « Zéro opportunisme ici, ils ne sont attirés ni par les graines ni par les oiseaux qui s'en nourrissent. Ils ne sont tout simplement pas à la recherche de sources alternatives de nourriture. »

Durant quinze ans, Louis Lefebvre a ignoré les cicis, parce qu'ils lui semblaient tellement… *ennuyeux*. Ils l'intéressent désormais en raison de leur proximité génétique avec le père-noir, un jumelage qui permet un protocole expérimental comparatif parfait.

« Pourquoi le cici se comporte-t-il ainsi, se demande le biologiste, alors que son génotype montre qu'il a un ancêtre commun avec le père-noir qui vit dans le même environnement ? Qu'est-ce qui fait qu'ils ont une approche complètement différente de la nourriture ? » Pourquoi l'un est-il tellement plus audacieux, plus astucieux et plus opportuniste que l'autre ?

« Les études montrent que les espèces qui diffèrent dans leur écologie[a] alimentaire ont également des capacités d'apprentissage différentes, et que ces différences se retrouvent dans les structures cérébrales impliquées », explique Louis Lefebvre. Le dispositif expérimental commence avec des tâches destinées à mesurer les capacités cognitives de base des deux espèces. C'est une première étape pour établir un lien entre les comportements naturels que les scientifiques observent sur le terrain et les variations qu'ils peuvent mesurer en laboratoire.

Ce n'est pas une tâche facile, à commencer par la capture des cicis. Louis Lefebvre utilise des pièges à trébuchet pour les pères-noirs, mais en vingt-cinq ans, il n'a jamais attrapé de cicis dans de tels dispositifs, car ils sont trop méfiants. L'équipe a donc recours à des filets japonais pour collecter ses sujets.

« L'astuce consiste ensuite à trouver un test que les cicis feront, déclare Louis Lefebvre ; ils sont tellement peureux que si un appareil

a. Au sens figuré d'« environnement » (NdT).

expérimental est un peu trop bizarre, ils ne participent pas. » Sur le terrain, l'une de ses étudiantes diplômées, Lima Kayello, a mesuré la vitesse à laquelle les deux espèces se nourrissent des graines contenues dans une tasse ouverte. Les pères-noirs découvrent cette nouvelle source alimentaire en près de cinq secondes ; il faut cinq jours aux cicis. « Un bouchon à visser empli de graines est pour eux une chose trop étrange », explique Lima Kayello.

Dans le cadre des expériences cognitives, elle présente à chacune des deux espèces un dispositif qu'elles n'ont jamais vu : un petit cylindre transparent plein de nourriture, doté d'un couvercle amovible. Elle note le temps nécessaire aux oiseaux pour s'approcher de l'appareil, entrer en contact avec lui, faire glisser le couvercle et consommer les graines. Les performances sont variées, même parmi les pères-noirs. L'un d'eux volette plusieurs minutes dans la volière, puis se suspend comme une chauve-souris à la branche la plus basse quelques minutes supplémentaires avant de s'aventurer vers le cylindre et de l'ouvrir. Il lui faut un total de huit minutes pour obtenir ce résultat. Un deuxième oiseau se dirige directement vers ce nouveau gadget et en écarte presque immédiatement le couvercle. « Bon garçon ! », commente Lima Kayello. Temps requis : sept secondes.

Sur les trente pères-noirs testés, vingt-quatre sont parvenus rapidement au bout de la tâche impliquée : écarter un obstacle pour atteindre de la nourriture. Pas un des quinze cicis ne s'est même approché du cylindre[17].

Quelques pères-noirs semblent donc pouvoir comprendre comment résoudre le problème après très peu de tentatives. Est-ce un exemple de discernement, de compréhension intuitive ? Louis Lefebvre ne le pense pas. Dans une étude fondée sur un test similaire, une étudiante diplômée, Sarah Overington, a examiné chaque coup de bec des pères-noirs en analysant des centaines d'heures de vidéos[18]. Elle a observé que les oiseaux recouraient à deux modes de picorage. Le premier est une tentative d'accéder directement à la nourriture ; le second consiste à becqueter de côté, ce qui fait bouger le couvercle, donnant à l'oiseau un indice pour continuer par ce moyen. « S'il s'agissait d'intuition, précise Louis Lefebvre, on aurait une résolution soudaine du problème, une sorte d'"Eurêka !". » Cela ressemble davantage à de l'apprentissage expérimental, de type essai/erreur, une capacité cognitive « moindre ».

Le fait est que des comportements qui semblent extraordinaires ou intelligents peuvent découler de processus simples ou de réflexes.

Un exemple frappant est le rassemblement d'oiseaux ou d'autres animaux, parfois en grand nombre, se déplaçant à l'unisson. J'ai été une fois attirée par une cacophonie de pépiements dans le merisier à grappes de mon jardin, qui paraissait orné de fleurs noires et brillantes. Soudain passa l'ombre d'un faucon, et un ensemble d'oiseaux noirs jaillirent vers le ciel en tournoyant comme un seul être. J'ai regardé ce voile chatoyant se déployer et se replier, s'enrouler dans des mouvements complexes avec la cohésion d'un organisme unique, une stratégie efficace pour dissuader un prédateur comme une buse ou un faucon. Le grand naturaliste Edmund Selous[a], qui aimait les oiseaux avec passion et les observait avec une ferveur scientifique, attribuait ce phénomène d'essaim synchronisé à un transfert télépathique d'un oiseau à l'autre. « Ils forment un cercle, tantôt dense comme une plaque brillante, tantôt distendu comme un filet dont les mailles balaient tout le ciel ; sombre à obscurcir les nuées, puis étincelant comme un million de rayons lumineux [...], une folie dans les cieux[19] », écrivit-il. « Ils doivent penser collectivement, tous en même temps, ou tout du moins en sous-groupes cohérents : chaque mètre carré suivant simultanément la même idée comme jaillie d'un seul cerveau[20]. »

a. Ornithologue britannique (1857-1934 [NdT]).

Nous avons appris depuis que le comportement collectif spectaculaire des oiseaux qui se rassemblent, mais aussi celui des bancs de poissons, des hordes de mammifères, des essaims d'insectes et des foules humaines, est autoorganisé, issu de simples règles d'interaction entre les individus[21]. Il n'y a pas de transmission de pensée entre les oiseaux, ils ne communiquent pas télépathiquement avec les autres membres de leur groupe pour agir à l'unisson, comme le supposait Selous. Au lieu de cela, chaque individu interagit avec jusqu'à sept de ses voisins proches, prenant ses décisions individuelles de déplacement sur le principe du maintien de sa vitesse et de sa distance avec les autres. De même, il imite presque instantanément le virage, même très serré, de son voisin, de sorte qu'un groupe de quatre cents oiseaux peut changer de direction en un peu plus d'une demi-seconde[22]. Il en résulte une ondulation presque instantanée dans ce qui semble être un voile vivant d'oiseaux.

On suppose communément qu'un comportement apparemment complexe résulte de processus de pensée complexes, mais les capacités des pères-noirs et des quiscales à résoudre rapidement un problème dans ces tests de base de la cognition ont probablement plus à voir avec l'attention visuelle et l'adaptation corrective du comportement qu'avec une disposition à trouver instantanément une solution.

Dans un autre test de cognition, Lima Kayello essaie d'amener les oiseaux à désapprendre ce qu'ils ont appris et à réapprendre quelque chose de nouveau. Elle présente à chaque individu deux coupelles, une jaune et une verte, remplies de graines consommables et leur permet d'en choisir une pour manger, afin de découvrir leur préférence de couleur. Elle remplace alors les graines de la coupelle retenue par des graines collées sur le fond. Elle note ensuite le temps mis par l'oiseau pour passer de la coupelle de sa couleur préférée (contenant maintenant des graines non consommables) à l'autre coupelle de la couleur non préférée (dont les graines sont comestibles). Lorsqu'il a réussi cette étape, elle intervertit encore les couleurs qui identifient les graines consommables et celles qui ne le sont pas.

Cette technique, appelée « apprentissage par inversion », est souvent utilisée comme mesure de base de la rapidité avec laquelle un oiseau peut infléchir sa pensée et apprendre un nouveau modèle. « C'est un indicateur de la flexibilité de la pensée, explique Louis Lefebvre, pour l'homme aussi bien que pour les oiseaux. On soumet d'ordinaire les personnes atteintes de déficit mental ou de la maladie d'Alzheimer à des tests impliquant des tâches d'apprentissage inversé pour vérifier l'agilité de leur intellect. »

Il n'y a aucun doute à avoir : les pères-noirs sont des élèves rapides. La plupart d'entre eux comprennent le coup de l'échange après quelques essais seulement. Les cicis, eux, prennent leur temps, ils sont lents et méfiants. Mais ils parviennent somme toute à maîtriser le principe de l'inversion des couleurs et finissent même par faire moins de choix incorrects que les pères-noirs.

« C'est surprenant, commente Louis Lefebvre, mais rassurant d'une certaine manière : au moins, nous avons trouvé un test que les cicis réussissent. Si l'une des espèces que vous utilisez dans votre expérience échoue à chaque test que vous lui proposez, le problème vient peut-être de vous, chercheur, et non de l'animal. Vous n'avez sans doute pas compris ce qui est pertinent aux yeux d'un oiseau, la manière dont il perçoit le monde. »

C'est l'une des stratégies dont usent les scientifiques pour tenter de mesurer l'intelligence des oiseaux : tester leur rapidité et leurs réussites dans la résolution de problèmes en laboratoire. Ils essaient de concevoir des défis semblables à ceux que ces animaux pourraient rencontrer dans leur environnement naturel, par exemple, supprimer des obstacles ou passer d'une difficulté à l'autre pour trouver des aliments cachés. Ils leur demandent d'ouvrir des contenants alimentaires en poussant des leviers, en tirant des cordes, en faisant pivoter des couvercles. Ils relèvent le temps nécessaire et la facilité avec laquelle les oiseaux changent de tactique pour tâcher de résoudre un problème (si *x* ne fonctionne pas, essayer *y*). Ils testent leur intuition en s'efforçant de déterminer si la découverte d'une solution est une sorte d'illumination (*effet eurêka*) ou une progression réfléchie (essai/erreur).

C'est toutefois délicat. Dans ce type d'expériences en laboratoire, toutes sortes de variables peuvent influer sur l'échec ou le succès d'un oiseau. L'audace ou la timidité de l'animal peuvent affecter ses performances de résolution des problèmes. Les oiseaux les plus rapides à résoudre des tâches ne sont pas forcément les plus intelligents, ils peuvent être simplement moins hésitants à s'engager dans une nouvelle activité. Un test conçu pour évaluer la capacité cognitive pourrait donc en réalité mesurer l'intrépidité. Le cici n'est-il véritablement qu'un oiseau plus timoré que les autres espèces ?

« Malheureusement, il est extrêmement difficile d'obtenir une mesure "pure" de la performance cognitive, qui ne soit pas affectée par d'innombrables facteurs[23] », explique Neeltje Boogert, ancienne étudiante de Louis Lefebvre, chercheuse en cognition des oiseaux à l'université de St Andrews[a]. « Les oiseaux, tout comme les hommes, diffèrent entre eux par leur motivation à résoudre un test cognitif, leur niveau de stress par rapport à la situation de test, la manière dont leur environnement les distrait, et par l'expérience qu'ils possèdent d'essais similaires. Un débat animé a lieu actuellement dans le domaine de l'écologie comportementale, sur la façon dont nous devrions tester la cognition des animaux. Jusqu'à présent, aucune solution claire n'a émergé. »

---

a. En Écosse (NdT).

Il y a quelques années, Louis Lefebvre a eu l'intuition qu'il était possible d'envisager un autre mode d'expérimentation, qui évaluerait la capacité cognitive des oiseaux non pas en laboratoire, mais dans la nature. Cette idée lui est venue par hasard lors d'une promenade sur une plage à La Barbade. « C'était juste après une violente tempête, raconte-t-il, je traversais la plage près du Hole, le lagon de Holetown, qui déborde dans la mer après de fortes pluies, et j'ai remarqué que plusieurs centaines de guppys[a] avaient été piégés dans des petits bassins sur un banc de sable. » Alors que les poissons prisonniers sautaient d'une flaque à une autre, le biologiste aperçut des tyrans gris descendre en piqué pour s'en saisir, les ramener dans un arbre et les frapper contre une branche avant de les manger.

Le tyran gris, ou pipiri (*Tyrannus dominicensis*), est une sorte de moucherolle des Indes[b]. Il est réputé pour attraper des insectes en vol, mais pas les poissons. C'était la première observation connue d'oiseaux appliquant leurs compétences de chasse habituelles à une proie tout à fait inaccoutumée.

Louis Lefebvre s'est interrogé : « Pourquoi le tyran gris est-il le seul oiseau à profiter de cette nouvelle source de nourriture ? » S'agit-il d'une espèce particulièrement intelligente ou innovante, comme les mésanges qui percent les bouchons des bouteilles de lait pour consommer la crème ?

Il a alors pensé qu'un bon moyen d'estimer les capacités cognitives de ces animaux serait d'observer ce type de séquences : des oiseaux faisant

a. En anglais, le guppy (*Poecilia reticulata*) est l'une des espèces de guppys, nom vernaculaire français regroupant plusieurs espèces de poissons tropicaux d'eau douce de la famille des Poeciliidae (NdT).

b. *Terpsiphone paradisi*, tchitrec de paradis, encore appelé en français moucherolle des Indes, gobe-mouches de paradis indien ou gobe-mouches du paradis, est une espèce de passereau de taille moyenne (NdT).

des choses nouvelles et inhabituelles dans la nature. Cette proposition avait déjà été émise trois décennies auparavant par Jane Goodall[a] et son collègue Hans Kummer, qui défendaient l'idée qu'il fallait mesurer l'intelligence d'un animal sauvage en examinant sa capacité à trouver des solutions aux problèmes dans son environnement naturel, et qu'il était plus intéressant de disposer d'une évaluation d'intelligence écologique plutôt que réalisée en laboratoire[24]. Ils suggéraient que cette estimation devait reposer sur l'aptitude de l'animal à innover dans son propre milieu, « à trouver une solution à un nouveau problème ou une solution nouvelle à un problème déjà rencontré ».

Louis Lefebvre a publié ses observations sur les tyrans gris dans le *Wilson Bulletin*, qui compile des rapports d'ornithologues, amateurs ou professionnels, sur le comportement inhabituel des oiseaux[25]. Mises bout à bout, ces observations anecdotiques recensées dans les revues ornithologiques pourraient bien constituer le type de preuve écologique à l'appui de l'hypothèse d'Hans Kummer et de Jane Goodall. Quels types d'oiseaux sont les plus innovants dans la nature ?

« Les études expérimentales et d'observation de la cognition sont importantes, explique le biologiste, mais un relevé taxinomique[b] comme celui-ci offrirait une opportunité unique et éviterait certains écueils inhérents aux recherches sur l'intelligence animale », par exemple l'utilisation de tests éloignés de ce qu'un animal fait réellement dans son environnement naturel.

Il a ainsi exploré soixante-quinze ans de relevés d'observations dans les publications ornithologiques en utilisant des mots-clés comme *inhabituel*, *nouveau* ou *premier cas signalé*, et a isolé plus de 2 300 exemples portant sur des centaines d'espèces. Certains concernaient d'audacieuses

a. Primatologue, éthologue et anthropologue britannique (1934 [NdT]).

b. C'est-à-dire indiquant le nom des espèces (NdT).

découvertes d'aliments nouveaux ou inhabituels : un grand géocoucou[a] perché sur un toit, se nourrissant à une mangeoire à colibris ; un labbe antarctique se mêlant à des bébés phoques pour siroter le lait de leur mère ; des hérons dévorant un lapin ou un rat musqué ; une mouette avalant un geai bleu ; un mohoua à tête jaune de Nouvelle-Zélande, normalement insectivore, observé pour la première fois mangeant les baies d'un lis de saint Joseph.

D'autres anecdotes impliquaient des modes d'alimentation inédits et ingénieux, comme un oiseau vacher, en Afrique du Sud, s'aidant d'une brindille pour picorer dans les bouses de vache. Plusieurs observateurs ont noté des exemples de hérons verts utilisant des insectes comme appâts, les plaçant délicatement sur la surface de l'eau pour attirer les poissons. Un goéland a été vu tuant un lapin grâce à sa technique habituelle de lâcher en hauteur de coquillages pour qu'ils se brisent lors de leur impact sur des rochers. Parmi les cas les plus inventifs, on trouve des pygargues à tête blanche, parfois appelés aigles à tête blanche[b], pêchant à travers la glace. Ces oiseaux avaient découvert un banc de ménés à grosse tête[c] congelés sous la surface gelée d'un lac et ont ouvert des brèches dans la glace, puis se sont mis à sauter sur la surface pour que le choc dû au poids de leur corps fasse jaillir les poissons morts par les ouvertures[26]. L'un des exemples favoris de Louis Lefebvre est le rapport d'observation sur des vautours, au Zimbabwe, qui se perchaient sur des clôtures de barbelés près des champs de mines pendant la guerre de libération, attendant que des gazelles ou d'autres herbivores viennent déclencher ces pièges explosifs au hasard de

a. Le grand géocoucou, parfois aussi nommé géocoucou de Californie (*Geococcyx californianus*), s'appelle en anglais *roadrunner* ; il a inspiré le célèbre dessin animé *Bip Bip et Vil Coyote* (NdT).

b. Ou encore aigle marin, aigle pêcheur (NdT).

c. *Pimephales promelas*, aussi appelé tête-de-boule ou méné à tête de boule ; poisson d'eau douce des zones tempérées nord-américaines (NdT).

leurs déplacements, fournissant aux charognards leur repas déjà réduit en lambeaux. « Cependant, raconte le scientifique, un vautour se faisait parfois prendre à son propre jeu et explosait lui aussi sur une mine. »

Une fois toutes les anecdotes rassemblées, Louis Lefebvre les a regroupées par famille d'oiseaux et a calculé pour chacune le taux d'innovation. Il a également pondéré ses analyses pour tenir compte de variables pouvant fausser les résultats, comme le fait que certaines espèces sont simplement plus souvent observées que d'autres, de sorte qu'elles sont plus susceptibles d'être vues en train de faire des choses nouvelles[27].

« Honnêtement, au début, je ne pensais pas que cela fonctionnerait », dit-il. Ces anecdotes sont en effet considérées comme non scientifiques, ce sont des « données faibles », dans le jargon des chercheurs. « Si une anecdote n'est pas scientifique, comment deux mille peuvent-elles le devenir ? Mais j'ai accepté ces données à leur valeur nominale. Si certaines étaient “corrompues”, elles étaient probablement réparties au hasard entre les groupes taxinomiques, de sorte que cela n'aurait pas d'impact sur les résultats. J'ai attendu que quelque chose apparaisse qui invaliderait ce système, mais rien n'est sorti. »

Quels sont les oiseaux les plus intelligents selon l'échelle de Louis Lefebvre[28] ?

Les Corvidés, sans surprise, et parmi eux les corbeaux et les corneilles se détachant nettement, avec les perroquets. Suivent les quiscales, les rapaces – particulièrement les faucons, les crécerelles et les buses –, les pics, les calaos, les goélands, les martins-pêcheurs, les géocoucous et les hérons. Les rapaces nocturnes ont été exclus de la recherche, leurs innovations étant rarement observées directement, mais plutôt déduites du contenu de leurs excréments. Dans le classement de tête, on rencontre aussi les familles des moineaux et des mésanges ; à l'autre extrémité se trouvent les cailles, les autruches, les outardes, les dindes et les engoulevents.

Louis Lefebvre a ensuite complété son échelle : les familles d'oiseaux qui ont fait preuve de beaucoup de comportements novateurs dans la nature ont-elles un cerveau plus gros ? Dans la plupart des cas, il y a effectivement une corrélation[29]. Considérons deux oiseaux pesant 320 g : la corneille américaine, avec un indice d'innovation de 16, possède un cerveau de 7 g, tandis que le cerveau de la perdrix, indice d'innovation de 1, pèse seulement 1,9 g. Si l'on prend deux oiseaux plus petits pesant 85 g, le pic épeiche est doté d'un cerveau de 2,7 g pour un indice d'innovation de 9, tandis que l'encéphale de la caille est de 0,73 g pour un indice de 1.

Lorsque le biologiste a présenté ses conclusions lors de la réunion annuelle de l'Association américaine pour l'avancement des sciences en 2005, la presse a repris l'étude, la qualifiant de première classification du QI aviaire. Louis Lefebvre a trouvé l'idée du quotient intellectuel « un peu simpliste », ajoutant : « Mais pourquoi pas ? »

La notion avait cependant marqué les esprits, et Louis Lefebvre a fini par être interrogé de près par les journalistes intéressés. Quand on lui a demandé de désigner l'oiseau le plus stupide du monde, il a répondu : « Ce serait l'émeu. » Le lendemain, on pouvait lire des gros titres du genre : « Un chercheur canadien déclare que l'emblème national de l'Australie est "l'oiseau le plus stupide du monde" ». L'émeu et le kangourou figurent en effet sur les armoiries de l'Australie et symbolisent le mouvement vers l'avant de cette nation, reflétant la croyance commune – et néanmoins fausse – selon laquelle aucun de ces animaux ne peut facilement se déplacer vers l'arrière. Cela n'a pas rendu Louis Lefebvre populaire sur le continent australien, mais son avis a été confirmé au cours d'une émission de radio locale, lorsqu'un auditeur a appelé pour raconter une plaisanterie courante chez les aborigènes de l'intérieur du pays, qui dit que si l'on se couche sur le dos avec une jambe relevée les émeus viennent aux nouvelles, pensant qu'il s'agit d'un de leurs congénères.

Louis Lefebvre reconnaît que la taille du cerveau d'un oiseau (ou d'une partie de son système cérébral) est un indice relativement sommaire de son intelligence. « Après tout, le bécasseau minute possède un cerveau plutôt grand pour la taille de son corps, commente-t-il, et tout ce qu'il fait est de se déplacer légèrement et rapidement d'avant en arrière selon le mouvement des vagues sur le rivage ("surtout, ne pas me mouiller les genoux...") en picorant pour débusquer des mollusques[30]. »

Nous savons depuis longtemps qu'un gros cerveau n'est pas forcément un gage d'intelligence. Le cerveau d'une vache est cent fois plus gros que celui d'une souris, mais elle n'est pas plus intelligente pour autant. Les animaux au cerveau minuscule montrent même des capacités mentales surprenantes. Les abeilles, avec un cerveau pesant 1 mg, se repèrent sur un territoire aussi bien que les mammifères et les drosophiles – mouches du vinaigre ou mouches des fruits – peuvent apprendre en socialisant avec d'autres drosophiles[31]. L'encéphalisation, c'est-à-dire le phénomène d'accroissement de la taille du cerveau, notamment par rapport au reste du corps, observé au cours de l'évolution, fait bien partie du cadre théorique, quoique la façon précise dont elle est corrélée avec l'intelligence fasse encore débat[32].

« Ce n'est pas seulement une question de taille, du moins pas chez tous les animaux, explique Louis Lefebvre. Quand nous mesurons le volume du cerveau, est-ce que nous mesurons la capacité de traitement de l'information ? Probablement pas. »

La capacité d'innovation d'un oiseau est maintenant acceptée par de nombreux scientifiques comme une mesure de la cognition. Mais si la taille du cerveau n'influe pas sur la tendance d'un oiseau à innover, qu'est-ce qui en est responsable ? Qu'est-ce qui distingue les innovateurs des non-innovateurs ? Y a-t-il une différence entre les cerveaux de même taille du brillant père-noir et du plus terne cici ?

« Le problème est d'entrer dans la tête d'un animal, commente Louis Lefebvre. Jusqu'à présent, l'accent a été mis sur le volume du cerveau en son entier ou d'une zone particulière ; toutefois, ce n'est pas vraiment à ce niveau que les choses se produisent. Ce qui contrôle l'innovation et la capacité cognitive, ce n'est pas la taille de la matière cérébrale, mais ce qui se passe à l'échelle du neurone. »

Cela rappelle le conseil que le neuroscientifique Eric Kandel – prix Nobel de physiologie ou de médecine en 2000 pour son travail sur la base physiologique du stockage de la mémoire dans les neurones – a reçu dans sa jeunesse de son mentor, Harry Grundfest[a] : « Si vous voulez comprendre le cerveau, vous devrez adopter une approche réductionniste, une cellule à la fois[33]. » « Il avait tout à fait raison », conclut Kandel.

Comme beaucoup d'autres chercheurs travaillant sur la cognition des oiseaux, Louis Lefebvre suit maintenant la « voie neuronale », espérant montrer comment l'apprentissage et la résolution de problèmes chez ces animaux se reflètent lors de l'activité cérébrale, dans les neurones et dans leurs jonctions, les synapses, qui permettent à un neurone de communiquer avec un autre. « Je crois que le comportement novateur ou non d'un animal dépend des événements qui se produisent à ce niveau, dans les synapses », indique-t-il.

Qu'est-ce qui rend un oiseau astucieux et inventif, comme le père-noir bajan ou le corbeau calédonien ? Les cicis et les kagous sont-ils réellement des nigauds ?

« Nous essayons d'aborder ces questions sous des angles différents, explique Louis Lefebvre. Il faut tout d'abord venir sur le terrain, avec vos bottes, et observer vraiment attentivement les espèces en question. Pour comprendre les oiseaux, il faut savoir comment ils se comportent dans la nature. Il faut ensuite s'efforcer de pénétrer dans leur tête. Nous

a. Neurologiste américain (1904-1983 [NdT]).

réalisons donc des observations comportementales *in situ*, nous comparons les innovations par espèce, nous menons des expériences avec des oiseaux en captivité et nous cherchons désormais un moyen de relier ce que nous voyons sur place à ce que nous apprenons sur les gènes et les cellules en laboratoire. »

C'est ce type d'approche scientifique ambitieuse qui a cours partout dans le domaine de la recherche sur l'intelligence des oiseaux. C'est un mélange remarquable d'observations sur l'écologie et le comportement, d'études cognitives en laboratoire et de sondages approfondis du cerveau des oiseaux, visant à résoudre les mystères de leur esprit.

{ chapitre II }

À LA MANIÈRE DES OISEAUX : *le cerveau aviaire revisité*

Un jour que je faisais du ski de fond dans les monts Adirondacks, je me suis arrêtée pour déjeuner dans une petite clairière. La neige était épaisse sur le sol et il faisait un froid à geler les os. À l'instant où j'ai sorti mon sandwich au beurre de cacahouète du film qui le protégeait, j'ai perçu un mouvement du coin de l'œil et j'ai entendu un *ziiiii* familier. Une mésange à tête noire (*Poecile atricapillus*), parente de l'espèce amateur de crème fraîche, venait d'apparaître sur une branche en bordure de la trouée. Puis une autre, et une autre encore. Une modeste troupe d'oiseaux s'est rapidement formée à mes pieds et, lorsque j'ai posé une miette au bout de mon index, l'un d'eux a voleté jusqu'à mon doigt pour s'en emparer prestement. Quelques minutes plus tard, l'effronté se perchait sur mon bras et picorait directement dans ma main.

On ne pense pas forcément à la mésange comme le sujet le plus brillant, intellectuellement parlant, au royaume des oiseaux ; elle est davantage connue pour sa joliesse, son petit corps rond duveteux, habillé d'un gracieux manteau gris à capuche noire. Avec son bec court et sa tête un peu surdimensionnée, elle n'a rien de l'élégance fuselée de la fauvette ou de l'un des nombreux représentants de la famille des Vireonidae. Rien à voir non plus avec la classe insolente du corbeau. Elle est surtout célèbre pour sa vitalité et ses ahurissantes acrobaties devant les mangeoires. Ainsi l'ornithologue Edward Howe Forbush rapporte-t-il dans l'une de ses observations : « J'ai vu une mésange s'élancer d'une branche en basculant en arrière, à la poursuite d'un insecte, l'attraper et terminer ce saut périlleux en se posant sur le tronc d'un arbre penché[1]. »

Mais la mésange n'est pas seulement un oiseau agile et plein d'entrain. Elle est également vive intellectuellement, curieuse, opportuniste et dotée d'une mémoire remarquable : « En tant qu'oiseau, c'est un chef-d'œuvre, au-delà de toute louange[2] », selon les mots d'Edward Forbush. Sur l'échelle de QI de Louis Lefebvre, les mésanges, toutes espèces confondues, font jeu égal avec les pics.

Dernièrement, les légers sifflements et les gazouillis des mésanges[a] ont été identifiés par des scientifiques comme l'un des systèmes de communication les plus sophistiqués et les plus rigoureux parmi les espèces animales terrestres[3]. Chris Templeton et ses collègues ont ainsi constaté que leur chant est un langage complet, doté d'une syntaxe permettant de générer un nombre illimité de séquences uniques[4]. Certaines servent à énoncer la position de l'oiseau ; d'autres, à informer sur une source de nourriture savoureuse ; d'autres encore préviennent de la présence d'un prédateur en spécifiant la nature de l'animal et l'ampleur de la menace. Un sifflement doux en haute fréquence ou un trille aigu signalent un danger dans les airs, comme une pie-grièche ou un épervier, tandis qu'une séquence plus saccadée indique un prédateur immobile, tel un rapace perché à la cime d'un arbre, ou avertit que la silhouette d'un petit duc maculé se profile.

---

a. Le chant des mésanges est si caractéristique qu'il a même droit à un verbe, en français, *zinzinuler* ou *zinzibuler* (NdT).

Le nombre de notes dans la séquence précise la taille du prédateur et donc le degré du péril ; plus elles sont nombreuses, plus le prédateur est petit, c'est-à-dire dangereux. Cela peut sembler contre-intuitif, mais les petits prédateurs sont agiles et peuvent manœuvrer plus facilement que les gros, plus lourds et plus lents. Une chevêchette sera ainsi signalée par quatre notes, tandis qu'un grand duc de Virginie n'aura droit qu'à deux. Ces séquences sont des appels à renfort permettant de mobiliser d'autres oiseaux pour harceler ou assaillir la menace ; elles sont donc calibrées selon l'ampleur de celle-ci. Les vocalisations des mésanges sont si fiables que d'autres espèces tiennent compte de leurs avertissements.

Sachant cela, la façon dont j'écoute désormais le chant de ces oiseaux tandis que je me promène dans les bois a changé : peut-être suis-je examinée, évaluée et jugée plus ou moins dangereuse.

Ou peut-être pas. Il n'est pas impossible que je sois au contraire rapidement identifiée comme un spécimen balourd, imposant mais inoffensif, et que ma présence cause à peine une légère ondulation dans leur conversation.

Les mésanges ne sont généralement pas gênées par les gens. Hardies et curieuses comme les pères-noirs, elles manifestent une « profonde confiance en elles[5] » et étudieront tout ce qui se trouve dans leur territoire, *Homo sapiens* inclus. Elles se faufilent dans les cabanes des chasseurs, durant la saison, pour becqueter la graisse des carcasses suspendues. Elles sont souvent les premières à visiter les mangeoires pour oiseaux et vont même, comme je l'ai appris, jusqu'à picorer directement dans la main. À l'instar des pères-noirs, elles excellent à découvrir et à exploiter de nouvelles sources de nourriture. Chris Templeton a déjà observé une mésange se délecter du nectar contenu dans une mangeoire suspendue pour colibris[6]. En hiver, elles se nourrissent d'abeilles, de chauves-souris endormies, de la sève des arbres et de poissons morts.

Lorsque les mouches des galles ont été introduites dans l'Ouest américain dans les années 1970 pour aider à contrôler la propagation de la centaurée tachetée[a], les mésanges ont saisi cette nouvelle opportunité. Chris Templeton a découvert que les oiseaux ont rapidement appris à repérer les fleurs abritant le plus grand nombre de larves de mouches des galles, un aliment exceptionnellement riche[7]. Sur la base d'indices subtils, repérés en volant au-dessus des plantes, les mésanges se décidaient en un instant et, presque invariablement, choisissaient la fleur avec le meilleur filon, qu'elles arrachaient en plein vol avant d'aller se poser sur un arbre pour en extraire les larves.

Templeton était ébahi : « Il est remarquable que les mésanges puissent prendre des décisions si pertinentes après avoir si succinctement évalué les fleurs. » Tout aussi impressionnante est la rapidité avec laquelle ces oiseaux ont appris à exploiter une source de nourriture complètement nouvelle, un insecte exotique vivant sur une plante introduite, donc présente dans leur habitat depuis peu de temps.

Les mésanges possèdent également une mémoire prodigieuse. Elles cachent des graines et d'autres aliments dans des milliers d'endroits pour les consommer plus tard et peuvent se rappeler où elles ont dissimulé un seul aliment durant plus de six mois[8].

Tout cela avec un cerveau à peu près deux fois plus gros qu'un petit pois.

Il n'y a pas longtemps, j'ai trouvé un crâne de mésange dans un pin creux, près de chez moi. Dans la paume de ma main, il était d'un blanc crayeux et incroyablement léger, comme la plus fine coquille d'œuf qui soit. On aurait dit un œil doté d'un bec aussi pointu qu'une aiguille. À l'arrière se trouvait la double cavité, à la paroi translucide, qui avait contenu le cerveau.

---

a. Les centaurées regroupent de nombreuses plantes de la famille des Astéracées, assez proches des chardons et des cirses, mais qui s'en distinguent notamment par leurs feuilles non épineuses. La centaurée tachetée, originaire d'Europe de l'Est, s'est révélée être une espèce exotique envahissante après son introduction dans l'ouest des États-Unis et du Canada (NdT).

Une mésange pèse entre 11 et 12 g ; son cerveau, seulement 0,6 ou 0,7 g[9]. Comment un encéphale si petit peut-il être capable d'exploits mentaux aussi complexes ?

De toute évidence, la taille du cerveau n'est pas le seul élément à prendre en considération, mais en ce domaine, les oiseaux ont longtemps souffert d'une réputation peu flatteuse, alors que, contrairement au cliché, le cerveau de nombre d'entre eux est considérablement plus volumineux que ce que leur gabarit pourrait laisser croire.

C'est le résultat d'un processus extraordinaire qui a également donné naissance à notre propre encéphale surdimensionné, bien que par un chemin évolutif complètement distinct.

Le cerveau aviaire peut être aussi léger que 0,13 g pour le colibri émeraude de Ricord et atteindre 46,19 g chez le manchot empereur[10]. C'est minuscule, confronté à celui d'un grand cachalot – 7,8 kg –, mais pas si petit si on le compare à celui d'animaux de même taille. La cervelle d'une poule naine pèse ainsi dix fois plus que celle d'un lézard de taille similaire. La proportion du poids de l'encéphale, chez l'oiseau, par rapport à celui de son corps est comparable à celle que l'on rencontre chez les mammifères.

Notre propre cerveau pèse près de 1,36 kg pour un poids corporel moyen de 64 kg. Les loups et les moutons ont pratiquement le même poids de corps que nous, mais leurs cerveaux font environ un septième du poids du nôtre. Les corbeaux calédoniens, comme nous, sont hors norme : ils possèdent un encéphale de 7,5 g dans un corps qui pèse un peu plus de 250 g. C'est l'équivalent du cerveau d'un petit singe, comme un ouistiti ou un tamarin, et 50 % plus gros que celui d'un galago, des animaux qui ont tous approximativement la même taille qu'un corbeau[11].

Et le cerveau de la mésange ? Il est deux fois plus gros que celui d'oiseaux dans la même catégorie de poids corporel, comme les gobe-mouches, ou moucherolles, et les hirondelles[12].

De nombreuses espèces d'oiseaux ont en réalité un cerveau étonnamment grand pour leur corps. Il présente, comme le nôtre, ce que les scientifiques appellent un « haut niveau, ou quotient, d'encéphalisation ».

Pendant des siècles, on a pensé que le cerveau des oiseaux avait diminué en taille pour une bonne raison : permettre au busard des marais de planer en larges cercles, au martinet ramoneur de passer toute sa vie en vol, à la mésange de changer brusquement de trajectoire en moins de 30 millisecondes[13].

Le tissu cérébral est lourd et métaboliquement onéreux, c'est même le plus onéreux du corps après le tissu cardiaque. Les neurones ont beau être petits, ils sont coûteux à fabriquer et à entretenir, consommant environ dix fois plus d'énergie, par rapport à leur taille, que les autres cellules[14]. Pas étonnant que la nature ait réduit la matière grise des oiseaux, c'est en tout cas ce que l'on a coutume de penser. « Ironiquement, le pouvoir de voler, que nous considérons comme la réalisation la plus magnifique de l'oiseau, a également été l'adaptation évolutive qui l'a placé bien loin derrière les mammifères dans le domaine de l'intelligence[15] », a pu écrire Peter Matthiessen[a]. Les oiseaux auraient résolu leurs problèmes non pas en s'appuyant sur leurs compétences intellectuelles, mais en s'éloignant d'eux.

Le vol est en effet un gouffre énergétique. Pour un oiseau de la taille d'un pigeon, il consomme environ dix fois plus d'énergie que le repos. Pour un petit oiseau comme le chardonneret ou le pinson, des vols courts impliquant beaucoup de battements d'ailes requièrent près de trente fois plus d'énergie[16] ; en comparaison, un oiseau aquatique comme le canard dépense seulement trois ou quatre fois plus d'énergie pour nager[17]. Afin de répondre aux contraintes du vol, la nature a en réalité considérablement diminué le poids des oiseaux, les dotant d'un squelette qui allie force et

a. Naturaliste et écrivain américain (1927-2014), auteur d'œuvres de fiction et de non-fiction (NdT).

légèreté[18]. Certains os ont été fusionnés ou éliminés ; un bec léger, en grande partie constitué de kératine, a remplacé une mâchoire dentée plus lourde. D'autres os, comme ceux des ailes, contiennent de l'air, ils sont presque creux, mais renforcés par des structures spongieuses s'entrecroisant avec des petits éléments plus résistants[a] pour éviter qu'ils ne se tordent et ne se déforment. Les os d'un oiseau ne sont denses qu'aux emplacements nécessaires – et même plus denses, en ces points précis, que leurs équivalents chez les mammifères –, comme les pattes et le solide sternum qui ancre les ailes[19]. Le coup d'aile d'un oiseau est si puissant qu'il produit une force suffisante pour soulever dans les airs deux fois son propre poids[20]. Lorsque les biologistes ont examiné les gènes impliqués dans le système squelettique des oiseaux, ils ont constaté que ces animaux possèdent plus de deux fois plus de gènes associés au remodelage et à la résorption du tissu osseux que les mammifères[b, 21]. La plupart des os des oiseaux sont creux et dotés d'une paroi mince, mais ils sont étonnamment rigides et solides. Le résultat peut être si paradoxal qu'il en est parfois ahurissant : le squelette d'une frégate de 2,10 m d'envergure pèse ainsi moins que ses plumes[22] !

L'évolution a trouvé d'autres façons de rationaliser ou d'éliminer les parties inutiles du corps de l'oiseau[23]. La vessie a été supprimée ; le foie, réduit à un demi-gramme seulement. Le cœur comporte comme le nôtre deux parties accolées et quatre cavités, mais il est minuscule et son rythme est très rapide, entre 500 et 1 000 battements par minute pour une mésange à tête noire (78, chez l'homme)[24]. Le système respiratoire est tout à fait

a. Trabécule osseuse (NdT).

b. L'os n'est pas une matière inerte, mais un tissu vivant en perpétuel renouvellement. Ce remodelage osseux repose sur le fonctionnement couplé de deux types de cellules osseuses : les ostéoclastes et les ostéoblastes. Pour que l'os se renouvelle, les ostéoclastes détruisent tout d'abord l'os ancien en creusant des lacunes (résorption osseuse) ; les ostéoblastes sont ensuite chargés de fabriquer un os nouveau : ils vont dans un premier temps combler de protéines les lacunes (formation osseuse). Ce tissu osseux jeune, le tissu ostéoïde, va ensuite se calcifier (minéralisation osseuse) grâce à un cristal de calcium (NdT).

extraordinaire, proportionnellement plus grand que chez les mammifères – un cinquième du volume corporel, comparé à un vingtième chez les mammifères – et beaucoup plus efficace. Les poumons, où s'effectuent les échanges respiratoires, sont encastrés dans un torse rigide et maintiennent un volume constant, contrairement aux poumons des mammifères, qui se développent et se contractent dans une cage thoracique flexible. Ils sont reliés à un réseau complexe de sacs en forme de ballonnets, dont le rôle est de stocker l'air dans un espace qui leur est extérieur[25]. Contrairement à la plupart de leurs ancêtres reptiliens, les oiseaux n'ont qu'un seul ovaire fonctionnel, du côté gauche ; le droit s'est perdu dans les limbes de l'évolution. Les organes sexuels – testicules, ovaires, oviductes[a] – ont une taille réduite durant la majeure partie de l'année et augmentent de volume au moment de la période de reproduction.

Le génome condensé des oiseaux pourrait également être une adaptation pour atteindre la puissance nécessaire au vol. Les oiseaux ont le plus petit génome de tous les amniotes[b], ce groupe d'animaux, dont font aussi partie les reptiles et les mammifères, qui pondent leurs œufs sur terre[26]. Un mammifère typique possède un génome de un à huit milliards de paires de bases, alors que chez les oiseaux il plafonne à un milliard. Moins d'éléments sont répétés, résultat d'un grand nombre d'événements dits « de *délétion*[c] », qui ont expurgé l'ADN au cours de l'évolution[d, 27]. Ce génome comprimé a pu permettre aux oiseaux de réguler leurs gènes plus rapidement, afin de répondre aux exigences du vol.

---

a. Conduit qui achemine les ovocytes issus de l'ovaire vers l'utérus (NdT).

b. Les amniotes sont les vertébrés tétrapodes qui possèdent un amnios, ou sac amniotique, enveloppant l'embryon ou le fœtus. L'embryon, protégé par un œuf à coquille dure ou par l'utérus maternel, se développe en milieu aqueux à l'intérieur de l'amnios (NdT).

c. La délétion est une mutation génétique caractérisée par la perte de matériel génétique sur un chromosome (NdT).

d. Assez curieusement, le pic mineur est la seule exception à cette règle ; il a conservé 22 % de ses éléments répétés.

Cette économie généralisée est liée à un processus évolutif remarquable qui a commencé avec les ancêtres des oiseaux, les dinosaures.

Thomas Huxley[a] a été parmi les premiers à percevoir la voie évolutive entre les dinosaures et les oiseaux modernes, une observation qui, entre parenthèses, n'a pas amélioré la perception de l'intelligence des oiseaux par le grand public. Farouche défenseur des thèses évolutionnistes, ce qui lui valut le sobriquet de « bouledogue de Darwin[b] », il ne disposait que de quelques échantillons de fossiles de dinosaures, mais il y reconnut des caractéristiques similaires à celles des oiseaux et identifia des traits distinctifs des dinosaures dans un fossile d'*Archæopteryx*, un oiseau ayant vécu il y a 150 000 millions d'années, qui venait alors d'être découvert[28]. Il écrivit en effet : « Si, issues d'œufs à moitié éclos, des pattes entières de poulet, du bassin aux ongles, pouvaient être soudainement agrandies, ossifiées et fossilisées telles qu'elles sont, elles fourniraient la dernière étape de la transition entre reptiles et oiseaux, et rien dans leurs caractéristiques ne pourrait vraiment empêcher de les prendre pour des fossiles de dinosaures[29]. »

Il avait raison, bien sûr. Les oiseaux ont évolué à partir des dinosaures pendant la période jurassique, il y a 150 à 160 millions d'années. Le paléontologue Stephen Brusatte, de l'université d'Édimbourg, déclare même : « Nous constatons qu'il n'y a pas de distinction claire entre "dinosaure" et "oiseau". Un dinosaure ne s'est pas un jour transformé en oiseau, l'évolution qui a conduit à la morphologie aviaire a commencé tôt et cette dernière s'est assemblée progressivement, pièce par pièce, mais de façon constante, durant plus de 100 millions d'années[30]. »

Il est aisé d'identifier le reptile chez les oiseaux. On peut le reconnaître dans leurs petits yeux ronds et brillants, leurs mouvements vifs et

a. Biologiste, paléontologue et philosophe britannique (1825-1895 [NdT]).

b. H. G. Wells cité par John Carey, *Eyewitness to Science*, Cambridge, MA : Harvard University Press, 1995, 139.

rapides ; dans l'aile de ptérodactyle du calao rhinocéros ; dans l'expression qui évoque le lézard d'un rouge-gorge se figeant, la tête levée, pour écouter un son ; dans le grand héron, avec son puissant et lent battement d'ailes, son cou fin, son cri rauque et discordant. S'il est facile de penser aux dinosaures dans ces exemples, c'est un défi à l'imagination de concevoir que la petite mésange remuante a pu surgir de ces grands animaux préhistoriques.

Dans une région éloignée du nord-est de la Chine, une bande de terre raconte l'histoire de cette transition remarquable. Au début du crétacé, des cendres volcaniques ont recouvert la région, créant la *formation Jehol*, à Hebei, un réservoir de fossiles dans la province du Liaoning, en Mongolie intérieure[31].

Alors que je m'étais rendue dans cette même province sur un site riche en fossiles, près du petit village de Sihetun, il y a près de deux décennies, les couches sédimentaires avaient été fouillées récemment par des villageois et partout avaient été mis au jour des fossiles de poissons anciens, de crustacés d'eau douce et de larves de mollusques, estampés sur de fines et fragiles feuilles de siltite[32]. J'étais venue rédiger la chronique d'une découverte faite un an plus tôt par un agriculteur, collecteur et amateur de fossiles, en sondant les strates d'une falaise. Il s'agissait du fossile incrusté d'une petite créature, dans la pose classique d'un animal mort, la tête en arrière, la queue droite, raidie, pointant vers le haut. Il ressemblait à un grand lézard d'environ 30 cm de haut, avec deux pattes. Accrochée à son dos, il y avait une chose extraordinaire : une crinière crépue, faite de filaments semblables à des poils.

Il s'agissait d'un dinosaure théropode appelé *Sinosauropteryx* (« plume de dragon chinois »)[33]. Les théropodes (« pieds de bête ») étaient un groupe diversifié de dinosaures bipèdes de tailles variées, allant des gigantesques *Tyrannosaurus rex* aux *Deinonychus* et aux Troodontidae, bien plus petits.

J'ai regardé un photographe travailler sur ce petit fossile théropode durant plus de dix heures, tandis qu'il essayait de bien capter et de faire ressortir l'empreinte délicate des protoplumes emprisonnées dans la terre. C'était vraiment stupéfiant de réaliser que ces motifs sombres et filiformes qui se dessinaient sur la queue du dinosaure étaient un plumage primitif.

Les plumes ont longtemps été considérées comme la signature caractéristique et exclusive des oiseaux modernes. La formation Jehol a changé cela ; au cours des deux dernières décennies, on y a extrait quantité de spécimens de dinosaures fossiles de 120 à 130 millions d'années, qui portaient toutes sortes de plumes, du duvet rudimentaire et des soies jusqu'aux plumes de vol à part entière. Un groupe de dinosaures à plume communs à l'époque, les Paraves – qui comprend les fameux *Velociraptor* de *Jurassic Park* –, testait différents modes de vol : le saut entre les arbres, le parachutisme, les vols plané et à voile. Certains se propulsaient à l'aide d'un vol battu : les oiseaux étaient nés[a, 34].

Les dinosaures ont fini par produire des mésanges et des hérons en partie à travers un processus de rétrécissement implacable connu sous le nom de « miniaturisation progressive »[35]. Il y a plus de 200 millions d'années, la taille des dinosaures a commencé à se diversifier, leur permettant de remplir de nouvelles niches écologiques, mais seule la ligne évolutive menant aux oiseaux a maintenu ces taux de changement très élevés[36]. Sur une période de 50 millions d'années, les ancêtres théropodes des oiseaux ont réduit leur taille de façon continue, passant de 163 kg à moins de 1 kg[37].

a. Selon Michael Benton, de l'université de Bristol : « Le déclencheur crucial a peut-être été l'installation dans les arbres, afin d'échapper aux prédateurs ou d'exploiter de nouvelles ressources alimentaires. La vie dans les arbres nécessite de petits corps, des yeux élargis (pour mieux éviter les collisions en sautant d'une branche à l'autre) et de plus gros cerveaux (pour faire face à la diversité des habitats arborescents). » Ces changements physiques « rappellent ceux qui ont eu lieu plus tard dans notre propre clade, où l'apparition des primates est également analysée comme la conséquence d'un mode de vie arboricole ».

Tout ce qui pouvait être miniaturisé l'a été. Petits et légers, ces animaux pouvaient explorer des niches alimentaires inhabituelles et échapper aux prédateurs en escaladant les arbres, en planant et en volant. Ils ont développé un certain nombre d'adaptations beaucoup plus rapidement que les autres dinosaures[38]. Leur taille restreinte, leur flexibilité évolutive et plusieurs modifications novatrices – isolation efficace via un plumage fourni, capacité de voler et de s'approvisionner sur de longues distances – les ont peut-être aidé à survivre aux événements catastrophiques qui ont décimé beaucoup de leurs cousins dinosaures, pour ensuite continuer à évoluer, devenant l'un des groupes les plus aboutis parmi les vertébrés terrestres.

Leur cerveau a-t-il également rétréci ?

Pas tellement. Les dinosaures qui ont donné naissance aux oiseaux possédaient un cerveau à haut degré d'encéphalisation avant même l'apparition du vol[39]. Au sein de leurs structures cérébrales, les centres visuels s'étaient déjà élargis, afin de contrôler des yeux agrandis et une vision développée qu'ils utilisaient pour éviter les collisions en sautant d'un arbre à l'autre, de même que les aires dédiées au traitement du son et à la coordination du mouvement. Le cerveau aviaire a évolué pour faire face au niveau de coordination neurologique et musculaire sophistiqué nécessaire pour explorer de nouvelles niches vitales et échapper aux prédateurs. En d'autres termes, le cerveau des oiseaux est apparu avant eux, tout comme leurs plumes.

Comment une créature parvient-elle à conserver un gros cerveau alors que le reste de son corps se rétrécit ? Les oiseaux ont géré le paradoxe de la même manière que nous : en gardant une tête et une physionomie de nouveau-né. Il s'agit d'un processus évolutif appelé « pédomorphose » (littéralement, « formation de l'enfant »), par lequel une créature évolue de façon à conserver des caractères juvéniles même après la maturation de l'âge adulte. Lorsqu'un groupe international de scientifiques a récemment comparé des crânes d'oiseaux, de théropodes et de crocodiliens, ses membres ont découvert que, pour la plupart des dinosaures et des crocodiliens, la forme du crâne de l'animal changeait au cours de sa vie[40]. « Pour les dinosaures non aviaires, lors de la croissance des jeunes et jusqu'à l'âge adulte, le museau denté et l'ensemble de la face prennent du volume, mais proportionnellement, le cerveau augmente moins[41] », explique Arkhat Abzhanov, de l'université Harvard, qui a participé à l'étude. « Les meilleurs exemples sont les sauropodes et les stégosaures, qui sont dotés de minuscules cerveaux par rapport à leurs grands corps. » Tandis que chez les oiseaux, qu'ils soient proto- ou modernes, le crâne conserve une forme juvénile à mesure qu'ils grandissent, laissant beaucoup d'espace pour des yeux énormes et un large cerveau. « Quand on considère les oiseaux, poursuit Abzhanov, on se trouve face à des dinosaures juvéniles. »

Ce phénomène affecte aussi l'espèce humaine. Une fois adultes, les hommes ont une grosse tête – par rapport à leur corps –, un visage plat, une petite mâchoire et une pilosité corporelle localisée sur certaines zones, exactement comme les nourrissons chez les primates. La pédomorphose, également appelée, dans ce cas de figure, « néoténie », a permis à l'homme, de même que chez les oiseaux, de développer un cerveau plus gros.

Tous les oiseaux n'ont pas un gros cerveau pour leur taille corporelle. Comme pour tout groupe d'animaux, on compte parmi eux des grosses et des petites têtes. Rappelons que, chez les spécimens d'un gabarit similaire, le corbeau possède un cerveau de 7 à 10 g tandis que celui de la perdrix pèse seulement 1,9 g ou, pour les plus petites espèces, le pic épeiche et la caille diffèrent par leur encéphale de 2,7 g et 0,73 g, respectivement.

La stratégie de reproduction joue un rôle dans la taille du cerveau. Les 20 % d'espèces d'oiseaux nidifuges – nés avec les yeux ouverts et aptes à quitter le nid après un jour ou deux – ont un cerveau plus grand à la naissance que leurs congénères nidicoles, dont les petits sont incapables de se nourrir et de se déplacer seuls après l'éclosion. Ces derniers naissent nus, aveugles et impuissants, et restent dans le nid jusqu'à ce qu'ils soient aussi grands que leurs parents et complètement capables de voler. Les oiseaux nidifuges, tels les oiseaux de rivage, sont autonomes presque tout de suite. Bien que leur cerveau soit relativement gros à l'éclosion, ce qui leur permet d'attraper et de manger un insecte ou de se déplacer sur de courtes distances alors qu'ils n'ont que quelques jours, il ne grandit guère après la naissance, de sorte qu'il finit par être plus petit que celui des oiseaux nidicoles.

Il en va de même pour les parasites de couvée tels que le coucou, l'hétéronette à tête noire et l'indicateur[a], qui pondent leurs œufs dans le nid d'autres espèces, s'épargnant ainsi le coût d'élever leurs petits. Leurs oisillons, après avoir chassé la progéniture de leur hôte (coucou) ou l'avoir tuée (indicateur), quittent le nid relativement tôt avec un cerveau assez gros pour leur permettre de se débrouiller, qui ne connaîtra néanmoins plus de croissance ultérieure.

Pourquoi les parasites de couvée ont-ils des cerveaux aussi petits[42] ? Louis Lefebvre, qui a étudié la taille du cerveau chez les indicateurs, suggère deux possibilités : soit il est nécessaire à ces oiseaux d'avoir un calendrier de développement plus rapide que leurs espèces hôtes, soit le fait d'être un parasite de couvée dégage le cerveau de tout ce qui est associé à la responsabilité d'élever ses oisillons. « Nous savons, en tant qu'êtres humains, quelle énergie il faut déployer pour élever un enfant, précise le

---

a. Les indicateurs sont des oiseaux arboricoles de taille modérée (10 à 20 cm) et à petite tête. Leur aire de répartition couvre l'Afrique subsaharienne et l'Asie du Sud-Est. Leur curieux nom d'*indicateur* (*honeyguide*, en anglais) est en relation avec le fait qu'ils signalent, par un chant particulier, au ratel (animal africain de la famille des Mustélidés) l'emplacement des ruches sauvages. Une fois parvenus tous deux à la ruche, le ratel ouvrira celle-ci de ses griffes pour y manger essentiellement le miel, tandis que l'indicateur se nourrira de la cire et des larves ainsi mises au jour. Ce cas remarquable de mutualisme s'étend même à l'homme, que l'indicateur a également coutume de guider vers les ruches (NdT).

biologiste. Si nous déposions nos bébés dans les nids des chimpanzés, nous nous épargnerions beaucoup de traitement de l'information. »

Les 80 % d'espèces d'oiseaux nidicoles, tels les mésanges, les corbeaux, les corneilles et les geais, pour ne citer qu'eux, naissent de petite taille et sans défense, mais leur cerveau – comme le nôtre – augmente considérablement après la naissance, en partie grâce à l'éducation donnée par leurs parents.

En d'autres termes, ceux qui gardent le nid finissent avec un cerveau plus gros que ceux qui le quittent tôt.

La taille du cerveau est également corrélée avec la durée pendant laquelle un oiseau reste dans son nid après avoir appris à voler, continuant son apprentissage avec ses parents[43]. Plus longue est la période juvénile, plus gros est le cerveau, peut-être pour que l'individu puisse y stocker tout ce qu'il apprend. Les espèces animales les plus intelligentes ont une enfance longue.

Un été, j'ai observé l'éducation tranquille de cinq grands hérons qui nichaient dans un chêne mort surplombant un étang de 4 hectares, à Sapsucker Woods[a], grâce à une webcam installée par le Cornell Laboratory of Ornithology. Par le passé, j'avais eu de rapides aperçus sporadiques de la vie au nid des rouges-gorges, des merlebleus[b] et des troglodytes, mais cette nouvelle technologie permet d'appréhender dans une intimité permanente – presque embarrassante – ce qu'est le quotidien de la petite enfance maladroite du grand héron.

J'ai toujours aimé les grands hérons, merveilleux dans le vol lent que leur procurent leurs ailes amples, mais je n'aurais jamais imaginé ressentir une telle

---

a. Ithaca, New York, USA (NdT).

b. Genre de passereau uniquement représenté en Amérique du Nord et en Amérique centrale (NdT).

joie et un tel étonnement à les voir grandir de près. Comme un demi-million d'autres voyeurs de 166 pays, je suis devenue une droguée du héron.

Grâce à un forum et à sa messagerie instantanée, nous formions une communauté virtuelle très soudée, sous la surveillance minutieuse d'un « modérateur », et nous étions assidus dès le matin, comme des enfants allant en classe. Quelqu'un souffrant d'une douleur non spécifiée a écrit que l'observation des hérons l'empêchait de devenir fou.

Ensemble, nous avons regardé les oisillons sortir de leur coquille fin avril, et, somnolents et impuissants, se blottir sous leurs parents qui les protégeaient des tempêtes pluvieuses et des attaques des rapaces nocturnes, engloutir les poissons régurgités par leurs géniteurs, tomber en catalepsie après avoir mangé et, surtout, donner des coups de bec à tout ce qui se trouvait à leur portée : branchettes, caméra, insectes, le bec de leurs parents ou de leurs frères et sœurs. Une pratique nécessaire pour s'entraîner au harponnage puissant du poisson, qui est la technique de pêche du grand héron.

Une consternation considérable s'est abattue sur notre communauté virtuelle avec l'éclosion du cinquième et dernier oisillon, plus petit que les autres et moins agressif pour avoir droit à sa part de nourriture.

« Numéro 5 n'a rien eu. Inquiétant.

— Numéro 5 claque encore du bec. J'ai peur qu'il n'ait pas assez à manger.

— Pourquoi les gens veulent-ils toujours inventer des histoires impliquant un sort tragique pour le numéro 5, alors qu'il va très bien ? » (*Intervention du modérateur.*)

Là où il n'y a pas d'intensité dramatique, les gens la créent.

« Numéro 5 me rappelle le garçon voisin dans *Mort d'un commis voyageur*[a]. Dans le premier acte, c'est un petit intello socialement inepte et dans le second, un avocat prospère qui plaide devant la Cour suprême. »

a. Pièce de théâtre américaine (*Death of a Salesman*) d'Arthur Miller, créée à Broadway (New York) en 1949 (NdT).

La nuit, j'ai regardé les hérons dormir. Certains oiseaux peuvent rester sans dormir durant de longues périodes. Les bécasseaux à poitrine cendrée, par exemple, renoncent au sommeil pendant des semaines en faveur d'une activité constante sous la lumière perpétuelle de l'été arctique[44]. Cependant, la plupart des espèces, hérons compris, semblent partager notre besoin de repos régulier, et leur sommeil, comme le nôtre, paraît critique pour le bon développement de leur cerveau.

Les oiseaux connaissent les mêmes cycles d'alternance de sommeil profond et de sommeil paradoxal[a] que l'espèce humaine[45]. Les scientifiques pensent que ce type de schéma d'activité cérébrale durant le sommeil joue un rôle crucial dans la croissance des cerveaux volumineux. Chez les oiseaux, le sommeil paradoxal dure rarement plus de dix secondes et est réparti sur des centaines de séquences par période de sommeil, tandis que les hommes comptent plusieurs phases de sommeil paradoxal par nuit, chacune d'une durée comprise entre dix minutes et une heure. Pour les mammifères comme pour les oiseaux, le sommeil paradoxal est sans doute particulièrement important pour le développement précoce du cerveau. Les mammifères nouveau-nés, comme les chatons, ont une durée de sommeil paradoxal beaucoup plus longue que les adultes. Les bébés humains peuvent passer jusqu'à la moitié de leur sommeil en phase paradoxale, tandis que cette dernière ne représente qu'environ 20 % dans celui des adultes. De même, des études sur des espèces de hiboux de petite taille montrent que les jeunes expérimentent des durées de sommeil paradoxal plus étendues que celles des adultes[46].

Peut-être en va-t-il de même chez les grands hérons.

Comme les hommes, les oiseaux ont également des durées de sommeil profond et lent directement proportionnelles à leur période de veille. De

---

a. Durant le sommeil profond, l'activité électrique du cerveau est constituée d'ondes lentes, les ondes delta, et les signes vitaux ralentissent tout en devenant réguliers ; durant le sommeil paradoxal, l'activité électrique du cerveau est très importante et des mouvements oculaires surviennent par saccades (NdT).

plus, chez ces deux espèces, les régions du cerveau utilisées plus largement lors des heures d'éveil dorment plus profondément lors du sommeil qui suit – une autre ressemblance née d'une évolution convergente. Une équipe de chercheurs internationaux dirigée par Niels Rattenborg à l'Institut Max-Planck d'ornithologie[a] a récemment découvert cette convergence dans une étude sur l'intelligence qui a mis en évidence la capacité des oiseaux à faire quelque chose que les hommes ne peuvent pas faire : moduler leur sommeil profond en ouvrant un œil, limitant le sommeil à ondes lentes à une moitié du cerveau tout en gardant l'autre en demi-alerte, peut-être pour se diriger pendant qu'ils dorment en vol et certainement pour surveiller les prédateurs[47]. Une faculté qui a été très utile à nos hérons endormis dans l'obscurité précédant l'aube d'un matin d'avril, lorsqu'ils ont été attaqués par un grand duc d'Amérique. Les scientifiques ont installé un petit cinéma pour plusieurs pigeons auxquels ils avaient bandé un œil et leur ont projeté huit heures durant des épisodes de *la Vie des oiseaux*, de David Attenborough, sans qu'ils puissent dormir. L'étude de leur activité cérébrale au cours du sommeil qui a suivi a montré une phase paradoxale plus lente dans la zone corticale du traitement visuel reliée à l'œil stimulé.

Que les hommes et les oiseaux manifestent ce type d'effet cérébral localisé suggère que le sommeil à ondes lentes peut jouer un rôle dans le maintien d'un fonctionnement optimal du cerveau. C'est ce qu'explique Rattenborg : « Dans l'ensemble, les parallèles entre le sommeil des mammifères et celui des oiseaux augmentent la possibilité, intrigante, que leur évolution indépendante soit liée à la fonction de ce mode de sommeil pour les cerveaux gros et complexes[48]. »

---

a. Institut de recherche extra-universitaire dépendant de la Société Max-Planck, situé à Pöcking (Haute-Bavière). L'Institut mène principalement de la recherche fondamentale en sciences de la nature, dans le domaine des neurosciences, de l'écologie comportementale, de la biologie de l'évolution et de la migration (NdT).

J'adore l'idée que la nature nous a dotés du même genre de sommeil que celui des oiseaux, favorisant la croissance de grands cerveaux dans des créatures si éloignées sur l'arbre de la vie.

Observer chaque matin les hérons s'éveillant était comme lire un chapitre dans un grand roman d'initiation. En mai et en juin, durant la phase où les jeunes oiseaux commencent à s'aventurer hors du nid, les promenades étaient encore maladroites tandis que les parents s'activaient pour nourrir ces organismes en pleine croissance. En seulement sept semaines, les oisillons sont passés de 70 g au moment de l'éclosion à plus de 2 kg. Comme des tout-petits en promenade, les jeunes oiseaux suivaient du regard tout ce qui bougeait : les avions, les oies en vol, les abeilles, leurs parents parcourant l'étang et mesurant leur angle d'attaque. Ensuite, il y a eu le premier saut de puce, le premier plongeon depuis le bord du nid, ce qui a causé beaucoup d'excitation dans les discussions sur la messagerie instantanée : « Numéro 4 ressemble à un enfant sur le grand plongeoir, qui essaie de se donner du courage pour sauter. » Ou encore : « Je suis complètement obsédé. » Plus tard, ce furent les premières tentatives de harponner un poisson en eau peu profonde, souvent infructueuses malgré une persévérance obstinée, puis le retour au nid à la tombée de la nuit. Tout cela sous l'œil vigilant de leurs parents, qui les accueillaient au logis en leur offrant des grenouilles et des poissons.

Quel contraste avec le pluvier, qui est opérationnel – littéralement – tout de suite ou presque après l'éclosion, dès que ses plumes sont sèches ! Ce sont les deux termes d'une alternative : être complètement fonctionnel à la naissance ou avoir une plus grande capacité intellectuelle plus tard.

La migration est une autre de ces alternatives évolutives. Les oiseaux qui migrent ont un cerveau plus petit que ceux qui, dans la même famille, sont sédentaires. Cela semble logique : un cerveau qui consomme beaucoup d'énergie et se développe lentement serait trop coûteux pour ces animaux qui voyagent beaucoup.

En outre, selon Daniel Sol, du CREAF[a], en Espagne, les comportements innés et câblés peuvent être plus profitables aux espèces migratrices, qui évoluent entre des habitats très différents, que des comportements fondés sur l'apprentissage et l'innovation. Il n'est peut-être pas très rentable d'investir des ressources mentales considérables pour recueillir des informations sur un lieu précis, alors que ces données ne seront probablement pas utiles sur une autre localisation[49].

Ce qui est plus surprenant, c'est qu'au sein d'une même espèce la taille du cerveau, ou du moins celle de certaines parties de l'encéphale, peut varier. Vladimir Pravosudov, de l'université du Nevada, et son équipe ont comparé dix populations de mésanges à tête noire et ont constaté que celles qui vivent dans les climats plus sévères de l'Alaska, du Minnesota et du Maine ont un hippocampe – la région du cerveau vitale pour l'apprentissage spatial et la mémoire – plus large et pourvu de davantage de neurones que leurs homologues de l'Iowa ou du Kansas[50]. Il en va de même pour leurs résistantes cousines des montagnes de l'Ouest américain, les mésanges de Gambel. Celles qui vivent sur les hauteurs froides et enneigées présentent un hippocampe plus développé que leurs pairs habitant des zones moins élevées[51]. Les mésanges des plus hauts sommets de la Sierra Nevada, par exemple, comptent près de deux fois plus de neurones dans leur hippocampe que leurs sœurs ne résidant que 650 m plus bas ; elles sont également plus douées pour la résolution de problèmes[52]. Là aussi, cela semble logique : en altitude, où il fait froid plus longtemps, les oiseaux doivent stocker davantage de graines et se rappeler où ils les ont cachées. Là où le climat est plus doux et la nourriture plus facilement disponible toute l'année, retrouver ces caches n'est pas si critique[b, 53].

---

a. Centre for Research on Ecology and Forestry Applications.

b. Vladimir Pravosudov soupçonne que le nombre de neurones dans l'hippocampe de ces différentes populations de mésanges est héréditaire, « produit par une sélection naturelle agissant sur la mémoire, plutôt que par des individus s'adaptant aux conditions changeantes ».

Quelle que soit la taille de l'hippocampe de ces oiseaux pour lesquels dissimuler des graines est une routine journalière, quelque chose de remarquable s'y produit. Des neurones naissent, s'ajoutent aux anciens ou les remplacent. La raison de cette neurogenèse reste un mystère[54]. Une hypothèse suggère qu'elle fournit une « réserve neuronale » permettant au cerveau de rester flexible et de solliciter de nouveaux neurones lorsqu'il est nécessaire d'apprendre des informations inédites ; une autre théorie propose que ces nouveaux neurones contribuent à éviter les « interférences catastrophiques » entre les anciens et les plus récents souvenirs, lorsque le cerveau assimile quelque chose de neuf[55]. Comme le prouve Vladimir Pravosudov, les mésanges « quotidiennement, dissimulent des aliments, retrouvent des cachettes et cachent ailleurs les denrées qu'elles ont exhumées, particulièrement en hiver ; elles ont donc besoin de se souvenir des anciennes cachettes comme des dernières ». Cette nécessité d'« éviter les interférences mémorielles » suggère que les oiseaux peuvent avoir besoin de séparer les événements en utilisant différents neurones pour des souvenirs distincts[56]. Le scientifique a montré que les mésanges provenant de populations connaissant des conditions climatiques difficiles, qui dissimulent donc davantage de nourriture, ont un taux de neurogenèse plus élevé[57].

En tout cas, ce renouvellement permanent des neurones a définitivement changé la façon dont nous envisageons le cerveau des Vertébrés, y compris le nôtre. Nous ne naissons pas avec toutes les cellules cérébrales que nous utiliserons au cours de notre vie. Dans notre hippocampe, des neurones se forment et d'autres meurent. Nous comprenons maintenant que cette capacité de changer et de renouveler les neurones et leurs connexions « permet au cerveau de se modifier pour apprendre, sur des échelles de temps de l'ordre de la milliseconde, de la minute ou de la semaine », explique Vladimir Pravosudov. Chez les oiseaux qui cachent leurs aliments, comme la mésange, cette plasticité peut les aider à répondre aux besoins mentaux d'un monde exigeant, dans un espace cérébral relativement limité.

La notion conventionnelle selon laquelle, chez les vertébrés tels que les oiseaux et les mammifères, un cerveau volumineux est toujours meilleur et plus puissant a finalement été invalidée par une nouvelle façon, simple mais ingénieuse, de mesurer la capacité intellectuelle : compter les neurones[58]. En 2014, la neuroscientifique brésilienne Suzana Herculano-Houzel et ses collègues ont déterminé le nombre de neurones et d'autres cellules dans le cerveau de onze espèces de perroquets et de quatorze espèces d'oiseaux chanteurs[59]. L'encéphale de ces oiseaux peut être petit, précise la scientifique, mais « il contient un nombre étonnamment élevé de neurones, vraiment élevé, avec des densités au moins semblables à celles rencontrées chez les primates. Chez les Corvidés et les perroquets, ce nombre est encore plus élevé »[60].

Cela dit, la localisation de ces neurones a son importance. Suzana Herculano-Houzel a montré que le cerveau des éléphants contient trois fois plus de neurones que celui de l'homme – en moyenne, 257 milliards contre 86 milliards –, mais que 98 % d'entre eux se situent dans le cervelet, où ils pourraient être impliqués dans le contrôle de la trompe, un appendice de 90 kg doté de fines capacités sensorielles et motrices[61]. D'autre part, le cortex cérébral du pachyderme, deux fois plus grand que le nôtre, ne renferme pourtant qu'un tiers des neurones trouvés dans celui de l'homme. Pour la neuroscientifique, cela suggère que ce qui détermine les capacités cognitives n'est pas le nombre de neurones dans l'ensemble du cerveau, mais leur densité au sein du cortex cérébral (ou de son équivalent aviaire). Suzana Herculano-Houzel et son équipe ont par exemple constaté que, chez l'ara, près de 80 % des neurones sont contenus dans la partie du cerveau correspondant au cortex, tandis que les 20 % restants se situent dans le cervelet. C'est l'inverse du rapport observé chez la plupart des mammifères.

En résumé, la présence d'un nombre élevé de neurones dans les structures du cortex des perroquets, des oiseaux chanteurs et surtout des Corvidés suggère une « grande capacité de calcul », disent les scientifiques, ce qui explique la complexité comportementale et cognitive signalée pour ces familles d'oiseaux.

La taille n'est pas la seule raison pour laquelle le cerveau aviaire a longtemps été déconsidéré, l'anatomie cérébrale en est une autre. L'encéphale des oiseaux était jugé primitif, à peine plus sophistiqué que celui d'un reptile. « Les oiseaux étaient considérés comme des automates adorables, uniquement capables d'activités stéréotypées[62] », explique Harvey Karten, neurologiste à l'université de Californie (San Diego), qui étudie le cerveau des oiseaux depuis un demi-siècle.

Cette dépréciation anatomique a commencé dans les dernières années du XIXe siècle avec les observations de Ludwig Edinger, un neurobiologiste allemand connu comme le père de la neuroanatomie comparée[63]. Edinger pensait que l'évolution était linéaire et progressive. Comme Aristote, il a classé les créatures selon une échelle de type *scala naturæ*[a], des moins évoluées – poissons et reptiles – aux plus avancées, l'*Homo sapiens* couronnant évidemment le sommet. D'échelon en échelon, les espèces sont présentées comme des raffinements, des améliorations de celle qui les précède. Selon lui, les cerveaux ont évolué de la même manière, passant du cerveau primitif au plus complexe en gagnant de nouveaux éléments. Les régions les plus brillantes du cerveau des animaux supérieurs se sont superposées

a. La *scala naturæ*, signifiant littéralement « échelle des êtres », mais souvent traduite par « chaîne des êtres » ou « grande chaîne de la vie », est une conception classique de l'ordre de l'Univers, dont la principale caractéristique est la stricte hiérarchie linéaire et continue entre les niveaux. Amorcée par Démocrite et Platon, exposée par Aristote dans son VIIIe livre de l'*Histoire des animaux* ou par Plotin, elle sera formalisée plus tard sous le nom de *scala naturæ* et est en usage dès le Moyen Âge (NdT).

à celles, moins efficaces, des êtres inférieurs, comme des strates géologiques, progressant en taille et en complexité à partir des poissons et des amphibiens, dotés des encéphales les plus primitifs, jusqu'au pinacle de l'évolution, la cervelle humaine.

Dans cette théorie, le cerveau ancien (ou inférieur) contenant des neurones disposés en grappes constitue le siège des comportements instinctifs, tels que l'alimentation, la sexualité, la parentalité et la coordination motrice. Le cerveau nouveau (ou supérieur) comprend six couches de cellules enveloppant le cerveau primitif. Chez l'homme, elles deviennent si larges qu'elles doivent se plisser et se replier en circonvolutions à l'intérieur du crâne.

Ce nouveau cerveau étant, de l'avis d'Edinger, le siège de la pensée supérieure, les oiseaux manquaient tout simplement du matériel nécessaire à un comportement complexe. À la place de ce cerveau « supérieur » disposé en couches et en plis, ils possèdent essentiellement les structures lisses du « cerveau inférieur », organisées en grappes, typiques des reptiles archaïques[a, 64]. Cette théorie implique donc que les oiseaux sont principalement des créatures d'instinct, avec des comportements précâblés et réflexes, incapables de hautes performances intellectuelles.

Les noms qu'Edinger a donnés aux structures cérébrales reflètent ses croyances erronées. Il a utilisé les préfixes *paléo-* (« plus ancien ») et *archi-* (« archaïque ») pour désigner les structures dans le cerveau de l'oiseau, et *néo-* (« nouveau ») pour certaines parties de celui des mammifères. Le cerveau « ancien » des oiseaux s'appelait le « paléoencéphale » (actuellement nommé « ganglions de la base » ou « noyaux gris centraux »), le « nouveau » cerveau des mammifères étant désigné comme le « néoencéphale »

---

a. Comme l'a écrit Peter Marler : « La présomption répandue selon laquelle la zone corticale de surface est un corrélat direct de l'intelligence nous a prédisposés à estimer que le cerveau aviaire, à surface lisse, n'était pas conçu pour accomplir des actions cérébrales de haut niveau. »

(désormais, le « néocortex »). Cette terminologie, qui impliquait que le cerveau aviaire était plus primitif que celui des mammifères, minimisait fortement les capacités mentales des oiseaux. C'est le pouvoir des mots. Nous sommes des êtres de langage, qui pratiquons la dénomination. La façon dont nous désignons les choses influe sur la représentation mentale que nous en avons et sur les expériences que nous jugeons dignes de réaliser. Appeler une zone du cerveau aviaire « paleostriatum primitivum » a renforcé l'idée d'une incapacité constitutive et a entravé l'intérêt pour les études sur l'apprentissage des oiseaux et leurs facultés intellectuelles.

Le syllogisme était donc le suivant :

- Le néocortex est le siège spécialisé de l'intelligence.
- Les oiseaux ne possèdent pas de néocortex.
- Par conséquent, les oiseaux ont peu ou pas d'intelligence.

Le point de vue d'Edinger a dominé durant plus d'un siècle, jusqu'aux années 1990. À partir de la fin des années 1960, des scientifiques comme Harvey Karten avaient néanmoins commencé à approfondir les recherches concernant le cerveau des oiseaux et des mammifères, s'intéressant de façon détaillée aux cellules et à leurs circuits, aux molécules et aux gènes de l'encéphale de différents animaux pour les comparer[65]. Ils observèrent le développement embryonnaire afin de déterminer quelles zones du cerveau donnaient naissance à d'autres et établirent des relevés neuronaux dans l'espoir de comprendre comment les synapses reliaient les diverses zones cérébrales entre elles.

Ce qu'ils découvrirent a renversé les théories d'Edinger[66]. Le cerveau aviaire n'est pas une version primitive et non développée de celui des mammifères. Oiseaux et mammifères évoluent séparément depuis plus de 300 millions d'années, il n'est donc guère surprenant que leurs cerveaux soient tout à fait différents. Les oiseaux possèdent en réalité leur propre système neuronal sophistiqué, utilisé pour les comportements complexes, que l'on appelle, dans le langage ornithologique, la « crête ventriculaire dorsale ». Celle-ci se développe dans la même région du cerveau embryonnaire que le néocortex des mammifères, le *pallium* (le « manteau », en latin), mais elle évolue en se structurant de façon radicalement distincte.

Durant la même période, des expériences en laboratoire ont commencé à mettre en évidence des comportements complexes chez les oiseaux : exceptionnelle capacité du pigeon à distinguer les images figurant des êtres humains, vêtus ou nus, de celles qui n'en montrent pas ; talent du perroquet gris africain pour additionner des nombres et classer les objets ; faculté de certains Corvidés de se souvenir de l'emplacement des caches alimentaires d'autres oiseaux[67].

Malgré toutes ces avancées, le préjugé envers le cerveau aviaire s'est maintenu, en partie en raison de l'étiquetage biaisé des zones du cerveau effectué par Edinger.

C'est finalement en 2004 et en 2005 qu'une déclaration publique, un véritable manifeste, a remis en cause la conception anatomique du cerveau des oiseaux. Un groupe international de vingt-neuf experts en neuroanatomie, dirigé par deux neurobiologistes, Erich Jarvis de l'université Duke[a] et Anton Reiner de l'université du Tennessee[b], a publié une série d'articles venant corriger les vues erronées d'Edinger et réviser son archaïque nomenclature encéphalique[68]. Ce ne fut pas une tâche facile, trouver un consensus parmi les experts du cerveau aviaire s'apparentant davantage à diriger une meute de chats, selon l'un des participants. Non seulement les membres de l'Avian Brain Nomenclature Consortium[c] ont renommé les

a. Université de recherche privée nord-américaine, située à Durham (Caroline du Nord). Elle compte parmi les établissements les plus renommés du monde. Fréquemment appelée la « Harvard du Sud », Duke est l'université la plus sélective du sud des États-Unis (NdT).

b. Implantée à Knoxville (NdT).

c. Consortium pour la nomenclature du cerveau aviaire (NdT).

zones du cerveau des oiseaux à la lumière de sa compréhension moderne, mais ils ont également fait le lien entre ces structures et celles qui leur sont analogues dans l'encéphale des mammifères, de façon à faciliter la communication entre les biologistes des deux classes animales.

« Près de 75 % de notre cerveau antérieur constitue le néocortex, précise Erich Jarvis, et il en va de même pour les oiseaux, en particulier pour les chanteurs et les perroquets, qui ont tout autant de "cortex", proportionnellement parlant, que nous ; il n'est simplement pas organisé comme le nôtre[69]. » Alors que les cellules nerveuses dans le néocortex d'un mammifère sont empilées en six couches distinctes comme du contreplaqué, celles qui constituent la structure corticale aviaire sont regroupées comme des gousses dans une tête d'ail. Les cellules elles-mêmes sont fondamentalement les mêmes, capables de décharges rapides et répétitives, et la façon dont elles fonctionnent est aussi sophistiquée, flexible et inventive. En outre, elles utilisent les mêmes neurotransmetteurs chimiques pour échanger entre elles. Le plus important est peut-être encore que les cerveaux des oiseaux et des mammifères partagent des circuits nerveux similaires, des chemins entre les zones cérébrales, qui s'avèrent être essentiels dans les comportements complexes. Ce sont les liens et les connexions entre les cellules du cerveau qui importent réellement en matière d'intelligence. Et à cet égard, le cerveau des oiseaux n'est pas très différent de celui des hommes.

Irene Pepperberg utilise une analogie avec l'informatique pour souligner cette convergence[70]. Le cerveau des mammifères serait comme un PC Windows, alors que celui des oiseaux s'apparenterait à un Mac d'Apple. Les traitements sont différents, mais les résultats sont similaires.

Le point crucial, selon Erich Jarvis, est qu'il existe plus d'une façon de générer des comportements complexes : « Il y a la manière des mammifères et celle des oiseaux. »

Prenons le fonctionnement de la mémoire de travail, qui est la capacité de se rappeler un ou plusieurs faits durant une courte période, tout en traitant un problème. C'est ce type de mémoire qui nous permet de nous souvenir d'un numéro de téléphone tandis que nous le composons. Le corbeau calédonien nommé 007 a manifesté cette capacité cognitive dans le casse-tête, décrit plus haut, associant des bâtonnets, des cailloux et des boîtes ; elle lui a permis de garder à l'esprit son objectif tout en accomplissant les nombreuses étapes nécessaires pour y parvenir.

Les cerveaux aviaire et humain semblent utiliser la mémoire de travail d'une manière analogue. Dans le cerveau humain, le processus qui la génère se produit dans le cortex cérébral organisé en couches ; toutefois, le cortex des oiseaux n'est pas constitué de strates : comment les informations dans le cerveau du corbeau sont-elles donc stockées d'un intervalle de temps à un autre ?

Pour en savoir plus, Andreas Nieder et une équipe de chercheurs de l'Institut de neurobiologie de l'université de Tübingen[a] ont appris à quatre corneilles noires à jouer à une version de Memory, ce jeu de concentration qui implique de garder une image à l'esprit tout en recherchant celle qui lui correspond[71]. Une image était montrée aux corneilles, qui devaient ensuite s'en souvenir durant une seconde avant de sélectionner la même, parmi quatre propositions, en la piquant avec le bec. Les réponses correctes étaient récompensées par un ver de farine[b] ou un granulé pour oiseaux et, pendant l'exercice, les scientifiques observaient l'activité électrique cérébrale des corneilles.

Ces dernières se sont révélées très douées – de vraies pros –, accomplissant facilement et efficacement la tâche d'association des images. Que se passait-il dans leur encéphale ? Au sein de ce qu'on appelle le *nidopallium caudolaterale* – une zone analogue au cortex préfrontal chez le primate –,

a. L'université Eberhard Karl de Tübingen (en allemand, Eberhard Karls Universität Tübingen), fondée en 1477, est l'une des plus anciennes universités allemandes, située dans le Land de Bade-Wurtemberg (NdT).

b. Larve du ténébrion meunier (*Tenebrio molitor*), un coléoptère (NdT).

une grappe de deux cents cellules s'activait au moment où les oiseaux prenaient connaissance de la première image et restait en activité tandis qu'ils recherchaient celle lui correspondant. C'est le même mécanisme qui nous permet de retenir des informations pertinentes pendant que nous accomplissons une tâche.

Il paraît donc clair que la mémoire de travail peut exister en l'absence d'un cortex cérébral organisé en couches. Elle « diffère uniquement en ce qui concerne la présence d'un composant linguistique chez l'homme », déclare Onur Güntürkün, neurobiologiste à l'université de la Ruhr, dans la ville de Bochum[a], en Allemagne, « mais les processus neuronaux générant la mémoire de travail semblent être identiques »[72].

Les oiseaux ont finalement gagné un peu de respect. Leur cerveau est sans doute relativement petit, mais ce ne sont pas pour autant des simples d'esprit.

La question qu'il faut à présent se poser est donc : « *Pourquoi* sont-ils intelligents ? » – et non plus « Sont-ils intelligents ? » –, surtout si l'on tient compte des contraintes du vol sur la taille du cerveau. Quelles sont les forces évolutives qui ont joué dans la formation de leur intelligence ?

Les théories abondent, mais deux prédominent. L'une affirme que les problèmes écologiques, en particulier ceux liés à la recherche de nourriture, ont contribué à stimuler l'expansion de l'encéphale des oiseaux et le développement de capacités cognitives renforcées : comment trouver assez de nourriture tout au long de l'année, notamment durant les saisons froides ? Comment se rappeler où sont cachées les graines dissimulées plusieurs mois auparavant ? Comment se procurer des aliments difficiles à obtenir ? Il est en général admis que les animaux confrontés à des environnements impitoyables ou imprévisibles développent des facultés cognitives accrues,

a. Ruhr-Universität Bochum, ou RUB (NdT).

parmi lesquelles des compétences supérieures en termes de résolution de problèmes et la faculté d'explorer de nouvelles choses.

L'autre théorie avance que les pressions sociales ont favorisé l'évolution d'un esprit flexible et intelligent : s'entendre avec les autres, revendiquer et défendre son territoire, prendre garde aux pilleurs et aux voleurs, trouver un partenaire, prendre soin de ses descendants, partager les responsabilités. Même la façon dont les ibis chauves échangent le rôle principal dans la formation de vol lors de la migration suggère une sorte de cognition sociale adaptative, une compréhension de la réciprocité : un service rendu appelle un service en retour, et cela profite à l'ensemble de la communauté[73].

Une autre notion, évoquée pour la première fois par Darwin, laisse entendre que les capacités cognitives d'un animal sont autant un produit de la sélection sexuelle que de la sélection naturelle. Les femelles des oiseaux façonnent-elles l'intelligence de leur espèce ?

Toutes les réponses n'ont pas encore été formulées, mais les corbeaux, les geais, les moqueurs, les oiseaux chanteurs, les passereaux, les pigeons et les moineaux nous fournissent des indices passionnants.

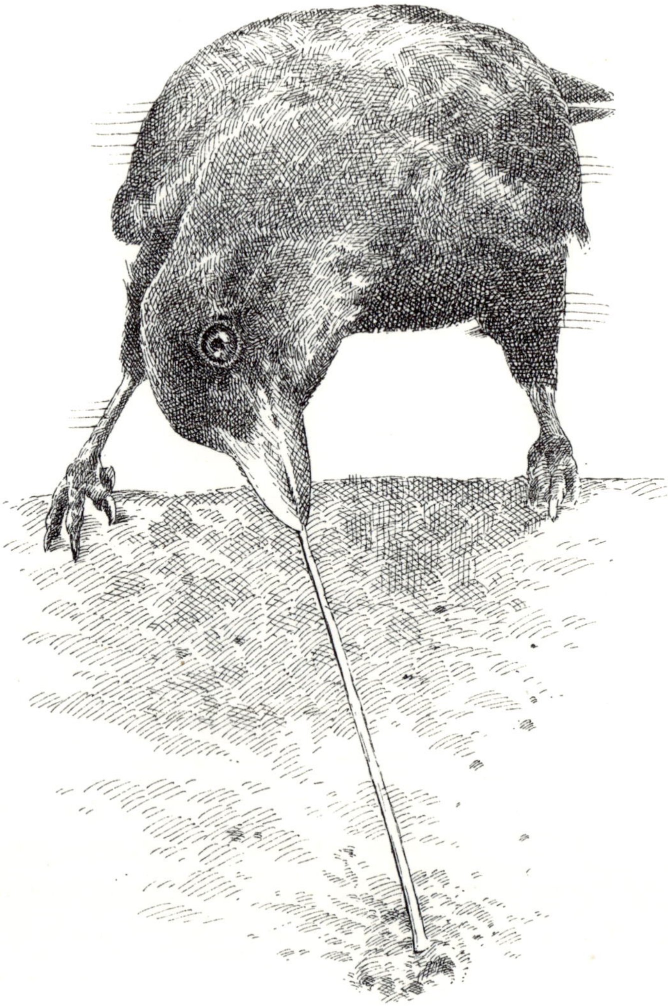

{ chapitre III }

EXPERTS : *la magie technique*

Blue est dans l'embarras. Dans sa volière, sur une table à côté de lui, il y a un tube en plastique avec un morceau de viande enfoncé à l'intérieur, juste hors de portée de son bec. Comme 007, Blue est un corbeau calédonien, un oiseau connu pour sa maîtrise de la fabrication d'outils et ses compétences dans la résolution de problèmes[1].

Il examine la situation, sautille autour du tube, regarde à l'intérieur, bouge la tête avec la précision d'une mécanique d'horloge. Il volette vers le sol et becquette quelques objets éparpillés – des feuilles, de minuscules brindilles, deux ou trois morceaux de plastique incongrus –, mais apparemment, il ne trouve pas ce qu'il cherche. Il vole jusqu'à un bouquet broussailleux de branchettes regroupées dans un pot sur la table, inclinant la tête à droite et à gauche pour envisager les options qui s'offrent à lui. Il choisit un rameau et le détache de sa branche, puis enlève méthodiquement toutes les brindilles latérales. Il dispose maintenant d'un long bâtonnet droit. Le bon outil pour le travail qui l'attend. Il enfonce le bâtonnet dans le tube, harponne la viande, l'extrait et l'engloutit.

Regarder Blue fabriquer soigneusement un petit instrument parfait à partir de branchettes en vrac est une merveille. À l'état sauvage, ces corbeaux façonnent des outils élaborés à partir de bâtonnets, de bords de feuilles et d'autres matériaux, qu'ils utilisent pour extirper des larves et des insectes des tunnels où ils se cachent dans le bois tombé au sol, mais aussi sur l'envers des écorces ou des feuilles, des crevasses, des trous et des cavités de toutes sortes[2]. Les corbeaux voyagent avec leurs outils, ce qui suggère qu'ils leur accordent de la valeur ; ils reconnaissent un bon outil quand ils en ont un et le conservent pour le réemployer[3].

Il y a presque quelque chose de singulier dans ce comportement. Les oiseaux réaliseraient-ils des instruments si efficaces qu'ils souhaiteraient s'en servir de nouveau ? Nombre d'animaux utilisent des outils, mais peu en font d'aussi élaborés. En réalité, à notre connaissance, seuls quatre groupes d'animaux sur la planète créent leurs propres outils complexes : les hommes, les chimpanzés, les orangs-outans et les corbeaux calédoniens. Moins encore les conservent en vue de les réutiliser.

Cette scène avec Blue est un simple exemple d'une notion importante. Les oiseaux sont intelligents parce qu'ils doivent résoudre des problèmes dans leur environnement – en particulier la manière d'obtenir des aliments situés dans des emplacements difficiles d'accès. C'est l'hypothèse de l'intelligence technique. Ce sont les défis écologiques qui ont stimulé l'évolution de l'intelligence chez les oiseaux.

On peut définir un expert comme un individu possédant une compétence étendue dans un domaine spécialisé et cette définition peut s'appliquer au corbeau calédonien. Son aptitude à recourir à des outils est inégalée dans le monde des oiseaux, sa capacité à les fabriquer est à la hauteur du savoir-faire de certains primates, comme le chimpanzé et l'orang-outan.

En quoi est-ce important ? Quel est l'enjeu derrière cette question des outils ?

La capacité d'élaborer et d'utiliser des outils a longtemps été considérée comme le signe d'une intelligence élevée ou d'une cognition complexe, qui serait le propre de l'homme, de même que le langage ou la conscience. L'usage d'instruments, pensait-on, nécessitait une compréhension distinctement humaine, qui impliquait un raisonnement causal, une relation entre la cause et l'effet. C'est une faculté qui nous a singularisés en tant qu'espèce et qui a joué un rôle central dans notre évolution et notre développement. En philosophie, la notion d'*Homo faber* fait référence à l'homme en tant qu'être susceptible de concevoir des outils, ce qui a conduit Benjamin Franklin[a] à énoncer que « l'homme est un animal fabricateur d'outils[b] ». La liste de ceux que nous avons inventés « est un raccourci utile pour représenter toute l'histoire de notre espèce », selon Alex Taylor et Russell Gray, de l'université d'Auckland[4]. « La hache de pierre, le feu, les vêtements, la poterie, la roue, le papier, le béton, la poudre à canon, l'imprimerie, l'automobile, la bombe nucléaire, Internet : la fabrication de ces outils a révolutionné les sociétés dans lesquelles ils ont été conçus, car chacun a redéfini la façon dont les hommes interagissent avec l'environnement et les uns avec les autres. »

Cette idée que seule l'espèce humaine est capable d'utiliser des outils a cependant été battue en brèche lorsque Jane Goodall a découvert que les chimpanzés du parc national de Gombe (Tanzanie) faisaient de même[5]. Depuis, ce comportement a été observé chez les orangs-outans, les macaques, les éléphants, et même chez les insectes. Certaines guêpes scellent leur terrier en tassant le sol et les gravillons qui l'environnent à l'aide

---

a. Imprimeur, éditeur, écrivain, naturaliste, inventeur et homme politique américain (1706-1790 [NdT]).

b. *Man is a tool-making animal.*

d'un caillou qu'elles tiennent entre leurs mandibules[6]. Les fourmis tisserandes exploitent leurs propres larves pour construire et réparer leurs nids robustes. Les ouvrières ramassent les larves, qui sécrètent de la soie, et les font circuler de manière que le fil cimente entre elles les feuilles qui forment le nid. Néanmoins, le recours à des outils demeure extrêmement rare dans le monde animal et n'est documenté que pour moins de 1 % des espèces[7].

Les primates ont longtemps été regardés comme les champions parmi les utilisateurs d'outils, mais au cours de la dernière décennie, les corbeaux calédoniens sont apparus comme des candidats à ce titre. Ce n'est pas une mince réussite, surtout si l'on considère le catalogue des outils de l'orang-outan, par exemple, qui va des cure-dents et autres instruments pour se nettoyer les dents aux projectiles destinés aux prédateurs, en passant par les serviettes de feuilles, les éponges en mousse, les éventails de branches feuillues, les ciseaux, les crochets et les nettoyeurs pour ongles, sans compter les protections contre les abeilles sous forme de chapeaux de branchettes et de feuilles[8]. Les chimpanzés ne sont pas en reste et fabriquent ainsi d'astucieux râteaux en assemblant jusqu'à trois bâtonnets, de bois ou de bambou, pour atteindre ce qu'ils convoitent, ou une coupelle leur servant à boire, à l'aide de feuilles mêlées[9].

Même au sein de cette concurrence en habileté, les corbeaux calédoniens se distinguent. Bien qu'ils n'élaborent pas et n'utilisent pas une aussi grande variété d'outils que les chimpanzés et les orangs-outans, ils réalisent leurs instruments avec précision à partir d'une gamme de matériaux divers[10]. Ils les façonnent de telle manière que leur longueur et leur diamètre soient appropriés à chaque tâche particulière et ils les modifient pour résoudre de nouveaux problèmes[11]. Ils innovent. Ils s'en servent en séquence[12], comme l'a fait 007 avec son casse-tête en huit étapes : un outil court pour en obtenir un plus long qui peut être employé pour atteindre la nourriture convoitée. Et le plus impressionnant est peut-être qu'ils conçoivent des outils barbelés ; c'est la seule espèce à le faire après l'homme.

La première fois que j'ai vu un corbeau calédonien utiliser un outil dans la nature, c'était le long d'une route qui grimpe fortement entre Focalo et Farino, dans le sud de la Nouvelle-Calédonie. Au sommet, une aire offrant un beau point de vue est protégée par une structure en bois élaborée. L'endroit attire les touristes depuis l'autoroute, qui admirent le panorama imprenable sur les montagnes boisées et les eaux bleues de la baie de Moindou. Mais ce matin d'avril, il était davantage fréquenté par des visiteurs ailés.

Alex Taylor m'avait emmenée là-bas dans l'espoir de voir des corbeaux ouvrir des noix pendant leur repas matinal[13]. Ces oiseaux ont un rythme journalier assez strict, qui ne ressemble pas à notre journée de huit heures. Ils sont actifs de l'aube jusqu'à la fin de la matinée, en fonction de la chaleur, puis ils font leur version de la sieste jusqu'au début de l'après-midi et s'affairent ensuite jusqu'au crépuscule.

« En ce moment, ils sont en mode de collecte alimentaire, m'explique Taylor, c'est la courte période de la journée où ils sont prêts à se mettre en danger. »

Assez sûrs d'eux, les membres de quatre ou cinq familles de corbeaux calédoniens patrouillent dans les arbustes au-dessous de la route, voletant de branche en branche ou sautillant silencieusement au sol. Quelqu'un a jeté des déchets sur le bord de la chaussée et les oiseaux explorent cette aubaine, faisant le tri.

Les corbeaux calédoniens, comme les rats et l'homme, sont euryphages : leur régime alimentaire est large, associant une grande variété de végétaux et d'animaux. Ils consomment volontiers des insectes et leurs larves, des escargots, des lézards, des charognes, des fruits frais ou à coque et des restes alimentaires abandonnés par l'homme. La récolte ici est facile, et il semble peu probable que les corbeaux se mettent en peine avec quelque chose d'aussi exigeant à ouvrir que des noix de bancoulier – l'arbre même qui abrite les larves juteuses des coléoptères que ces oiseaux extraient avec leurs outils –, d'autant qu'elles ne sont pas faciles à écaler. Nous entendons pourtant soudainement derrière nous un craquement net sur la chaussée. Plusieurs corbeaux se tiennent dans les arbres, au-dessus de la route. L'un d'entre eux, perché sur une branche fourchue surplombant l'asphalte, fait tomber une noix qui se brise alors dans un claquement sec ; il plonge ensuite en piqué pour prélever le contenu de la coque rompue.

Les corbeaux calédoniens ne se contentent pas d'ouvrir les noix de cette façon, les plus gourmands sont notamment réputés pour faire de même avec les escargots bulimes (*Placostylus fibratus*), une rare espèce endémique, les lâchant d'une bonne hauteur afin que leur coquille se fracasse sur les lits rocheux des ruisseaux à sec dans la forêt tropicale[14].

De nombreux autres oiseaux ouvrent des noix, des crustacés et des œufs de manière similaire. L'une des sous-espèces partiellement hématophages du géospize à bec pointu des îles Galápagos brise les gros œufs des fous de mer en prenant appui sur le sol avec son bec et en les projetant contre des rochers à l'aide de ses pattes ou, avec la même technique, les pousse pour les faire tomber du haut d'une falaise[15]. La bondrée à plastron, anciennement connue en tant que milan à plastron, endémique de l'Australie, lâche des pierres sur le nid des émeus ; le percnoptère ou vautour percnoptère, aussi appelé percnoptère d'Égypte, agit de même avec les œufs d'autruche[16]. Les corneilles noires utilisent les voitures qui passent pour écraser des coques particulièrement résistantes, comme les noix classiques, qui ne se cassent pas simplement en tombant sur le trottoir[17]. Une vidéo désormais célèbre montre comment une de ces corneilles, dans une ville du Japon, se sert d'un passage pour piétons. Lorsque la lumière est rouge pour les piétons, l'oiseau, perché sur un fil électrique, laisse choir sa noix sur le passage, puis attend pendant que les voitures circulent. Lorsque le feu passe au vert pour les piétons, il va en toute sécurité récupérer le fruit parmi les éclats de la coque. Si aucune voiture n'a brisé la noix, il la repositionne.

À proprement parler, laisser tomber de la nourriture sur une surface dure n'est pas utiliser un outil, mais les corbeaux calédoniens vont plus loin. Sur le bord de la route, il y a une rambarde en bois récemment construite. Un corbeau s'y pose et place sa noix dans un trou dont le fond est constitué par la tête d'un gros boulon en métal. Se servant du boulon comme d'une enclume et du trou pour maintenir la noix en place, il force à petits coups avec son bec pour fendre la coque. Ingénieux, non ?

D'autres oiseaux recourent à des instruments qu'ils trouvent autour d'eux. En feuilletant les pages des revues ornithologiques ou l'impressionnante compilation de Robert Shumaker, *Animal Tool Behavior*, on découvre des récits délicieux et surprenants d'oiseaux se servant d'objets trouvés comme d'autant d'outils : pour transporter de l'eau, pour se gratter le dos ou s'essuyer, pour attirer des proies[18]. Une cigogne blanche apporte de l'eau à ses petits dans un paquet de mousse humide qu'elle presse ensuite au-dessus d'eux pour remplir leur bec[19]. Des perroquets jacos, dits aussi « gris du Gabon », écopent l'eau contenue dans leur écuelle avec une pipe ou un bouchon de bouteille[20]. Une corneille d'Amérique transporte de l'eau dans un Frisbee afin de ramollir son repas, une autre fixe un Slinky[a] en plastique à son perchoir et se sert de l'extrémité libre pour se gratter la tête[21]. Un pic des saguaros, ou pic de la Gila, use d'une coupelle en écorce d'arbre pour apporter du miel à ses petits[22]. Un geai

a. Un Slinky (aussi appelé Ondamania) est un jouet en forme de long ressort, fait de métal ou de plastique, inventé dans les années 1940 par l'ingénieur en mécanique Richard James. Sa particularité est qu'il est capable de descendre les marches d'un escalier ou un plan incliné une fois son mouvement amorcé (NdT).

bleu utilise son propre corps comme une serviette pour débarrasser les fourmis de leur pulvérisation d'acide formique nocif, les rendant ainsi propres à la consommation[23].

Certains oiseaux considèrent les objets comme des armes. Une corneille d'Amérique, à Stillwater, en Oklahoma, a lancé trois pommes de pin à la tête d'un scientifique qui grimpait vers son nid[24]. Dans l'Oregon, un couple de corbeaux défendant son lieu de nichage de l'intrusion de deux chercheurs a employé une tactique similaire, mais des armes plus dangereuses : « Une pierre de la taille d'une balle de golf est passée devant mon visage et a atterri près de mes pieds », rapporte un des scientifiques[25]. Les chercheurs ont d'abord cru à une chute accidentelle de la pierre, provoquée par un corbeau perché sur la falaise au-dessus du nid, mais ils ont vu ensuite un corbeau avec une pierre dans le bec, qui l'a projetée d'un coup de tête vers sa cible en contrebas, avant d'en envoyer six autres successivement. L'une d'elles a touché un des chercheurs à la jambe, laissant une trace montrant que l'oiseau l'avait extraite du sol, où elle était partiellement enterrée.

Plusieurs types d'oiseaux utilisent des objets comme des leurres pour attirer des poissons. Les hérons verts sont des pêcheurs à l'appât experts, ils sont connus pour faire venir leurs proies avec du pain, du pop-corn, des graines, des fleurs, des insectes vivants, des araignées, des plumes, et même des granulés... pour nourrir les poissons ! Le fumier est un appât de choix pour la chevêche – ou chouette – des terriers. Ces oiseaux dispersent des boulettes d'excréments d'animaux près de l'ouverture de l'abri creux qui leur sert de nid et attendent, immobiles, que des coléoptères coprophages, comme le bousier, se précipitent sans méfiance vers le piège.

Les sittelles torchepot tiennent des éclats d'écorce dans leur bec pour soulever celle des arbres, exposant ainsi les insectes cachés dessous. Une mésange à dos marron a été observée en train de prélever des graines dans une mangeoire à pain de suif à l'aide d'une épine. D'autres espèces notables utilisent des bâtonnets, des brindilles et des branchettes[26]. Les cacatoès noirs s'en servent régulièrement comme des baguettes de tambour, frappant sur des troncs d'arbres creux pour marquer leur territoire ou pour attirer l'attention d'une femelle sur un abri propice à la reproduction[27]. Les cacatoès soufrés et les perroquets jacos les emploient, eux, comme grattoirs pour le dos, mais aussi pour la tête, le cou et la poitrine. Un pygargue à tête blanche a été vu tenant un bâton dans son bec et s'en servant comme d'une masse pour matraquer une tortue, mais le plus étonnant est peut-être ce geai s'armant d'une espèce de sagaie contre une corneille lors d'une bagarre pour des graines.

Ce dernier exemple, récent, est le premier cas documenté d'un oiseau utilisant un objet comme une arme contre un autre oiseau, aussi mérite-t-il quelques explications.

Au début d'un matin d'avril, l'ornithologue Russell Balda regardait une corneille d'Amérique se promener tranquillement sur une mangeoire-plateau à Flagstaff, en Arizona, qui est approvisionnée quotidiennement d'une grande variété de graines pour les oiseaux locaux[28]. Des geais de Steller fréquentent souvent le site pour profiter de cette aubaine, dérobant des graines qu'ils cachent à proximité. L'un d'eux, apparemment mécontent de voir la corneille prendre son temps, essaie de déloger cet oiseau plus gros que lui en piaillant et en plongeant en piqué sur lui, mais en vain. Il file alors vers un arbre voisin et, travaillant vigoureusement du bec, détache une brindille d'une branche morte. Prenant l'extrémité émoussée dans son bec pour avoir la pointe devant lui, il fonce vers le bas, brandissant la brindille comme une lance. Il manque la corneille de peu. Celle-ci s'écarte et le geai laisse tomber son arme ; la corneille s'en saisit alors, toujours l'extrémité pointue en avant, et poignarde le geai qui s'enfuit en volant, sa rivale à sa poursuite, armée de sa brindille.

Ce sont jusqu'à présent principalement des exemples d'utilisation sporadique d'outils, mais une poignée d'espèces, outre les corbeaux calédoniens, en fait un usage régulier, et parmi elles, le géospize pique-bois (*Cactospiza pallida*) des îles Galápagos[a, 29].

Il s'agit de l'un des nombreux Fringillidés[b] que Darwin a recensés dans l'archipel – chacun avec une forme de bec optimisée pour la source la plus abondante de nourriture disponible sur l'île qu'il occupe. Ce petit oiseau, que l'on appelle aussi pinson pic, possède un puissant bec effilé qui lui permet d'éclater l'écorce et le bois mort pour mettre à découvert les larves et les coléoptères dont il se nourrit. Cette activité produit des éclats pointus dont il se sert pour sonder les trous et les crevasses plus profonds que la longueur de son bec.

Il utilise également des brindilles, des pétioles (base des feuilles) et des épines de cactus pour extraire les arthropodes à partir des recoins et des fissures inaccessibles autrement.

Sabine Tebbich, biologiste du comportement à l'université de Vienne, étudie ces oiseaux depuis plus de quinze ans ; elle a constaté que seuls les Fringillidés vivant dans des habitats secs et imprévisibles, où les aliments sont rares et difficiles d'accès, utilisent des outils, et ce, durant la moitié du temps qu'ils consacrent à la recherche de nourriture[30]. À l'inverse, ceux qui peuplent des zones plus humides, où la nourriture est plus abondante et facile à obtenir, ne recourent que rarement à des outils.

Dans la première étude expérimentale sur la façon dont les oiseaux peuvent acquérir leur capacité à utiliser des objets, la scientifique a constaté que le géospize pique-bois naît avec cette faculté et n'a pas

---

a. Selon Gavin Hunt, les autres espèces qui se servent régulièrement d'outils sont les percnoptères d'Égypte (ou vautours percnoptères), les bondrées à plastron (ou milan à plastron), les sittelles à tête brune et les cacatoès noirs (ou microglosses noirs).

b. Famille de passereaux constituée de plus de 52 genres et de près de 220 espèces (NdT).

besoin d'un adulte pour affiner cette compétence, mais que son habileté se développe au fil du temps, à travers un apprentissage de type essai/erreur[31].

Un oiseau que Sabine Tebbich a recueilli lui a permis, lors de son étude, d'observer attentivement la maîtrise graduelle de ses compétences avec l'usage des outils. Elle a trouvé Whish dans un nid de mousses et de graminées en forme de dôme, caché dans les branches d'un *Scalesia* géant, sur l'île de Santa Cruz. L'oisillon n'avait que quelques jours et était immobilisé par une attaque d'asticots. Il a été soigné, puis pris en charge par une petite armée de scientifiques de la station de recherche Charles-Darwin durant plusieurs mois. Deux d'entre eux ont documenté ses progrès dans un charmant compte-rendu[32].

Durant les premières semaines, le géospize présentait peu d'intérêt pour les objets, et c'est seulement à partir de deux mois qu'il a commencé à jouer avec des tiges de fleurs et des petites brindilles, les tordant à l'aide de son bec, afin qu'elles forment des angles droits. Il s'est ensuite intéressé à son entourage avec une grande curiosité, becquetant les boutons, rongeant les crayons, tirant sur les cheveux qui dépassaient des trous d'aération d'un chapeau, écartant les orteils avec son bec et ses outils, inspectant les oreilles et les boucles d'oreilles. À trois mois, il était devenu un utilisateur d'outils accompli et disposait d'une large palette d'instruments. Il sondait les fissures avec des brindilles, une plume, des fragments de verre usés par l'eau, des éclats de bois, des bouts de coquillages ou la patte arrière d'une grande sauterelle verte. Il a également inséré une brindille entre une chaussette et une chaussure.

« Il semblait que, pour Whish, n'importe quelle fente potentielle valait la peine d'être explorée, ont écrit les scientifiques. Même le visage d'une personne n'était pas interdit. Il volait vers celui-ci et se perchait sur l'arête du nez, puis, se penchant tête en bas, examinait les narines. Si le visage était barbu, il se comportait comme s'il s'agissait d'un tronc moussu, glissait son bec entre les lèvres pour les forcer à s'ouvrir, puis inspectait les dents avec la pointe du bec. »

Sabine Tebbich et ses collègues ont récemment observé deux géospizes à l'état sauvage, un adulte et un jeune, faisant quelque chose d'inédit : les oiseaux ont trouvé un nouvel outil et l'ont modifié pour une meilleure efficacité[33]. L'adulte a tordu plusieurs brindilles épineuses d'un mûrier et en a ôté les feuilles et les ramifications latérales. Il a ensuite orienté l'outil de sorte que les épines soient dans la direction adéquate pour extraire efficacement ses proies – des arthropodes – de l'écorce d'un *Scalesia*. Le plus jeune a regardé l'adulte faire usage de l'instrument barbelé, puis l'a utilisé lui-même de manière identique.

Il est possible que d'autres oiseaux soient plus doués qu'on ne l'imagine ; ils n'ont simplement pas encore été observés dans la nature en train de tirer parti d'objets divers. Prenons le cacatoès de Goffin (*Cacatua goffini*), un petit cacatoès blanc avec une crête en chapeau d'évêque, connu pour être curieux, joueur et, en captivité, très habile à ouvrir les verrous[34]. Personne n'a vu ces oiseaux utiliser des outils dans leur habitat naturel de forêt tropicale sèche sur l'archipel de Tanimbar, en Indonésie. Mais Alice Auersperg et son équipe de l'université de Vienne ont constaté qu'un spécimen en captivité, nommé Figaro, déchirait spontanément de longs éclats du bois de sa cage avec son bec, avant de s'en servir comme d'un râteau pour attraper une noix hors d'atteinte[35]. À l'occasion d'expériences ultérieures, Figaro a façonné un nouvel outil pour chaque noix placée hors de sa portée, « avec succès, de manière fiable et répétitive », fabriquant et modifiant des instruments de type bâtonnet, et employant différents matériaux et techniques pour accomplir cette action.

Cependant, pour autant que nous le sachions, en ce qui concerne la créativité dans la fabrication d'outils à l'état sauvage, aucun oiseau n'égale le corbeau calédonien.

Il y a quelques années, Christian Rutz et son équipe de l'université de St Andrews ont eu recours à des caméras vidéo déclenchées par la détection de mouvements pour obtenir, sur sept sites naturels, des enregistrements détaillés de corbeaux se servant d'outils[36]. Sur une période d'environ quatre mois, ils ont relevé 150 exemples d'utilisation d'instruments pour extraire des larves du bois. La dextérité de ces oiseaux est étonnante et leur technique ressemble beaucoup à celle utilisée par les chimpanzés de Jane Goodall, à Gombe, lors de la pêche aux termites. Les corbeaux agacent à plusieurs reprises la larve dans son trou avec leur outil, jusqu'à ce que la créature en morde la pointe avec ses mandibules puissantes[37]. Puis ils remuent l'objet avec soin, l'inclinant délicatement à droite et à gauche et le faisant tourner légèrement sur lui-même, de façon à tirer leur proie jusqu'à la surface. Pour finir, ils décrochent précautionneusement leur prise sans la laisser s'échapper. Cela peut sembler facile, mais ça ne l'est pas, même pour nous qui avons des doigts agiles. Rutz et ses collègues s'y sont essayés et ont constaté que la tâche nécessitait des « niveaux remarquables de contrôle sensori-moteur[a] » et était « étonnamment difficile à maîtriser »[38].

En ce qui concerne les bases de la fabrication d'outils, seuls les chimpanzés et les orangs-outans égalent ou dépassent l'habileté du corbeau calédonien. Et pourtant, pas un de ces primates virtuoses ne sait créer un outil à crochet[39]. Comme si cela ne suffisait pas, les corbeaux n'élaborent pas un, mais deux types d'outils à crochet, l'un à partir de branchettes encore vertes et l'autre, des bords épineux des feuilles de vacoa[b].

Ce sont vraiment des frimeurs.

La fabrication du premier type d'outil à crochet consiste à couper la base d'une branchette fourchue juste avant qu'elle ne se divise, puis à

---

a. Relatif à la sensibilité et à la motricité (NdT).

b. Aussi appelé « vacois », « vaquois », « baquois » ou « palmier à vis » (NdT).

sectionner une des deux branches un peu au-dessus de la fourche et enfin à ôter toutes les brindilles latérales. Le corbeau affine ensuite l'angle du crochet jusqu'à ce qu'il soit parfaitement adapté à la pêche aux petites proies.

Les outils barbelés à base de vacoa sont réalisés en utilisant les feuilles épaisses en forme de sangle qui couronnent cette grande plante[40]. Ils existent en trois modèles : large, étroit et une version associant les deux. Cette dernière est la plus sophistiquée, comme l'explique Alex Taylor. L'outil est large et solide au sommet, et donc facile à saisir, puis il se poursuit par une partie mince et souple. Il faut beaucoup de mouvements complexes menés de manière très précise pour finaliser sa fabrication : couper à un point et déchirer ce côté pour diminuer la largeur, puis couper à un autre endroit et déchirer encore, plusieurs fois de suite[41]. Une fois achevé, il ressemble beaucoup à une scie en miniature, mais il est en réalité employé comme une sonde pour extraire, grâce aux barbelés, les sauterelles, les grillons, les cafards, les limaces, les araignées et d'autres invertébrés s'abritant dans des fissures et des recoins autrement inaccessibles.

Une des caractéristiques remarquables de ces outils est que, contrairement aux instruments façonnés par d'autres animaux – telles les brosses des chimpanzés, créées par étapes successives –, la forme et le design complet de l'outil complexe en feuille de vacoa sont déterminés avant sa fabrication[42]. L'oiseau le réalise en restant sur la feuille et l'objet ne sert d'outil qu'après la dernière coupe opérée par le corbeau pour l'en séparer. Cela suggère à certains scientifiques qu'il peut travailler à partir d'une forme de modèle mental.

Un autre fait se révèle intéressant : une fois que l'outil est détaché de la feuille de vacoa, il reste son emplacement exact en négatif, une « contre-forme ». Dans un relevé à l'échelle de l'île, Gavin Hunt et Russell Gray, de l'université d'Auckland, ont étudié le dessin de plus de cinq mille contre-formes sur des dizaines de sites en Nouvelle-Calédonie[43]. Ils ont constaté que les styles d'outils variaient d'un endroit à l'autre et qu'ils semblaient persister durant des décennies. Dans certaines parties de l'île, les corbeaux élaborent principalement des outils larges, alors qu'en d'autres localisations, ces outils sont plus étroits ; cependant, le design associant les deux largeurs est celui qui est le plus répandu. Sur Maré, une des îles Loyauté faisant partie de l'archipel calédonien, explique Gavin Hunt, les corbeaux ne font que des outils larges. En d'autres termes, il semble qu'il y ait des styles locaux et des traditions d'outillage qui se transmettent au fil des générations.

Transmission fidèle de conceptions d'outils locaux : si c'est vrai, cela définit assez bien le terme *culture*[44].

De plus, selon Gavin Hunt, il est prouvé que les corbeaux ont progressivement amélioré la technique d'élaboration de leurs outils – ce qui en ferait la seule espèce non liée aux primates connue jusqu'à présent pour avoir démontré une faculté de « changement technologique cumulatif »[45]. Sur la plupart des sites de Nouvelle-Calédonie, les corbeaux ne recourent qu'à la conception d'outils à deux largeurs successives, le plus complexe des trois types qu'ils sont capables de réaliser avec les feuilles de vacoa. « Je pense qu'il est hautement improbable qu'un corbeau débutant, sans aucune expérience des instruments en feuille de vacoa, ait pu inventer un outil à double largeur sans en avoir d'abord réalisé un plus simple », dit Hunt. Et pourtant, dans ces sites, il n'y a aucune trace de design plus basique sur les feuilles de vacoa. « Les oiseaux semblent immédiatement fabriquer le design le plus complexe sans passer par une forme plus élémentaire, tout comme l'homme va directement au dernier modèle d'un outil et ne repasse pas par toutes les étapes technologiques qui lui ont permis d'accéder à sa conception actuelle. Il faudrait des preuves circonstancielles pour en être certain, mais en attendant, à défaut de démonstration absolue, nous devons nous contenter d'explications partielles », explique le scientifique. À son avis, ces indices indiquent une amélioration cumulative de la technologie des outils barbelés en feuille de vacoa.

Christian Rutz fait valoir qu'on ne dispose pas encore de preuves suffisantes pour justifier ces allégations ; d'autres études sont nécessaires[46]. Cependant, les corbeaux semblent comprendre comment fonctionnent leurs outils barbelés, ce qui indique la manière dont peuvent avoir surgi des améliorations cumulatives. Dans une série d'expériences sur des corbeaux calédoniens capturés à l'état sauvage, Rutz et son collègue James J. H. St Clair ont constaté que les oiseaux accordaient une attention particulière à l'extrémité en crochet d'un bâtonnet et étaient capables de l'orienter correctement[47]. Cette reconnaissance, écrivent-ils, « a des implications sur les délais dans lesquels les outils peuvent être utilisés de manière rentable ». Autrement dit, les corbeaux peuvent réutiliser un outil, même s'ils ne se rappellent pas dans quel sens ils l'ont déposé ; ils sont également capables de se servir d'instruments abandonnés par d'autres oiseaux, ce qui, disent les scientifiques, « est potentiellement un mécanisme clé pour l'apprentissage social et la diffusion d'informations liées à l'outil dans les populations de Corvidés ». En outre, soutiennent ces deux chercheurs, leur capacité à distinguer les caractéristiques fonctionnelles des outils et à les modifier – pour les améliorer un peu – peut contribuer à l'évolution de la complexité de l'outil.

Quelle est la raison pour laquelle, parmi 117 espèces de Corvidés, le corbeau calédonien est devenu un tel expert en outillage[48] ? Quelles sont les forces qui ont poussé cet oiseau à développer cette faculté remarquable ? D'autres corbeaux sont intelligents. D'autres corbeaux vivent dans des endroits tropicaux. Y a-t-il quelque chose de spécial relativement à cet endroit ? Ou à cet oiseau ?

La Nouvelle-Calédonie est, par bien des aspects, un endroit merveilleux. Une bande de terre éloignée, de près de 400 km de long, entre la Nouvelle-Zélande et la Papouasie. Vu du ciel, l'archipel semble né des mêmes forces fougueuses que les autres îles du Pacifique, Hawaii, Bali ou, plus proche, Vanuatu : hautes montagnes verdoyantes, plages blanches, lagunes bleues[49]. Mais contrairement à la plupart des îles parsemant ces mers chaudes, celles de la Nouvelle-Calédonie ne sont ni jeunes ni volcaniques. Elles sont la postérité géologique du Gondwana, l'ancien supercontinent, le bord septentrional d'un continent presque complètement submergé, Zealandia, qui s'est détaché de l'Australie il y a 66 millions d'années et est submergé depuis 37 millions d'années.

Grande Terre, l'île principale, est l'un des lieux les plus silencieux que j'aie visités. Sa superficie équivaut à celle du New Jersey, mais avec moins de 3 % de sa population, de sorte qu'en de nombreux endroits elle paraît presque inhabitée[50]. Les Kanaks, les peuples autochtones, représentent plus des deux cinquièmes de la population, tandis que les Caldoches, les Européens – surtout des Français – en constituent environ un tiers ; le reste est un mélange de peuples des îles voisines. Les routes vides sont fréquentées par ces grandes poules des marais, ou poules sultanes, qu'on appelle ici des *pukekos*, avec leur bec d'un rouge brillant et leur poitrail violet. Des pins colonnaires, élancés, soutiennent le ciel. Ils furent découverts par le célèbre navigateur James Cook en 1744, lors de son exploration de l'archipel, l'une des toutes premières par un Européen. Alors qu'il s'approchait avec son équipage, tous virent « un large groupe [...] d'objets de grande hauteur », se demandant s'il s'agissait d'arbres ou de piliers de pierre[51]. Ces pins appartiennent à une famille d'arbres souvent appelés « fossiles vivants », parce qu'ils ressemblent aux arbres ancestraux à feuilles persistantes qui colonisaient la planète à l'ère des dinosaures. Le centre de Grande Terre est parcouru par une imposante dorsale montagneuse dont les pentes accidentées, situées à l'est, sont couvertes par la forêt vierge. L'obscurité qui règne sous la canopée est hantée par le fantomatique kagou huppé, un oiseau qui est peut-être une espèce relique datant de l'époque du Gondwana[52].

La forêt tropicale primordiale qui autrefois recouvrait la Nouvelle-Calédonie n'occupe plus que des zones dispersées, mais l'archipel reste un haut lieu de la diversité biologique, avec plus de 20 000 espèces d'insectes, dont plus de 70 espèces de papillons de jour, indigènes, et plus de 300 espèces de papillons de nuit[53]. On y trouve également plus de 3 200 espèces de plantes, dont certaines sont endémiques et ne se rencontrent nulle part ailleurs[a, 54]. Pour cette raison, la Nouvelle-Calédonie est souvent considérée comme un environnement écologique spécifique et distinct, unique en son genre.

Elle abrite aussi des créatures aux dimensions hors norme, comme le gecko géant, qui vit dans les arbres et mesure 35 cm, ou le scinque, un lézard qui peut atteindre jusqu'à 60 cm[55]. On y rencontre notamment un gigantesque escargot terrestre (*Placostylus fibratus*) de plus de 12 cm, doté d'une coquille conique spiralée, et le carpophage géant (pigeon impérial de Nouvelle-Calédonie) ou, plus simplement et localement, le notou : avec ses 50 cm et son poids pouvant dépasser le kilogramme – soit deux fois celui du pigeon biset –, c'est le plus gros représentant arboricole de la famille des Columbidés. Parmi les espèces aujourd'hui éteintes, on comptait la talève de Nouvelle-Calédonie (*Porphyrio kukwiedei*), un oiseau terrestre de la taille d'une dinde qui appartenait au même genre que le *pukeko*, et le gigantesque *Sylviornis neocaledoniae*, qui mesurait 1,70 m du bec à la queue pour une masse avoisinant probablement les 30 kg et qui ne volait pas.

Du point de vue de l'évolution, des choses étranges se produisent sur les îles. Le gigantisme n'y est pas rare, mais le nanisme et des anomalies de toutes sortes, parfois extravagantes, sont également courants.

Sur l'île de Bornéo, j'ai aperçu un tchitrec de paradis mâle, un oiseau de la taille d'un rouge-gorge, dont une paire de plumes de la queue est étrangement allongée. Elles retombent derrière lui, banderoles chatoyantes de 30 cm ondulant sur le vert vif de la forêt tropicale comme la queue d'un cerf-volant.

---

a. Près de 3 270 espèces végétales ont été enregistrées sur les diverses îles de l'archipel, dont 74 % sont endémiques (quelque 2 430 espèces).

Les îles sont comparables à des châteaux entourés de douves. La concurrence y est moins féroce et les prédateurs y sont moins nombreux que sur les continents, donc l'expérimentation évolutive au sein de ces écosystèmes n'est pas aussi rapide ou impitoyable. Cela inclut les aspects comportementaux, dont l'usage des outils. Il n'est peut-être alors pas étonnant que les seuls autres oiseaux de la planète à fabriquer régulièrement des outils soient les géospizes pique-bois des Galápagos.

Selon Christian Rutz et ses collègues, les corbeaux sont probablement arrivés sur l'archipel de Nouvelle-Calédonie quelque temps après son émergence, il y a 37 millions d'années[a, 56]. Des crânes fossilisés et des os de corbeaux ont été exhumés de la caverne de Mé Auré, située dans la région de Moindou ; toutefois, ces restes n'ont que quelques milliers d'années et ne sont donc pas très utiles pour comprendre l'histoire évolutive de cet oiseau.

La famille des Corvidés s'est divisée en lignées distinctes il y a des dizaines de millions d'années, mais la branche ancestrale des corbeaux calédoniens n'est sans doute pas si ancienne. Il est plausible que leurs ancêtres aient franchi de grandes distances au-dessus des eaux pour atteindre l'archipel, ainsi que le suggère Rutz, probablement en provenance d'Asie du Sud-Est ou d'Australasie. L'actuel corbeau calédonien n'est pas le roi des airs. Il n'exécute généralement que des vols courts, d'un perchoir à un autre, et quand il doit parcourir un plus long trajet, son vol est lent et laborieux. Christian Rutz soupçonne qu'il descend d'oiseaux qui étaient soit de bons navigants soit extrêmement chanceux. Ce n'est très probablement qu'après avoir colonisé l'archipel qu'ils ont développé leur extraordinaire capacité à fabriquer et à utiliser des outils – il y a plusieurs millions d'années de cela.

---

a. Selon le scientifique, il est possible que certaines terres soient restées au-dessus de l'eau sous forme de petites îles et que les corbeaux y aient trouvé refuge. Ce scénario pourrait également expliquer la présence du kagou huppé.

Pour des animaux assez habiles à les extirper de leurs cachettes, la Nouvelle-Calédonie offre une source abondante, bien que dissimulée, de proies nourrissantes et juteuses, les larves du capricorne, un coléoptère, et d'autres invertébrés qui creusent profondément dans le bois[57]. Ces larves sont riches en protéines et en lipides caloriques[58]. Selon Rutz, un corbeau peut satisfaire complètement ses besoins énergétiques quotidiens avec seulement quelques-unes d'entre elles. Il n'y a que peu de concurrence pour ces concentrés naturels d'énergie, pas de pics, de singes, d'ayes-ayes[a], de phalangers au pelage rayé[b] et autres spécialistes de l'extraction de larves des trous et des galeries.

Les corbeaux ne sont pas non plus menacés par d'autres espèces, dans les airs ou sur terre. L'archipel abrite des prédateurs aériens – milan siffleur, faucon pèlerin, autour à ventre blanc –, mais les corbeaux ne les considèrent généralement pas comme des prédateurs. La Nouvelle-Calédonie n'héberge pas vraiment de serpents terrestres, à l'exception d'une espèce aveugle qui ne vit que sur les petites îles adjacentes à l'île principale. Les seuls mammifères indigènes sont neuf espèces de chauves-souris, qui jouent un rôle majeur dans la dispersion des graines de nombreuses essences de la forêt tropicale. Quand Cook est arrivé sur l'île principale – la nommant Nouvelle-Calédonie en hommage à sa chère Écosse[c] –, il a fait présent de deux chiens aux Kanaks. Une bien mauvaise idée : aujourd'hui, les chiens sauvages abondent, avec d'autres espèces introduites par les Européens, comme les chats et les rats. Ces chiens

a. Espèce de primate vivant à Madagascar, qui se nourrit notamment de larves d'insectes xylophages (NdT).

b. Marsupial vivant dans les forêts humides de plaine et de montagne du nord du Queensland, en Australie, et en Nouvelle-Guinée (NdT).

c. La Calédonie est l'ancien nom de l'Écosse. C'est la forme française du terme latin *Caledonia* (utilisé aussi en anglais) qui désignait la partie de la Grande-Bretagne au nord du mur d'Hadrien, puis du mur d'Antonin.

ont décimé la population des kagous, mais ils ne représentent pas un réel danger pour les corbeaux.

Une des conséquences d'un risque si faible de la part des concurrents et des prédateurs est que les corbeaux sont exemptés du fardeau de la vigilance – en d'autres termes, ils ont le temps et la disponibilité d'esprit pour bricoler avec des bâtonnets et des feuilles barbelés, le loisir de piqueter, de tester, de déchirer et de taillader, puis d'essayer encore, sans lever les yeux[59]. Le fait qu'ils soient dégagés du souci des menaces a peut-être également permis le développement d'une période d'enfance plus sereine, au cours de laquelle les jeunes corbeaux, sous la garde de leurs parents, peuvent s'activer tranquillement à l'élaboration d'outils et raffiner leurs compétences sur une période plus longue sans être gênés dans ce processus.

Les petits corbeaux ne sautent pas hors du nid en étant capables de fabriquer des outils parfaits. Certaines preuves suggèrent qu'ils sont génétiquement prédisposés à les utiliser, comme chez les géospizes pique-bois. Une expérience a montré que les jeunes corbeaux en captivité apprennent à façonner et à employer eux-mêmes des outils de base en bâtonnets sans être en contact avec des adultes[60]. Mais quand il s'agit de créer des instruments plus complexes, les jeunes oiseaux ont clairement besoin de bénéficier du tutorat ou de l'exemple de leurs aînés.

Ils ne savent ainsi élaborer des outils en feuille de vacoa à part entière qu'après avoir passé du temps avec un adulte. Le processus d'apprentissage tend à être une école des coups durs, adoucie par la présence d'un parent attentionné ou d'un adulte remplissant le même rôle. En tant qu'étudiante de doctorat auprès de Russell Gray et de Gavin Hunt, à l'université d'Auckland, Jenny Holzhaider a passé deux ans dans les forêts tropicales de la Nouvelle-Calédonie, à observer comment les jeunes corbeaux apprennent à fabriquer et à utiliser des outils barbelés à base de vacoa dans la nature[61]. Visionner les bandes vidéo qu'elle et Gray ont réalisées d'un oiseau nommé Yellow-Yellow (en raison de la double bande jaune qu'il arbore sur son plumage), c'est un peu comme regarder un bambin apprendre à manger avec une cuillère sans renverser sa nourriture. C'est un processus lent, émaillé d'accidents, d'occasions ratées et d'opportunités perdues.

Dans ses cours sur l'évolution de la cognition, Russell Gray décrit les progrès du jeune oiseau[62]. Au début, Yellow-Yellow n'a aucune idée de ce qu'il fait. À l'âge de deux ou trois mois, il prête une attention particulière aux actions de sa mère, Pandora. Il la regarde extraire des insectes de petites cavités à l'aide de son outil. Il emprunte ensuite l'objet et essaie de l'insérer de côté dans un trou. Il semble savoir à quoi il sert, mais pas vraiment comment l'utiliser. En testant les outils de sa mère et en la suivant dans ses activités, il apprend quelles sortes de plantes et de brindilles font de bons instruments d'extraction et, plus globalement, à quoi servent les outils.

Une fois qu'il commence à essayer de réaliser ses propres outils, il ne reproduit pas les mouvements de sa mère, il imite plutôt les outils qu'elle crée, en en fabriquant des copies approximatives. Cela peut contribuer à expliquer l'existence de styles « régionaux » d'outillage[a, 63]. En observant et en employant les outils façonnés par leurs parents, les jeunes corbeaux « peuvent se constituer une sorte de modèle mental du design d'outils local et l'utiliser comme base pour leurs propres réalisations », explique Russell Gray[64]. « Nous savons que, dans la constitution du répertoire de chants d'un oiseau, il existe une forme d'association de modèles qui se correspondent où, grâce à l'apprentissage par essai/erreur, les jeunes finissent par atteindre les capacités de chant des adultes. Peut-être le même type

---

a. Gavin Hunt et Jenny Holzhaider écrivent : « Nous croyons que la preuve la plus forte de l'évolution technologique cumulative humaine chez une espèce non humaine est fournie dans la fabrication par les corbeaux calédoniens d'outils à partir des feuilles d'une variété d'arbre nommée vacoa. »

de circuits neuronaux est-il sollicité pour l'association des modèles dans la fabrication d'outils. »

Le reste du processus semble être principalement une question d'expérimentation. Au cours des mois suivants, le jeune oiseau se fait la main – ou plutôt le bec – en déchirant, plus ou moins bien, des feuilles de vacoa. Les morceaux et les résultats obtenus semblent assez aléatoires, mais le corbeau progresse dans sa technique de déchirement.

À cinq mois, il est capable d'élaborer quelque chose qui ressemble à un outil, mais il choisit souvent le mauvais côté de la feuille de vacoa, celui sans épines, de sorte que son outil est inutile. Il essaie de l'utiliser de cette façon à droite ou à gauche, sans succès. Quelques mois plus tard, il maîtrise la séquence de fabrication et exécute tous les bons mouvements – découpe des feuilles de vacoa dans la zone appropriée et taille des morceaux étape par étape, avec soin –, mais il a commencé dans la mauvaise direction et son outil est à l'envers, avec les épines orientées en sens inverse.

La moitié des outils que Yellow-Yellow a fabriqués ne lui ont pas permis de récolter des aliments. Il lui a fallu presque un an et demi avant d'être capable de réaliser des instruments lui assurant de se nourrir réellement. C'est une longue période de scolarité. Cela ne fonctionne que parce que ses parents encouragent son éducation en le laissant s'entraîner et recourir à leurs propres outils et qu'ils le dépannent d'une ou deux grosses larves lorsqu'il ne parvient pas à s'alimenter. L'archipel contribue pour sa part en lui permettant de consacrer de longues heures à perfectionner ses compétences pour passer progressivement du stade d'apprenti inefficace à celui de bricoleur amateur, puis d'expert en outillage, et cela sans redouter une menace létale et une mort précoce.

À cet égard, les corbeaux calédoniens peuvent nous aider à comprendre nos propres stratégies vitales. L'homme se distingue, dans la tribu des primates, par la longue période de dépendance juvénile dont il bénéficie et par ses importantes capacités d'apprentissage. Selon l'équipe d'Auckland, ce lien entre un haut niveau de compétences technologiques dans la recherche de nourriture et une phase étendue d'assistance par les parents durant la jeunesse est présent aussi bien chez l'espèce humaine que chez les corbeaux calédoniens, ce qui suggère que les deux caractéristiques pourraient être reliées causalement[65]. C'est l'hypothèse de l'apprentissage précoce. Posséder une faculté développée pour l'apprentissage jouerait un rôle dans l'allongement de la période juvénile. C'est en ce sens que les corbeaux calédoniens peuvent constituer un modèle pertinent pour étudier l'effet évolutif de l'utilisation de l'outil sur l'histoire de la vie, pas seulement dans le cas des oiseaux, mais également pour le genre humain.

Une source abondante de nourriture, accessible mais cachée, une concurrence faible et une absence de prédateurs ont peut-être créé des conditions favorisant l'élaboration d'outils ; cependant, comme le souligne Christian Rutz, ces facteurs ne suffisent pas à le prouver[66]. Nombre de corbeaux dans la région du Pacifique, avec un mode de vie similaire et un accès aux feuilles de vacoa, n'élaborent pas d'outils. Dans le nord-est de l'Australie vit le corbeau de Torres – ou corbeau à nuque claire –, un cousin du corbeau calédonien. Dans son habitat naturel foisonnent les larves du capricorne tigré et il n'a pas de compétiteur pour ce réservoir d'aliments très nutritifs, mais il ne sait pas les atteindre à l'aide d'outils. Il en va de même pour la corneille à bec blanc des îles Salomon, sans doute l'espèce la plus proche du corbeau calédonien, qui ne recourt à aucun instrument.

Y a-t-il quelque chose de spécial dans l'anatomie du corbeau calédonien ? Quelque chose qui, dans son corps ou son cerveau, le distingue des autres membres de la famille des Corvidés ?

J'ai rencontré pour la première fois cet oiseau tandis que je sortais de mon pavillon à La Foa, dans le centre de la Nouvelle-Calédonie.

Il était là, à quelques dizaines de centimètres de moi, parmi les branches basses d'un arbre rabougri. D'une certaine façon, j'étais ravie de voir qu'il ne différait pas tant que cela des corneilles d'Amérique qui hantaient mon quartier. Bec, pattes et plumage étaient d'un noir d'ébène et les plumes du dos, lustrées avec des reflets irisés violets, bleu foncé ou verts selon la lumière. Son gabarit était celui d'un… eh bien, disons d'un petit corbeau, plus compact que la corneille d'Amérique, mais plus robuste et massif qu'une pie ou qu'un choucas des tours, aussi appelé corneille des clochers.

L'oiseau a tourné la tête dans ma direction. Ses yeux, d'un brun foncé, étaient grands et proéminents et le regard, vif et brillant. Situés sur le devant de la tête, ils sont capables d'une vision pivotante, mais aussi de se focaliser vers l'avant lors de l'utilisation d'un outil, comme une extraordinaire paire de verres grossissants, assez unique dans le monde aviaire[67]. Ce large champ visuel binoculaire permet au corbeau de positionner son bec avec précision tandis qu'il explore un trou à l'aide d'un outil.

Des recherches récentes d'Alex Kacelnik, de l'université d'Oxford, et de ses collègues montrent une autre particularité visuelle[68]. Chez les corbeaux, comme chez l'homme, l'un des yeux est dominant. Les corbeaux tiennent leurs outils du côté du bec qui leur permet de voir la pointe de l'instrument et leur cible de leur œil de prédilection. Comme le dit Kacelnik : « Si vous aviez un pinceau dans la bouche et que l'un de vos yeux vous conférait une meilleure vision à la distance où se situent les poils, vous positionneriez votre pinceau de façon que sa pointe soit dans le champ de vision de votre œil le meilleur. C'est exactement ce que font les corbeaux[69]. »

Le bec, pour sa part, est droit et conique, dépourvu de courbes[70]. Cette absence de forme crochue, qui pourtant caractérise tant d'autres Corvidés, le rend tout à fait fonctionnel quand il s'agit de saisir fermement un outil et de placer son extrémité au centre du puissant champ de vision binoculaire de l'oiseau.

Le bec est le seul appendice dont disposent les oiseaux pour explorer et découvrir ce qui, dans leur habitat, est comestible. En règle générale, sa forme limite sérieusement ce qu'un oiseau peut manger. Les faucons et les aigles sont pourvus de becs crochus pour déchirer la chair des lapins. Les hérons possèdent un bec en forme de longue pince leur permettant de retenir des poissons glissants. Celui des pics est pointu et aiguisé, afin de perforer et d'éclater le bois. Parmi les différentes espèces de corbeaux et de corneilles, certaines sont dotées d'un bec crochu, d'autres, d'un bec en forme de pince ou bien de lance.

Celui du corbeau calédonien n'est pas profilé pour un usage déterminé ; il n'est donc pas, en soi, efficace pour une activité précise, mais son possesseur a compris comment élargir ses possibilités et son champ d'action en recourant à des outils.

Il n'est pas évident de déterminer ce qui est apparu en premier : la fabrication d'outils ou les adaptations morphologiques, inhabituelles, si ajustées à leur maniement[71]. Leur bec et leur vision spécialisée ont-ils prédisposé les corbeaux calédoniens à l'élaboration et à l'utilisation d'outils ? Ce comportement qui consiste à se servir d'objets en réponse à des opportunités écologiques inusuelles – dans le cas présent, des larves appétissantes, mais difficilement accessibles – a-t-il au contraire progressivement modelé leur système visuel et leur bec ? C'est le genre de relations causales mystérieuses auxquelles les biologistes adorent être confrontés, tout autant qu'ils les redoutent.

Dans tous les cas, disent les scientifiques, ces deux caractéristiques spécialisées – système visuel et bec conique droit – garantissent un haut niveau de contrôle dans la manipulation des outils, irréalisable chez les autres Corvidés, et sont semblables aux fonctionnalités qui ont conduit notre propre espèce à faire usage d'instruments : vision binoculaire, poignets flexibles et pouces opposables, qui permettent de saisir et de maintenir avec précision[72].

Comme le souligne Gavin Hunt, plusieurs aspects du mode de vie des corbeaux calédoniens ressemblent à ce que nous expérimentons[73]. Il y a cette période de jeunesse extraordinairement longue, sous la protection parentale, qui rend possible l'apprentissage progressif de la fabrication et de l'emploi des outils. De plus, poursuit le scientifique, « chez l'homme comme chez le corbeau, la faculté de façonner et d'utiliser des outils est à la fois génétiquement héritée et adaptative, elle est donc répandue dans toute l'espèce et commune à tous ses membres, même si l'habileté et la dextérité sont inégales entre les sujets. Ainsi, le processus de transmission, bien qu'impliquant moins d'apprentissages sociaux chez les corbeaux calédoniens que chez l'homme, produit un résultat très similaire ».

Le corbeau me regardait de façon insistante, perplexe, comme s'il se demandait ce qu'il avait de si surprenant. Je m'interrogeais : son cerveau, sous cette calotte crânienne noire, était-il différent de celui des autres Corvidés ? Les recherches suggèrent qu'il pourrait en effet y avoir de petites divergences[74]. Une étude montre que le cerveau du corbeau calédonien est plus gros que celui de la corneille noire, de la pie bavarde et du geai[a, 75]. On sait cependant que la taille globale de l'encéphale ne signifie pas grand-chose en soi. Il existe des sortes de renflements dans la zone antérieure de l'organe, qui pourraient être impliqués dans le contrôle moteur fin et l'apprentissage associatif, améliorant ainsi potentiellement la dextérité du corbeau et augmentant sa capacité à être attentif – un grand avantage dans tout défi mental[76]. Par ailleurs, comme le souligne Russell Gray, l'encéphale du corbeau calédonien possède un nombre légèrement plus élevé de cellules gliales, qui, chez l'homme, sont impliquées dans la

a. Certains scientifiques émettent toutefois des réserves quant à la méthode employée pour cette étude et à l'analyse des données. D'après Christian Rutz et James J. H. St Clair, « les preuves concernant les adaptations neurologiques liées à l'utilisation d'outils chez le corbeau calédonien sont insuffisantes ».

plasticité synaptique, c'est-à-dire dans les mécanismes d'apprentissage et le fonctionnement de la mémoire[77]. En somme, le cerveau de ces corbeaux pourrait n'être doté d'« aucune structure inédite miraculeuse supplémentaire », observe Gray, « mais disposer simplement de petits réglages incrémentaux particuliers »[78].

Ces oiseaux sont-ils toutefois capables de penser réellement ? Peuvent-ils comprendre des principes physiques tels que la cause et l'effet ? Est-ce qu'ils raisonnent et planifient ? Font-ils preuve de perspicacité, c'est-à-dire d'une forme de compréhension intuitive et précise ?

Au cours de la dernière décennie, une équipe de l'université d'Auckland et d'autres universitaires ont sondé l'esprit du corbeau calédonien, explorant ses coins et ses recoins pour tenter d'observer quel genre de compréhension spéciale, le cas échéant, cet animal pourrait posséder. Les chercheurs se sont moins intéressés à mettre en avant son intelligence globale qu'à étudier ce qu'ils appellent les « signatures » des mécanismes cognitifs en jeu lorsque l'oiseau résout des problèmes, c'est-à-dire des éléments constitutifs ou des fondamentaux d'aptitudes cognitives humaines aussi sophistiquées que la perspicacité et le raisonnement, l'imagination et la planification[79]. Cela inclut des compétences telles que la capacité de prêter attention aux conséquences de ses propres actions, de saisir les causes et les effets et d'évaluer les caractéristiques physiques des matériaux.

« Lorsque ces oiseaux résolvent des problèmes, ils peuvent utiliser des formes de cognition intermédiaires entre l'apprentissage simple et la pensée humaine », explique Alex Taylor. Les signatures de la cognition mises en évidence dans le comportement des corbeaux pourraient représenter des étapes transitionnelles du chemin parcouru par leurs propres capacités cognitives complexes, comme l'imagination, la planification ou le raisonnement sur la cause et l'effet[80]. « C'est pour cette raison que nous sommes vraiment intéressés par ces corbeaux comme une espèce modèle, poursuit le scientifique. Localiser avec précision les mécanismes cognitifs qu'ils utilisent peut donner un aperçu de l'évolution de la pensée humaine et de l'intelligence en général. »

Considérons ce que fait 007 dans cette vidéo du casse-tête en huit étapes impliquant des métaoutils. Il semble que ce corbeau intelligent résolve le problème comme s'il en avait eu une compréhension intuitive, globale et précise. À partir de la situation « il y a de la nourriture dans cette boîte, mais je ne peux pas l'atteindre avec mon bec » se joue dans sa tête un scénario mental complexe, qui conduit à la résolution du casse-tête dans un éclair de compréhension et à la planification d'une séquence de mouvements qui seront exécutés les uns à la suite des autres tout en gardant à l'esprit l'objectif final.

Selon Russell Gray, qui a mené les expériences d'origine sur les métaoutils avec Taylor, ce qu'a réalisé 007 est sans doute moins sensationnel que cela, tout en étant très intrigant[81]. Pour lui, l'oiseau a bien compris le problème, mais il n'a probablement pas utilisé son imagination, pas plus qu'il n'a construit de scénarios comme nous le faisons ou qu'il n'est venu à bout de la difficulté en un éclair. Il a plutôt agi sur des objets physiquement présents, qui lui étaient familiers et dont il savait comment ils fonctionnaient. Il a accordé une attention particulière à la manière dont ces outils interagissaient avec les autres objets et, en s'appuyant sur son expérience passée avec eux, il a suivi une séquence appropriée d'actions qui l'a mené à son but. S'il a eu recours au développement d'un scénario mental, suggère Gray, c'est d'un type très limité, dépendant du contexte et de l'expérience[82].

Les actions de 007 pourraient être plus sophistiquées ou au contraire plus simples, note Alex Taylor, « un type de prise de décisions successives rapidement enchaînées, sans simulation mentale du tout. En réalité, nous ne savons simplement pas ; ce sont des hypothèses concurrentes que nous devons tester[83] ».

La volière dans laquelle l'université d'Auckland mène ses expériences sur l'exploration de l'esprit des oiseaux se trouve dans un champ broussailleux, derrière une petite station de recherche, à Focalo. Durant la saison des pluies, un ruisseau serpente à travers la propriété, sujette à de fortes inondations lors des tempêtes. Son lit est actuellement à sec, ombragé par des niaoulis rachitiques – un arbuste de la famille des myrtes – et une poignée de vacoas. À l'exception de quelques faibles croassements enroués émis par les sept corbeaux occupant actuellement l'enclos, l'endroit est calme. Des chevaux errent dans le champ, déclenchant de temps en temps les rauques cris d'alarme des oiseaux, lorsqu'ils s'approchent trop d'eux.

Un défilé de corbeaux largement étudiés est passé par cette volière, parmi lesquels 007 et maintenant Blue, ainsi nommé à cause de la bande bleue qu'il porte sur sa patte gauche. L'équipe d'Auckland garde les oiseaux en captivité quelques mois avant de les relâcher dans la nature[a, 84] : 007 a par exemple été libéré dans sa forêt natale, sur le mont Koghi, en Nouvelle-Calédonie. Leurs bandes colorées aident l'équipe à distinguer les individus et à les désigner, en attendant qu'un prénom plus inventif leur soit attribué. Après avoir baptisé plus de 150 oiseaux (Icarus, Maya, Lazlo, Luigi, Gypsy, Colin, Caspar, Lucy, Ruby, Joker, Brat, pour n'en citer que quelques-uns), Alex Taylor a épuisé son stock et son imagination, et est à l'affût de toute suggestion. Les filles de Blue, Red et Green, sont donc maintenant prénommées Zoë et Nell, comme les miennes[b, 85].

---

a. Christian Rutz pense qu'il est risqué de déplacer les oiseaux sur les différents sites de Nouvelle-Calédonie : « S'il existe, chez ces corbeaux, des séquences apprises dans le comportement avec les outils, exposer les animaux à des techniques qu'ils ne connaissent pas peut modifier les "traditions" ou les "cultures locales". Notre équipe teste toujours les corbeaux *in situ* (c'est-à-dire là où ils ont été capturés), afin d'éviter une telle "contamination" involontaire des populations. »

b. Certains scientifiques, dont Christian Rutz, estiment qu'il vaut mieux ne pas baptiser les sujets d'étude, « car cela pourrait affecter la façon dont les expérimentateurs observent et rendent compte des essais expérimentaux, puis interprètent les données ».

Les scientifiques capturent les corbeaux au moyen de filets japonais et essaient de les prélever dans des groupes familiaux. Dans les zones présentant une haute densité de population – par exemple, vingt individus pour 1,5 km^2 –, c'est assez simple. Sur de nombreux sites cependant, surtout dans les forêts de haute altitude, les oiseaux sont davantage dispersés – deux ou trois pour 1,5 km^2 – et peuvent se révéler particulièrement difficiles à attraper.

Le collègue d'Alex Taylor, Gavin Hunt, a récemment subi des déboires en tentant de collecter des oiseaux dans la région du mont Panié. C'était la saison officielle de la chasse au notou, et les corbeaux calédoniens se retrouvent de temps à autre dans la ligne de mire des tirs destinés aux pigeons ; ils sont donc plus nerveux et plus prudents que d'habitude en cette période. Hunt est revenu les mains vides, mais même sans cette perturbation due aux coups de feu, les opérations de capture demandent de la patience.

Une fois que les sujets d'étude sont amenés à la volière, ils s'adaptent rapidement à leur nouvel environnement. Qui ne le ferait pas ? Alex Taylor et sa collègue Elsa Loissel les nourrissent de tomates fraîches bien mûres, de cubes de bœuf, de papaye, de noix de coco et d'œufs. « Les gens ont l'impression – erronée – que la science consiste à réfléchir et à expérimenter, alors que nous passons en réalité beaucoup de temps à trancher des tomates ou à débiter du bœuf en petits cubes », plaisante Elsa Loissel. « L'astuce est de renouveler constamment l'intérêt et l'implication des oiseaux, explique Taylor, en conservant un rythme d'activités et de tâches suffisamment difficiles et distrayantes. »

« Ce que nous voulons vraiment comprendre, c'est la façon dont ces corbeaux pensent », poursuit le scientifique. Comment résolvent-ils des problèmes complexes ? À travers une compréhension intuitive immédiate – une sorte d'éclair de perspicacité – ou un raisonnement construit, ou bien encore un processus plus banal ?

Si on prend la tâche de la cordelette, qui faisait partie du casse-tête en huit étapes soumis à 007, la capacité remarquable du corbeau de tirer spontanément sur un bâtonnet attaché à une ficelle suspendue à une perche a été considérée par certains scientifiques comme une preuve de perspicacité. L'oiseau crée une simulation mentale du problème – en imaginant l'effet que l'action de tirer sur la ficelle produit sur la position de la nourriture –, puis exécute instantanément un plan pour le résoudre.

Afin de vérifier cette hypothèse, Alex Taylor et ses collègues ont mis en place une variante de l'expérience à l'aide d'une cordelette dotée à son extrémité d'un cube de viande[86]. Dans cette version, les corbeaux étaient gênés par l'absence de visualisation de la progression de la viande tandis qu'ils tiraient la ficelle. Sans le renforcement visuel de la nourriture se rapprochant de plus en plus, les persuadant de maintenir leur activité, un seul corbeau sur onze a spontanément remonté la ficelle un nombre suffisant de fois pour obtenir la récompense. Une performance qui les faisait retomber au niveau des chiens. Il convient de noter que nous nous faisons avoir de la même façon : les scientifiques ont testé cette situation sur cinquante étudiants de premier cycle, et neuf d'entre eux ont échoué. Lorsque les oiseaux ont pu surveiller leurs progrès à l'aide d'un miroir, ils ont, comme à leur habitude, excellé dans la résolution du problème. Si cela avait été un exemple de perspicacité, une compréhension soudaine et instantanée d'une relation de cause à effet – *« tire sur la ficelle et la viande se rapprochera »* –, les oiseaux n'auraient pas eu besoin d'un contrôle visuel pour diriger continuellement leurs actions[87].

Il reste à déterminer si les corbeaux calédoniens sont dotés de cette faculté particulière de perspicacité, mais ces expériences suggèrent qu'ils possèdent la capacité extraordinaire de remarquer les conséquences de leurs propres actions, explique Alex Taylor, et de prêter attention à la façon dont les objets interagissent. Ce sont de puissants instruments mentaux, très utiles en matière de fabrication et d'utilisation d'outils matériels.

L'équipe d'Auckland tente également de déterminer si ces oiseaux comprennent les principes physiques de base. Le « modèle typique approprié aux corbeaux », comme le dit Taylor, est une version expérimentale de la fable d'Ésope, *la Corneille et la Cruche*.

Dans cette fable, une corneille assoiffée trouve une cruche d'eau à moitié emplie. Incapable d'atteindre le liquide avec son bec, elle lâche, l'un après l'autre, des cailloux dans le pichet jusqu'à ce que le niveau d'eau monte suffisamment pour qu'elle puisse boire.

Il s'avère que ce n'est pas seulement un conte populaire[88]. Les corbeaux calédoniens sont capables de faire exactement cela : déposer des petites pierres dans un tube empli d'eau pour faire monter le niveau du liquide. Et comme Sarah Jelbert l'a découvert en travaillant avec l'équipe d'Auckland, s'ils disposent d'objets lourds ou légers, pleins ou creux, ils choisiront spontanément ceux qui coulent, par opposition à ceux qui flottent. Cela suggère que ces oiseaux comprennent le déplacement de l'eau, un concept physique assez sophistiqué, dont le degré de compréhension équivaut à la perception d'un enfant de cinq à sept ans. Cela laisse également entendre qu'ils sont capables de saisir les propriétés physiques de base des objets et de faire des inférences à leur sujet.

Dernièrement, Alex Taylor, Russell Gray et leurs collègues ont essayé de déterminer si les corbeaux comprennent la relation de cause à effet, en particulier l'effet de forces qu'ils ne peuvent pas voir[89]. C'est ce que l'on appelle le « raisonnement causal », l'une de nos capacités mentales les plus puissantes. Le raisonnement causal soutient notre compréhension du fait que les objets réagissent de manière prévisible et que des mécanismes ou des forces qui nous sont invisibles peuvent être responsables d'un événement. « Nous faisons constamment des inférences sur des choses que nous ne pouvons pas voir[90] », explique Gray. Si un ballon passe à travers une fenêtre ouverte tandis que nous nous trouvons dans la pièce, nous comprenons que quelqu'un doit l'avoir lancé. La capacité humaine de raisonner sur les agents causaux se développe très tôt dans la vie. Un nourrisson de sept à dix mois seulement se montre surpris si un objet est jeté depuis derrière un écran, puis que l'écran relevé dévoile un cube de bois plutôt que l'agent causal humain attendu[91]. Comme le souligne Russell Gray, cette capacité sous-tend notre compréhension du tonnerre, du rhume, des aimants, des marées, de la gravité et des dieux[92]. Cela nous aide également à comprendre le comportement des personnes qui nous entourent et nous permet de fabriquer et d'utiliser des outils ou de les adapter à de nouvelles situations. C'est une autre de ces puissantes facultés dont on pensait qu'elle était spécifiquement humaine.

Les corbeaux peuvent-ils faire des inférences semblables à propos de ces forces qu'ils ne voient pas, que l'on qualifie d'« agents causaux cachés » ? L'idée d'une expérience pour tester cette notion a été suggérée à Alex Taylor par un corbeau.

Les chercheurs qui étudient le comportement aviaire vivent des situations plus hasardeuses que nombre de leurs collègues, courant le risque d'être abusés par les créatures qu'ils étudient ou d'avoir la chance qu'elles leur enseignent quelque chose. Les oiseaux sont capables de détourner les dispositifs les plus intelligents, se jouant du scientifique qui les observe de toutes les façons imaginables. Ils peuvent cependant parfois – si l'on y prête attention – apporter des satisfactions gratifiantes. C'est le cas de Laura, un corbeau dont le comportement surprenant s'est révélé une vraie source d'inspiration pour Taylor.

L'une des étapes préparatoires du dispositif expérimental fondé sur la fable d'Ésope consistait pour Taylor à introduire de la viande dans un morceau de liège creux, puis à laisser tomber ce dernier dans un tube à moitié empli d'eau. Il accomplissait toujours cette étape en tournant le dos aux oiseaux. Le scénario typique qui s'ensuivait était le suivant : une fois que les corbeaux avaient résolu le casse-tête, élevant le niveau de l'eau pour s'emparer du morceau de liège, ils s'envolaient immédiatement vers le fond de la cage, où ils se perchaient afin d'extraire la viande du liège, abandonnant celui-ci sur le sol. Pour réemployer l'écorce, Taylor devait la récupérer à l'arrière de la cage : « Ça va bien pour les premiers essais, mais après une centaine de tests, vous en avez plutôt assez. » La récupération est d'autant plus fastidieuse que la volière, par souci d'être adaptée à ses hôtes, est équipée d'« une large table et [de] beaucoup de perchoirs ». « Elle en devient une espèce de jungle qu'il est impossible à un homme de traverser. Vous en êtes réduit à souvent vous déplacer à quatre pattes, voire à ramper », explique le scientifique.

Laura s'est comportée différemment. À l'instar de ses congénères, elle s'est tout d'abord envolée avec le liège garni de viande, mais une fois qu'elle a eu mangé sa récompense, elle est revenue à la table pour y déposer le contenant à côté de l'endroit où Taylor se tenait debout. « J'ai eu envie de lui dire : "Oh, merci beaucoup, c'est formidable !" » Non seulement il lui était reconnaissant de ne pas avoir à se contorsionner sous la table pour récupérer le liège, mais il pourrait le réamorcer plus rapidement, accélérant ainsi le rythme de l'expérimentation.

Cela a néanmoins donné à penser à Alex Taylor. Peut-être Laura avait-elle compris son rôle en tant qu'agent causal responsable de l'offre alimentaire, même si elle ne l'avait jamais vu appâter le morceau de liège. « J'ai pensé qu'elle comprenait que, si elle me rapportait l'objet, elle obtiendrait de la nourriture plus rapidement. Elle est vraiment performante dans ce test du tube d'eau et, moi, j'apparais en définitive comme un facteur limitant. Donc, si elle parvenait à me faire aller plus vite, elle accélérerait également l'accès à ses friandises. »

Le comportement de Laura a incité le chercheur à se demander si les corbeaux calédoniens faisaient preuve d'une compréhension plus sophistiquée du raisonnement causal que nous ne l'imaginions jusqu'alors. Comprennent-ils que l'homme peut agir en tant qu'agent causal même lorsque ses actions sont cachées ? Peuvent-ils raisonner à partir de mécanismes de causalité non observables ?

Pour le découvrir, Taylor et ses collègues ont conçu une expérience ingénieuse. L'idée était de déterminer si les corbeaux pouvaient déduire que le mouvement d'un bâton entrant et sortant d'une cachette était causé par une personne qu'ils avaient vue pénétrer dans cette cachette. Dans une volière ouverte, l'équipe a donc tendu une bâche munie d'une ouverture. Sur une table à côté a été disposée une petite boîte contenant des aliments qui pouvaient en être facilement extraits par un oiseau, à l'aide d'un outil simple. Pour accéder à la nourriture, les corbeaux devaient tourner le dos à la bâche. Quand un bâton sortait de derrière la bâche, à travers l'orifice, il atteignait directement l'espace où la tête du corbeau serait située quand celui-ci chercherait à saisir la nourriture, représentant ainsi un danger très clair.

Dans le cadre de l'expérience, huit corbeaux ont été soumis à deux scénarios distincts dans lesquels le bâton passait à travers l'ouverture. Le premier scénario était la situation de l'agent causal caché : un homme est entré dans la cachette, le bâton est sorti du trou à plusieurs reprises, puis l'homme a quitté la cachette. Dans le second scénario, personne n'est entré dans la cachette ou ne l'a quittée, mais le bâton est aussi apparu plusieurs fois dans l'orifice.

Après avoir observé chaque scénario, les corbeaux ont été autorisés à aller chercher des aliments dans la boîte. Leur comportement a suggéré qu'ils étaient capables de connecter les informations et de déduire que l'individu dissimulé derrière la bâche causait le mouvement du bâton. Lorsqu'ils ont vu le bâton se déplacer, puis l'homme quitter la cachette, ils semblaient enclins à se poser sur la table et tournaient le dos à la bâche sans autre forme d'inquiétude, afin de s'emparer de la nourriture. En revanche, quand ils ont vu le bâton se déplacer sans cause apparente, ils se sont comportés de manière plus craintive, se posant sur la table, mais inspectant nerveusement la bâche et abandonnant parfois leur activité d'extraction de la nourriture, comme s'ils soupçonnaient que la force inconnue qui avait fait bouger le bâton pourrait l'amener à se mouvoir encore. Ce n'est pas très différent de la surprise dont fait montre un nourrisson quand un objet semble avoir été jeté par une autre cause qu'une main humaine. Selon les scientifiques, cette variation dans le comportement des corbeaux suggère que ces oiseaux peuvent être capables d'une forme de raisonnement causal assez sophistiquée[a, 93].

Dans une autre expérience, portant celle-ci sur l'« intervention causale », les corbeaux ne s'en sont pas si bien sortis. L'intervention causale se situe un cran au-dessus de la compréhension causale. Elle implique de voir quelque chose se passer dans l'environnement et d'agir pour créer le même effet. Si par exemple vous n'avez encore jamais secoué un arbre pour en faire tomber un fruit, mais que vous voyez un jour le vent agiter une branche et des fruits en chuter, vous déduisez de cette observation que, si vous remuez une branche, vous pouvez agir comme le vent et faire choir des fruits.

Un dispositif appelé *blicket box*[b] permet justement d'explorer de telles notions. C'est une petite boîte qui émet de la musique lorsqu'on place un objet sur le dessus. Un enfant de deux ans à qui l'on en fait une démonstration

---

a. Certaines critiques de cette étude ont suggéré que les corbeaux pourraient ne pas exercer un raisonnement causal, mais associer plutôt la sortie du bâton à une présence humaine derrière la bâche. « Oui, il y a bien ici une association, accepte Alex Taylor, s'ils voient le bâton se déplacer, c'est qu'un homme va sortir de derrière la bâche. Mais cela n'explique pas pourquoi ces oiseaux n'ont pas peur après le départ de la personne. Cela voudrait dire qu'ils sont suicidaires ou si stupides qu'ils sont heureux de mettre la tête exactement où le bâton apparaîtra. »

b. Imaginé dans les années 1990 par David Sobel et Alison Gopnik, du département de psychologie de l'université de Californie, à Berkeley, le *blicket*, qui n'a pas d'équivalent en français, désigne un petit objet doté de certaines propriétés lui permettant de déclencher un « détecteur de *blicket* » (*blicket detector* ou *blicket box*), un dispositif qui s'allume et joue de la musique, introduit dans certaines expériences relatives à la causalité et à la perception (NdT).

rapide n'a aucune difficulté à recréer l'effet si on le lui demande, mais les corbeaux n'y parviennent pas[94]. « Tout ce qu'ils ont à faire est de ramasser l'objet et de le poser sur la boîte, explique Alex Taylor ; cela semble simple pour un esprit humain, mais les corbeaux n'y arrivent pas. »

Taylor trouve cette faiblesse aussi intrigante que les succès des Corvidés. Si l'intérêt porté à l'évolution des mécanismes cognitifs chez ces créatures est légitime, il n'en est pas moins pertinent d'analyser leurs échecs. « Nous essayons de déterminer quelles composantes de la compréhension causale ont pu évoluer ensemble, précise-t-il. Je ne cherche pas à dresser ces corbeaux. Je veux simplement savoir comment fonctionne leur esprit. Qu'ils se montrent "stupides" dans certains domaines et brillants dans d'autres, qu'ils puissent accomplir certaines tâches et échouer sur d'autres, ce sont des expériences tout aussi riches d'enseignements. Ce qui est appréciable à leur sujet est leur comportement naturel et leur capacité à utiliser des outils. C'est ce qui les définit. »

Alex Taylor admet orienter ses recherches sur une autre piste, peut-être moins académique, mais tout aussi intrigante : que font les corbeaux calédoniens pour s'amuser ?

« Mon impression est que ce sont des bourreaux de travail, dit-il. Ils sont très concentrés sur la nourriture, mais une fois qu'ils l'ont obtenue, ils se détendent, se posent et se consacrent à la préhension, au vol ou à l'appel ; en revanche, ils ne jouent pas constamment avec de nouveaux objets, comme le font les nestors kéas[a]. Je trouve cela fascinant, parce que tout le monde dit toujours que la curiosité et le jeu sont liés à l'intelligence. »

Les oiseaux jouent-ils ? Font-ils les choses simplement pour s'amuser ?

Nathan Emery, maître de conférences en intelligence animale à l'université Queen Mary de Londres, et Nicola Clayton, de l'université de

---

a. Perroquet montagnard de grande taille, endémique de la Nouvelle-Zélande (NdT).

Cambridge, suggèrent que les espèces d'oiseaux à gros cerveau et altrices[a] – comme la plupart des mammifères – jouent, bien que cela « soit relativement peu commun chez les oiseaux », écrivent-ils, « et observé dans seulement 1 % des quelque 10 000 espèces recensées, qui sont principalement celles ayant une période de développement juvénile prolongée, comme les corbeaux et les perroquets »[95].

De l'avis des deux scientifiques, jouer n'est pas seulement nécessaire à la préparation de l'oiseau pour sa vie future, cela peut réduire le stress, aider à la formation des liens sociaux ou simplement procurer du plaisir. « Les oiseaux, comme nous, peuvent aussi jouer parce que c'est amusant, expliquent-ils. Cela produit une expérience agréable – la libération d'opioïdes[b] endogènes. » C'est-à-dire que le jeu peut être une fin en soi, porteur de sa propre gratification[96].

Selon la zoologiste Millicent Ficken, il n'y a que les oiseaux intelligents qui soient capables d'activités ludiques complexes[97]. Et à travers le jeu, ils font des découvertes et expérimentent la relation entre leurs propres actions et le monde extérieur. En d'autres termes, le jeu exige de l'intelligence tout autant qu'il la nourrit.

Les membres de la famille des perroquets ont tendance à être des espèces incroyablement joueuses. Lorsque mes parents ont acheté une perruche, il y a plusieurs décennies, ils ont également acquis un lot de jouets pour équiper sa cage – échelles, miroirs, cloches, le tout en matière plastique bon marché et avec des couleurs vives –, ainsi que plusieurs

a. Se dit d'une espèce, oiseau ou autre animal, dont les petits éclosent ou naissent dans un état non développé et requièrent les soins et l'alimentation des parents (NdT).

b. Un opioïde est une substance opiacée psychotrope de synthèse ou peptidique dont les effets sont similaires à ceux de l'opium sans y être chimiquement apparentés. Les opioïdes exercent leur action par stimulation directe ou indirecte de récepteurs opiacés essentiellement logés dans les systèmes nerveux central et parasympathique, récepteurs qui servent de médiateurs à la fois aux effets bénéfiques et néfastes de ces molécules (NdT).

friandises aux formes étranges. C'était la façon habituelle de faire à l'époque. Gre-Gre, comme nous l'avons appelée, a joué avec chacun de ces gadgets jusqu'à ce qu'ils se brisent à force d'être utilisés. De nos jours, les animaleries proposent des rayonnages entiers de jouets spéciaux pour les Psittaciformes. Les perroquets jacos affichent une nette préférence pour les rouleaux de papier toilette, les enveloppes, les bâtonnets plats en bois, les capuchons en plastique des stylos, tout ce qui est fait de papier, de carton, de bois ou de cuir brut et qu'ils peuvent déchiqueter, mastiquer et détruire d'une façon ou d'une autre. Ils sont parfois tellement absorbés dans le plaisir que leur procure cette activité qu'ils en tombent de leur perchoir.

Selon les témoignages d'experts, les rois aviaires du jeu sont les nestors kéas. Ces perroquets de la taille d'un corbeau vivent dans les Alpes néo-zélandaises du Sud, et sont surnommés « clowns des montagnes » en raison de leur nature malicieuse et de leur intelligence proche de celle des primates. Leur nom est lié à un héros grec légendaire, Nestor, connu pour sa longue vie et sa sagesse, mais vu le comportement effronté de cet oiseau, c'est sans doute une blague de plus[98].

Ou peut-être pas.

Deux scientifiques, Judy Diamond et Alan Bond, qui ont étudié le nestor kéa pendant de nombreuses années, le considèrent comme l'oiseau le plus intelligent et le plus vif du monde[99].

« Jouer, pour les nestors kéas, est moins un ensemble de comportements ritualisés qu'une attitude envers le monde en général », écrivent-ils. Quand il s'agit de jouer avec des objets variés, ces oiseaux dépassent leurs cousins Corvidés. « Audacieux, curieux et ingénieusement destructeurs », précise Judy Diamond, ils sont considérés (selon la personne à qui vous posez la question) comme des comiques espiègles ou des voyous saccageurs qui dévastent tout, démontant les essuie-glaces, vandalisant la sellerie des voitures, les tentes, les sacs à dos, les gouttières et les meubles de jardin. L'activité ludique des nestors kéas pourrait les aider à développer une « trousse à outils » de comportements, afin de faire face à des situations nouvelles ou à des problèmes d'alimentation inopinés[100].

Les nestors kéas aiment aussi chahuter. L'invitation d'un partenaire potentiel se traduit par une inclinaison de la tête après une approche en marche oblique, les pattes raides. Les deux compères échangent des coups de bec, chargeant et esquivant comme dans un duel à l'épée, avançant, reculant, parant. Vient ensuite une mêlée où les becs s'accrochent et se verrouillent l'un à l'autre ; les lutteurs se repoussent avec leurs pattes, roulent au sol en criant, s'agitent, se passant dessous, puis dessus. Il n'y a ni gagnant ni perdant.

Ces oiseaux peuvent être très espiègles et farceurs. Selon Judy Diamond et Alan Bond, ils sont connus pour voler les antennes de télévision et dégonfler les pneus des voitures. Un kéa a été observé en train de rouler un paillasson pour le pousser ensuite au bas d'un escalier. Il y a quelques années, le *New Zealand Sunday Morning Herald* a rapporté que l'un d'eux avait volé 1 100 dollars à un touriste écossais sans méfiance[101]. Sur une aire de repos près du col le plus élevé des Alpes du Sud, Peter Leach avait ouvert les fenêtres de son véhicule pour photographier un étrange oiseau vert posé au sol. Avant qu'il n'ait pu réagir, l'animal est entré en volant dans l'habitacle, s'est emparé d'un petit sac en tissu placé sur le tableau de bord et s'est enfui avec. « Il a pris tout l'argent que j'avais, s'est lamentée la malheureuse victime, il y a maintenant des oiseaux qui font leur nid avec des billets de 50 livres. »

Les nestors kéas sont sans doute les rois des pitreries, mais les Corvidés en général aiment se divertir. Les corbeaux jouent tout seuls, jetant des brindilles en l'air pour les rattraper. On a pu observer deux jeunes corbeaux à nuque blanche qui jouaient à prends-ma-place-si-tu-peux, l'un debout sur un monticule, brandissant une boulette de fumier, tandis que l'autre le chargeait et essayait de s'en emparer[102].

Un clair matin ensoleillé de février, dans les montagnes centrales d'Hokkaido, au Japon, le naturaliste Mark Brazil a remarqué deux corbeaux sur une pente abrupte poudrée de neige fraîche[103]. Un des deux était couché sur la poitrine et se laissait glisser, l'autre roulait sur lui-même, les pattes en l'air et battant des ailes. « La paire a fait la luge et des rouleaux sur plus de 10 m et est revenue au sommet de la pente en volant », a écrit le scientifique, puis ils ont recommencé leurs cascades. Les corneilles sont elles aussi connues pour se laisser glisser le long d'une pente, apparemment pour le simple plaisir que cela leur procure. Toujours au Japon, des corneilles noires ont été filmées en train de dévaler un toboggan pour enfants. Dernièrement, une vidéo russe d'une corneille faisant du *snowboard* avec un couvercle de pot à confiture, au sommet d'un toit enneigé, a fait le buzz sur le Web.

Alice Auersperg et une équipe internationale de scientifiques ont récemment étudié de près la manière dont diverses espèces de corbeaux et de perroquets jouent avec des objets, pour évaluer si la nature de leur jeu peut éclairer la nature cognitive des joueurs – ainsi que la relation entre le jeu et l'utilisation des outils[104].

Le fait de jouer avec un objet précède souvent son emploi en tant qu'outil, chez les primates aussi bien que chez les oiseaux. Une étude portant sur soixante-quatorze espèces de primates a révélé que seuls les utilisateurs d'outils, comme les singes capucins et les grands singes, combinent les objets lorsqu'ils jouent. Chez l'homme, les enfants commencent à entrechoquer les objets quand ils ont huit mois. À dix mois, ils peuvent insérer des jouets dans des cavités ou empiler des anneaux sur un poteau, mais ce n'est qu'après l'âge de deux ans qu'ils commencent à utiliser les objets comme des outils pour atteindre un objectif souhaité.

Les chercheurs ont donné à neuf espèces de perroquets et à trois espèces de corbeaux les mêmes ensembles de jouets en bois pour petits enfants, de diverses formes (bâtonnets, anneaux, cubes et boules) et de couleurs variées (rouges, jaunes et bleus). Ils leur ont également fourni un « plateau d'activités », une sorte de terrain de jeux comportant des trous dans lesquels insérer des objets et des tubes permettant d'empiler des anneaux.

La plupart des oiseaux ont interagi avec les jouets, mais quelques-uns se sont révélés des virtuoses du jeu.

Les corbeaux calédoniens, les cacatoès de Goffin et les nestors kéas apparaissent comme les plus doués pour combiner deux jouets libres et utiliser les objets sur le plateau d'activités. Selon les scientifiques, ce sont les espèces les plus performantes en matière d'innovation technique et d'utilisation d'outils, les corbeaux calédoniens et les cacatoès de Goffin, qui ont abordé les activités ludiques les plus complexes. Ces derniers se sont préférentiellement dirigés vers les jouets jaunes, ce qui pourrait être lié au fait que ces oiseaux sont dotés de rayures jaunes sous les ailes, une zone souvent exposée lors des parades sociales[a, 105]. Les corbeaux calédoniens, sans raison apparente, ont préféré les balles à tous les autres objets, mais ce sont les bâtonnets qu'ils ont insérés dans les trous du plateau d'activités. Chez ces deux espèces, seuls les plus jeunes spécimens ont associé trois objets libres et c'est uniquement dans le groupe des perroquets que des individus ont empilé des anneaux sur les tubes, les cacatoès de Goffin, davantage que tout autre oiseau, coordonnant soigneusement leur bec avec une patte pour accomplir cette action. Ces oiseaux indonésiens sont connus pour leurs exceptionnelles compétences dans la résolution de problèmes et pour utiliser les outils de manière créative en captivité.

« Nos études montrent un lien entre le jeu avec des objets et le comportement fonctionnel chez ces oiseaux à gros cerveau, explique Alice Auersperg, mais le rôle direct de ce comportement ludique dans leurs capacités de résolution de problèmes reste incertain. Il pourrait servir à

a. Les nestors kéas sont également attirés par les objets jaunes et présentent aussi des bandes de même couleur sous leurs ailes.

l'acquisition générale de compétences motrices ou à l'apprentissage des propriétés des objets. » La relation entre l'objet et l'oiseau ou entre l'objet et son environnement offre à l'oiseau l'opportunité d'effectuer une action, « ou encore, ce comportement pourrait être un produit secondaire de leur mode d'exploration du monde ».

Il est intéressant de noter que tous les oiseaux semblaient heureux de partager pendant qu'ils jouaient. Aucun d'eux n'a accaparé plus d'un poste d'activité ou plus de deux ou trois jouets à la fois. Au dire des chercheurs, « il n'y avait pas de cas d'agression ouverte ni de monopolisation des objets ».

Alex Taylor observe que les corbeaux calédoniens, dans ses volières, ne semblent pas jouer pour l'amour du jeu : « Ils aiment tenir des objets dans leur bec, mordiller et donner des petits coups ; si l'on place des bâtonnets dans leur cage, ils passent beaucoup de temps à les cacher, à les récupérer, à s'en servir pour explorer leur environnement. Mais il est difficile d'appeler cela un jeu, parce que ça fait partie de leur mode de vie dans la nature. »

Récemment, le chercheur s'est intéressé à la question de savoir si les corbeaux calédoniens pourraient être motivés par un peu d'amusement spontané et enrichissant plutôt que par de la nourriture. Il les a testés avec une paire de petites planches à roulettes, curieux de voir si ces corbeaux, comme leurs cousins japonais et russes, pourraient apprécier les glissades. Malheureusement, l'expérience a tourné court. « Ils n'ont pas du tout aimé cette activité ; alors, nous avons préféré abandonner le sujet », conclut Taylor.

La question primordiale quant à l'esprit du corbeau, que l'équipe d'Auckland et d'autres scientifiques aimeraient trancher, est la suivante : quel événement est apparu en premier, l'utilisation d'outils ou ces capacités cognitives impressionnantes[106] ? L'utilisation d'outils a-t-elle rendu ces oiseaux plus intelligents ? Ou étaient-ils déjà cognitivement doués, ces dispositions leur fournissant une sorte de fondation mentale, un répertoire de facultés cérébrales, pour découvrir comment se servir d'instruments ?

Il est possible que la vie sur cet archipel ait favorisé l'intelligence des corbeaux calédoniens, comme cela a pu advenir chez les géospizes des Galápagos[107]. Un environnement relativement imprévisible peut avoir créé une pression évolutive qui a conduit ces animaux à développer des capacités cognitives sophistiquées, afin de faire face aux défis imposés par leur milieu. Ces adaptations, à leur tour, ont peut-être servi de base à l'évolution de l'utilisation des outils.

À l'inverse, le recours à des outils peut avoir entraîné la manifestation de capacités cognitives sophistiquées. Peut-être les corbeaux ont-ils découvert par hasard qu'une brindille permettait d'extraire des aliments difficilement accessibles. Cela les a exposés à de nouveaux problèmes mentaux qui ont stimulé leur capacité à résoudre des problèmes physiques. Les utilisateurs de cet outil avaient un avantage sélectif, parce qu'ils pouvaient obtenir des larves fabuleusement riches d'un point de vue nutritif – une source de nourriture si intéressante que le nestor superbe, un perroquet néo-zélandais, peut passer plus de quatre-vingts minutes à extirper de son abri une seule larve en se servant de son bec[108]. Une fois que la technique s'est propagée, la sélection naturelle a favorisé l'évolution de traits spécifiques, comme la vision binoculaire renforcée, améliorant l'efficacité de l'outil.

Selon Alex Taylor, cette question de la poule et de l'œuf est le Graal pour les chercheurs qui étudient le corbeau calédonien : « Si la mise au point d'outils sophistiqués affecte l'intelligence, alors les populations aviaires qui, dans leur histoire, ont élaboré les instruments les plus complexes devraient être les plus intelligentes ; cela fournirait la preuve de la validité de l'hypothèse de l'intelligence technique. »

Bien sûr, comme le souligne Gavin Hunt, les oiseaux devaient déjà manifester une certaine sophistication mentale pour comprendre comment un et un font deux, et que surgisse l'idée de recourir à un outil[109]. « Pour autant, je ne sais pas si les corbeaux calédoniens étaient plus intelligents au départ que d'autres espèces de corbeaux, ajoute-t-il, mais une fois qu'ils ont commencé à se servir d'instruments, cela a permis de renforcer leurs compétences cognitives pour parvenir au niveau que nous observons aujourd'hui, qui est plutôt impressionnant. »

L'utilisation d'outils n'est donc peut-être pas très différente du jeu : elle exige de l'intelligence et la nourrit.

L'oiseau nommé 007 provenait des forêts du mont Koghi, où les corbeaux fabriquent des outils barbelés sophistiqués. Était-il exceptionnel ? « En ce qui concerne son audace et sa volonté de persévérer, oui, affirme Alex Taylor. Il appartenait à une famille de trois corbeaux tout à fait intéressants, parce que actifs et attentifs. » Un chercheur qui a travaillé avec 007 l'a un jour simplement pointé du doigt, et l'oiseau a pris ce geste pour un signal lui indiquant de s'approcher en vue d'une séance de travail. Il arrivait à Taylor de trouver 007 en train de l'attendre à l'entrée de la volière, désireux de se « mettre à la tâche ». « Je devais lui dire : “Désolé, tu dois patienter, il me faut d'abord tester des oiseaux stupides !” »

Le scientifique trouve néanmoins que les variations individuelles entre les corbeaux, concernant l'utilisation de leurs outils et leurs capacités cognitives, sont moins intéressantes que les différences entre les populations des diverses parties de l'archipel.

L'étape suivante, pour les chercheurs de l'université d'Auckland, est de participer à un programme international ambitieux d'exploration de la base génétique de l'intelligence globale du corbeau calédonien et de sa variabilité entre les populations. L'un des aspects du projet consiste à identifier les gènes qui ont pu être sélectionnés dans la lignée du corbeau calédonien, mais pas chez des espèces étroitement liées, puis à examiner comment ceux-ci pourraient être liés à des différences dans les capacités cognitives.

Une autre approche, déjà à l'œuvre dans la volière d'Auckland, s'intéresse aux variations entre les gènes et les capacités cognitives parmi les populations de corbeaux calédoniens. Un oiseau comme 007, par exemple, qui provient de la population de corbeaux du mont Koghi, capable de fabriquer des outils barbelés, peut être porteur de variantes génétiques qui le distinguent de Blue, issu quant à lui de la population occupant le territoire de La Foa, dans le centre de la Nouvelle-Calédonie, qui utilise des outils basiques de type baguette. Les corbeaux établis dans les diverses parties de l'île, qui façonnent ou emploient des types différents d'outils, présentent-ils des variations dans leurs capacités cognitives ? Ces différences sont-elles en corrélation avec des variations génétiques ?

Pour mon dernier jour en Nouvelle-Calédonie, je rejoins en voiture, via une étroite route secondaire, le sommet du mont Koghi, lieu de naissance de 007. La forêt tropicale primitive qui recouvre les pentes de cette montagne est connue pour être le royaume du gecko géant de Nouvelle-Calédonie et du kaori de forêt – ou kaori du Sud –, une espèce de conifère à la circonférence massive – jusqu'à 2,5 m – dont les 20 m de haut perforent la canopée.

Selon Alex Taylor, 007 a probablement déjà fondé sa propre famille. J'espère apercevoir les corbeaux de Koghi, bien que la lumière soit en train de diminuer. Je suis habituée aux lents crépuscules rougeoyants, mais ici, à l'équateur, le jour s'éteint brusquement, surtout sous le couvert de la forêt tropicale. Soudain, le sous-bois devient effrayant.

Chaque forêt a son propre caractère, ses rumeurs chuchotées et ses odeurs. Les forêts primordiales des montagnes de la Nouvelle-Calédonie abritent, du point de vue de l'évolution, les premières plantes et les premiers oiseaux[110]. Sous le sombre sous-bois humide pousse l'*Amborella*, un arbuste à feuilles persistantes, parent le plus proche des premières plantes à fleurs du monde. Des fougères arborescentes primitives, semblables à celles qui croissaient dans la période du permien, il y a 275 millions d'années, atteignent 20 m de haut et leurs frondes peuvent mesurer jusqu'à 3 m de long, ce qui les classe parmi les plus grandes feuilles du règne végétal. Dans les langues kanakes, le nom de la fougère arborescente signifie « commencement du pays des hommes », et les mythes de la création du monde racontent que l'Ancêtre, le premier des hommes, est sorti du tronc creux d'une fougère arborescente.

Il semble qu'ici le temps ne s'écoule pas à la même vitesse, comme ralenti par la lumière verte rayonnante. L'esprit s'apaise devant tant de merveilles.

Tandis que je progresse sous le couvert en regardant l'épaisse canopée, mes jumelles s'accrochent à une branche basse ; je trébuche sur une racine et suis précipitée sur une énorme toile d'araignée. C'est alors que je remarque l'abondance des araignées dans cette forêt, probablement des épeires ou d'autres orbitèles, comme on appelle ces espèces tissant des toiles circulaires et radiantes, qui étincellent sous les rayons du soleil. Je les distingue à peine dans la pénombre, mais il semble que chaque espace entre les arbres soit occupé par leur dentelle et qu'au centre de chaque toile se cache une araignée de belle taille, immobile et vigilante. Cela me remet en mémoire un dessin humoristique montrant deux araignées perchées dans une toile géante et observant un petit garçon dodu se dirigeant vers elles : « Si nous pouvions l'attraper, nous ferions un festin de roi. »

Je reprends mon chemin plus prudemment, m'enfonçant toujours davantage dans ce vert profond.

Puis dans un arbre, juste à ma droite, j'entends un faible *waaaa waaaa*, cet appel implorant des jeunes corbeaux calédoniens à l'adresse de leurs parents. Tout ce que je peux distinguer, c'est un frémissement dans les feuilles. Qui sait, peut-être 007 est-il là, nourrissant son petit avec des larves qu'il a récoltées grâce à un outil barbelé. L'ADN qu'il a transmis à sa progéniture explique-t-il pourquoi son espèce, parmi tous les oiseaux de la planète, est la seule à fabriquer des instruments aussi élaborés ? Ses gènes sont-ils différents de ceux de Blue ?

Le dossier du corbeau calédonien est encore plein de questions sans réponse. Qu'est-ce qui a surgi en premier ? Sa remarquable habileté avec les outils ou son intelligence exceptionnelle ? La fabrication d'outils ou la forme de son bec et sa vision, si bien adaptées à leur usage ? Un ADN adéquat pour la résolution de problèmes ou d'épineux défis environnementaux qui façonnent les gènes ?

Voilà le genre de questions insondables que je trouve réjouissantes en biologie, parce que non définitivement ordonnées, non résolues, toujours en cours d'exploration. À mesure que l'obscurité tombe, il m'est agréable de songer à ces mystères. D'une façon ou d'une autre, le temps a combiné l'archipel et l'oiseau, et lentement, pas à pas sur le long chemin de l'évolution, il a mis au point cet impressionnant fabricant d'outils.

Dans son genre, un ingénieur.

{ chapitre IV }

GAZOUILLER :
une compétence sociale

Frotter et limer nostre cervelle contre celle d'autruy[a]... — MICHEL DE MONTAIGNE

De nombreuses espèces d'oiseaux sont très sociales. Les individus se reproduisent dans des colonies, se baignent en groupe, se côtoient dans des rassemblements, se réunissent pour se mettre en quête de nourriture. Ils écoutent avec indiscrétion. Ils se disputent. Ils trichent. Ils trompent et manipulent. Ils enlèvent. Ils divorcent. Ils font preuve d'un sens assez fort de l'équité. Ils s'offrent des cadeaux. Ils se font des passes ou jouent au tir à la corde avec des brindilles, des filaments de mousse espagnole[b], des morceaux d'étoffe. Ils chapardent et volent leurs voisins. Ils alertent les jeunes sur la présence d'étrangers. Ils se moquent. Ils partagent. Ils cultivent leurs réseaux sociaux. Ils luttent pour leur statut

---

a. *Les Essais*, chapitre XXV : « De l'institution des enfants ».

b. Aussi appelée « fille de l'air » ou « barbe de vieillard », la *Tillandsia usneoides* est une espèce de plante épiphyte (qui pousse en se servant d'une autre plante comme support) commune sous les climats chauds et humides du continent américain, où elle pend aux branches d'arbres, aux fils téléphoniques et à tout autre support aérien pour capter l'humidité de l'air et les éléments nutritifs sous forme de poussières (NdT).

et leur rang. Ils s'embrassent pour se consoler. Ils éduquent leurs petits. Ils convoquent des témoins à la mort d'un pair. Ils peuvent même être en deuil.

Jusqu'à récemment, ce genre de savoir-faire était présumé se situer bien au-delà de la portée d'un oiseau. L'idée, par exemple, que des oiseaux pourraient envisager ce à quoi pensaient leurs congénères était considérée comme absurde. Dernièrement, ce point de vue a évolué, la science suggérant que certaines espèces ont une vie sociale presque aussi complexe que la nôtre, ce qui nécessite des compétences mentales très sophistiquées.

Les milliers d'espèces d'oiseaux du monde présentent une gamme étonnante d'organisations sociales. Certains, comme le martin-pêcheur d'Amérique et le tyran à longue queue, sont solitaires et férocement territoriaux, et n'ont pas d'autre compagnon que leur partenaire de reproduction. D'autres sont nés pour la compagnie du groupe : les freux, par exemple, membres éminemment sociaux de la famille des Corvidés, qui nichent en colonies denses du Royaume-Uni au Japon, ou les eiders à tête grise, grands canards des eaux côtières de l'Arctique, qui aiment à se mêler en de prodigieux rassemblements comptant jusqu'à dix mille individus[1].

Les mésanges charbonnières (*Parus major*), petits passereaux colorés au plastron jaune répandus dans toute l'Eurasie, ont une organisation sociale intrigante qui donne un nouveau sens au vieil adage « les oiseaux de même plumage volent ensemble »[2]. Des chercheurs de l'université d'Oxford ont récemment conçu une sorte de Facebook pour mésanges, une « matrice de regroupement » révélant le modèle des associations entre les membres d'une population de mille oiseaux peuplant l'étendue boisée ancienne de Wytham Woods, à l'ouest d'Oxford, particulièrement étudiée d'un point de vue environnemental. L'étude a révélé quels étaient les individus qui se fréquentaient et se nourrissaient régulièrement ensemble au même endroit. Il s'avère que ces oiseaux ont un réseau social compliqué, dans lequel les sujets se rassemblent par bandes, en fonction de leurs personnalités, afin de chercher leur nourriture.

Même les poules établissent des relations sociales complexes[3]. En quelques jours de socialisation, les poulets constituent un groupe social stable avec une hiérarchie claire[a]. En 1921, le zoologue norvégien Thorleif Schjelderup-Ebbe a décrit la hiérarchie de dominance chez les poules et l'ordre de préséance associé. Il a montré que la structure hiérarchique confère aux volailles placées en haut de l'échelle de grands privilèges sous forme d'accès à la nourriture et à la sécurité, tandis que celles situées en bas sont en situation de risque et de vulnérabilité.

Cette vie en commun, voire dans la promiscuité, avec des camarades, des amis, des parents, rend-elle les oiseaux intelligents ? Acquièrent-ils leur esprit vif et flexible simplement en répondant aux défis physiques que leur impose leur environnement ou dépend-il aussi des problèmes prégnants, parfois épineux, que pose la vie en société et des épreuves ou des tribulations qu'elle comporte ? Ce que l'on appelle l'« hypothèse de l'intelligence sociale » a récemment gagné un nombre considérable d'adeptes parmi les scientifiques.

L'idée selon laquelle une vie sociale exigeante pourrait influer sur l'évolution des facultés intellectuelles a été développée en 1976 par Nicholas Humphrey, psychologue à la London School of Economics[4].

Considérant les singes logés par groupes de huit ou neuf au sein d'austères cages grillagées, dans son laboratoire, Humphrey s'est inquiété de savoir si cet environnement appauvri affecterait le fonctionnement cognitif des jeunes. Ceux-ci ne disposaient en effet d'aucun jouet ni même d'aucun objet et ne recevaient pas de stimuli environnementaux. Ils n'avaient pas

a. Cependant, s'ils sont séparés durant quelques semaines, ils ont tendance à oublier leurs relations de dominance.

à se protéger de prédateurs ni – étant alimentés régulièrement – à chercher de la nourriture. Il semblait donc au psychologue que ces primates n'avaient pas à résoudre de problèmes, mais leur intelligence trépidante et leur capacité à réaliser des exploits cognitifs impressionnants en dépit de ce quotidien stérile et étouffant le rendaient perplexe. Tout ce dont ils bénéficiaient, c'était de la compagnie de leurs congénères.

« Et puis un jour, je les ai observés, écrivit Nicholas Humphrey, et j'ai vu un nourrisson déjà à moitié sevré harceler sa mère, deux jeunes presque adultes se livrant à une bataille simulée, un vieux mâle toiletter une femelle, tandis qu'une autre essayait d'attirer son attention. J'ai considéré toute la scène d'un œil neuf : peu importait l'absence d'objets, ces singes s'exploraient mutuellement et se manipulaient les uns les autres. Aucun risque de mort intellectuelle lorsque l'environnement social offre une occasion si évidente de participer à des interactions permanentes, une confrontation logique des idées et des opinions, en somme, une sorte de dialectique relationnelle. »

Ce milieu social riche « ressemblait à une école simienne d'Athènes[a] », nota encore Humphrey, et exigeait des compétences cognitives et des calculs sociaux uniques. Les singes devaient mesurer les conséquences de leur propre comportement au sein du groupe et se jauger les uns les autres. Ils devaient essayer de deviner le comportement probable de leurs pairs, suivre les relations sociales des autres – dominance, rang et capacité concurrentielle – et peser les avantages et les inconvénients de leurs interactions. Tous ces calculs étaient « éphémères, ambigus et susceptibles de changer », nécessitant une réévaluation constante. De l'avis d'Humphrey, c'était un jeu d'intrigues et de contre-intrigues sociales qui favorisait des facultés intellectuelles du plus haut niveau. Pour interagir

---

a. L'un des courants, favorisant la conversation comme méthode d'apprentissage, du néoplatonisme, une doctrine philosophique de l'Antiquité (NdT).

efficacement, les animaux sociaux devaient ainsi devenir des « psychologues naturels ».

Les scientifiques pensent désormais que de nombreuses espèces d'oiseaux ne sont pas si différentes. Ceux qui vivent en colonies doivent organiser leurs contacts sociaux, arrondir les angles et éviter les querelles. Ils doivent surveiller le comportement des autres pour prendre des décisions quant à savoir s'il vaut mieux coopérer ou concurrencer, avec qui communiquer, avec qui apprendre. Ils doivent reconnaître de nombreux individus, suivre leurs traces, se rappeler ce qu'un tel ou une telle faisait la dernière fois qu'ils se sont vus et prévoir ce qu'il ou elle va faire maintenant. Parce que de nombreuses espèces d'oiseaux partagent les mêmes types de défis sociaux que ceux qui ont pu alimenter l'intelligence chez les primates, leur cerveau, comme le nôtre, pourrait être conçu pour gérer des relations interpersonnelles et sociales[5].

Plusieurs espèces aviaires montrent une intelligence sociale impressionnante. Les pies reconnaissent leur propre image dans un miroir, une forme de conscience de soi que l'on croyait autrefois limitée à l'homme et à une poignée d'autres mammifères sociaux évolués[6]. Lorsque des expérimentateurs ont placé un point rouge sur la gorge de six spécimens, deux d'entre eux ont essayé de gratter avec leurs pattes cette marque sur leur corps, plutôt que de s'intéresser à leur reflet dans le miroir.

Les perroquets jacos sont des collaborateurs remarquables. Dans la nature, ces oiseaux se rassemblent en bande de plusieurs milliers, recherchent leur nourriture par groupes de trente, et forment des liens durables avec un compagnon[7]. Ils sont rarement seuls, à moins d'être en captivité[a, 8]. En laboratoire, ils s'associent pour résoudre des casse-tête

---

a. Les perroquets jacos enfermés seuls dans une cage montrent parfois des signes de stress sévère, arrachant leurs plumes ou hurlant. Les scientifiques ont récemment constaté que

matériels, tirant par exemple ensemble sur une ficelle pour ouvrir une boîte contenant des aliments. Ils comprennent également les avantages de la réciprocité et du partage, et opteront pour une récompense alimentaire qui sera partagée avec un être humain plutôt que pour une friandise dont ils profiteraient seuls, tant qu'ils savent que leur ami humain agira de façon réciproque[9].

La réciprocité sous forme de don et de contre-don est un autre type de comportement social inhabituel chez les animaux, mais assez commun chez certains oiseaux, y compris les corbeaux.

Il y a vingt ans, quand une amie de la famille a signalé recevoir des cadeaux – une bille, une perle de bois, un bouchon de bouteille, des baies colorées, chaque fois laissés sur le pas de sa porte – de la part des corbeaux qu'elle nourrissait régulièrement, j'ai été sceptique, mais ces dernières années, des récits de même nature se sont multipliés aux États-Unis, impliquant divers menus objets : bijoux, petite quincaillerie, éclats de verre, figurine de Père Noël, fléchettes en mousse d'un pistolet jouet, distributeur de bonbons PEZ doté d'une tête de Donald et même un cœur en confiserie sur lequel était écrit le mot *love*, offert juste après la Saint-Valentin[10, 11]. En 2015, on a rapporté l'histoire d'une fillette de huit ans, Gabi Mann, de Seattle, qui avait commencé dès l'âge de quatre ans à nourrir des corbeaux sur le chemin pour se rendre ou revenir de l'arrêt d'autobus, matin et soir[12]. Plus tard, dans le cadre d'un rituel quotidien, elle a offert aux oiseaux des cacahouètes sur un plateau, dans sa cour, et de temps à autre, après que les cacahouètes étaient consommées, des babioles apparaissaient sur le plateau : une boucle d'oreille, des boulons et des vis, des charnières, des boutons, un petit tube de plastique blanc, une griffe de crabe pourrie, un

---

l'isolement social endommageait réellement les chromosomes aviaires, raccourcissant leurs télomères, ces petites capsules terminales des chromosomes, que l'on assimile aux pointes en plastique sur les lacets, parce qu'elles empêchent les extrémités du matériel génétique de s'effilocher.

petit morceau de métal sur lequel était imprimé le mot *best* et, le favori de Gabi, un cœur blanc opalescent. Les objets pouvant se conserver ont été collectés dans des sachets en plastique et étiquetés avec les dates auxquelles ils ont été reçus.

« La présence de ces cadeaux suggère que les corbeaux comprennent le profit des actes antérieurs réciproques dont ils ont bénéficié, et aussi qu'ils anticipent sur une récompense future », écrivent le biologiste John Marzluff et Tony Angell dans leur livre *Gifts of the Crow* (« Les Cadeaux des corbeaux »)[13]. « C'est une activité planifiée ; le corbeau doit anticiper l'action d'apporter le cadeau et prévoir de le laisser. »

Les corneilles et les corbeaux se refuseraient à accomplir une tâche pour une récompense moindre que celle qu'un homme obtiendrait pour le même travail[14]. On pensait que cette sensibilité à l'inégalité, considérée en outre comme un outil cognitif crucial dans l'évolution de la coopération humaine, existait uniquement chez les primates et les chiens.

Les Corvidés et les cacatoès peuvent retarder la satisfaction d'une récompense s'ils en espèrent une plus importante[15]. C'est une forme d'intelligence émotionnelle impliquant la maîtrise de soi, la persistance et la capacité de se motiver. Les jeunes enfants qui peuvent se retenir de manger un bonbon tout de suite, en faveur de deux plus tard, font la même chose que ces merveilles de volonté ailées. Alice Auersperg et son équipe de l'université de Vienne ont constaté que les cacatoès de Goffin à qui on offrait une noix de pécan pouvaient attendre jusqu'à quatre-vingts secondes en perspective d'une noix de cajou, dont ils préfèrent le goût[16]. « Les cacatoès tenaient la noix de pécan dans leur bec, directement contre leurs organes gustatifs, durant tout le délai d'attente », explique Alice Auersperg. Cela nécessite une maîtrise de soi très impressionnante. Imaginez un enfant qui garderait un grand raisin sur sa langue avant de pouvoir bénéficier d'un carré de chocolat. Dans la même situation, les corbeaux patientent jusqu'à plusieurs minutes. Toutefois, si le délai est de plus de quelques secondes, ils mettent la première récompense hors de vue pendant qu'ils attendent.

« Ils font cela parce qu'ils cachent de la nourriture, c'est une part importante de leur écologie », explique la scientifique. Décider de retarder une gratification requiert non seulement la maîtrise de soi, mais aussi la capacité d'estimer le gain possible en évaluant la qualité d'une récompense par rapport au coût que représente son attente, sans parler de l'appréciation de la fiabilité de l'individu qui prépare les récompenses. Ce type de capacités, considérées comme les précurseurs de la prise de décision économique, est rare chez les animaux.

Les corbeaux possèdent la faculté remarquable de se rappeler les relations qu'ils ont nouées. Les jeunes appartiennent à des sociétés dites « de fission-fusion »[17]. Avant de s'installer en couple sur un territoire, ils traînent dans des groupes sociaux où ils forment de précieuses alliances avec des amis et des membres de leur famille. Ils choisissent des individus précis pour partager de la nourriture, manger à portée du bec de l'autre, se lisser les plumes et jouer[18]. Néanmoins, contrairement aux poules, qui constituent des groupes stables, les groupements sociaux des corbeaux se modifient, se séparent et se reforment saison après saison, au fil des années. Après de longues périodes de séparation, les corbeaux se souviennent-ils des liens et des connexions qu'ils ont établis ?

Thomas Bugnyar, biologiste des sciences cognitives à l'université de Vienne, a récemment cherché à répondre à cette question en étudiant un groupe social de seize jeunes corbeaux dans les Alpes autrichiennes[19]. Pour les scientifiques, la mémoire sociale à long terme d'un oiseau se limitait à se rappeler ses voisins d'une saison de reproduction à l'autre. Mais Bugnyar a constaté que les corbeaux se souviennent des amis qu'ils ont appréciés, même après une séparation de trois ans.

Il convient de noter que les Corvidés reconnaissent et se rappellent non seulement leurs pairs, mais aussi les êtres humains. Ils peuvent isoler des visages humains familiers dans une foule, en particulier ceux qui représentent une menace, et se souvenir d'eux durant de longues périodes. Le biologiste Bernd Heinrich a essayé de dissimuler son identité à des corbeaux avec lesquels il travaille, en changeant de vêtements, en portant des kimonos, des perruques et des lunettes de soleil, en modifiant sa démarche ou en boitant, mais les oiseaux ne s'y sont pas trompés[20]. John Marzluff a décrit comment, cheminant sur le campus de l'université de Washington, il a été identifié, parmi des milliers de personnes, par des corbeaux américains qui le reconnaissaient comme une personne dangereuse pour les avoir piégés, attrapés et marqués[21]. Les corbeaux mécontents se souviennent toujours de lui des années plus tard, le harcelant et croassant de manière grinçante chaque fois qu'ils le voient[22]. Grâce à l'imagerie cérébrale, John Marzluff a récemment découvert que les corbeaux reconnaissent les visages humains en activant les mêmes voies visuelles et neuronales que les nôtres[23].

Les geais des pinèdes recourent à un raisonnement social impressionnant pour déterminer où ils se situent dans l'échelle sociale de leur groupe[24]. Ces membres éminemment sociaux de la famille des Corvidés vivent au sein de grandes colonies stables dotées de hiérarchies solides, comme les poules. Leur fonctionnement repose sur la compréhension des relations d'un individu avec des tiers, qui leur permet de savoir comment se comporter envers un geai inconnu, qu'il soit agressif ou soumis. Un geai étranger – appelons-le Sylvestre – rejoint votre groupe. Un membre de votre groupe, Pierre, domine Sylvestre. Et vous savez qu'Henri, de son côté, domine Pierre. Qui est le plus dominant : Henri ou Sylvestre ? Un geai des pinèdes peut déduire le statut social d'un oiseau qu'il ne connaît pas de la façon dont il se comporte avec d'autres membres du groupe, évitant ainsi des conflits inutiles et des blessures potentielles. Cette capacité à se faire une opinion des relations individuelles sur la base de preuves indirectes s'appelle l'« inférence transitive » et est considérée comme une compétence sociale avancée.

J'aime les geais, si impétueux, querelleurs et railleurs. Les geais bleus (*Cyanocitta cristata*), qui forment de véritables gangs dans ma région, sont connus pour leurs liens familiaux étroits et leurs systèmes sociaux complexes, ainsi que pour leur intelligence et leur gourmandise envers les glands. Quand ils sont là, ils occupent le terrain de façon expansive, se hurlant les uns sur les autres, se moquant, glapissant et aboyant « comme des terriers Kerry Blue », ainsi que l'a écrit Emily Dickinson. Les geais bleus peuvent sélectionner les glands fertiles, donc bons à manger, avec une précision de 88 %. Ils sont aussi capables de compter au moins jusqu'à cinq. Ils imitent en outre, avec une grande fidélité, le cri de la buse à épaulettes, ce à quoi ils s'emploient régulièrement, peut-être pour faire croire aux autres oiseaux qu'un rapace rôde dans le voisinage, ce qui leur laisse le champ libre pour accéder aux fruits à coque de la zone. Il n'est donc pas étonnant que cet oiseau soit, pour les Chinooks et les autres tribus amérindiennes de la côte nord-ouest, un héros un peu filou.

Une des espèces présentes en Europe, le geai des chênes, membre coloré de l'intelligente famille des Corvidés, fait montre d'une perspicacité sociale particulièrement attachante. Le mâle semble avoir l'intuition de l'état d'esprit de sa compagne – du moins en ce qui concerne son appétit – et lui apporte ce qu'elle désire le plus.

Son nom latin, *Garrulus glandarius*, indique sa nourriture préférée. Les geais eurasiens sont bavards, mais ils ne sont pas aussi grégaires que leurs cousins plus communautaires, les freux et les choucas des tours – appelés aussi corneilles des clochers – qui nichent en colonies bondées. La relation par les liens est leur affaire.

Comme beaucoup d'autres Corvidés, les geais eurasiens partagent de la nourriture, mais ils ne le font que pour gagner les faveurs de leur partenaire de reproduction. Le mâle courtise une femelle en sélectionnant pour elle des cadeaux savoureux. Ljerka Ostojić et ses collègues de l'université de Cambridge ont récemment utilisé cette forme spécialisée de don, afin de déterminer si ces oiseaux pourraient comprendre que des congénères (dans ce cas, leurs partenaires sexuels) ont des besoins spécifiques et des désirs en propre, une compétence sociale sophistiquée que l'on appelle « attribution de l'état mental », c'est-à-dire la capacité de déduire les états mentaux d'autrui[25].

Dans une expérience élégante, des geais mâles ont pu observer à travers une paroi vitrée leur partenaire se goinfrer spécifiquement de vers de cire[a] ou de vers de farine. Les mâles ont ensuite eu le choix de leur proposer en cadeau l'une de ces deux douceurs dont les geais raffolent.

Les oiseaux, comme nous, favorisent la variété et peuvent abuser des aliments qu'ils apprécient. On connaît cette sensation, après s'être gavé de fromage, de ne plus pouvoir en avaler un morceau, mais qu'il reste de la place pour un fruit. C'est sur ce principe que repose cette expérience. La femelle s'est bourrée de sa larve préférée et n'en a donc plus vraiment envie. Son conjoint, attentif à ses désirs – ce qui renforce son lien avec elle –, a pu observer son festin et lui offre en cadeau le type de vers qu'elle n'a pas mangé.

Une hypothèse pouvant justifier ce comportement est qu'il choisit ce dont il a lui-même envie, dans la mesure où son propre appétit est orienté par ce que sa femelle a englouti : si le mâle a noté qu'elle a consommé des vers de cire, sa convoitise pour cette délicatesse sera ainsi réduite et il lui proposera l'autre variété. Il s'avère cependant que le fait de regarder ce que la femelle mange n'affecte pas ce que le mâle va lui-même ingérer. Quand il n'a aucune occasion de nourrir sa femelle, il choisit entre les deux aliments selon ses propres préférences. Lorsqu'il peut partager avec elle, il renonce à ses désirs personnels et anticipe le sien, comme s'il

a. Larves (chenilles) des « teignes ou fausses teignes des ruches », ou « papillons des ruches », qui, à l'état sauvage, vivent comme des parasites dans les colonies d'abeilles, se nourrissant des cocons et du pollen, et attaquant la cire, d'où leur nom (NdT).

connaissait l'aliment dont elle est rassasiée. Il lui offre le morceau pour lequel elle-même opterait avec la douce courtoisie d'un écuyer servant à sa dame une tranche de son gâteau au chocolat préféré.

Ce n'est peut-être pas exactement la même « attribution de l'état mental » que chez l'homme – cette faculté de comprendre que les autres possèdent une vie interne similaire à la sienne propre, bien que différente –, mais elle semble assez proche. Le geai eurasien démontre qu'il peut comprendre l'état de désir spécifique de sa femelle : elle souhaite ceci, et pas cela. Il peut comprendre qu'il diffère du sien propre : je viens de manger un vers de cire, mais elle, non. Enfin, il est capable d'ajuster de manière flexible son comportement de partage des aliments aux désirs particuliers de sa femelle.

« Ces expériences fournissent des données passionnantes qui sont conformes à la notion d'attribution, par le mâle, d'un désir à sa partenaire féminine, explique Ljerka Ostojić[26]. Cependant, nous devons mener des études complémentaires, afin de mettre au jour les indices exacts qui déterminent les mâles à réagir à la satiété spécifique de la femelle. Il nous faut distinguer si le mâle répond uniquement à des caractéristiques observables du comportement de la femelle ou s'il peut utiliser ces caractéristiques observables pour inférer le souhait de cette dernière. »

La possibilité qu'un geai mâle puisse déduire les envies de sa femelle en la regardant suggère que les oiseaux posséderaient un élément clé de ce que l'on appelle la « théorie de l'esprit » : la compréhension que les autres ont des croyances, des envies et des perspectives qui diffèrent des siennes propres.

« Attribuer des désirs aux autres est cognitivement moins exigeant que leur attribuer des croyances, explique Ostojić[27]. Chez l'homme, par rapport à la théorie de l'esprit, c'est un élément précoce du développement. Si le geai mâle comprend vraiment ce que sa femelle veut, cela fournirait la preuve qu'un animal est capable de cet aspect important de cette théorie. »

Demandez à une douzaine d'experts dans le domaine de la cognition animale si les animaux possèdent la « théorie de l'esprit » et vous obtiendrez une douzaine de réponses divergentes. D'une manière schématique, il y a deux camps. Ceux qui se décrivent comme les « rabat-joie », déniant aux animaux quoi que ce soit qui ressemble à de la cognition avancée, et ceux qui font écho à Darwin en prétendant que l'homme diffère mentalement des autres espèces en degré, mais pas en nature. Deux scientifiques de l'université de Pennsylvanie, Robert Seyfarth et Dorothy Cheney, appartiennent à ce dernier groupe[28]. Ils soutiennent que même les formes humaines les plus complexes de la théorie de l'esprit plongent leurs racines dans ce qu'ils appellent une « appréciation subconsciente des intentions et des perspectives des autres ». Pour le moins, les geais amateurs de larves semblent posséder ces éléments constitutifs de la théorie de l'esprit.

Il y a de grands avantages à être social : vous multipliez ainsi les paires d'yeux pour repérer les prédateurs et trouver de la nourriture, ainsi que les occasions d'apprendre des autres. Cela signifie que vous n'avez pas à perdre de temps pour comprendre comment ouvrir un fruit à coque ou éviter de manger une baie vénéneuse. Les freux et les corneilles, par exemple, s'appuient sur d'autres membres du groupe afin de déceler les endroits les plus fructueux sur le plan alimentaire et se regroupent autour des sites les plus riches de ce point de vue[29].

Selon Lucy Aplin, les mésanges utilisent leurs connexions sociales pour localiser les aliments et imiter les stratégies en vue de les obtenir, pour transférer de l'information d'un groupe à un autre et même à d'autres espèces. Chercheuse à l'université d'Oxford, Aplin étudie la nature sociale de ces grandes colonies de Wytham Woods. Afin d'analyser les réseaux et les fréquentations sociales des oiseaux, la scientifique et ses collègues ont équipé les mésanges de minuscules bracelets électroniques qui permettent de suivre leurs visites à un ensemble de points d'alimentation. Durant la même période, l'équipe a évalué la personnalité de chaque oiseau individuellement à l'aide d'un test qui mesurait leur audace et leur comportement exploratoire.

Il convient de noter ici que les oiseaux ont leur personnalité. Certains scientifiques n'utilisent par ce terme en raison de sa connotation anthropomorphe, lui préférant les notions de tempérament, de style d'adaptation, de syndrome comportemental. Qu'on appelle cela d'une façon ou d'une autre, chaque oiseau, en tant qu'individu, se comporte de manière stable et cohérente dans le temps et en diverses circonstances, tout comme nous le faisons. Il y a les audacieux, les doux, les curieux, les prudents, les paisibles, les nerveux, les vifs qui apprennent rapidement et ceux à qui il faut plus de temps. « Les variations de personnalité reflètent une différence entre les individus dans leur réponse au risque », explique Lucy Aplin.

Les scientifiques ont récemment identifié de telles différences de personnalité chez les mésanges, ce qui contribue à expliquer les comportements variés autour des mangeoires fraîchement remplies. On y rencontre le petit tyrannique, si individualiste, habile à accaparer toutes les graines, tandis qu'un autre rôde timidement sur les côtés. Certaines mésanges sont des exploratrices hardies, rapides, impétueuses et intrépides, tandis que d'autres sont lentes, prudentes et réfléchies[30]. Nous tenons pour acquise la gamme des différences de personnalité au sein de notre propre espèce, pourquoi une telle variété n'existerait-elle pas dans d'autres ?

Non seulement l'étude conduite par l'équipe de Lucy Aplin a révélé que les oiseaux dotés de personnalités similaires se fréquentaient, mais elle a également montré que les plus audacieux naviguaient entre les communautés, élargissaient la taille de leurs réseaux sociaux et amélioraient leur accès à l'information sur les sources alimentaires[31]. « Cela est particulièrement important en hiver, lorsque la découverte d'une nouvelle zone d'alimentation peut faire pencher la balance en faveur de leur survie, explique la scientifique. Cependant, ce comportement peut aussi se révéler une stratégie socialement “risquée”, augmentant l’exposition des oiseaux à la prédation et à la maladie » – ce qui peut contribuer à expliquer pourquoi la timidité en tant que trait de personnalité persiste chez ces oiseaux[32]. L’équipe a également constaté que différentes espèces de mésanges – charbonnières, bleues, nonnettes – partagent entre elles les informations sur les sources d’alimentation[33]. « Les mésanges nonnettes sont les meilleures fournisseuses d’informations, observe Lucy Aplin, elles agissent comme une sorte de “clé de voûte” dans le paysage informationnel. »

En Suède et en Finlande, des recherches ont révélé qu’une espèce peut apprendre d’une autre à propos non seulement de la nourriture, mais aussi des emplacements propices à l’habitat[34]. Les expérimentateurs ont marqué des boîtes de nidification avec des cercles blancs ou des triangles dans une zone où nichent mésanges et gobe-mouches, une espèce migratoire. Les gobe-mouches femelles qui arrivaient tard dans la saison de nidification sur la zone en question semblaient réduire tout risque en choisissant de ne nicher que dans des boîtes marquées d’un symbole identique à celui qui ornait les boîtes déjà élues comme emplacements de nichage par les mésanges.

En d’autres termes, les oiseaux sociaux sont capables d’exploiter les informations fournies par d’autres oiseaux, par leurs parents et leurs pairs, voire par d’autres espèces. Les scientifiques pensent que non seulement la pression pour exploiter ces sources sociales d’information a donné à certains oiseaux un avantage dans la lutte pour la survie et se reproduire, mais qu’elle peut aussi avoir contribué à stimuler l’évolution de leur cerveau relativement gros.

Les oiseaux se révèlent aussi très doués quand il s’agit d’apprendre de leurs camarades.

Il suffit d'évoquer ces célèbres mésanges britanniques qui ont trouvé le moyen d'ouvrir les bouteilles de lait, au début du XXe siècle, une astuce qui s'est transmise d'oiseau en oiseau jusqu'à ce que, dans les années 1950, toutes les bouteilles de lait d'Angleterre soient prises d'assaut. Pour tenter de déterminer comment fonctionne cet apprentissage social, Lucy Aplin et ses collègues ont récemment mis au point une expérience ingénieuse : ils ont introduit de nouveaux comportements dans les grandes populations de mésanges de Wytham Woods et ont observé la manière dont ils se répandaient[35].

L'équipe a retenu quelques oiseaux en captivité et les a formés à résoudre un simple casse-tête. Les sujets devaient pousser une porte coulissante à gauche ou à droite afin d'accéder à un distributeur alimentaire dissimulé derrière la porte. Certains oiseaux ont été entraînés à pousser la porte à droite et d'autres, à gauche, puis tous ont été relâchés dans leurs bois d'origine, où des dispositifs similaires avaient été répartis, équipés d'antennes spécialement conçues pour détecter les bracelets électroniques portés par les mésanges et enregistrer les informations sur les visites de chaque mésange individuellement.

Les résultats sont édifiants. Les oiseaux formés ont scrupuleusement reproduit ce pourquoi ils avaient été entraînés et, en quelques jours, les chercheurs ont observé le même comportement se répandre chez les mésanges résidant dans chaque zone, avec une propagation rapide auprès de la majorité de la population locale par le biais des réseaux sociaux. Même si un oiseau découvrait qu'il pouvait obtenir la même récompense en poussant de l'autre côté, il demeurait fidèle à la tradition de son secteur. Les oiseaux qui se déplaçaient vers une autre partie du bois, où le sens d'ouverture n'était pas celui de leur zone de départ, changeaient de technique pour observer la pratique locale. Les oiseaux, comme les humains, semblent être conformistes. Selon Lucy Aplin, un an plus tard, ces mésanges se souvenaient encore de leur technique préférée « et ce parti pris s'est maintenu, même après l'apparition d'une nouvelle génération d'oiseaux »[36].

Pour les chercheurs, ce mode d'apprentissage social – imiter ses congénères dans un environnement localisé – pourrait être un moyen rapide et peu coûteux d'acquérir de nouveaux comportements profitables sans entreprendre un apprentissage de type essai/erreur, potentiellement risqué. C'est aussi, selon Neeltje Boogert, « la première preuve expérimentale d'une variation culturelle persistante associée à une technique d'alimentation inhabituelle, que l'on ne pensait trouver que chez les primates[37] ».

L'apprentissage social joue clairement un rôle majeur dans la vie des oiseaux, et pas seulement dans le domaine alimentaire. Les diamants mandarins femelles apprennent à sélectionner leur partenaire sexuel à partir du choix des autres femelles[38]. Si une femelle encore vierge voit une de ses congénères s'accoupler avec un mâle portant un ruban blanc à la patte, cette scène primitive sera déterminante ultérieurement. Lorsqu'on lui présente plus tard deux mâles inconnus, dont l'un porte un ruban orange à la patte et l'autre un ruban blanc, c'est ce dernier qu'elle choisira.

Il y a aussi le domaine de la reconnaissance des prédateurs ou des menaces. On pourrait penser qu'identifier un prédateur – rapace ou serpent – est un savoir précâblé chez l'oiseau, et effectivement, la détection de certaines menaces est innée. Cependant, pour le repérage de certains dangers inédits, l'imitation des congénères est un comportement commode. Une expérience a montré que les merles noirs apprenaient à assaillir, à titre préventif, une espèce d'oiseau habituellement considérée comme inoffensive pour eux, le méliphage à tête brune, après avoir observé d'autres merles faire de même[39].

Le cas des parasites de couvée est traité selon un schéma similaire. Les jeunes mérions superbes, par exemple, ne sont pas de prime abord intéressés par la présence d'un coucou, mais après avoir vu d'autres mérions les harceler, ils changent de comportement, émettant des gémissements et des cris d'alarme lorsqu'ils en aperçoivent un, ce qui alerte les adultes et les incitent à assaillir l'importun[40].

Une brillante série d'études menées au cours des cinq dernières années par John Marzluff et ses collègues de l'université de Washington a révélé les capacités extraordinaires des corneilles d'Amérique pour reconnaître les visages humains et transmettre à leurs pairs des informations sur les personnes jugées dangereuses[41]. Dans une expérience, des groupes de personnes ont sillonné plusieurs quartiers de Seattle, ainsi que le campus de l'université de Washington, en portant différents types de masques. Dans chaque groupe, un masque particulier figurait l'individu dangereux (sur le campus, il s'agissait d'un « homme des cavernes »). Les personnes affublées de ce masque ont capturé plusieurs corneilles, tandis que les autres se contentaient de déambuler.

Neuf ans plus tard, les scientifiques masqués sont retournés sur les lieux de leurs crimes. Les corneilles du quartier – y compris celles qui n'étaient même pas nées au moment de la capture – ont réagi aux personnes portant les masques dangereux comme si ces derniers étaient une menace, plongeant sur elles en piqué et croassant de manière menaçante tout en les assaillant. Apparemment, les oiseaux qui avaient été témoins de la capture originale, comme ceux qui avaient participé à des assauts ultérieurs sur les ravisseurs, se sont rappelés quels étaient les masques représentant le danger et l'ont enseigné à leurs jeunes. Cette tendance à attaquer les individus supposément nuisibles s'était répandue jusqu'à près de 800 m des zones où avaient eu lieu les événements initiaux, peut-être à travers les « réseaux d'information » des corneilles.

Apprendre en observant ou en imitant est une chose. Apprendre sous la tutelle d'un enseignant en est une autre, fort différente. Il y a plus de deux cents ans, Emmanuel Kant a soutenu que « l'homme est la seule créature qui soit susceptible d'éducation[a] ». Ce point de vue – l'enseignement est une forme d'apprentissage social qui n'existe que chez les êtres humains – s'est maintenu obstinément depuis qu'il a été formulé, et ceux qui y adhèrent ne croient toujours pas qu'une formation soit possible dans le règne animal ailleurs que dans le genre *Homo*. L'enseignement véritable, selon eux, nécessite toutes sortes de capacités cognitives que les animaux ne possèdent tout simplement pas, comme la prévoyance et l'intentionnalité, de même que la compréhension des attentes de l'autre et divers aspects de la théorie de l'esprit.

Mais les preuves vont croissant qui suggèrent que certains animaux pratiquent de fait des formes d'enseignement[42]. Les suricates[b] semblent ainsi enseigner à leurs petits à manipuler des proies difficiles, comme les serpents ou les scorpions, qui sécrètent des neurotoxines suffisamment puissantes pour tuer un être humain[43]. Les adultes offrent aux jeunes les plus inexpérimentés des proies mortes ou handicapées, par exemple un scorpion blessé préalablement par une morsure à la tête ou à l'abdomen. À mesure que les jeunes grandissent, leurs instructeurs leur donnent de plus en plus de proies vivantes et valides. Proposer à un jeune encore novice un scorpion ou un serpent vivants, donc susceptibles de s'échapper, c'est courir le risque de perdre un repas, aussi bien pour l'enseignant que pour son élève, mais c'est aussi un défi éducatif qui entraîne le jeune au maniement de proies plus ardues, accroissant son habileté à la chasse. Même les fourmis, apparemment, enseignent. Les scientifiques ont observé des paires de fourmis expérimentées modifiant leurs trajets lorsqu'elles étaient suivies par un individu novice et faisant des pauses pour lui permettre

a. *Traité de pédagogie*, 1803 ; traduction par Jules Barni, 1855 (NdT).

b. Parfois surnommé « sentinelle du désert », le suricate est une espèce de petit mammifère diurne carnivore de la famille des mangoustes, endémique du sud-ouest de l'Afrique (désert du Namib) ; animal très prolifique, il vit au sein d'une colonie, en grands groupes familiaux qui se réfugient la nuit dans de vastes terriers (NdT).

d'explorer les alentours, ne reprenant leur chemin que quand la suiveuse les effleurait avec une de ses antennes[44].

Néanmoins, les exemples convaincants d'enseignement chez les animaux sont rares, c'est pourquoi l'apparente pédagogie du cratérope bicolore est si intrigante.

Le cratérope bicolore (*Turdoides bicolor*) est un étonnant passereau blanc, aux ailes et à la queue couleur chocolat, qui s'épanouit dans la brousse et la savane de l'Afrique australe. Ces oiseaux vivent au sein de petits groupes familiaux étroits de cinq à quinze membres et sont très sociaux et expansifs, un peu comme les suricates, ces modèles de sociabilité chez les mammifères[45]. Appelés en afrikaans[a] « chats rieurs blancs[b] », ce sont des êtres bruyants, ainsi surnommés en raison de leurs bavardages perpétuels et de leurs chœurs fréquents. Ils ne s'éloignent jamais les uns des autres, cherchant ensemble leur nourriture, et toutes leurs activités, comme se lisser les plumes, sont communes ; ils aiment aussi simuler des combats ou se blottir les uns contre les autres. Quand un cratérope s'envole, tous les autres le suivent.

Amanda Ridley, en charge du projet de recherche centré sur cette espèce aviaire, étudie les cratéropes dans le désert du sud du Kalahari, en Afrique du Sud. Ces oiseaux sont des éducateurs coopératifs. Les groupes familiaux sont dominés par un seul couple reproducteur, ainsi que par plusieurs autres adultes qui, bien qu'ils ne se reproduisent pas, contribuent néanmoins à nourrir et à soigner les jeunes. Le couple dominant est monogame non seulement socialement, mais aussi sexuellement – un fait rare dans le monde aviaire[46]. Dans n'importe quel groupe, 95 % des

---

a. L'afrikaans est une langue germanique issue du néerlandais, parlée en Afrique du Sud et en Namibie, notamment par les peuples de langue afrikaans, dont les Afrikaners. Le mot *afrikaans* signifie « africain » en néerlandais (NdT).

b. *White cat-laughers*.

poussins sont issus de ce couple[47] ; pourtant, tous les adultes de la communauté s'occupent des jeunes, aident à les nourrir, prennent soin d'eux et même les dorlotent[48]. Si le couple de reproducteurs ne produit pas de descendance, on sait que les cratéropes kidnappent un poussin d'un autre groupe et l'élèvent comme le leur[a, 49].

Les cratéropes passent près de 95 % de leur temps éveillé à fouiller parmi les feuilles mortes au sol, recherchant scarabées, termites, larves d'insectes et scinques dans leur tunnel. Se livrer à cette activité en tournant le dos au ciel est une chose risquée. Au-dessus d'eux dans la chaîne alimentaire, et toujours à l'affût, on trouve le chat sauvage d'Afrique subsaharienne, la mangouste rouge – ou mangouste svelte –, le cobra du Cap, la vipère heurtante, le grand duc africain et l'autour chanteur. Il est donc dangereux pour un cratérope d'avoir la tête en bas, et ces oiseaux se relaient en agissant comme des sentinelles, renonçant à leur propre alimentation pour surveiller les ennuis qui pourraient, à terre ou du ciel, menacer la communauté. Ces sentinelles se perchent dans un endroit dégagé surplombant leurs congénères fourrageurs et guettent activement la présence de prédateurs, envoyant des appels d'alarme secs et répétitifs chaque fois que cela est nécessaire. Ils offrent ainsi en permanence au groupe des nouvelles sur leur suivi des dangers, sous forme d'un « chant de guetteur »[50].

D'autres espèces d'oiseaux tirent avantage de l'intelligent système de surveillance élaboré par les cratéropes. Les petits oiseaux solitaires

---

a. « La grande nouvelle de Lizzy est qu'il y a un nouvel épisode d'enlèvement dans la population ! C'est *extrêmement* intéressant pour nous. L'enlèvement est un comportement rare, mais qui se produit beaucoup plus souvent que nous ne l'aurions imaginé. Cet enlèvement correspond au profil attendu : les membres d'un groupe restreint, qui n'ont pas réussi à élever leurs propres petits durant un an et demi (et qui courent donc un risque élevé d'extinction), ont volé l'un des jeunes oisillons d'un autre groupe. Ils s'occupent de lui comme si c'était le leur. Nous continuerons de surveiller cette intrigante relation entre kidnappeur et kidnappé. »

appelés irrisors sont connus pour écouter leurs sentinelles[51]. Ces « parasites de l'information publique » traînent autour des cratéropes lorsqu'ils cherchent leur nourriture, attentifs à leurs appels d'alarme. Cela leur permet d'exercer une moindre vigilance, de passer plus de temps en quête d'aliments sur des zones plus nombreuses, avec davantage de succès, et même de s'aventurer à l'air libre sans se soucier des prédateurs[52]. Les drongos brillants sont moins élégants dans leur manière. Très intelligents, imitateurs accomplis, ils émettent de faux appels d'alarme calqués sur ceux des cratéropes et d'autres espèces, ce qui incite ces derniers à se mettre à couvert en lâchant leurs vers de farine[53]. Les drongos tentent alors de s'emparer du butin, même si celui-ci n'est abandonné qu'un court instant et si l'oiseau dupé se trouve encore à proximité. Amanda Ridley et son équipe ont récemment découvert que les drongos abusent les cratéropes en variant le type d'alarme qu'ils produisent, ce qui rend la tromperie plus difficile à détecter[54].

Être une sentinelle est un sale boulot, car elles sont plus fréquemment ciblées que ceux qui cherchent de la nourriture, surtout par les rapaces, diurnes ou nocturnes, mais la vie est de toute façon dangereuse pour tous les cratéropes – et voici où l'enseignement fait son apparition.

Amanda Ridley et son collègue Nichola Raihani ont constaté que, quelques jours avant que les jeunes puissent quitter le nid, les adultes commencent à émettre une sorte de ronronnement doux dès qu'ils leur apportent de la nourriture, accompagné de légers battements d'ailes[55]. C'est une période de formation. Cet appel signifie « nourriture » et les adultes ne l'utilisent que lorsque la phase dite « du jeune à l'envol » approche, qui correspond au moment où l'oisillon développe sur ses ailes des plumes assez longues pour le vol. « Les oisillons en viennent à associer cet appel à la nourriture, l'adulte peut alors les "appâter" quand il tient un aliment et il ne leur donne pas tant qu'ils n'ont pas répondu à l'appel, explique Amanda Ridley. Les jeunes tentent d'atteindre leur pitance, mais l'adulte se déplace hors de portée, loin du nid, les obligeant à le suivre. Cette tactique "de l'appât" est la façon dont les parents peuvent forcer les jeunes à prendre leur envol, et c'est un sujet d'importance, car les risques de prédation au nid augmentent à mesure que les oisillons grandissent[a]. »

Après l'envol des jeunes, les adultes utilisent un appel spécial pour les inciter à s'écarter d'un danger et à se diriger vers une zone d'alimentation pertinente. C'est plus compliqué qu'il n'y paraît. Ils n'enseignent pas à leurs poussins un fait simple, comme l'emplacement spécifique d'un site de recherche de nourriture. Cela serait quelque peu inutile, car la plupart des zones d'alimentation des cratéropes sont éphémères. Ils donnent plutôt aux jeunes à l'envol des instructions visant à développer leur compétence à déterminer les caractéristiques d'un bon site de recherche de nourriture : abondant en proies, distant des prédateurs. Ils leur enseignent également comment réagir de manière appropriée à une menace, en les éloignant des emplacements dangereux lorsqu'un prédateur rôde dans les parages. « L'appel sert donc à deux finalités après l'envol : former sur les zones adéquates de recherche de nourriture et apprendre à échapper efficacement aux prédateurs », précise Amanda Ridley.

Les jeunes à l'envol ne sont pas, pour leur part, des élèves passifs. Les études de la scientifique et de ses collègues indiquent que les jeunes oiseaux utilisent au moins deux stratégies sociales intelligentes pour augmenter la quantité de nourriture qu'ils reçoivent. Tout d'abord, ils sont sélectifs avec les adultes qu'ils suivent, s'attachant à ceux qui se révèlent

a. Comme Nichola Raihani et Amanda Ridley le font observer, pour être qualifiée de « formation », l'interaction entre deux animaux doit être fondée sur trois paramètres : 1) l'« enseignant » doit modifier son comportement uniquement en présence de son élève encore ignorant ; 2) cela doit représenter pour le maître une sorte de coût ou, tout au moins, ne rien lui faire gagner ; 3) en raison de ce changement de comportement, l'élève doit acquérir des connaissances ou une compétence plus rapidement qu'il ne l'aurait fait autrement.

particulièrement compétents pour capturer des proies[56]. Puis, lorsqu'ils ont faim, ils pratiquent une forme de « chantage » envers leurs aînés, en vue d'obtenir davantage de nourriture, s'aventurant dans des endroits ouverts, plus risqués[57]. Dès qu'ils sont rassasiés, ils demeurent dans la relative sécurité du couvert des arbres.

La question reste ouverte de savoir si les méthodes d'éducation manifestées par les cratéropes requièrent des capacités cognitives sophistiquées[58]. Elles pourraient être régies par des processus simples, comme les réponses plus réflexives qui semblent faire partie de la formation des suricates. Les suricates peuvent enseigner à leurs petits à réagir de façon instinctive aux changements d'appels, à mesure qu'ils grandissent : un appel de type « jeune suricate » indique une proie morte, un appel de type « suricate adulte » implique une proie vivante. Amanda Ridley souligne cependant que « l'éducation des cratéropes et celle des suricates sont différentes. Les suricates ont tendance à faire montre d'un enseignement opportuniste – où l'enseignant met l'élève dans une situation propice à l'apprentissage d'une nouvelle compétence –, tandis que les cratéropes bicolores ont tendance à recourir au "coaching" – une forme d'entraînement où l'enseignant modifie directement le comportement de l'élève. Nous ne pouvons pas exclure entièrement que l'enseignement que nous observons chez les cratéropes soit le résultat de réponses réflexives, d'autres recherches doivent être menées, mais il semble très probable que certaines capacités cognitives soient nécessaires pour mener à bien ce comportement de type "entraînement"[59] ».

Amanda Ridley présume que cette forme d'éducation se retrouve chez d'autres espèces d'oiseaux pour lesquelles les jeunes à l'envol accompagnent les adultes en recherche de nourriture, apprenant d'eux les signes de la présence d'aliments, comme le cratérope écaillé, le corbicrave leucoptère[a],

---

a. Passereau originaire d'Australie (NdT).

le geai à gorge blanche[a] et le séricorne à sourcils blancs[b]. « Un certain nombre de mes collègues ont remarqué ce comportement dans les espèces qu'ils étudient, indique-t-elle. Ce type d'éducation est donc peut-être plus répandu que ce que nous croyons actuellement. »

Les scientifiques ont rencontré cette sorte d'ingéniosité sociale surprenante dans le quotidien de nombreuses espèces d'oiseaux. Ce qu'ils n'ont pas trouvé, en revanche, et qu'ils attendaient pourtant, c'est une corrélation entre la taille d'un groupe d'oiseaux et la taille de leur cerveau[60].

L'hypothèse de l'intelligence sociale prédit que les animaux vivants dans de grands groupes sociaux devraient être dotés de cerveaux plus importants, en raison de la complexité des pressions sociales. Lorsque l'anthropologue et psychologue évolutionniste Robin Dunbar, d'Oxford, a comparé la taille du cerveau chez différentes espèces de primates, il a en effet constaté que les individus qui vivaient au sein de groupes sociaux plus larges avaient un cerveau plus gros[61]. Chez les singes, la taille du cerveau d'une espèce donnée a augmenté de concert avec la taille habituelle du groupe. La dimension du groupe, en ce qui concerne les primates, est considérée comme un facteur de complexité sociale, ce qui peut conduire à une cognition plus avancée.

Une simulation informatique intelligente a récemment confirmé virtuellement cette hypothèse[62]. Des scientifiques du Trinity College de Dublin ont créé un modèle informatique de réseaux de neurones artificiels, qui fonctionnaient comme des « minicerveaux ». Ces derniers pouvaient non seulement se reproduire, mais également évoluer grâce à des mutations aléatoires introduisant de nouveaux « bits » ou de nouvelles séquences de bits dans leurs réseaux. Si ces pièces ajoutées bénéficiaient au réseau, celui-ci

a. Espèce endémique de la Floride (NdT).

b. Passereau des zones côtières d'Australie (NdT).

devenait plus intelligent et ces séquences pouvaient alors se multiplier. Lorsque les chercheurs ont programmé les « minicerveaux » pour effectuer des tâches ardues nécessitant une coopération, ceux-ci ont « appris » à travailler ensemble. À mesure que les « minicerveaux » devenaient « plus intelligents », leur coopération s'est accélérée, la pression évolutive conduisant à des « cerveaux » plus importants. Ces résultats confortent l'idée que des interactions sociales complexes, comme la coopération, ont fourni les pressions de sélection nécessaires à l'évolution de cerveaux plus gros et à l'émergence de capacités cognitives avancées chez nos ancêtres primates.

Toutefois, lorsque Robin Dunbar et ses collègues se sont intéressés aux oiseaux et à d'autres animaux, le modèle « plus grand groupe social = plus gros cerveau » n'a pas tenu[63]. Les oiseaux dotés du plus gros cerveau ne vivent pas en communauté importante, au contraire, ils favorisent la formation de petits groupes cohésifs et forment principalement des couples durables.

Il semble que, chez les oiseaux, ce soit la qualité des relations, et non leur quantité, qui exige une capacité intellectuelle supplémentaire[a, 64]. Le défi mental n'est pas de se souvenir des caractéristiques individuelles de centaines d'individus dans de grandes colonies ou de gérer un grand nombre de relations occasionnelles. La tâche vraiment exigeante – du moins du point de vue psychologique et cognitif – est de former des alliances étroites, en particulier en forgeant des liens avec un conjoint, et de fournir des soins parentaux sur le long terme aux jeunes[65].

Nous connaissons tous ces défis : converser, consulter, coordonner, faire des compromis, prendre en compte les besoins du partenaire dans la planification de la journée.

---

a. Robin Dunbar et Susanne Shultz écrivent : « C'est le caractère qualitatif (plutôt que le nombre quantitatif) des relations qui impose le fardeau cognitif. »

C'est la même chose pour beaucoup d'oiseaux.

Près de 80 % des espèces aviaires vivent en couples socialement monogames, c'est-à-dire qu'ils conservent le même partenaire pour une ou plusieurs saisons de reproduction ou plus longtemps encore[66]. Un tel comportement contraste fortement avec les quelque 3 % d'espèces de mammifères qui présentent ce type de monogamie sociale. Cela s'explique en grande partie par le fait que l'activité de nourrir une couvée est si exigeante qu'elle requiert des soins biparentaux. Les oiseaux dont les jeunes sont nidicoles, en particulier, travaillent d'« arrache-patte » pour les alimenter. Sans les contributions à la fois de la femelle et du mâle, peu de descendants nidicoles arriveraient à la phase d'envol, il est donc logique de partager le fardeau. Ces tâches conjointes – couvaison, puis alimentation et protection des oisillons – nécessitent une coordination et une synchronisation précises des activités, ce qui signifie être en mesure de se régler sur les petits caprices, les envies et les besoins d'un conjoint, lesquels peuvent entraîner des changements quotidiens dans les comportements.

Selon le biologiste des sciences cognitives Nathan Emery, être lié de cette façon avec un partenaire nécessite une forme particulière de cognition, appelée « intelligence relationnelle », qui est la capacité de décoder les signaux sociaux subtils d'un conjoint, d'y répondre de manière appropriée et d'utiliser ces informations pour prédire son comportement[67]. Cela nécessite beaucoup d'agilité et de perspicacité mentales.

Certains oiseaux renforcent leurs liens grâce à des séquences élaborées de mouvements corporels coordonnés ou de vocalisations. Les couples de freux, par exemple, s'engagent dans des démonstrations étroitement synchronisées d'inclinaisons et de battements de queue[68]. Les troglodytes maculés, de timides et ternes oiseaux vivant au plus profond des forêts nuageuses des Andes, sifflent rapidement des notes alternées si parfaitement coordonnées qu'il semble qu'un seul oiseau chante[69]. Leurs duos sont une sorte de tango auditif sophistiqué, démontrant un niveau vraiment étonnant de comportement coopératif. Les oiseaux d'un couple peuvent chanter seuls, mais quand ils le font, ils laissent des lacunes plus longues entre les notes, dans lesquelles leur partenaire insère normalement une brève note. Cela suggère que chaque membre du couple connaît sa partie dans le chant, mais s'appuie également sur des indices auditifs émis par son conjoint pour déterminer quand et comment siffler. C'est un procédé très semblable à la découverte de la conversation. L'exécution de duos avec une coordination aussi élevée nécessite d'être étroitement « accordé » à votre conjoint, et témoigne de la force du lien dans le couple et du niveau d'engagement mutuel.

Chez les perruches ondulées (*Melopsittacus undulatus*), le mâle montre son engagement à sa compagne en exécutant une imitation parfaite de son « appel de contact », le chant spécial qu'elle utilise pour rester en contact avec son partenaire alors qu'elle vole, se nourrit et se livre à d'autres activités quotidiennes[70]. Ces petits perroquets australiens sociables sont monogames, mais aussi très grégaires, et ils aiment à se rassembler en grands groupes. Après seulement quelques jours passés ensemble, les couples de perruches ondulées convergent sur le même appel de contact, le mâle faisant tous ses efforts pour produire une imitation de sa femelle, de sorte que son appel devienne le sien[71]. La femelle évalue la précision de son imitation pour juger de son engagement à la courtiser et de sa pertinence en tant que conjoint. Nancy Burley, de l'université de Californie, Irvine et ses collègues qui étudient les perruches ondulées, suspectent que cela pourrait être la raison évolutive de la capacité des perroquets à apprendre rapidement et à imiter de nouveaux sons. « Cela pourrait aussi expliquer pourquoi les amateurs de perroquets déclarent que les meilleurs "parleurs", parmi les perruches ondulées en tant qu'animaux domestiques, sont généralement des mâles qui ont été obtenus très jeunes et sont restés isolés de leurs congénères, écrivent les scientifiques. Les perruches ondulées élevées dans ces conditions fixent leur affection sur l'homme et commencent alors à les courtiser[72]. »

Que se passe-t-il dans le cerveau d'un oiseau quand il socialise ? Pourquoi certains oiseaux forment-ils des couples stables étroitement liés, et d'autres pas ? Pourquoi certains types d'oiseaux sont-ils solitaires et d'autres, des êtres sociaux ?

Le défunt James Goodson a exploré en profondeur le cerveau aviaire pour tenter de répondre à ces questions. Biologiste à l'université de l'Indiana jusqu'à sa mort prématurée du cancer en 2014, Goodson a étudié les circuits neuronaux du regroupement social chez les oiseaux. Il était intéressé par la compréhension des mécanismes cérébraux qui déterminent la façon dont les oiseaux prennent des décisions sociales sur leurs fréquentations, individuelles et en groupe, ainsi que sur la taille de ces derniers.

Selon lui, les circuits qui, dans le cerveau aviaire, contrôlent le comportement social ressemblent beaucoup aux nôtres[73]. Ils sont si anciens – quelque 450 millions d'années – qu'ils sont communs à tous les Vertébrés et étaient déjà présents chez l'ancêtre commun des oiseaux, des mammifères et des requins[74]. Les neurones qui les composent réagissent à un groupe de molécules évolutives anciennes appelées « nonapeptides ». Le rôle original de ces molécules, des acides aminés, était de réguler la ponte chez nos premiers ancêtres bilatéralement symétriques, les Bilatériens, mais d'autres fonctions sociales se sont développées à partir de ce rôle primitif. Chez les oiseaux, Goodson a constaté que les différences dans le comportement social trouvent leur origine dans des variations subtiles de l'expression des gènes codant pour ces molécules[75]. Il en va de même pour l'homme.

Dans notre cerveau, les nonapeptides sont connus sous les noms d'ocytocine et de vasopressine. L'ocytocine, qui est produite dans l'hypothalamus, a été surnommée « hormone de l'amour », « du câlin » ou

« de la confiance », et même « molécule de la morale ». Chez les mammifères, elle joue un rôle clé dans l'accouchement, l'allaitement et l'attachement maternel. Au début des années 1990, la neuroendocrinologue Sue Carter a ajouté le « lien dans le couple » aux pouvoirs de cette molécule[76]. À l'instar d'autres scientifiques, elle a en effet découvert que les campagnols des prairies, qui forment des couples pour la vie, possèdent un taux plus élevé d'ocytocine par rapport aux espèces de campagnols volages.

De nouvelles recherches montrent que le partage de la nourriture chez les chimpanzés augmente davantage les niveaux d'ocytocine que le toilettage[77]. Cela confirmerait la pertinence de la maxime qui dit que le chemin vers le cœur d'un homme passe par son estomac, et constitue peut-être un éclairage sur le comportement du geai des chênes, si attentif à l'appétit de sa femelle.

Chez l'homme, il a été démontré que l'ocytocine réduisait l'anxiété et encourageait la confiance, l'empathie et la sensibilité[78]. Des études récentes ont révélé, par exemple, qu'une dose d'ocytocine administrée par le nez stimule la coopération entre les membres d'une équipe sportive et rend les participants à des jeux de rôle plus généreux et plus confiants[79]. Cette molécule pourrait également contribuer à renforcer les liens romantiques des hommes à l'égard de leur partenaire en améliorant la récompense cérébrale en réponse à l'attrait exercé par cette dernière, comparativement à d'autres femmes[80].

Les oiseaux sécrètent leurs propres versions de ces hormones neuronales, appelées mésotocine et vasotocine. Au cours des dernières années, James Goodson, sa collègue Marcy Kingsbury et leur équipe ont étudié l'action de ces peptides chez diverses espèces d'oiseaux différant par la taille de leur groupe.

Si l'on prend le cas du diamant mandarin, un petit oiseau chanteur grégaire qui habituellement accueille, réconforte, cajole son partenaire et se mêle à des assemblées de centaines d'individus, les biologistes ont découvert que, s'ils bloquaient l'action de la mésotocine dans leur cerveau, ces oiseaux passaient moins de temps avec leur conjoint et leurs compagnons de cage familiers, et évitaient les grands groupes[81]. Les sujets qui, à l'inverse, ont reçu une dose de mésotocine au lieu de son bloqueur sont devenus encore plus sociables, ont recherché plus de contact étroit avec leur partenaire et leurs camarades de cage, et fréquenté de plus vastes rassemblements[82].

James Goodson a décidé de cartographier les récepteurs de ces peptides dans le cerveau d'espèces d'oiseaux possédant des préférences différentes en termes de taille de groupe, émettant l'hypothèse que la densité et la distribution desdits récepteurs pourraient être la clé expliquant des comportements sociables divergents. Il s'est concentré sur les Estrildidés, une grande famille de passereaux constituée de 132 espèces, parmi lesquelles sont classés amadines, amarantes, astrids, beaumarquets, bengalis, capucins, cordonbleus, diamants, dos-verts, nigrettes, paddas, parmoptiles, pyrenestes et autres sénégalis. Tous ces oiseaux ont des modes de vie écologiques similaires et des comportements de mise en couple. Ils sont monogames, se mettent ensemble pour la vie et soignent conjointement leurs jeunes. Cependant, ils varient considérablement dans la taille des groupes qu'ils préfèrent. Goodson s'est rendu jusqu'en Afrique du Sud pour recueillir trois espèces d'Estrildidés : deux solitaires, fonctionnant uniquement par couples – le beaumarquet melba et le cordonbleu grenadin – et un modérément social – le cordonbleu d'Angola. Pour compléter le tableau, il a ajouté deux espèces hautement grégaires, qui se reproduisent au sein de grandes colonies : le diamant mandarin et le capucin damier, un bel oiseau d'Asie tropicale couleur de châtaigne, qui prise la compagnie de milliers de ses congénères – il est surnommé dans les laboratoires « le hippie » ou « le pacifiste », car il n'a jamais été observé en train de montrer un quelconque signe d'agressivité[83].

Lorsque James Goodson a cartographié les récepteurs des molécules apparentées à l'ocytocine dans le cerveau de ces oiseaux, il a bien entendu trouvé des disparités étonnantes[84]. Les très sociaux diamants mandarins et capucins damiers possédaient beaucoup plus de récepteurs de la mésotocine au sein de leur septum latéral dorsal – une zone cérébrale clé, impliquée dans le comportement social – que leurs parents plus solitaires.

Curieux de savoir si des peptides semblables à l'ocytocine jouaient également un rôle majeur chez les couples d'oiseaux, le scientifique et son collègue James Klatt se sont de nouveau plongés dans le cerveau des diamants mandarins[85].

Vous pouvez dire qu'un couple de diamants mandarins s'est formé lorsque les deux partenaires se perchent serrés l'un contre l'autre, formant comme une masse unique, se suivent en permanence, se lissent réciproquement les plumes et se posent ensemble dans leur nid. Quand les chercheurs ont bloqué l'action des peptides dans le cerveau des diamants mandarins, ils ont constaté que ces oiseaux ne montraient plus les activités normales d'un couple constitué. Il semble donc indispensable que ces molécules soient actives pour que les oiseaux se comportent correctement en couple.

Certaines recherches suggèrent que l'ocytocine peut jouer un rôle similaire chez l'homme. Dans une étude, la psychologue Ruth Feldman, de l'université Bar-Ilan en Israël, a constaté que les taux de l'hormone sont en corrélation avec la longévité des relations humaines – les couples ayant plus d'ocytocine ont des relations plus durables[86].

Quoi qu'il en soit, comme le souligne Marcy Kingsbury, la vision que l'on avait de l'ocytocine chez l'homme et de son équivalent aviaire en tant que simple « hormone du câlin » est en train d'évoluer. Ainsi que le rapporte la scientifique, des études récentes sur les Estrildidés suggèrent que ces prétendues hormones de l'amour « peuvent réellement influer sur l'agressivité et même nuire à la liaison du couple », selon la situation[a, 87]. Il reste à déterminer si cela s'applique à notre espèce, mais de l'avis de Marcy Kingsbury et de ses collègues, une telle éventualité semble probable, compte tenu des similitudes anatomiques et de la fonction de ces hormones dans les différentes classes de Vertébrés. En effet, certaines études portant sur les couples, chez l'homme, montrent le contraire de ce à quoi l'on pouvait s'attendre : une corrélation entre l'ocytocine et les émotions négatives, telles que l'anxiété et la méfiance[88].

Marcy Kingsbury et d'autres chercheurs soutiennent qu'il n'existe pas d'agent neurochimique qui ait exclusivement des effets « positifs » ou « prosociaux » sur le cerveau et le corps. Quant aux effets sociaux de ces hormones, il semble que le contexte et les différences individuelles concernent aussi bien les oiseaux que l'homme.

En tout cas, même les oiseaux en couple dont les hormones du câlin présentent des taux corrects ne sont pas des parangons de fidélité. Selon Rhiannon West, biologiste à l'université du Nouveau-Mexique, cela peut être une autre raison pour laquelle certaines espèces d'oiseaux sont intelligentes[89]. West émet l'hypothèse que ce ne sont pas seulement les défis pour maintenir les liens de couple qui ont stimulé les capacités intellectuelles des oiseaux. C'est plutôt, dit-elle, « la complexité qu'il y a à réussir une relation de couple tout en ayant, dans la même période, des copulations hors couple[b] » ; ce qu'elle appelle la « course à la sélection sexuelle ».

---

a. James Goodson écrit : « L'ocytocine peut favoriser les perceptions et les comportements négatifs, comme cela est de plus en plus documenté chez l'homme. Par exemple, l'administration intranasale d'ocytocine réduit la confiance et la coopération chez les patients à "personnalité limite", alors qu'elle favorise l'altruisme communautaire, l'ethnocentrisme et la relaxation chez les individus en bonne santé. »

b. Ou *extra-pair copulation* (EPC), en anglais (NdT).

Il y a quelques décennies, la science considérait les oiseaux comme les modèles mêmes de monogamie sexuelle. Dans le film *la Brûlure*[a], l'héroïne déplore le donjuanisme de son mari, et son père lui répond : « Vous voulez un monogame ? Épousez un cygne. » Cependant, grâce à des années d'observations sur le terrain et à l'avènement des empreintes moléculaires, nous savons maintenant que les cygnes ne sont pas sexuellement exclusifs, pas plus que les autres oiseaux. L'analyse de l'ADN a révélé que des copulations hors couple se produisent chez près de 90 % des espèces d'oiseaux[90]. Dans un nid donné, jusqu'à 70 % des poussins ne sont pas engendrés par les mâles qui prennent soin d'eux. Les oiseaux qui forment un couple peuvent être socialement monogames, mais ils le sont rarement sexuellement, et donc génétiquement. Si Rhiannon West a raison, cela peut aussi constituer une force motrice évolutive dans l'amélioration de leurs capacités cérébrales.

L'alouette des champs (*Alauda arvensis*) est une espèce qui vit dans les prairies, les marais et les landes ouvertes de l'Europe à l'Asie. Elle est connue pour émettre, en volant, des chants extraordinairement longs et complexes, comportant jusqu'à sept cents notes distinctes[91]. Les alouettes sont en général socialement monogames. Bien que le mâle ne participe pas à la construction du nid et ne couve pas les œufs, il contribue, après la naissance des poussins, jusqu'à la moitié, et même plus, de la nourriture pour la couvée. Les scientifiques ont cependant constaté que 20 % de la progéniture dans les nids d'alouettes n'étaient pas génétiquement liés à l'oiseau mâle participant à l'élevage des oisillons[92].

Il est facile de comprendre comment les mâles tirent avantage du vagabondage sexuel, dans la mesure où plus nombreux sont les accouplements, plus abondante est la progéniture, mais qu'en est-il des femelles ? Si la part de paternité d'un mâle dans une couvée devenait trop basse, il pourrait

---

a. *Heartburn* (1986) de Mike Nichols, d'après le roman de Nora Ephron (NdT).

abandonner les soins parentaux. Pourquoi les femelles prendraient-elles ce risque ?

En la matière, ce ne sont pas les théories qui manquent. L'hypothèse la plus en vogue actuellement est qu'une femelle s'accouple avec d'autres mâles pour augmenter la diversité génétique de sa progéniture, ce qui accroît les chances de survie des oisillons qui la composent tant que le mâle qui assure les soins parentaux n'a pas découvert le pot aux roses. Cela peut être aussi pour elle un moyen de transmettre à une partie de sa descendance de meilleurs gènes que ceux apportés par son conjoint officiel.

L'écologiste comportementale Judy Stamps a proposé une autre approche, que l'on pourrait appeler l'« hypothèse du couple à venir », pour expliquer pourquoi les femelles recherchent des accouplements hors couple[93]. C'est un scénario du genre « divorce-remariage », où la femelle teste les capacités territoriales et les compétences parentales d'autres mâles. Si un mâle bien portant et talentueux perd ou abandonne sa compagne et cherche à la remplacer, il pourrait bien se tourner vers cette nouvelle femelle qui se présente maintenant et qui lui est déjà familière. En s'essayant avec ce mâle, la femelle non seulement s'assure envers lui d'une position en première en ligne, mais obtient des informations sur son potentiel en tant que conjoint et parent, et sur la qualité de sa situation territoriale.

Une théorie récente, élaborée par deux biologistes de l'université de Norvège, suggère que les femelles volages encouragent une meilleure coopération des mâles dans toute la zone[94]. « Les femelles en bénéficient parce que la paternité hors couple incite les mâles à ne pas se concentrer sur une seule couvée, l'officielle, mais à veiller sur l'ensemble du territoire, qui peut potentiellement abriter leur descendance. » Cela pourrait avoir plusieurs effets positifs, indiquent les chercheurs, y compris moins d'agression territoriale et une meilleure protection de la communauté contre les prédateurs. Ces résultats font écho à des études antérieures sur les carouges à épaulettes[a], qui suggéraient que les femelles subissaient une moindre prédation de leur couvée lorsque celle-ci comportait des oisillons conçus hors du couple, probablement parce que tous leurs géniteurs participaient à la défense du nid[95]. Les poussins de ces nichées souffraient également moins de sous-alimentation. Essentiellement, en faisant en sorte que les mâles ne mettent pas tous leurs œufs dans le même panier – si l'on peut dire –, les femelles contribuent au bien public et favorisent la constitution de territoires plus sûrs et plus prolifiques. « Le fait que les femelles soient certaines d'être la mère de leur progéniture les pousse à la protéger au nid, tandis que la paternité potentielle des mâles dans plusieurs nichées implique qu'ils investissent en vue de bénéfices communs, en quelque sorte pour le bien public », concluent les scientifiques norvégiens.

Comme le souligne la biologiste de l'évolution Nancy Burley, il est peu probable qu'il n'y ait qu'une seule explication à la paternité aviaire hors couple : « La raison pour laquelle les femelles s'engagent dans des copulations de ce type varie probablement considérablement d'une espèce à l'autre et, au sein d'une même espèce, la décision doit également refléter des circonstances individuelles[96]. »

Dans tous les cas, il est clair que les oiseaux, mâles et femelles, sont capables d'une aventure en dehors du couple ; cependant, les deux travaillent dur, afin de maintenir le lien avec leur partenaire social pour élever leurs jeunes. L'opinion de Rhiannon West est que cette double vie peut expliquer la taille importante du cerveau chez les oiseaux socialement monogames. Le fait de chercher régulièrement des occasions d'avoir des copulations hors couple tout en maintenant un partenariat social crée une

a. Espèce de passereau dont le nom commun vient de deux taches rouges qui prennent la forme d'épaulettes quand l'oiseau adopte une attitude d'intimidation (NdT).

vie sociale complexe et, selon le point de vue occidental, une stimulation cognitive.

Voici le tableau : un mâle est confronté aux exigences neurologiques nécessaires pour s'accoupler en douce avec d'autres femelles, tout en surveillant sa partenaire, de manière à réduire les possibilités d'un adultère de sa part. Pour diminuer le risque d'intrusion d'un autre mâle, lui aussi en quête d'une aventure, l'alouette mâle doit étroitement surveiller le nid conjugal avant que sa partenaire ne ponde. Un autre travail, tout aussi essentiel, l'attend encore : protéger son territoire. Donc, tout en gardant un œil sur sa compagne, il continue de voler en exécutant cet étonnant chant qui lui sert d'étendard indiquant : « Cet endroit est le mien[a, 97]. » Ces démonstrations aériennes d'envols en flèche, de vols planés, de cercles et de piqués peuvent durer plusieurs minutes et se situent généralement à une altitude de plus de 180 m. Il en faut, des manœuvres acrobatiques, pour surveiller à la fois sa compagne et son territoire – et avoir le temps et l'opportunité de s'offrir un petit extra sexuel !

La femelle, pour sa part, a besoin de son propre lot de capacités cognitives, non seulement pour s'échapper vers ses rendez-vous galants, mais aussi pour évaluer les potentiels génétiques et territoriaux de ces partenaires occasionnels, sans oublier qu'il lui faut mémoriser le chemin du retour vers le domicile conjugal et le compagnon légitime. En réalité, chez les espèces comportant un taux élevé de paternités hors couple, les femelles possèdent un cerveau relativement plus gros que les mâles ; c'est l'inverse pour les espèces où ce pourcentage est faible[98].

Le résultat de tout ce libertinage chez les oiseaux, lesquels constituent par ailleurs des couples durables avec des liens forts ? Une augmentation de la taille du cerveau pour les deux sexes.

---

a. Des recherches ont montré que les alouettes mâles dotées d'ailes plus petites étaient plus souvent cocufiées que les autres.

Un autre type de course à la sélection sociale développe également l'intelligence des oiseaux, qui implique non le sexe, mais le chapardage de la nourriture.

Il s'agit de nouveau des geais, cette fois du geai buissonnier (*Aphelocoma californica*). Fidèle à son nom, cet oiseau impertinent occupe les taillis et les broussailles de l'Ouest américain et explore en permanence son territoire en sautillant agilement, exécutant des avancées rapides et audacieuses tout en abaissant sa queue et en scrutant autour de lui par de rapides mouvements de tête circulaires. Rien ne lui échappe. D'azur, comme son cousin le geai bleu, mais sans sa huppe désinvolte, il est tout aussi impudent et connu pour être un voleur et un chenapan, en somme la fripouille des buissons. Selon un ornithologue, l'un des mauvais coups préférés de ce geai est de voler sa nourriture à un chat en lui donnant sur la queue un coup de bec vigoureux : « Quand le chat se retourne pour s'en prendre à son assaillant, le scélérat saute et s'empare de ce qu'il convoite en poussant des cris perçants d'exultation[99]. »

Le geai buissonnier vit en couple monogame tout au long de l'année, souvent au sein d'un groupe sur un territoire. Pendant la saison de reproduction, chaque mâle agit comme s'il possédait l'endroit, défendant fermement la place contre les geais rivaux par des vols en piqué et des criaillements puissants. « La séquence d'alarme ordinaire du geai est une éruption vocale étonnante, à réveiller un mort, écrit un naturaliste. Elle vous glace le sang, comme elle est censée le faire[100]. »

Les geais buissonniers sont une espèce qui cache de la nourriture. Tout l'automne, ils s'activent dans les buissons, rassemblant des glands et des fruits à coque par milliers, ainsi que des insectes et des vers, qu'ils accumulent dans autant de caches dispersées sur leur territoire, en vue d'une utilisation future.

Tout semble très honorable et laborieux, sauf un détail. Ces oiseaux vivent une sorte de double vie, stockant leur propre nourriture pour un usage ultérieur et pillant les stocks de leurs congénères. Ce sont des « cacheurs », d'accord, mais ce sont aussi des chapardeurs qui dérobent le butin durement amassé de leurs voisins.

Un geai buissonnier peut ainsi perdre quotidiennement jusqu'à 30 % de sa réserve de nourriture[101]. Ce n'est pas une petite perte pour un oiseau qui doit mettre en lieu sûr suffisamment de victuailles pour survivre à de longs et rigoureux hivers.

Le chapardage est un gros problème, qui représente clairement l'un des inconvénients de la vie en société. Il prend cependant une tournure intéressante chez les geais buissonniers. L'interaction entre les « cacheurs » et les voleurs de nourriture dans la même communauté semble avoir conduit à l'évolution d'un comportement étonnamment intelligent, la « déception tactique », à la fois pour le cacheur – protéger ses cachettes – et pour le potentiel chapardeur – se montrer plus malin que le cacheur (trouver sa cachette) et que les autres chapardeurs (la trouver avant eux).

Dans une série d'études très créatives, Nicola Clayton et ses collègues ont constaté que les geais buissonniers s'efforcent, vis-à-vis des pillards, de protéger l'information sur l'emplacement de leurs cachettes[102]. Un geai va choisir de dissimuler un aliment derrière une barrière ou à l'ombre, par rapport à un endroit plus ouvert ou plus éclairé, si et seulement si un autre geai le regarde. Lorsque le point de vue de l'observateur est obstrué, le geai ne se donnera pas la peine de dénicher une cachette plus « privée ». Si l'observateur peut l'entendre, mais pas le voir, il disposera sa nourriture dans un sol meuble plutôt que caillouteux[103]. En outre, si un autre oiseau l'a vu abriter sa nourriture à un endroit précis, le cacheur peut y revenir et déplacer – ou feindre de déplacer – le contenu de la cachette vers un autre emplacement, dans une sorte de jeu de bonneteau qui berne le voleur potentiel. Il prétend même sonder un nouvel endroit après que l'aliment a déjà été dissimulé ailleurs, confondant ainsi le chapardeur pour que celui-ci ne puisse pas connaître l'emplacement du butin celé. Existe-t-il un exemple plus clair de tromperie astucieuse ?

Ce ne sont pas tous les observateurs qui l'incitent à élaborer ces stratégies tactiques. Si c'est son partenaire qui le regarde, il ne dissimulera *a priori* aucune de ses actions. C'est seulement l'oiseau rival qui l'a vu cacher un aliment dans un endroit particulier qui est considéré comme une menace. D'une manière ou d'une autre, les geais buissonniers de souviennent de qui les a regardés, où et quand. Ils se rappellent s'ils ont été observés ou non lors d'une mise en cachette spécifique – et par qui – et ne recacheront l'aliment ultérieurement que si cela s'avère absolument nécessaire.

La chose la plus étonnante, en réalité, est que le geai buissonnier n'utilise ces tactiques de protection de ses cachettes que s'il a lui-même une expérience de chapardeur. Les oiseaux qui n'ont jamais pillé ne pratiquent pas la « recache ». En d'autres termes, disent les chercheurs : « Il faut un voleur pour reconnaître un voleur[104]. »

Les chapardeurs, pour leur part, essaient de faire profil bas. Ils se soustraient aux regards tandis qu'ils épient un oiseau en train de dissimuler un aliment, ce qui réduit les risques que le cacheur envisage d'utiliser un de ses systèmes de protection de sa cachette.

Le résultat est une sorte de « guerre de l'information », où les chapardeurs développent des stratégies pour collecter activement des renseignements tout en restant inaperçus, tandis que les cacheurs affinent leurs compétences dans l'élaboration de tactiques machiavéliques pour supprimer ou dissimuler des informations, ou encore fournir de fausses indications.

Pour Nicola Clayton et beaucoup d'autres scientifiques qui étudient le geai buissonnier, les comportements trompeurs et manipulateurs de ces oiseaux indiquent des processus de pensée très sophistiqués : la mémoire de qui était là, quand et où – désignée par la notion de « mémoire épisodique » –, la faculté d'utiliser son expérience personnelle de voleur pour prédire le comportement d'un chapardeur et peut-être même la mise en perspective, qui consiste à imaginer le point de vue d'un congénère – ce qu'il sait et ce qu'il ignore –, afin d'adapter ses propres actions en conséquence[105]. La capacité d'adopter le point de vue d'autrui – pour saisir ce qu'il se passe dans la tête d'une autre créature – est l'une des caractéristiques de la théorie de l'esprit.

Le point n'est pas tranché de savoir si ce sont ces jeux de cachette/chapardage qui ont entraîné l'évolution de telles compétences cérébrales chez les geais buissonniers ou si ces compétences leur préexistaient, peut-être en raison de leur vie sociale en couple, et qu'elles ont alors simplement été utilisées dans ces comportements de cacheur/chapardeur[106]. C'est la situation proverbiale de la poule et de l'œuf, comme dans le cas du corbeau et de ses outils.

Les oiseaux possèdent-ils les capacités sociales ou émotionnelles humaines, si valorisées, que sont l'empathie ou le chagrin ? C'est une question qui demeure. Comme le disent Nicola Clayton et son collègue Nathan Emery : « Dans le cas des oiseaux, en particulier de ceux qui sont connus pour être intelligents, comme les corbeaux et les perroquets, il est très facile de tomber dans le piège anthropomorphe et de leur attribuer des émotions humaines sans preuve indiscutable[107]. »

L'oie cendrée (*Anser anser*), un oiseau européen moyennement intelligent, fournit un premier exemple. Cette espèce est devenue célèbre grâce aux travaux du lauréat du prix Nobel, Konrad Lorenz, qui mit en évidence le phénomène comportemental appelé « imprégnation » (ou « empreinte ») par lequel un très jeune individu établit, de façon définitive, un lien avec un objet qui bouge près de lui. En l'occurrence, les oisons qu'il avait lui-même nourris se sont mis à suivre ses bottes en caoutchouc et ont même essayé plus tard de s'accoupler avec. Les oies cendrées vivent en groupes qui vont d'une petite famille à des colonies de plusieurs milliers d'individus et ont une vie sociale comparable à celle des oiseaux dotés d'un plus gros cerveaux, comme les corbeaux et les perroquets.

Elles expriment leurs liens sociaux avec leur partenaire et les membres de leur famille en se rapprochant physiquement ou en exécutant ensemble une séquence de mouvements ritualisés et de cris appelée « cérémonie (ou cérémonial) du triomphe »[108]. Une étude récente à la station de recherche Konrad Lorenz, en Autriche, a mesuré le rythme cardiaque de ces oies – un indicateur concret de détresse – en réponse à divers événements : le tonnerre, le passage de véhicules, le départ ou l'atterrissage des troupeaux et, enfin, les conflits sociaux[109]. La plus grande accélération du rythme cardiaque s'est produite non pas en réponse à quelque chose d'étonnant ou d'effrayant, comme un coup de tonnerre ou le bruit de la circulation automobile, mais en réaction à un conflit social impliquant soit le conjoint soit un membre de la famille. Pour les scientifiques, cela met en évidence l'implication émotionnelle, peut-être même l'empathie.

Il y a ensuite le cas des « baisers » chez les freux. Ces membres suprêmement sociaux de la famille des corbeaux nichent au sein de colonies bondées où les occasions de prises de bec sont légion[110]. Une étude a révélé qu'après avoir vu son partenaire engagé dans une querelle le freux le réconforte en enroulant son bec autour du sien, durant une minute ou deux. Ce comportement est décrit par les chercheurs de façon un peu technique comme une « affiliation postconflit de tierce partie », ce qui signifie qu'après un affrontement un spectateur non impliqué (tierce partie) offre un tendre réconfort à la victime agressée dans l'altercation, en général son conjoint[111].

Seules quelques espèces animales sont connues pour rassurer leurs congénères en détresse, parmi lesquelles les grands singes et les chiens. Les éléphants asiatiques ont été récemment ajoutés à la liste, grâce à une étude montrant qu'ils peuvent consoler un individu désemparé en lui touchant doucement la tête avec leur trompe ou en la lui mettant dans la gueule – en quelque sorte, l'équivalent du câlin pour les pachydermes[112].

Dernièrement, Thomas Bugnyar et son collègue Orlaith Fraser ont entrepris de découvrir si les corbeaux procurent ce genre de réconfort à leur partenaire en difficulté ou à leurs amis victimes d'un affrontement[113]. Les corbeaux manifestent-ils de la sympathie pour les victimes après un conflit agressif ? Est-ce qu'ils les consolent ?

La consolation est d'un intérêt particulier pour les chercheurs, car elle implique un degré d'empathie cognitivement exigeant, connu chez l'homme comme l'« inquiétude empathique ». Réconforter une victime signifie d'abord reconnaître sa souffrance et ensuite y répondre d'une manière qui l'atténue. Cela nécessite une sensibilité aux besoins émotionnels d'autrui – un trait qui semblait n'appartenir qu'à l'homme et à ses plus proches parents, les chimpanzés et les bonobos.

Les scientifiques ont étudié un groupe de treize jeunes corbeaux. Avant que les jeunes corbeaux ne se mettent en couple et ne deviennent territoriaux, ils s'attardent dans de grandes communautés où ils se font des alliés et forgent des partenariats précieux. Dans n'importe quel groupe social, des conflits peuvent survenir, et une « méchanceté » de la part de jeunes corbeaux n'est pas exceptionnelle. Les conflits entre corbeaux, en particulier ceux au sein d'une famille, sont généralement des querelles mineures impliquant quelques légers coups de bec ici et là, mais les combats entre des étrangers ou des membres de familles différentes au sujet des nids, des partenaires, de la nourriture ou du territoire peuvent être prolongés et se révéler mortels.

Au cours d'une période de deux ans, les chercheurs ont soigneusement observé 152 combats parmi les jeunes corbeaux, enregistrant les identités de l'agresseur, de la victime et des spectateurs – des membres du groupe se trouvant matériellement assez près pour assister à l'altercation. Ils ont réparti les combats entre les « légers » – principalement des menaces bruyantes – et les « intenses » – pourchasser un autre oiseau, lui sauter dessus ou lui donner des coups de bec. Puis, pendant dix minutes après chaque combat, ils ont noté tout acte d'agression ou de fréquentation des victimes. À leur grande surprise, les scientifiques ont constaté que, dans les deux minutes suivant une lutte intense, des membres du groupe ont offert des gestes consolateurs à la victime du conflit. Ces gestes, prodigués le plus souvent par le conjoint ou un allié, comprenaient le fait de s'asseoir à côté de la victime, de lui lisser les plumes, d'effectuer des enroulements de bec ou de toucher doucement son corps avec le bec en émettant des sons doux et réconfortants[a]. L'explication d'un contradicteur serait que les oiseaux essaient tout simplement de réduire les signes extérieurs de stress chez leur partenaire ou leurs alliés. Pour les auteurs de l'étude, cependant, le comportement réconfortant des corbeaux résulte de la connaissance des sentiments d'autrui. Ces résultats, écrivent-ils, sont « une étape importante vers la compréhension de la façon dont les corbeaux gèrent leurs relations sociales et équilibrent les coûts de la vie en groupe. En outre, ils suggèrent que les corbeaux réagissent aux besoins émotionnels des autres[114] ».

En ce qui concerne le chagrin, lorsque la nouvelle s'est répandue que des scientifiques avaient été témoins de l'« enterrement » d'un geai buissonnier, mon esprit est remonté directement à un incident auquel j'avais assisté il y a des années, dans un pré non loin de chez moi : un groupe de geais bleus se rassemblant autour d'une buse à queue rousse qui venait juste d'attraper l'un d'eux. La victime se débattait entre les serres du rapace et les geais présents braillaient et assaillaient le ravisseur, qui

---

a. À titre de contrôle de l'expérience, les chercheurs ont observé les victimes durant dix minutes le lendemain d'un conflit pour voir si d'autres corbeaux s'approchaient d'eux.

demeurait imperturbable sous le tumulte. Je me suis approchée jusqu'au moment où la buse s'est finalement envolée avec sa proie, désormais inerte.

Mais ces « funérailles » étaient une chose différente. Elles ont été « organisées » par Teresa Iglesias et ses collègues de l'université de Californie, à Davis, qui s'intéressaient à la façon dont les geais buissonniers pourraient réagir à la présence d'un congénère déjà mort[115]. L'équipe a déposé le cadavre d'un geai dans un quartier résidentiel, à un endroit où ces oiseaux recherchent habituellement de la nourriture, et ont enregistré ce qui s'est passé ensuite. Le premier geai à découvrir l'oiseau mort a réagi en émettant un appel d'alarme à glacer le sang. Les geais qui se trouvaient à proximité ont cessé leur quête de nourriture et ont volé à l'emplacement d'où il provenait, se rassemblant en une troupe de plus en plus importante et bruyante à mesure que le temps s'écoulait.

Ont-ils pleuré un membre disparu de la communauté des geais ? Étaient-ils indignés ? Échangeaient-ils des hypothèses sur la cause de son décès ou des idées sur la façon d'évacuer son corps ? Les oiseaux sont restés rassemblés une demi-heure autour du corps avant de se disperser. Par la suite, durant un jour ou deux, ils ont évité de se nourrir dans le coin.

Les réactions à l'étude ont rapidement circulé, allant de l'émerveillement – le deuil des oiseaux – à des débats enflammés, en passant par le reproche fait aux chercheurs d'avoir utilisé de façon inappropriée le terme *funérailles*[116]. Certains critiques flairaient dans ce mot un anthropomorphisme trop direct, car il ne s'agissait pas vraiment d'un enterrement dans le sens humain de ce concept.

L'intention des scientifiques n'était pas, néanmoins, de suggérer cela, mais simplement de montrer comment les oiseaux réagissent devant un membre mort de leur propre espèce : apparemment, en signalant par des cris la présence du cadavre, peut-être pour alerter le groupe sur un danger potentiel, un comportement que les scientifiques appellent « agrégation cacophonique[a] ».

En ce sens, le rassemblement des geais buissonniers ressemble sans doute davantage à la veillée funèbre irlandaise dont s'est souvenue la naturaliste Laura Erickson quand elle a entendu parler de cette expérience[117]. Cette veillée se tenait en l'honneur de son père, un pompier de Chicago mort d'une crise cardiaque immédiatement après un incendie. Laura Erickson a décrit les camarades pompiers du défunt défilant pour le voir une dernière fois et « trouvant qu'il semblait bien se porter, hormis le fait d'être mort » ou se disant qu'« ils devraient passer plus de temps à la salle de sport ou faire un petit régime », une manière de formuler implicitement qu'ils voulaient éviter de subir le même sort.

À l'occasion d'études complémentaires, Teresa Iglesias et ses collègues ont constaté que les geais buissonniers réagissent par une agrégation cacophonique lorsqu'ils voient des oiseaux morts de différentes espèces dont la taille est semblable à la leur, par exemple des pigeons, des merles d'Amérique ou des moqueurs[118]. Dans une expérience, l'équipe a eu recours à des pigeons et à deux espèces qui ne sont pas familières aux geais buissonniers, le guêpier à queue d'azur et le ptilope turgris, un membre de la famille des Columbidés. Les geais réagissent faiblement, voire pas du tout, aux cadavres d'espèces plus petites telles que les pinsons. Cela suggère, d'après Teresa Iglesias, que ces rassemblements sont utilisés pour évaluer le risque plutôt que pour manifester un deuil[119]. Les oiseaux de taille similaire ont tendance à avoir les mêmes prédateurs. « Cependant, ajoute la scientifique, cela n'empêche pas la possibilité que les geais buissonniers éprouvent une douleur émotionnelle lors de certaines agrégations cacophoniques, sinon de toutes. »

---

a. « Cacophonous aggregation » dans le texte ; le concept semble ne pas encore avoir d'équivalent en français (NdT).

Je ne suis pas sûre de ce qu'il faut penser du cas des geais buissonniers. Une définition de l'empathie est d'« éprouver devant le malheur d'autrui un sentiment de détresse personnelle[120] ». Ces oiseaux, dans l'expérience menée en Californie, ont-ils simplement émis un avertissement ou éprouvaient-ils un sentiment particulier – indignation, peur, chagrin – devant le sort de leur congénère ? Les oiseaux ne peuvent pas exprimer leurs émotions à travers la musculature faciale, comme le font les primates, mais ils peuvent à cet effet utiliser leur tête et leur corps, ou encore des vocalisations, des mouvements et des déplacements[121]. Konrad Lorenz avait déjà noté qu'une oie cendrée qui avait perdu son conjoint avait montré des symptômes de chagrin semblables à ceux des jeunes enfants qui subissent un deuil : « Les yeux sont enfoncés dans les orbites [...], l'individu a une attitude générale en berne, laissant littéralement pendre sa tête[122]. »

La question reste ouverte de savoir si les oiseaux s'affligent de la disparition de l'un des leurs, mais de plus en plus de scientifiques semblent disposés à admettre cette possibilité.

Marc Bekoff, professeur émérite à l'université du Colorado, rapporte une histoire racontée par Vincent Hagel, ancien président de la Whidbey Audubon Society[a, 123]. En visitant la maison d'un ami, Hagel regardait par la fenêtre de la cuisine et vit un corbeau mort à quelques mètres de là. « Douze autres corbeaux se promenaient en cercle autour du corps, déclara-t-il. Après une minute ou deux, l'un d'eux s'est envolé quelques secondes, puis est revenu avec une petite brindille ou un morceau d'herbe sèche qu'il a laissé tomber sur le cadavre. Après quoi il s'est éloigné. Ensuite, un par un, tous les autres corbeaux ont fait de même, jusqu'à ce que tous soient partis et qu'il ne reste plus que la dépouille recouverte

a. Organisation dédiée à la compréhension, à l'appréciation et à la protection des espèces sauvages et de leur habitat sur l'île Whidbey (État de Washington, à l'extrême nord-ouest des États-Unis) et les eaux environnantes (NdT).

de brindilles. » L'épisode complet a probablement duré quatre ou cinq minutes.

J'ai entendu d'autres anecdotes comme celle-ci. Des centaines de corneilles envahissant les arbres autour d'un terrain de golf après qu'une des leurs eut été tuée par la balle d'un joueur. Un tourbillon de corbeaux se réunissant en quelques minutes à l'endroit où deux d'entre eux s'étaient électrocutés en se posant sur un transformateur électrique. Dans *Gifts of the Crow*, John Marzluff et Tony Angell indiquent que les corneilles et les corbeaux se rassemblent de façon « routinière » autour de leurs morts[124]. Cette réaction est peut-être plus sociale qu'émotive, suggèrent-ils, car les oiseaux doivent déterminer ce que signifie ce vide pour la hiérarchie dans leur communauté, tandis que se posent aussi les questions du partenaire et du territoire, sans compter, comme le propose Teresa Iglesias, le sujet d'une éventuelle menace à identifier pour éviter de partager le sort du malheureux. John Marzluff a montré que, lorsque des corbeaux voient une personne tenant un membre mort de leur espèce, l'hippocampe dans leur cerveau est activé, ce qui indique qu'ils sont en phase d'apprentissage face à un danger[125]. « Nous sommes convaincus que les corneilles et les corbeaux se groupent autour d'un congénère mort, car il est important pour leur propre survie qu'ils apprennent les causes de ce décès et en évaluent les conséquences, écrivent encore John Marzluff et Tony Angell. Et nous soupçonnons également que le conjoint et les proches se lamentent de sa perte. »

Je le soupçonne aussi. Pas plus que l'amour, la tromperie ou l'intuition de ce que votre conjoint pourrait vouloir pour dîner, le chagrin n'est une invention humaine.

{ chapitre V }

QUATRE CENTS LANGAGES : *virtuosité vocale*

Si vous aviez pu être au pied de l'escalier de la Maison-Blanche par un après-midi ordinaire de 1804 ou 1805, vous auriez peut-être remarqué un oiseau vif au plumage gris perle montant les marches derrière Thomas Jefferson[a] alors que le président se retirait dans ses appartements pour une sieste.

C'était Dick.

Bien que l'homme d'État n'ait pas gratifié son moqueur d'un de ces prénoms celtiques ou français qu'il affectionnait pour ses chevaux et ses chiens – Cucullin, Fingal, Bergère –, c'était son animal de compagnie préféré[b, 1]. « Je vous félicite sincèrement de l'arrivée du moqueur », écrivit-il

---

a. Troisième président des États-Unis, en fonction de 1801 à 1809 (NdT).

b. « Apparemment, Jefferson était capable à la fois du "plaisir enfantin" d'être avec son moqueur de compagnie et d'une "impitoyable dureté glacée" envers les chiens appartenant à ses esclaves. À peu près à l'époque où [il] appelait le moqueur un "être supérieur", il avait appris de son surveillant de Monticello, Edmund Bacon, que des chiens appartenant aux esclaves tuaient certains de ses moutons et il lui avait dit : "Pour protéger suffisamment

à son beau-fils qui l'avait informé de l'accueil, pour la première fois dans sa maison, d'un de ces oiseaux. « Apprenez à tous les enfants à le vénérer comme un être supérieur sous la forme d'un oiseau[a, 2]. »

Dick pourrait bien avoir été l'un des deux moqueurs dont Jefferson avait fait l'acquisition en 1803. Ceux-ci étaient plus coûteux que la plupart des oiseaux de compagnie (10 ou 15 dollars de l'époque, soit environ 125 dollars actuels[b]), parce que leurs sérénades comprenaient non seulement les interprétations de tous les chants des oiseaux des forêts locales, mais aussi des airs populaires américains, écossais et français.

Tout le monde ne choisirait pas forcément cet oiseau comme ami. William Wordsworth[c] l'appelait « le joyeux moqueur ». Impétueux et arrogant, oui, ainsi que déluré et plein de vie. Mais joyeux ? Son chant le plus commun est un *tschak* désagréable, une sorte de juron aviaire qu'un naturaliste a décrit comme un croisement entre un reniflement de dégoût et le raclement d'une gorge bien encombrée, mais Jefferson adorait Dick pour son intelligence rare, sa musicalité et sa remarquable capacité à imiter[3]. Ainsi que l'a écrit Margaret Bayard Smith, une amie du président : « Chaque fois qu'il était seul, il ouvrait la cage et laissait l'oiseau voler dans la pièce. Ce dernier voletait d'un perchoir à un autre pendant un moment, puis se posait sur la table et le régalait de ses notes les plus douces ou se perchait sur son épaule et picorait sa nourriture sur les lèvres de Jefferson. » Quand l'homme d'État faisait une sieste, Dick se juchait sur l'accoudoir du canapé et sifflait des chants d'oiseaux ou des mélodies traditionnelles.

---

la laine, les chiens des nègres doivent tous être tués. N'en épargnez pas un seul" », écrit E. M. Halliday dans une biographie consacrée à Thomas Jefferson.

a. Écrivant de Monticello en mai 1793, Thomas Mann Randolph avait informé Jefferson, à Philadelphie, de l'arrivée du premier moqueur résident et celui-ci lui avait répondu par cet hommage bien connu au *Mimus polyglottos*.

b. Ce qui équivaut à 107 euros en août 2017 (NdT).

c. Un poète anglais (1770-1850 [NdT]).

Jefferson savait que Dick était intelligent. Il l'avait entendu imiter les oiseaux de son entourage, reproduire les chansons populaires du moment, même le grincement de la coque d'un navire en bois perçu lors d'un voyage à Paris[a], mais ce qu'il n'aurait jamais pu imaginer, c'était la façon dont la science en viendrait à considérer la nature de cette faculté de reproduction des sons. Combien est rare, en termes d'évolution, la puissance cérébrale qu'elle requiert et comment elle offre un éclairage sur la forme d'apprentissage la plus mystérieuse et la plus complexe qui soit : l'imitation, qui est la source si importante, pour l'humanité, du langage et de la culture.

Récemment, une journée d'étude s'est tenue à l'auditorium Lohrfink de l'université de Georgetown[4]. Elle rassemblait 180 spécialistes qui ont échangé sur les hypothèses et les nouvelles recherches concernant la faculté manifestée par Dick et ses congénères, ainsi que sur ses parallèles avec l'apprentissage des langues humaines. Cette faculté d'imiter des sons – recueillir des informations acoustiques et les utiliser pour une production vocale – est une condition préalable essentielle au langage. On l'appelle « apprentissage vocal » et elle est rare dans le monde animal, ne se rencontrant que chez les perroquets, les colibris, les Passeri[b], les arapongas[c], quelques mammifères marins – comme les dauphins et les baleines –, les chauves-souris et un primate : l'homme[5].

Les experts débattent de la connaissance complexe impliquée dans l'apprentissage du chant chez les oiseaux. Si la cognition se définit comme une

a. Thomas Jefferson dans une lettre à Abigail Adams, 21 juin 1785.

b. Les Passeri ou Oscines sont un sous-ordre de passereaux (environ 4 000 espèces) chez lesquels l'organe vocal s'est développé au point de produire diverses notes sonores, communément appelées « chant » (NdT).

c. Ce genre, les Procnias, regroupe quatre espèces de passereaux néotropicaux (Honduras, Paraguay, extrême nord de l'Argentine, est des Andes, Trinité) à l'aspect étrange et au cri particulièrement sonore (NdT).

série de mécanismes par lesquels un oiseau acquiert, traite, stocke et utilise de l'information, l'apprentissage du chant est clairement une tâche cognitive : un jeune oiseau saisit des informations sur la façon dont un chant doit sonner en écoutant des tuteurs de sa propre espèce[6]. Il conserve cette information dans sa mémoire et la met à profit pour façonner son propre chant. Les scientifiques ont noté qu'il existait des similitudes remarquables entre l'apprentissage du chant chez les oiseaux et l'apprentissage de la parole chez l'homme, du processus d'imitation et de répétition jusqu'aux structures cérébrales engagées et à l'activité de gènes spécifiques[7]. Comme nous, les oiseaux chanteurs peuvent avoir des « défauts d'élocution » et, par exemple, bégayer[8]. La façon dont l'apprentissage du chant chez l'oiseau cristallise littéralement la structure de son cerveau nous enseigne la nature neurologique de notre propre apprentissage de la parole.

Johan Bolhuis, neurobiologiste à l'université d'Utrecht, admet qu'il peut paraître bizarre, pour qui n'est pas un scientifique concerné par le sujet, de comparer le chant des oiseaux à la parole et au discours chez l'homme[9]. « Si nous recherchons une sorte d'équivalent animal, ne faudrait-il pas plutôt regarder du côté de nos plus proches parents, les grands singes ? Mais ce qui est étrange, c'est que de nombreux aspects de l'acquisition de la parole chez l'homme sont semblables à la manière dont les oiseaux chanteurs acquièrent leurs chants. Chez les grands singes, il n'y a pas d'équivalent. »

Alors que je m'éloigne de l'auditorium à l'occasion d'une pause, je remarque un petit cèdre – plutôt un arbuste – d'où émane une série de chants d'oiseaux. Un vent froid du nord-ouest souffle sur le campus, emportant les feuilles des chênes et des érables et donnant à entendre par intermittence le chant des moineaux. Il y a peu d'oiseaux, d'ailleurs, mais du cœur de cet arbuste, j'entends le pépiement joyeux d'un troglodyte de Caroline, puis le couinement rapide et nasal d'une sittelle à poitrine blanche ; vient ensuite le sifflement effronté d'un cardinal rouge et enfin un son qui ressemble au tireli réprobateur d'un merle d'Amérique. Lorsque je regarde entre les branches, je n'aperçois qu'un seul oiseau gris, gonflant ses plumes pour se protéger du froid. C'est un moqueur polyglotte (*Mimus polyglottos*), un membre de la tribu[a] de Dick, qui déverse son âme dans son chant. Il marque une pause d'une seconde ou deux entre chaque nouvelle série, comme s'il réfléchissait à la prochaine sélection dans son répertoire.

J'avais déjà observé des moqueurs faire cela sur leur territoire au plus fort du printemps pour appeler leur partenaire, se perchant sur la plus haute branche afin de lancer leur mélodie. Un après-midi d'avril, j'étais au pied d'un pin, solitaire dans le paysage plat et sableux autour des rivages du Delaware. Contrairement à l'oiseau dissimulé dans l'arbuste, celui qui était juché à la pointe du pin se découpait clairement sur le ciel. Agitant vivement sa longue queue – un signal sexuel –, le bec pointé vers les cieux, il chantait avec ferveur, jetant son corps entier dans l'effort, enchaînant air sur air.

Le moqueur est un membre des Mimidae, une famille de passereaux qui ne se rencontre qu'aux Amériques. Dans son voyage à bord du *Beagle*, Darwin en a aperçu partout en Amérique du Sud, au sujet desquels il a noté : « Ce sont des oiseaux vifs, curieux et actifs [...], possédant un chant bien supérieur à celui des autres oiseaux dans le pays[10]. »

Les moqueurs ont souvent été considérés comme de simples plagiaires qui pillent des airs, mais passent à côté du principal intérêt de ces chants dérobés. Cependant, à mon oreille, cet oiseau du Delaware sifflait le chant du troglodyte de Caroline à la façon dont Bette Midler interprète

---

a. En taxinomie biologique, une tribu (ou infrafamille) est un rang de niveau immédiatement inférieur au rang de sous-famille et supérieur au rang de genre dans la systématique classique des êtres vivants ; en l'occurrence, il s'agit ici de la tribu des Minimi (NdT).

les Andrews Sisters[a]. Il est peut-être vrai qu'il s'agissait d'un échantillonnage sans vergogne, alignant des emprunts à diverses mésanges, mixés au doux chant harmonieux d'une grive des bois, mais incorporés dans sa composition à la manière dont Chostakovitch construisait une symphonie à partir d'une simple mélodie folklorique. J'étais si captivée par cette improvisation chorale que j'ai fini, au bout d'un moment, par m'y perdre et par ne plus y entendre les chants et les appels familiers d'autres oiseaux. La mélodie emplissait la brise tiède du printemps de ses innombrables variations et trilles, joyeux et exubérants.

Puis, aussi brusquement qu'elle avait commencé, cette éruption vocale passionnée s'est terminée. L'oiseau gris a quitté son perchoir et s'est installé tranquillement sur le tapis des feuilles, au sol, comme s'il était bien aise d'avoir expulsé de sa petite poitrine toute cette énergie musicale.

C'était au printemps, quand les oiseaux chantaient de tout leur cœur pour établir un territoire ou pour s'assurer un partenaire. À présent, à la mi-novembre, le vent est glacial. Cet oiseau se cache dans un cèdre comme le ferait un fugitif pour échapper à la justice et chante, semble-t-il, seulement pour lui-même. Ses notes s'organisent en petits refrains répétés quatre ou cinq fois, et son répertoire semble illimité.

Comment un oiseau peut-il emmagasiner autant d'airs dans une cervelle mille fois plus petite que la mienne ? Comment ces mélodies sont-elles nées ? Pourquoi cet oiseau paraît-il se ressourcer profondément au creux d'un buisson ?

« Ce n'est pas différent du fait de chanter sous la douche[11] », commente Lauren Riters, de l'université du Wisconsin, l'une des spécialistes des

---

a. Allusion à la reprise, en 1973, du tube *Boogie Woogie Bugle Boy* (1941) créé par les Andrews Sisters, un célèbre trio de chanteuses américaines, par Bette Midler, surtout connue en France pour son interprétation du rôle principal dans le film *The Rose* (1979 [NdT]).

oiseaux qui se sont penchés sur ces questions dans la chaleur de l'auditorium Lohrfink.

Cet oiseau a consacré énormément de temps et de ressources à l'apprentissage de son œuvre. Beaucoup de gens pensent que les chants d'oiseaux sont génétiquement codés, mais les oiseaux chanteurs suivent le même processus d'apprentissage vocal que l'homme : ils écoutent les productions des adultes, puis expérimentent et pratiquent, perfectionnant leurs compétences comme les enfants apprennent à jouer d'un instrument de musique.

C'est l'une des raisons pour lesquelles ces 180 spécialistes des oiseaux chanteurs sont tellement intéressés par leur sujet. Nous acquérons certaines de nos compétences les plus complexes – le langage, la parole, la musique – de la même façon que les oiseaux, à travers un processus similaire d'imitation.

« En étudiant l'apprentissage vocal chez les oiseaux, y compris chez ceux qui peuvent imiter la parole humaine, comme les perroquets, explique le neurobiologiste Erich Jarvis, nous pouvons découvrir les voies cérébrales essentielles, les gènes et les comportements qui sont nécessaires à cette faculté[12]. »

Tous les oiseaux vocalisent. Ils hululent, yodlent, croassent, vagissent, cliquettent, roucoulent, caquettent, piaulent, et certains sifflent comme des anges. Ils émettent des appels distincts pour prévenir de la présence d'un prédateur ou pour identifier un membre de la famille, un ami ou un ennemi. Ils chantent pour défendre leur territoire – le constituer, le délimiter – et pour courtiser leur partenaire de reproduction.

Les appels sont généralement courts, simples, succincts et innés (comme un cri ou un rire chez l'homme), émis par les deux sexes pour communiquer. Les chants sont d'ordinaire plus longs, plus complexes et appris, sifflés par les mâles comme par les femelles dans les régions tropicales, plus fréquemment par les mâles durant la saison de reproduction sous les climats tempérés. Cependant, il n'y a pas de séparation nette entre l'appel et le chant, et il existe de nombreuses exceptions. Les appels des corbeaux se répartissent en une douzaine de catégories – ralliement, réprimande, mendicité, rassemblement, annonce, couple... – et certains sont enseignés. Dans le registre de la complexité absolue, les appels de la mésange à tête noire dépassent de loin le chant à deux notes de la mésange charbonnière.

Le chant, lui, est un élément tout à fait spécial. « Presque tous les animaux qui communiquent vocalement le font par instinct, explique Erich Jarvis, qui étudie l'apprentissage vocal à l'université Duke. Ils sont nés en sachant crier, pleurer ou hurler. » Ces énoncés sont innés ou imprimés, comme le bêlement du mouton. « L'apprentissage vocal, pour sa part, implique la possibilité d'entendre un son, puis, en utilisant des muscles du larynx ou de la syrinx, de le reproduire, que ce soit un son appris dans la parole ou une note dans le chant d'un oiseau. »

Près de la moitié des oiseaux de la planète sont des oiseaux chanteurs, soit quelque quatre mille espèces, avec des chants allant du gloussement mélancoliquement murmuré du merlebleu à l'aria de quarante notes du vacher, la mélodie byzantine du phragmite des joncs – une espèce de fauvette – au couplet flûté de la grive solitaire et au duo incroyablement accordé de la femelle et du mâle chez le troglodyte maculé.

Les oiseaux savent où et quand chanter. À l'air libre, le son se déplace mieux à quelques dizaines de centimètres ou plus au-dessus de la végétation, de sorte que les oiseaux chantent depuis un perchoir en hauteur pour réduire les interférences[13]. Ceux qui chantent sur le sol de la forêt emploient des tonalités et des fréquences plus basses que ceux qui chantent dans la canopée[14]. Certains recourent à des fréquences distinctes de celles émises par les insectes et par le trafic routier[15]. Les oiseaux vivant près des aéroports chantent leur chœur d'aube plus tôt que la normale, afin de réduire le chevauchement avec le rugissement des avions[16].

Dans son poème « Ode à regarder les oiseaux[a] », Pablo Neruda demande :

> Comment,
> de son gosier
> plus mince qu'un doigt,
> les eaux de son chant
> peuvent-elles tomber ?

En raison d'une invention singulière de la nature.

C'est un instrument unique appelé la syrinx[b], d'après le nom de la nymphe transformée en roseau par Pan, dieu des Champs, des Troupeaux et de la Fertilité, roseau dont il se servit pour confectionner sa fameuse flûte. Les scientifiques ont mis longtemps à comprendre les détails du fonctionnement de cet organe, parce qu'il est enfoui dans la poitrine des oiseaux, là où la trachée se divise en deux pour envoyer l'air aux bronches[17]. Une image tridimensionnelle en haute résolution de la syrinx en action a été modélisée ces dernières années, en utilisant l'imagerie par résonance magnétique et la tomographie[c] assistée par ordinateur[18].

Les images issues de la haute technologie ont révélé une structure remarquable, constituée de cartilages délicats et de deux membranes – une de chaque côté de la syrinx – qui vibrent sous un débit d'air à haute vitesse, créant deux sources sonores indépendantes. Les oiseaux chanteurs doués, comme le moqueur et le canari, peuvent faire vibrer chacune de ces membranes de manière indépendante, produisant simultanément deux

a. *Odes élémentaires*, traduction de l'espagnol par Jean-Francis Reille, Gallimard, 1974 (NdT).

b. Féminin (comme la nymphe) ou masculin (par analogie avec le larynx), l'usage hésite (NdT).

c. Du grec *tomê*, « coupe » : technique d'imagerie qui permet de reconstruire le volume d'un objet à partir d'une série de mesures effectuées par tranche depuis l'extérieur de cet objet (NdT).

notes différentes et harmoniquement indépendantes – un son à basse fréquence d'un côté, un son à haute fréquence de l'autre –, tout en étant capable de moduler le volume et la fréquence de chacun à très haute vélocité pour émettre certaines des vocalises les plus acoustiquement complexes et variées dans la nature[19].

Tout cela est gouverné par des muscles minuscules, mais puissants. Certains oiseaux chanteurs, tels l'étourneau sansonnet et le diamant mandarin, peuvent contracter et relâcher ces muscles vocaux à une vitesse de l'ordre de la milliseconde, soit plus de cent fois plus vite que le clignement de l'œil chez l'homme[20]. Ce record de rapidité dans la contraction musculaire n'est observé que chez quelques animaux, parmi lesquels le serpent à sonnette avec son organe sonore. Le troglodyte des forêts, une petite boule d'un brun velouté connue pour l'agilité de son chant, peut siffler jusqu'à trente-six notes par seconde, ce qui est trop rapide pour que nos oreilles et notre cerveau les perçoivent et les distinguent[21]. Certains oiseaux peuvent même contrôler leur syrinx pour imiter la parole humaine.

Les espèces aviaires dotées d'un ensemble plus élaboré de muscles dans la syrinx ont tendance à produire des chants plus complexes[a]. Le moqueur de mon cèdre en possède sept paires qui lui permettent d'accomplir sa gymnastique vocale à plusieurs reprises avec un effort apparemment faible – dix-sept, dix-huit, dix-neuf chants par minute quand il est vraiment en forme. Entre les notes, il prend de petites respirations afin de reconstituer son approvisionnement en air.

Son chant extraordinaire est peut-être exécuté par la syrinx, mais il est initié et coordonné par son cerveau. Des influx nerveux issus d'un réseau élaboré de zones cérébrales contrôlent chacun des muscles, synchronisanr les impulsions nerveuses de ses hémisphères cérébraux gauche et droit

---

a. Cependant, les perroquets et les ménures (oiseaux-lyres), célèbres pour leur polyvalence vocale, semblent se contenter de quelques-uns.

vers les deux moitiés de sa syrinx, créant ainsi dans chacune le flux d'air approprié pour produire les centaines de séquences vocales imitées que le moqueur interprète.

Et il fait tout cela comme si c'était très simple.

En réalité, ça ne l'est pas du tout. Pour imiter une phrase, disons en allemand ou en portugais, il faut écouter attentivement la personne qui l'a prononcée, l'entendre avec précision. Ce n'est pas une tâche aisée, raconte Tim Gentner, psychologue à l'université de Californie (San Diego), aux spécialistes des oiseaux grégaires à Georgetown, surtout si vous êtes invité à un cocktail ou si vous vous trouvez dans une rue bruyante, où vous devez l'extraire d'une cacophonie de sons, un phénomène appelé « ségrégation de flux auditifs[a] »[22]. Les oiseaux eux-mêmes contribuent beaucoup à ce brouhaha, en particulier aux « heures de pointe » de leurs chants, comme le chœur de l'aube. « Nombre d'entre eux sont des créatures sociales ; ils communiquent les uns avec les autres dans des groupes relativement importants, explique Gentner. Il y a énormément de signaux vocaux et tous ne sont pas utiles à chaque individu à tout moment ; donc, une tâche importante est de savoir quels sont les flux acoustiques qui transmettent des informations. »

Une fois la phrase cible isolée de tout ce vacarme, elle doit rester présente à l'esprit le temps que le cerveau transforme le son en un ensemble de commandes motrices qui sont envoyées au larynx, dans l'espoir qu'il produira un son similaire. La phrase juste sera rarement obtenue la première fois, il faut de la pratique, des essais et des erreurs, et entendre ces erreurs de manière à les corriger. Pour conserver cette phrase, il convient de la répéter assez souvent, afin de renforcer les voies cérébrales qui ont créé son souvenir initial. Si l'on veut s'en souvenir toute sa vie, il faut qu'elle soit entreposée dans un lieu de stockage à long terme sécurisé.

a. Ou « séparation de flux sonores » (NdT).

Les moqueurs excellent véritablement dans toutes les étapes de ce processus. La preuve se trouve dans les sonogrammes ou les spectrogrammes. Ce sont des impressions visuelles du son – indiquant la fréquence ou la modulation sur l'axe vertical et le temps sur l'axe horizontal – que les scientifiques utilisent pour détecter les différences subtiles dans le chant des oiseaux. Les sonogrammes comparant un prototype de chant et l'imitation qu'en fait un moqueur, par exemple une sittelle, une grive ou un engoulevent bois-pourri, montrent une fidélité presque parfaite au schéma original[23]. Les chercheurs ont constaté que, lorsqu'un oiseau moqueur siffle le chant d'un cardinal rouge, il imite les formes musculaires de cet oiseau[24]. Si des notes de son modèle se situent en dehors de sa gamme normale de fréquences, il les remplace ou les omet, allongeant d'autres notes pour correspondre à la durée de l'air. S'il est confronté à une séquence trop rapide de notes, comme peut en produire le canari, il regroupe les notes et s'arrête pour respirer tout en conservant une longueur de morceau identique[25]. Cela ne peut pas abuser l'engoulevent ou la grive, mais moi, je m'y laisse prendre.

Bien sûr, le moqueur polyglotte n'est pas le seul oiseau qui en imite d'autres. Son cousin le moqueur roux peut contrefaire dix fois le nombre d'airs que connaît le polyglotte, mais pas avec une telle précision[26]. Les étourneaux sansonnets sont également des imitateurs accomplis, de même que les rossignols philomèles, qui peuvent reproduire près de soixante airs après avoir entendu chacun seulement quelques fois[27]. Les rousserolles verderolles, une espèce de fauvette des marais, sont connues pour siffler des pots-pourris internationaux comprenant les chants de plus d'une centaine d'autres oiseaux[28]. Certains sont européens, collectés dans leurs sites de nidification, mais la plupart sont africains, entendus en Ouganda où elles prennent leurs quartiers d'hiver. Leurs imitations de la cisticole des Borans, de la tourterelle vineuse et des différentes espèces de gonoleks créent une sorte de carte acoustique de leurs voyages africains.

Le ménure, doté d'une longue queue qu'il déploie lors des parades nuptiales et dont la forme lui a valu le surnom d'oiseau-lyre, est reconnu comme un voleur de sons hors pair. Ainsi que l'a rapporté un naturaliste, c'est une expérience étonnante que de marcher dans la forêt australienne et d'être soudainement confronté à un « oiseau brun qui vous aboie dessus comme un chien » [29]. Le drongo brillant, cet intelligent oiseau africain qui dupe le cratérope bicolore, n'imite pas seulement l'appel de cet oiseau, mais aussi celui d'un nombre surprenant d'autres espèces, dans une démarche similaire : faire peur aux honnêtes oiseaux ou mammifères pour qu'ils s'éloignent de leur pitance durement gagnée, de manière à aussitôt s'en emparer[30].

Le cas d'un bouvreuil entraîné à siffler *God Save the King* a été relaté, de même qu'un moqueur chat interprétant la sonnerie *Aux morts*[a], peut-être captée à proximité d'un camp militaire, et dans le sud de l'Allemagne un cochevis huppé, une espèce de grosse alouette, ayant appris à reproduire les quatre notes sifflantes qu'un berger utilisait pour travailler avec ses chiens de troupeau[31]. Les imitations étaient si fidèles que les chiens obéissaient instantanément aux commandes de l'oiseau, qui comprenaient les quatre ordres suivants : « En avant ! », « Plus vite ! », « Stop ! » et « Venez ici ! ». Ces appels sifflés se sont ensuite diffusés parmi d'autres alouettes, créant une sorte de dialecte local, laissant les chiens de brebis hors d'haleine.

Certains oiseaux ont un talent exceptionnel pour imiter la parole humaine. Les perroquets jacos en font partie, tout comme les mainates et les cacatoès. Ces trois-là sont généralement considérés comme des orateurs nés et de grands bavards, même s'il existe d'autres parleurs dans la famille des Corvidés et dans celle des perroquets, les perruches, par exemple.

---

a. *Taps*, dans la version américaine, une sonnerie militaire de l'armée des États-Unis, jouée pour des funérailles, mais aussi lors de l'extinction des feux ou de la descente du drapeau (NdT).

Le *New Yorker* a relaté que « après des semaines de silence, les premiers mots prononcés par une perruche du comté de Westchester furent “Parle, sacrebleu, parle !”[32] ».

Imiter les sons humains est beaucoup demander à un oiseau. Nous formons des voyelles et des consonnes avec nos lèvres et notre langue, qui sont parmi les parties les plus souples, les plus flexibles et les plus endurantes de notre corps. Pour les oiseaux, dépourvus de lèvres et dont la langue n'est généralement pas utilisée pour produire des sons, c'est une gageure que de reproduire les nuances de la parole humaine. Cela peut expliquer pourquoi seule une poignée d'espèces acquièrent cette compétence. De ce point de vue, les perroquets sont singuliers, en ce sens qu'ils se servent de leur langue pour leurs appels et que cet organe peut leur permettre d'articuler les sons des voyelles, talent qui sous-tend probablement leur capacité à imiter la parole[33].

Le perroquet jaco est l'ambassadeur du monde des oiseaux parleurs. Irene Pepperberg a rendu célèbre cette espèce et ses capacités à parler, grâce à son travail avec Alex, sans doute l'oiseau parleur le plus renommé[34]. La scientifique lui posait différentes sortes de questions sur les objets et Alex pouvait y répondre spécifiquement presque à la perfection. Par exemple, si elle lui montrait un objet carré en bois vert, il était capable de dire de quelle couleur il s'agissait, quelle était sa forme et, après l'avoir touché, de quoi il était fait. Il possédait aussi à son répertoire des phrases entendues dans le laboratoire, comme « faites attention », « calmez-vous » et « au revoir, je vais dîner, je te verrai demain »[a, 35].

Alex n'est pas le seul à avoir de la conversation. Un perroquet jaco que je connais, Throckmorton, prononce son nom avec une précision toute shakespearienne. Nommé d'après l'homme qui a servi de médiateur à la

a. Dans le texte original : « Pay attention », « calm down » et « bye, I'm gonna go eat dinner, I'll see you tomorrow » (NdT).

reine d'Écosse Marie Stuart – pendu en 1584 pour conspiration contre la reine Élisabeth Ire –, Throckmorton a un large répertoire de sons domestiques à son actif, y compris les voix des membres de la famille, Karin et Bob, qu'il utilise à son avantage. Il appelle Karin avec la voix de Bob de façon si convaincante qu'elle déclare être incapable de faire la différence. Il imite également les diverses sonneries de leurs téléphones portables respectifs. Un de ses stratagèmes favoris est de faire venir Bob du garage en sifflant la sonnerie de son téléphone cellulaire ; lorsque son maître arrive en courant, Throckmorton « répond » à l'appel par un « Hello ? », avec la voix de ce dernier, puis émet la tonalité continue d'une communication raccrochée.

Throckmorton imite le glouglou de Karin quand elle boit de l'eau et le bruit d'aspiration que fait Bob en avalant à petites gorgées son café trop chaud, ainsi que l'aboiement de l'ancien chien de la famille, un Jack Russell terrier mort depuis neuf ans. Il compte également à son catalogue l'aboiement du chien actuel, un schnauzer nain, et se joint à lui lorsqu'il donne de la voix. « On dirait que ma maison est un chenil, dit Karin. Et là aussi, la ressemblance est parfaite, personne ne peut se douter que c'est un perroquet qui aboie et non un chien. » Lorsque Bob a eu un rhume carabiné, Throckmorton a ajouté à son corpus les bruits de son maître se mouchant, toussant et éternuant. Et une autre fois, lorsque Bob est rentré d'un voyage d'affaires avec un terrible problème digestif, Throckmorton a émis des gargouillements d'estomac malade durant les six mois qui ont suivi.

Les Psittaciformes sont connus pour enseigner à leurs congénères à parler de façon grossière ou à jurer. Il n'y a pas longtemps, un naturaliste travaillant au bureau de recherche et de découverte de l'Australian Museum a rapporté avoir reçu un certain nombre d'appels de personnes signalant avoir entendu des cacatoès prononcer des jurons dans l'arrière-pays[36]. L'ornithologue du musée a émis l'hypothèse que des oiseaux sauvages avaient appris ces paroles de cacatoès domestiques et de perroquets qui s'étaient échappés et avaient survécu assez longtemps pour se joindre à une colonie et partager avec ses membres des mots assimilés en captivité. Si cela est vrai, c'est un bel exemple de transmission culturelle.

Il n'en reste pas moins que la profusion et la précision des chants imités par un moqueur sont une vraie merveille. Le relevé d'une mélodie d'un moqueur a mis en évidence la présence de vingt imitations d'appels et de chants par minute : sittelles, martins-pêcheurs, cardinaux rouges, crécerelles, et même le piaillement aigu d'un moqueur encore jeune oisillon[37]. Il a été rapporté qu'un moqueur de l'Arnold Arboretum[a] de Boston pouvait imiter trente-neuf chants d'oiseaux, cinquante appels d'espèces diverses, ainsi que le coassement d'une grenouille et la stridulation d'un criquet[38]. Il est possible de déterminer où vit un moqueur par la composition de sa mélodie.

Cette mélodie est si particulière à chaque moqueur qu'au sein d'une population les individus ne peuvent parfois avoir en commun que 10 % de leurs motifs de chant[39]. Pour décrire les aptitudes imitatives du moqueur, l'ornithologue Edward Howe Forbush a laissé tomber tout détachement scientifique pour déclarer que cet oiseau était le « roi du chant », surpassant « tout le chœur de la gent à plume ». Pas étonnant que les Amérindiens de Caroline du Sud aient appelé cet oiseau le « cencontlatolly », soit le « quatre cents langues ». Ce n'est qu'une petite exagération, les moqueurs reproduisant facilement jusqu'à deux cents airs distincts[40]. Dan Bieker, un ami ornithologue, note que l'inventaire des

a. Un arboretum est un jardin botanique spécialisé, généralement conçu comme un espace paysager. Il présente de nombreuses espèces d'arbres ou d'essences ligneuses sous forme de collections le plus souvent thématiques (NdT).

chants imités que le moqueur interprète est de plus en plus facile à établir tandis qu'avance la saison printanière. « Au début du printemps, leurs exécutions sont médiocres, confuses et difficiles à identifier, dit-il, mais elles s'améliorent avec le temps, à mesure qu'ils réentendent les originaux et pratiquent leur propre version des mélodies qui les entourent – celles des passereaux comme le tohi ou la mésange, mais aussi le signal d'avertissement d'un camion poids lourd qui recule ou la sonnerie d'un téléphone. »

La raison pour laquelle cette créature consacre autant de temps et d'énergie mentale à imiter d'autres espèces et les sons qu'elle entend reste une énigme. De toute évidence, le mimétisme du drongo a un but très spécifique, mais qu'en est-il du moqueur ? L'hypothèse, très imaginative, dite « Beau Geste », suggère que les oiseaux chanteurs mâles passent de perchoir en perchoir en sifflant des airs plagiés après chaque déplacement dans le but de faire croire à leurs rivaux potentiels que la zone est pleine de mâles territoriaux[41]. Cette théorie tire son nom d'un film hollywoodien[a] dans lequel le personnage éponyme, Beau Geste – interprété par Gary Cooper – bluffe les Arabes pour protéger son fort en disposant contre les parapets ses camarades blessés et morts, tirant lui-même successivement avec leur fusil pour faire croire aux assaillants que chaque mur a son défenseur.

Certains prétendent que le mimétisme vocal chez les oiseaux ressemble plus à la version batésienne[b] du mimétisme animal ; une espèce inoffensive, comme un coléoptère ou une mouche, imite les couleurs et les motifs d'une abeille pour prévenir les prédateurs potentiels : « Mangez-moi et je vais

a. Réalisé par William A. Wellman en 1939, d'après le roman de l'écrivain britannique Percival C. Wren, paru en 1924 (NdT).

b. D'après son découvreur, un naturaliste anglais du XIXe siècle nommé Henry W. Bates (NdT).

vous piquer. » Les pies australiennes, par exemple, imitent les maraudeurs de nids comme la ninoxe aboyeuse et la ninoxe d'Australie[a], peut-être pour abuser ces rapaces nocturnes sur l'identité de leur proie, mais cela n'explique pas le mimétisme de la pie sur d'autres sons ou celui des moqueurs, dont l'extension du répertoire à peut-être plus à voir avec la séduction des femelles. Quelle que soit la motivation, c'est un exploit étonnant.

Dès 350 av. J.-C., Aristote a noté que les oiseaux chanteurs apprennent à chanter : « Certains petits oiseaux ne s'expriment pas de la même façon que leurs parents quand ils chantent, s'ils sont élevés loin de chez eux et qu'ils entendent d'autres oiseaux chanter. » Darwin l'avait remarqué aussi. Il savait que les oiseaux possèdent l'instinct de chanter tout comme nous avons celui de parler, mais qu'ils apprennent les chants eux-mêmes, tout comme nous assimilons des langues. Il soupçonnait que les oiseaux, comme les être humains, transmettent leurs chants de génération en génération, formant des dialectes régionaux. Cependant, les scientifiques des années 1920, qui pensaient que beaucoup de comportements, même ceux qui ont été acquis, sont déterminés par nature, ont décrété que l'oiseau moqueur naissait avec toute sa mélodie. Le zoologue John P. Visscher[b] peut ainsi écrire en 1928 dans le *Wilson Bulletin* : « Un moqueur ne modifie pas consciemment ses chants imités ; il possède seulement une série exceptionnellement étendue de mélodies qu'il mobilise avec une merveilleuse perfection[42]. »

Pour éclairer le débat qui oppose l'inné à l'acquis, l'ornithologue Amelia Laskey[c] a essayé d'élever un moqueur à la fin des années 1930[43].

---

a. Les ninoxes sont des rapaces nocturnes, soit une petite trentaine d'espèces du genre Ninox appartenant à la famille des Strigidae, comme les chouettes, les hiboux, les chevêches… (NdT).

b. John P. Visscher (1895-1950), américain (NdT).

c. Naturaliste et ornithologue amateur américaine (1885-1973), remarquée pour ses contributions à la biologie animale malgré son manque de formation académique (NdT).

Un matin d'août, elle s'est rendue dans un parc à 8 km de sa maison, a sorti un oisillon moqueur d'un nid et l'a emmené chez elle pour l'étudier. Honey Child avait neuf jours. Sa ravisseuse était une de ces scientifiques qui peuvent, comme l'a dit un écrivain, « rester immobiles à observer un nid d'oiseaux pendant des jours[44] ». Comme Dick, le moqueur de Jefferson, Honey Child en viendrait à régner en maître sur la maison jusqu'à sa mort quinze ans plus tard. Ses premières tentatives vocales sont arrivées alors qu'il avait presque quatre semaines. « Il a chanté doucement avec le bec fermé durant dix minutes, a écrit Laskey, une série de piaulements presque inarticulés et de sifflements indistincts [...] totalement dépourvus d'imitations d'autres espèces. » Il se lançait de temps en temps dans un chant de son cru, avec un chuchotement très doux, un pépiement râpeux mêlé de gazouillis, une « chose exquise – douce, émouvante, infiniment tendre dans ses cadences ».

Après quatre mois et demi, les chants de Honey Child étaient entrecoupés de sifflements, de trilles, d'airs et de cris d'oiseaux qu'il pouvait entendre depuis l'intérieur de la maison : pic mineur, troglodyte de Caroline, geai bleu, cardinal rouge, étourneau sansonnet, colin. Au cours de cette première saison vocale, les bruits domestiques, en particulier celui de l'aspirateur, le faisaient souvent commencer à chanter. Puis, à mesure que le printemps approchait, ses chants s'allongeaient et se diversifiaient, débutant à 5 h 30 pour se poursuivre toute la journée, « comme une volière d'oiseaux qui bavardent », a déclaré Amelia Laskey.

À neuf mois, Honey Child a osé sa première imitation directe, répondant instantanément à une mésange bicolore en copiant son appel. À la longue, il a ajouté à son répertoire des dizaines d'oiseaux, privilégiant le couinement aigu du pic chrysoïde et y mêlant le grincement de la machine à laver dans la buanderie au sous-sol, les sifflotements du facteur ou d'Amelia appelant son chien. Il ne sifflait certains chants que durant un moment, puis les retirait de son répertoire pour les reprendre seulement le printemps suivant. Un jour de juin, un décompte a dénombré 143 appels et chants d'au moins vingt-quatre espèces distinctes en seize minutes, soit une moyenne de neuf par minute.

Nous qualifions ce processus d'apprentissage vocal d'« avancé » ou de « complexe », car il est celui de notre espèce, à travers l'écoute, l'imitation et la pratique. Dernièrement, la science a investigué plus profondément les détails de l'apprentissage vocal d'un aimable petit oiseau d'Australie, le diamant mandarin.

Les dauphins et les baleines sont de bons apprenants vocaux, mais pour des raisons évidentes, ils ne sauraient constituer des animaux de laboratoire. L'organisme modèle idéal pour étudier tout type d'apprentissage est une bête rare, déclare le biologiste Chip Quinn : « [Il] devrait ne pas posséder plus de trois gènes, pouvoir jouer du violoncelle ou au moins réciter du grec classique et apprendre ces tâches avec un système nerveux contenant seulement dix grands neurones de couleur différente pour être facilement reconnaissables[45]. »

Le diamant mandarin ne présente pas toutes ces caractéristiques, loin de là ; néanmoins, il constitue un excellent modèle animal pour l'apprentissage vocal[46]. Les rayures noires et blanches de sa gorge lui ont valu son nom anglais de *zebra finch* ; même en captivité, il se reproduit facilement, devient adulte rapidement et c'est un maître chanteur. Un jeune mâle apprend un seul chant d'amour de son père ou d'autres mâles pendant les 90 jours après l'éclosion et répète fidèlement ce chant tout au long de sa vie. « Il est impossible – et contraire à l'éthique – d'observer et de manipuler les neurones impliqués dans l'apprentissage vocal chez l'homme », explique Richard Mooney, neuroscientifique à l'université Duke, mais « ces oiseaux chanteurs, tuteurs et élèves, fournissent un magnifique système de substitution qui nous permet d'étudier en détail les mécanismes du cerveau sous-tendant ce type d'apprentissage relativement complexe », des étapes du processus aux gènes qui s'allument ou s'éteignent tandis que l'oiseau apprend[47].

Un bébé diamant mandarin commence son long voyage vers la vocalisation à gorge déployée exactement comme un petit d'homme le fait vers l'expression orale : il écoute[48].

Incidemment, les oiseaux ont des oreilles[49]. Non pas nos pavillons externes charnus, mais de simples petits trous sous les plumes, de chaque côté de la tête. Le chant qu'un oisillon entend envoie des ondes sonores dans ses oreilles et fait vibrer les cellules ciliées qu'elles contiennent. Dix fois plus nombreuses que les nôtres et beaucoup plus variées, elles permettent aux oiseaux de détecter des sons aigus au-delà de notre gamme de perception, ainsi que le doux bruissement des insectes sous le sol ou les feuilles. Si les cellules ciliées aviaires sont endommagées par une maladie ou des bruits trop forts – comme les décibels explosifs d'un concert de rock sous le dôme d'un stade –, elles peuvent se régénérer, contrairement aux nôtres[50]. Les nerfs sensoriels du tronc cérébral captent les signaux de ces cellules ciliées et les transmettent aux centres auditifs dans le cerveau antérieur, où les neurones formeront un souvenir auditif du chant perçu.

Au cours de ses deux premières semaines de vie, l'oisillon se tient dans son nid, prêtant attentivement l'oreille à un tuteur, habituellement son père. Il est silencieux, absorbe les sons autour de lui comme le fait un bébé. Le père chante, le jeune oiseau écoute et commence à mémoriser. Il n'essaie pas encore d'imiter les chants et en forme simplement un modèle mental ou une « image » cérébrale.

Tandis qu'il écoute, son cerveau développe des réseaux de cellules nerveuses qui se déploient en une constellation élaborée de sept régions distinctes, mais interconnectées, hautement spécialisées dans l'émission des chants. C'est son système de production sonore. Tant que l'oisillon n'avait pas commencé à chanter, ces zones étaient peu développées, mais au fil des semaines et des mois, leur volume augmente, de même que le nombre et la taille de leurs cellules constitutives.

Dans l'une de ces régions, le haut centre vocal (HVC), les cellules spécialisées font des distinctions fines dans les sons que le poussin entend, notant les plus petites différences de longueur – de l'ordre de la milliseconde – dans la durée des notes et ne s'activant que lorsque celles-ci sont très rapprochées[51]. C'est la même stratégie de reconnaissance de formes qu'utilise l'homme – appelée « perception catégorielle » – pour repérer des nuances subtiles de sons dans le langage, par exemple entre *ba* et *pa*.

Au moment où le jeune oiseau fait son premier effort pour chanter, un souvenir du chant de son tuteur est déjà présent, solidifié dans de petites populations de neurones hautement sélectifs, réparties au sein de son système de production sonore[52].

Un jeune diamant mandarin à l'état sauvage grandit en écoutant les chants d'espèces variées, tout comme le moqueur. Il est capable de mémoriser n'importe lequel d'entre eux ; pourtant, il n'apprend que celui qui porte la signature de sa propre espèce. Les sons environnants inondent le cerveau de l'oisillon, mais seuls ceux de son espèce commencent à créer des traces permanentes. C'est un exemple parfait d'entrelacement des gènes et de l'expérience[53].

Quand un jeune diamant mandarin perçoit le chant de sa propre espèce, son rythme cardiaque s'accélère, comme quand on commence à le nourrir, et il s'y attache. Lorsque les chants qu'il entend modèlent son cerveau, certaines voies neuronales – celles accordées aux chants de son espèce – sont présélectionnées pour devenir des axes puissants au sein desquels les liens entre les cellules nerveuses sont renforcés, tandis que les voies associées aux chants qui ne font pas partie de son héritage génétique, moins développées, finissent par disparaître.

Cette découverte – le fait que certains jeunes oiseaux sont capables d'apprendre presque n'importe quel chant perçu, mais qu'ils possèdent un modèle génétique les prédisposant à celui de leur espèce –, trouve un parallèle chez l'homme[54]. Les jeunes enfants ont la capacité remarquable d'acquérir l'une des six mille langues du monde sans formation formelle, ce qui suggère que nous sommes génétiquement prédisposés à la tâche de l'apprentissage des langues. Pourtant, nous n'apprenons que la langue ou les langues auxquelles nous sommes exposés, ce qui souligne l'importance de l'expérience dans ce processus.

Si l'oiseau n'a pas de tuteur, son chant est méconnaissable ou constitue une mauvaise interprétation. Les oisillons élevés sans aucune exposition au chant d'un tuteur sifflent ainsi anormalement, généralement une version diminuée et très simplifiée du chant de l'espèce. C'est aussi vrai chez l'homme : les enfants élevés sans aucune exposition à un discours présentent des vocalisations anormales, bien que leur audition soit correcte.

La fenêtre d'apprentissage du chant, chez le diamant mandarin, n'est ouverte que pour un temps limité. Quand le jeune oiseau commence à chanter, il imite le chant de son tuteur uniquement à partir des souvenirs de cette période précoce. Lorsqu'il devient adulte, les portes de l'apprentissage du chant se referment. La raison d'un tel processus est une énigme qui touche au cœur de notre propre capacité d'apprentissage et de ses limites.

Sarah London, neuroscientifique à l'université de Chicago, a trouvé un début d'explication en travaillant sur les diamants mandarins[55]. « Le chant d'un tuteur modifie le cerveau de l'oisillon d'une manière qui affecte sa capacité future à apprendre », dit-elle. Ses recherches ont montré que les jeunes oiseaux exposés à un tuteur apprennent facilement jusqu'à l'âge de soixante-cinq jours. Par la suite, la capacité d'apprentissage s'arrête, et le chant reste fixé à vie. Mais les jeunes oiseaux isolés de toute exposition au chant peuvent apprendre avec succès même après soixante-cinq jours. La perception d'un chant émis par un congénère modifie apparemment les gènes d'apprentissage du chant de l'oiseau apprenant par des effets « épigénétiques[a] » ; dans ce cas, précise Sarah London, à travers l'action des histones – des protéines associées à l'ADN, qui permettent l'activation ou la désactivation des gènes.

Chez les oiseaux comme le moqueur, le canari et le cacatoès, les portes de l'apprentissage restent ouvertes plus longtemps, afin qu'ils puissent continuer d'ajouter des chants à leur répertoire à mesure qu'ils vieillissent, mais l'apprentissage reste plus difficile pour les adultes que pour les jeunes.

L'homme est également un « apprenant ouvert » chez qui, comme pour le moqueur et le canari, la tâche de l'apprentissage des langues devient plus ardue tandis qu'il vieillit. Les bébés apprennent les langues à une vitesse incroyable. Dans les deux ou trois premières années de leur vie, ils peuvent, avec peu d'effort, maîtriser deux ou même trois langues et les conserver toute leur vie comme s'il s'agissait de leur langue maternelle[56]. Après la puberté, nous devons travailler beaucoup plus pour assimiler une langue étrangère et nous aurons du mal à parler sans accent[57]. Certains de nos circuits neuronaux se fixent pendant l'enfance, et pour une bonne raison. Si nos cerveaux se recâblaient constamment, ils ne seraient ni stables ni efficaces. Nous apprendrions tout, mais ne nous rappellerions rien. Pourtant, ne serait-il pas merveilleux de pouvoir ouvrir ces portes de l'apprentissage si nous devions – si nous voulions – apprendre l'ourdou[b] à l'âge de soixante ans ? À mon avis, la capacité d'un moqueur à se mettre à chanter comme une grive ou une mésange à trois ou quatre ans n'est pas si éloignée de celle d'un jeune retraité qui s'attelle au cantonais.

---

a. Changements d'activité des gènes transmis au fil des divisions cellulaires ou des générations sans faire appel à une mutation de l'ADN (NdT).

b. Langue appartenant au groupe indo-iranien de la famille des langues indo-européennes. L'ourdou est parlé dans le nord de l'Inde, ainsi qu'au Pakistan, dont il est la langue officielle (NdT).

Dans la deuxième phase de l'apprentissage du chant, le jeune oiseau commence à explorer sa voix. Il murmure tout d'abord des notes aléatoires et chevrotantes, comme le faisait Honey Child ou le ferait un jeune violoniste qui teste son instrument. Pendant ce temps, les liens entre les régions supérieures de son cerveau et les régions motrices se renforcent, conférant au jeune oiseau de plus en plus de contrôle sur sa syrinx. En l'espace d'une semaine environ, il rapproche les deux côtés de sa syrinx et commence à chanter des notes reconnaissables, mais sans ordre particulier. Il restitue pêle-mêle tous les sons qu'il a écoutés et mémorisés. Ces premiers efforts sont comme un babillage de bébé, une vocalisation non structurée, au volume variable. C'est un « jeu » moteur exploratoire qui aide les oiseaux comme les nourrissons à apprendre à contrôler les muscles nécessaires au chant et à la parole, respectivement. Les scientifiques ont découvert que les oiseaux possèdent, dans leur circuit cérébral de contrôle du chant, une partie spéciale consacrée à ce sous-groupe, séparée de la zone qu'ils utiliseront plus tard pour le chant pratiqué[58]. Elle porte le nom de « noyau magnocellulaire latéral de la partie antérieure du nidopallium », ou plus simplement de LMAN, l'acronyme anglais[a].

Le passage à un véritable chant se déroule au cours des semaines et des mois suivants, alors que le jeune oiseau répète son air des dizaines de milliers, voire des centaines de milliers de fois. À chaque essai, il écoute ses erreurs et les corrige, associant sa propre vocalisation à la séquence précise qu'il a mémorisée. Un chant correctement interprété lui offre une récompense, un cocktail de substances chimiques gratifiantes, telles que la dopamine et divers opioïdes. La dopamine pourrait fournir la motivation ; les opioïdes, la récompense – d'autant plus importante que l'exécution est proche de l'original[59].

---

a. *Lateral magnocellular nucleus of the nidopallium.*

Le sommeil semble jouer un rôle dans l'apprentissage du chant pour les jeunes oiseaux, tout comme dans l'apprentissage humain[60]. Un nombre croissant de recherches suggèrent que le cerveau humain continue à traiter l'apprentissage d'une nouvelle compétence motrice après que l'entraînement actif s'est arrêté et pendant le sommeil qui l'accompagne. Cela peut aussi être vrai pour les oiseaux. Les diamants mandarins pratiquent leur chant dans la journée et dorment la nuit. Après qu'un jeune oiseau a été exposé au chant de son tuteur, les neurones de la partie du cerveau impliquée dans la production vocale démontrent un regain d'activité durant le sommeil. Ce schéma d'activités neuronales reflète le chant appris, suggérant qu'il porte des informations sur ce chant. Après le sommeil, la qualité de la mélodie émise par un jeune diamant mandarin se détériore ; elle s'améliore cependant avec la pratique le lendemain. Curieusement, plus la détérioration initiale est sévère, meilleure est l'imitation du chant du tuteur qui suit la reprise de l'entraînement.

On peut percevoir des différences dans les performances d'exécution d'un jeune diamant mandarin qui chante[61]. S'il est seul, il est en mode rodage ou répétition, son interprétation n'a pas d'objectif particulier et manque de rigueur, mais si une femelle se tient dans les parages, il convoquera sa meilleure version et la sifflera encore et encore. Même s'il est toujours à un stade où sa technique vocale est médiocre, il parvient à contrôler ses mécanismes moteurs pour produire un chant aussi parfait que possible.

« J'écoute ces deux types de versions depuis des années, dit Richard Mooney, et je ne pourrais pas jurer que je fais la différence, mais les femelles diamants, elles, la font. Elles sont sensibles au fait que le mâle exprime son chant dans la forme la plus précisément stéréotypée[62]. » De toute évidence, « il y a beaucoup d'éléments dans le chant d'un oiseau qui échappent à l'appréciation de l'oreille humaine ».

Les études d'imagerie cérébrale d'Erich Jarvis et de ses collègues montrent que, lorsqu'un mâle solitaire siffle un chant sans intentionnalité, le profil de son activité cérébrale diffère de celui produit quand il dirige son chant vers une partenaire potentielle[63]. Quand un mâle chante en solitaire, ce sont les voies impliquées dans l'apprentissage vocal et l'autosurveillance qui s'allument, ainsi que celles du contrôle moteur vocal – tout comme d'ailleurs quand il siffle en présence d'un autre mâle –, mais quand il siffle le même chant à une femelle, seules les voies du contrôle moteur sont actives. Ces données suggèrent une hypothèse intrigante : l'état mental et cognitif d'un oiseau mâle change quand il sait qu'il est évalué.

Les mères diamants mandarins guident également l'apprentissage de leurs oisillons mâles en leur proposant des repères visuels – des coups d'aile ou un ébouriffage de leurs plumes – pour leur signifier que leur interprétation s'approche de celle de leur père[64].

Tout cela étaie assez incontestablement la théorie qui veut que les signaux sociaux façonnent le comportement d'apprentissage chez les oiseaux – tout comme ils le font chez l'homme[65]. Les bébés ne répondent pas de façon plus intense aux membres du sexe opposé, mais leur babillage augmente en présence de leur mère.

Après maints essais et erreurs – soit quelque un ou deux millions de notes –, le jeune oiseau siffle une version strictement identique au chant de son tuteur. Ce chant « cristallise » au sein d'un système complexe de circuits cérébraux, qui cependant n'est pas figé. Pour certains oiseaux chanteurs, comme les canaris, qui apprennent de nouveaux chants lors de chaque saison d'accouplement, le HVC change de taille de façon saisonnière, augmentant au printemps et diminuant à la fin de l'été. Au début, les scientifiques pensaient que ces modifications ne provenaient que du développement de nouvelles connexions entre les cellules, mais Fernando Nottebohm et plusieurs de ses confrères ont découvert que le cerveau aviaire ajoute réellement des neurones aux circuits de vocalisation[66]. « L'incorporation de nouveaux neurones dans le HVC fait partie d'un processus de remplacement constant », déclare Nottebohm. En marquant ces cellules nerveuses avec des protéines qui les font apparaître en vert vif, les scientifiques peuvent effectivement voir ce remplacement se produire en temps réel, observant la migration de neurones errants dans le HVC et la formation de synapses avec les neurones déjà présents tandis que l'oiseau apprend un nouveau chant. La raison d'une telle migration et ce qui détermine l'emplacement définitif de ces neurones est l'une des énigmes élucidées par les scientifiques réunis dans l'auditorium de Georgetown, et nous savons que ce type extraordinaire de neurogenèse est probablement commun à tous les Vertébrés, dont l'homme.

Darwin a eu raison de qualifier le chant des oiseaux de « plus proche analogie avec le langage ». Non seulement les oiseaux et les hommes apprennent qui le chant et qui la parole à travers un processus similaire, mais tous deux ont des « fenêtres » d'apprentissage lorsque le cerveau est plus facilement « câblable »[67]. Pour les deux, un parent ou un tuteur améliore l'apprentissage. Même si le chant des oiseaux ne peut pas être comparé à la syntaxe humaine en termes de complexité, les éléments qui le composent ne sont pas sans y ressembler un peu.

Une nouvelle théorie de Shigeru Miyagawa et de ses collègues suggère que le langage, chez l'homme, résulte d'une sorte de fusion des composantes mélodiques du chant des oiseaux et des types de communication plus utilitaires et riches en contenu utilisés par d'autres primates[68]. « C'est cette combinaison accidentelle qui a déclenché le langage dans notre espèce », suggère Miyagawa, linguiste au Massachusetts Institute of Technology. Selon son point de vue, le langage comporte deux strates : une couche « lexicale », où réside le contenu central d'une phrase, semblable à la danse de l'abeille ou aux appels d'un primate, et une couche « expressive », plus fluctuante et plus proche de la mélodie du chant des oiseaux[69]. Miyagawa ne suggère pas que le chant des oiseaux a littéralement donné naissance à un langage chez l'homme, les deux systèmes de communication n'ayant pas évolué à partir d'un ancêtre commun, mais il soutient qu'il y a 50 000 à 80 000 ans les deux approches de la communication ont fusionné sous la forme du langage tel que nous le connaissons aujourd'hui. « Oui, le langage humain est unique, dit Miyagawa, mais ses deux composantes ont des antécédents dans le monde animal. Selon notre hypothèse, elles sont réunies uniquement dans le langage humain. » Si cela est vrai, la grande question est de savoir comment ces éléments se sont assemblés, ce qui pour l'instant reste un mystère. Pourtant, j'adore cette idée selon laquelle l'expressivité du langage peut incorporer ou refléter de quelque manière que ce soit la mélodie du chant des oiseaux.

Il existe plus de preuves biologiques rigoureuses pour étayer l'affirmation de Darwin sur la parenté étroite du langage et du chant des oiseaux : les oiseaux et l'homme utilisent des circuits cérébraux similaires afin de produire leurs vocalisations. Nous possédons des zones cérébrales analogues aux leurs : l'aire de Wernicke, qui contrôle notre perception de la parole, est similaire à l'aire de perception des chants chez l'oiseau ; l'aire de Broca, qui dirige l'élaboration du discours, est semblable à l'aire de construction du chant chez l'oiseau. Cependant, ce qui est vraiment commun dans les cerveaux aviaires et humains – et qui n'existe pas dans les espèces qui ne sont pas des apprenants vocaux – est la présence des voies, des connexions, qui relient les aires de la perception sonore avec celles de la production vocale[70].

Au sein de ces voies, des millions de cellules nerveuses se connectent et communiquent, afin que le cerveau puisse d'abord entendre des sons avant de les produire.

« Si les comportements sont similaires et les voies cérébrales, semblables, explique Erich Jarvis, alors les gènes sous-jacents peuvent l'être également. » De fait, lors de cet après-midi à Georgetown, le scientifique annonce qu'un programme international de séquençage des génomes de quarante-huit espèces d'oiseaux a identifié un ensemble de plus de cinquante gènes qui s'activent ou se désactivent dans les structures cérébrales humaines et aviaires, précisément au sein des aires impliquées dans l'imitation des sons, des paroles et du chant[a, 71]. Cette différence d'activité ne se produit pas chez les oiseaux qui ne sont pas des apprenants vocaux (comme les colombes et les cailles) ni chez les primates qui ne parlent pas. Il s'agit donc peut-être d'un modèle partagé d'expression génique, crucial pour l'apprentissage vocal chez les oiseaux et l'homme.

Cette information soulève la question de savoir comment les cerveaux humains et aviaires, c'est-à-dire de deux espèces séparées par une longue durée dans leur évolution, en sont arrivés à proposer une solution similaire pour l'apprentissage vocal. Pourquoi partageons-nous avec les oiseaux des gènes identiques et des circuits cérébraux semblables ?

Erich Jarvis a une théorie. Dans une étude d'imagerie récente menée par son laboratoire, il a remarqué que lorsque les oiseaux sautillent des gènes s'activent au sein de sept aires cérébrales qui entourent directement les sept aires d'apprentissage du chant[72]. Les aires du cerveau impliquées dans le chant et son apprentissage semblent être intégrées dans les zones

a. L'équipe a constaté que cette expression génique similaire était plus prononcée dans deux zones parallèles du cerveau des oiseaux chanteurs et du cerveau humain : dans l'aire X du cerveau des oiseaux chanteurs, une région « striée » nécessaire à l'apprentissage vocal, et dans le striatum humain, activé pendant la production d'un discours, ainsi que dans une partie du cerveau aviaire appelée « analogie RA » (noyau robuste de l'arcopallium), nécessaire à la production du chant, et dans les régions du cortex moteur laryngé chez l'homme, qui contrôlent la production de la parole.

cérébrales contrôlant le mouvement. Cela a suggéré au chercheur une notion intrigante, qu'il a appelée la « théorie motrice pour l'origine de l'apprentissage vocal » : les voies cérébrales utilisées pour l'apprentissage vocal ont peut-être évolué à partir de celles utilisées pour le contrôle moteur. Nombre des gènes que Jarvis a identifiés dans cet ensemble des cinquante communs à l'homme et aux oiseaux sont actifs de la même manière : en vue de former de nouvelles connexions entre les neurones du cortex moteur et ceux qui contrôlent les muscles associés à la production du son.

Pour Erich Jarvis, qui a été un danseur professionnel, c'est une idée passionnante. « Chez un ancêtre commun aux oiseaux et à l'homme, il se peut qu'il y ait eu une sorte de circuit neuronal archaïque universel qui contrôlait les mouvements des membres et du corps », propose-t-il. Au cours de l'évolution, ce circuit a été dupliqué, et le circuit nouvellement créé a été qualifié pour l'apprentissage vocal. Le concept d'une structure émergente évoluant à partir d'une structure ancienne, de blocs de construction existants, est courant dans l'évolution. Les anciennes configurations changent et acquièrent de nouvelles fonctions. De l'avis de Jarvis, cet événement de duplication a eu lieu à un moment différent chez les oiseaux et chez l'homme, mais le résultat net est le même : la capacité d'imiter les sons.

« C'est un cas de convergence évolutive, explique Johan Bolhuis, des taxons éloignés présentent des solutions similaires à des problèmes identiques[73]. »

L'apprentissage vocal aviaire a évolué de la même manière au moins deux fois, et peut-être trois, de façon distincte : une fois chez les colibris, puis une nouvelle fois, soit chez l'ancêtre commun des perroquets et des oiseaux chanteurs, soit de façon séparée chez ces deux ordres[a, 74]. Chez

a. Selon les scientifiques, il a ensuite été perdu dans le sous-ordre des oiseaux chanteurs.

l'homme, ce sont les voies cérébrales associées à la gestuelle qui ont pu être reproduites et utilisées pour la parole.

« Les gens ont du mal avec ça, m'a confié Erich Jarvis. C'est fondamentalement une théorie un peu humiliante, car elle minimise la spécificité de la parole et des circuits d'apprentissage vocal, mais c'est la meilleure hypothèse que je puisse proposer pour expliquer les données existantes. »

Il est intéressant de noter que l'équipe du scientifique a également constaté que les circuits d'apprentissage vocal des perroquets sont organisés un peu différemment de ceux des autres oiseaux chanteurs et des colibris[75]. Les perroquets disposent d'une sorte de dispositif renforcé, d'un « système de chant à l'intérieur du système de chant », qui peut les aider à collecter les dialectes du « langage » des perroquets[a, 76].

La théorie motrice d'Erich Jarvis peut expliquer comment l'apprentissage vocal a évolué. Mais le pourquoi de cette évolution est une autre question. Pourquoi la nature favoriserait-elle un système sophistiqué comme l'apprentissage vocal chez les oiseaux, parmi toutes les autres créatures – ainsi que tous les circuits cérébraux complexes et coûteux pour le faire fonctionner ? Pourquoi est-ce si rare ? Le chercheur a également une théorie à ce sujet.

Au printemps, un moqueur mâle saisi d'une folle témérité musicale cherche des perchoirs de plus en plus haut, jusqu'au moment où il s'installe sur la branche la plus élevée de l'arbre le plus grand et où commence ses prouesses de « Paganini amateur », selon les mots de Thoreau[b]. Il chante

---

a. Des analyses génétiques récentes indiquent que les perroquets pourraient être plus étroitement liés aux oiseaux chanteurs qu'on ne le pensait jusqu'alors.

b. Dans *Walden ou la Vie dans les bois* (titre original : *Walden or, Life in the Woods*), récit publié en 1854 par l'écrivain américain Henry David Thoreau (1817-1862). Niccolò Paganini (1782-1840) est un violoniste virtuose, guitariste et compositeur italien, souvent qualifié de « plus grand violoniste de tous les temps » (NdT).

même la nuit. Il chante en se penchant en avant, les ailes légèrement détachées du corps, la gorge en extension complète, comme si son propre chant le grisait. Et peut-être est-ce le cas. Son chant éclatant, frénétique et obstiné, est une forme de jeu préliminaire. C'est un chant d'amour – et dangereux.

Là-haut, sur son perchoir ouvert, exposé aux yeux cruels des prédateurs aériens, il ne fait rien pour se dissimuler. Au contraire, il chante pour se faire remarquer. S'il répétait le même air à plusieurs reprises, il aurait peut-être une chance d'échapper aux faucons qui chassent, mais en enchaînant mélodie sur mélodie, il s'expose au premier plan, comme pour dire ; « Je suis ici ! Je suis ici ! Venez me chercher ! Venez me chercher ! »

Cela, selon Jarvis, peut être une des raisons pour lesquelles l'apprentissage vocal est rare. « Toutes les vocalisations variées qu'un animal apprend font de lui une cible facile[77]. »

Erich Jarvis soupçonne que l'apprentissage vocal pourrait exister selon un continuum parmi les animaux[78]. « Certaines espèces – les imitateurs avancés, comme les oiseaux chanteurs et l'homme – se situent à un extrême ; et ceux qui ont une capacité limitée – les souris et peut-être certains oiseaux –, à l'autre », explique-t-il. Les animaux dont l'apprentissage vocal est complexe se tiennent habituellement au sommet de la chaîne alimentaire – c'est le cas de l'homme, de l'éléphant, de la baleine et du dauphin – ou sont habiles à échapper à leurs prédateurs, comme certains individus chez les oiseaux chanteurs, les perroquets et les colibris. « Les prédateurs éliminent réellement les sujets qui sont le moins doués, suggère encore Jarvis. Pour tester cette hypothèse, il faudrait élever une espèce animale sur des générations en l'absence de prédateurs, pour voir si l'apprentissage vocal évolue naturellement. C'est une expérience difficile à réaliser, mais c'est théoriquement possible. »

Les recherches menées par Kazuo Okanoya, de l'université de Tokyo, et par ses collègues offrent des preuves de cette théorie[79]. Okanoya étudie le moineau du Japon, une souche domestiquée du capucin domino, aussi appelé bengali du Japon ou moineau domino, élevé en Asie pour son plumage et non pas pour son chant. Le chercheur a constaté que les moineaux du Japon élevés en captivité depuis plus de 250 ans chantent des airs plus variés que leurs cousins sauvages. Il pense que le fait d'être libéré de la pression des prédateurs a permis à ces oiseaux domestiqués de développer un répertoire plus vaste et plus compliqué que celui de leurs congénères en liberté. Chez les deux espèces, toutefois, les femelles préfèrent les mâles dont le répertoire est le plus étendu.

« Voici donc ce qui se passe, à mon sens, dit Jarvis : l'apprentissage vocal est rendu rare par les prédateurs, mais il est privilégié par la sélection sexuelle. Cela fonctionne peut-être aussi ainsi chez l'homme. »

Cette idée lui est venue un jour, alors qu'il était assis à lire dans un parc, près des jardins de l'université Duke. Il entendit un bruant chanteur siffler son air depuis le haut d'un pin.

« Je lève les yeux et je le vois chanter très fort, hardiment. Il chante le même air encore et encore. Je m'y habitue. Je continue à lire. Je ne fais pas attention. Soudain, l'air change. Je regarde de nouveau pour voir si c'est un oiseau différent, et je vois que c'est le même. Cinq minutes plus tard, il change de nouveau d'air, et je pense que c'est un autre oiseau. Il conserve mon attention ! Et je ne suis pas un bruant chanteur… »

Cela me rappelle un dessin humoristique que mon professeur d'ornithologie avait montré en classe. Deux oiseaux sont perchés dans les branches d'un arbre. Sous eux se trouvent deux observateurs d'oiseaux avec leurs jumelles pointées vers le haut. Un oiseau dit à l'autre : « Ils n'ont toujours pas réussi à nous trouver… Chantons quelque chose de différent ! »

Le chant est à la fois risqué et coûteux. Il rend non seulement un oiseau plus visible pour les prédateurs, mais il prend du temps qui n'est alors pas consacré à la recherche de nourriture. Pourquoi les oiseaux se donnent-ils donc cette peine ?

Parce qu'un chant bien interprété est le meilleur moyen d'attirer une femelle, me précise Jarvis[80]. « Les oiseaux qui sont des apprenants vocaux modifient leurs vocalisations, afin d'être attrayants pour le sexe opposé – comme le font aussi les baleines. Les oiseaux mâles installés au sommet d'un l'arbre en plein jour, visibles pour les faucons et les autres prédateurs qui pourraient les éliminer, disent à la femelle – pour le traduire en termes anthropomorphiques – : "Je peux chanter hardiment, fort, et je possède tous ces sons imitatifs." Essentiellement, ils se vantent : "Regarde comme je peux chanter ! Regardez combien d'airs je peux imiter ! Choisis-moi !" Toutes les prouesses virtuoses à la Paganini du moqueur à la poitrine gonflée sont juste une emphatique technique de drague pour dire : "Hé, poulette, si tu essayais avec moi !" »

L'extravagance et la sexualité, dans la nature, sont souvent associées.

Pour beaucoup d'oiseaux mâles, la compétition dans la recherche d'une partenaire est féroce. Il est rentable pour une femelle d'être exigeante dans son choix. Les enjeux sont élevés. Elle a intérêt à élire un mâle génétiquement apte, capable de défendre son nid et son territoire de recherche de nourriture. Le chant est l'un des critères par lesquels elle évalue un prétendant. S'il ne chante pas « correctement », elle va voir ailleurs.

Qu'écoutent les femelles ? Ou, pour s'exprimer comme Freud : « Que veulent-elles ? »

Les scientifiques ont longtemps supposé que l'étendue du répertoire du mâle revêtait pour les femelles un certain cachet, mais déterminer combien d'airs maîtrise un prétendant est une tâche aussi ardue que longue[a],

a. Il y a cependant des preuves attestant cette hypothèse. Une étude portant sur des bruants chanteurs d'une île rocheuse en Colombie-Britannique a révélé que les mâles qui possédaient

[81]. Il est beaucoup plus facile d'évaluer sa performance sur une ou deux mélodies. Des études montrent que les femelles de nombreuses espèces d'oiseaux chanteurs préfèrent s'accoupler avec des mâles qui chantent plus rapidement ou plus longtemps, ou qui possèdent un chant plus complexe[82]. En d'autres termes, chez le mâle, ce n'est pas l'abondance des chants qui compte, mais sa technique vocale.

Ce qui rend un chant attirant sexuellement semble varier d'une espèce à l'autre. Les femelles des bruants des marais et des canaris domestiques favorisent les taux de trilles proches de la limite des performances possibles, tandis que celles des diamants mandarins ont un faible pour les chants forts. Certaines femelles d'oiseaux chanteurs éprouvent une attirance pour les chants longs ou complexes. D'autres, comme celles des canaris, sont davantage motivées par l'émission simultanée de deux notes d'une hauteur différente que par les sons simples, une prouesse réalisable grâce à cet organe particulier qu'est la syrinx. En un sens, pour leur plaire, le mâle doit chanter un duo avec lui-même !

Certaines femelles sont plus réceptives au chant du voisin qu'à celui d'un inconnu et recherchent la fidélité au chant ou au dialecte locaux.

Beaucoup d'oiseaux chanteurs ont des dialectes régionaux avec des « accents » aussi distincts que celui de Bruxelles ou de Marseille[a, 83]. Ces dialectes sont appris et se transmettent comme des héritages familiaux d'une génération à l'autre.

Un cardinal rouge à qui l'on fait écouter des enregistrements de ses semblables répondra beaucoup plus vigoureusement à la voix des cardinaux locaux qu'à celle de congénères d'un habitat situé à 30 000 km de distance.

---

un vaste répertoire étaient plus susceptibles de s'accoupler dès leur première année et que les femelles qui choisissaient pour partenaire ce type de mâles pondaient plus tôt.

a. Durant ses premières semaines de vie, un jeune bruant peut apprendre un nouveau dialecte, mais après l'âge de trois mois environ, la formation ne porte plus aucun effet, son chant étant définitivement fixé.

Les mésanges charbonnières du sud de l'Allemagne ont développé un dialecte tellement distinct de celles d'Afghanistan qu'elles ne reconnaissent pas leurs proches du Moyen-Orient. Des oiseaux provenant de différentes régions d'un même État, aux États-Unis, peuvent même chanter des airs entièrement dissemblables. Selon l'ornithologue Donald Kroodsma, les mésanges à tête noire de l'île de Martha's Vineyard, dans le Massachusetts, sifflent une mélodie différente de celle de leurs collègues du continent[84]. Un chant est susceptible de varier à une distance géographique de l'ordre de 1,5 km, voire moins[85]. Parmi les bruants à couronne blanche de Californie, par exemple, quelques mètres seulement peuvent séparer des dialectes distincts, et les individus qui vivent au point de contact de deux idiomes sont parfois « bilingues ».

Comme la prononciation, l'orthographe et le vocabulaire qui sous-tendent notre langage, les dialectes aviaires peuvent évoluer avec le temps. Les bruants des prés, par exemple, sifflent aujourd'hui des chants distincts de ceux que leurs ancêtres émettaient voilà trente ans. Il y a quelque temps, Robert Payne et ses collègues ont documenté l'évolution culturelle des chants chez les passerins indigo sur une période de deux décennies[86]. Chaque oiseau chantait un air appris de son mentor dans la tradition locale, mais avec de légères innovations. Payne a utilisé ces marqueurs pour tracer la descendance culturelle des chants du passerin et il s'avère que les innovations vocales persistent dans une population au-delà de la vie de l'oiseau qui en est à l'origine. Elles finissent à la longue par créer des traditions musicales locales et des dialectes régionaux que les oiseaux reconnaissent et distinguent.

En ce qui concerne les femelles des oiseaux chanteurs, les chants qui s'éloignent du dialecte local peuvent être un tue-l'amour, peut-être parce qu'un mâle qui ne siffle pas l'air du quartier peut avoir plus de difficulté à défendre son territoire[87].

Dans l'esprit d'Erich Jarvis, tout se résume à la modulation. Ce qui fait réellement tomber la femelle en pâmoison, c'est la façon dont le mâle contrôle le tempo et la précision de ses notes, qu'il s'agisse d'un air long et complexe ou d'une simple note double, mais si attirante. « C'est comme un superstimulus, dit-il, comme l'apparence d'un gros œuf pour une poule. » (Ainsi que l'ethnologue Niko Tinbergen l'a mis en évidence, les poules aiment les gros œufs. Si on donne à une poule un œuf géant à couver, même artificiel, elle le préférera à un plus petit. Pour elle, plus c'est volumineux, mieux c'est, même si ce n'est pas naturel.) Certaines qualités ou caractéristiques sont tout simplement irrésistibles. Pour les oiseaux chanteurs, la précision du chant et sa méticuleuse modulation sont aussi attrayantes sexuellement que possible.

La précision du chant d'un oiseau est étonnante. Richard Mooney en fait la démonstration devant ses collègues, lors de la conférence de Georgetown, en présentant côte à côte deux spectrogrammes[88]. Celui de gauche montre les motifs vocaux d'un locuteur humain à qui on a demandé de répéter une phrase simple cent fois de suite ; celui de droite, ceux d'un diamant mandarin de son laboratoire sifflant sans fin son air, une série de notes et de motifs. « Il faut payer un être humain pour faire cela, plaisante Mooney, alors que le diamant mandarin le fait gratuitement. » Ce n'est cependant pas n'importe quel homme qui s'est plié à l'exercice, il s'agit d'un étudiant talentueux qui prépare un doctorat en neurosciences et qui est dans la salle avec nous. « Son élocution est claire et il articule très bien, explique le scientifique. Je lui ai demandé de répéter aussi précisément que possible la phrase : "Il a pris le kiwi." » Le son *i*[a] a été choisi, car il a une hauteur de ton proche d'une des notes du diamant mandarin, « qui n'avait, lui, aucune consigne », s'amuse Mooney.

---

a. La phrase anglaise est « I flew a kite », « j'ai fait voler un cerf-volant » (NdT).

La comparaison des deux spectrogrammes est sans appel. Peu importe l'application de l'étudiant, les réplications de ses voyelles sont très variables, tandis que celles du diamant mandarin sont presque identiques. En termes de précision, « l'oiseau est une machine parfaite », dit Mooney.

C'est ce qu'on appelle la « cohérence vocale », la possibilité de reproduire parfaitement les caractéristiques acoustiques d'une mélodie – les notes, les rythmes, les pauses – d'une interprétation à l'autre. Pour un oiseau, ces subtilités font toute la différence.

Si on considère ce qui est impliqué dans ce genre de précision – le système nerveux qui émet à maintes reprises les mêmes commandes au système vocal et la coordination étroite, de l'ordre de la milliseconde, des muscles de la syrinx (du côté droit et du côté gauche) et du système respiratoire, le tout avec une endurance telle que ces muscles ne fatiguent pas –, on obtient dans l'ensemble une mesure assez objective des prouesses vocales d'un mâle.

Et en effet, les femelles semblent utiliser la précision comme une jauge fiable de la performance vocale des mâles. Des études en laboratoire montrent que les femelles diamants mandarins préfèrent nettement les mâles dont les chants de parade sont les plus cohérents[89].

Chez la rousserolle turdoïde, une espèce de fauvette des marais plus communément appelée rossignol des rivières, les mâles qui émettent le chant sifflé le plus uniforme ont des harems plus importants[90]. De même, chez les troglodytes barrés et les parulines à flancs marron, les mâles qui chantent sans variation comptent davantage de copulations hors couple et ont une progéniture en dehors du couple social plus nombreuse[91]. Il en va de même pour les moqueurs : ceux dont les mélodies sont cohérentes sont pères plus jeunes que ceux dont les chants sont plus imprécis, et sont dominants vis-à-vis d'eux[92].

Les scientifiques tentent d'éclaircir ce que cette précision et cette fidélité signalent réellement à une femelle d'oiseau chanteur qui doit choisir un partenaire[93]. Une performance vocale supérieure peut être une indication qu'un mâle est en bonne condition physique. Un chant décidé et sans variation, avec une amplitude, une durée et une consistance prééminentes, est possiblement la manière dont un oiseau chanteur mâle communique qu'il possède un contrôle moteur efficace et qu'il est en bonne forme, ces performances n'étant pas à la portée d'un individu plus faible et moins ardent. Les autres caractéristiques, que l'on appelle les « traits structurels du chant » – la précision dans la reproduction du chant de son tuteur, qu'il s'agisse de la façon dont la mélodie fait sens ou à quel point elle est complexe –, sont peut-être les moyens d'indiquer qu'il a été convenablement nourri lorsqu'il était oisillon et qu'il n'éprouve aucun stress (ou bien qu'il est capable d'y résister) et que, par conséquent, il est cérébralement bien structuré, avec un cerveau entièrement fonctionnel. Les notes sexuellement attirantes des canaris mâles, par exemple, nécessitent une coordination extraordinaire des moitiés gauche et droite de la syrinx[94]. La perception de celles qui sont le plus attrayantes permet aux femelles d'exclure les mâles qui montrent une coordination bilatérale médiocre[95].

Puisque le chant des oiseaux est un comportement complexe et exigeant, il peut opérer comme un baromètre pratique et précis non seulement de la santé générale d'un prétendant, mais aussi de ses capacités intellectuelles.

Cela ramène à ces fenêtres critiques durant lesquelles l'oisillon génère intensément des connexions neuronales pour former dans son cerveau les systèmes dédiés au chant, explique Steve Nowicki, de l'université Duke[96]. Dans le même temps, son corps grandit aussi à toute vitesse. Un oiseau chanteur moyen atteint près de 90 % de son poids adulte dans les dix premiers jours de son existence – un taux de croissance incroyablement rapide. Tous ces neurones, ces muscles, ces plumes et cet épiderme en plein développement nécessitent une nutrition intense. C'est donc, pour le jeune oiseau, une période de grande vulnérabilité. Si des difficultés surviennent pendant ces précieuses semaines, si les parents ne peuvent pas fournir suffisamment de nourriture, si le jeune souffre d'une maladie ou d'autres types de stress, comme la trop forte concurrence de ses frères et sœurs, les circuits du chant dans son cerveau sont mis à mal[97]. Les oiseaux sous-alimentés en captivité développent des structures de chant atrophiées dans leur cerveau et n'imitent pas correctement le chant de leur tuteur. Une étude a par exemple montré que les diamants mandarins bien nourris copient 95 % des notes de leurs tuteurs, alors que les oiseaux sous-alimentés n'en reproduisent que 70 %[98]. Cela peut ne pas sembler véritablement problématique, mais pour les femelles, ça compte. Elles peuvent percevoir des impairs dans les chants des mâles, et les disqualifier comme partenaire pour cette raison. En d'autres termes, un oiseau mâle est jugé globalement à l'aune de son chant. Sa mélodie trahit sa biographie juvénile pour toute sa vie.

Un chant étincelant, interprété avec précision, peut signaler les aptitudes intellectuelles supérieures d'un mâle et sa faculté d'apprentissage. Cette « hypothèse des capacités cognitives » suggère qu'une femelle choisit son compagnon en se fondant sur son intelligence, utilisant son chant comme un indicateur de celle-ci[99]. En d'autres termes, les oiseaux qui chantent le mieux montrent aux femelles qu'ils sont de bons apprenants. Un chanteur supérieur n'est pas seulement doué pour acquérir, mémoriser et reproduire fidèlement des mélodies sophistiquées, il est probablement aussi meilleur dans d'autres tâches liées à la cognition : apprentissages, prises de décision et résolutions de problèmes de toutes sortes, tels que où, quand et quoi manger, comment éviter les prédateurs ou se faire des alliés – autant de traits présumés de première qualité chez un mâle, aux yeux des femelles désirant de « bons » gènes et/ou un pourvoyeur de nourriture compétent pour la progéniture. Cependant, il n'est pas clairement établi que les performances vocales d'un mâle soient en corrélation avec ses aptitudes sur d'autres tâches cognitives. Les preuves sont mitigées.

Lorsque Neeltje Boogert, de l'université de St Andrews, a étudié des diamants mandarins mâles isolés dans son laboratoire, elle les a challengés sur une seule tâche : repousser le couvercle en plastique d'un puits de bois pour se nourrir[100]. Elle a constaté que les oiseaux qui possédaient des chants plus complexes, contenant davantage d'éléments par phrases mélodiques, ont été plus rapides à comprendre la tâche que les mâles dont les chants comportaient moins de composantes. Cela suggère que les femelles se réfèrent au chant du mâle pour juger de ses aptitudes à chercher de la nourriture, à quel point il est capable d'apprendre où et comment trouver de nouvelles sources d'alimentation.

Mais l'histoire n'est pas si simple. Lorsque la scientifique et ses collègues ont plus tard testé des bruants chanteurs mâles, qui sifflent une plus grande variété d'airs que les diamants mandarins, sur une plus grande diversité de tâches cognitives – comme l'apprentissage par inversion et les tâches d'association spatiale et couleur –, les chanteurs experts ont obtenu des résultats mitigés[101]. Ils ont fait mieux sur certains tests et pire sur d'autres. Et récemment, dans une étude sur les diamants mandarins en groupe – un contexte social plus naturel –, la corrélation entre la complexité du chant et d'autres capacités cognitives a disparu[102]. Les meilleurs chanteurs n'ont pas fait mieux sur les tâches de résolution de problèmes que les interprètes les plus médiocres. Selon Neeltje Boogert, des facteurs de confusion peuvent brouiller l'image globale de ces résultats, des variables telles que le stress, la motivation, la distraction et la dominance sociale[103].

Il est sans doute plus difficile de tester les corrélations possibles entre la performance vocale et la cognition dans la nature. Dernièrement, Carlos Botero a entrepris une approche inhabituelle du problème[104]. Cet intrépide chercheur, actuellement en poste au Centre national de synthèse évolutive, en Caroline du Nord, a traversé déserts, jungles et brousses de plusieurs pays d'Amérique du Sud, muni d'appareils d'enregistrement sensibles permettant de capturer les chants des moqueurs sauvages. Après avoir collecté une centaine de prises de son chez vingt-neuf espèces, il a constaté que les moqueurs vivant dans des climats imprévisibles sifflaient des chants plus élaborés. Dans les environnements instables où les conditions capricieuses – précipitations erratiques et températures fluctuantes – rendent les sources alimentaires incertaines, les moqueurs ne possédaient pas seulement un plus grand répertoire, ils imitaient également avec davantage de facilité les chants et les appels d'autres espèces, avec des notes plus précises et une cohérence accrue[105]. De l'avis de Botero, les compétences vocales d'un mâle indiquent peut-être aux femelles qu'il est assez intelligent pour faire face à un environnement changeant. Cela ajoute du poids à l'idée que certains aspects du chant des oiseaux peuvent fournir des informations sur les aptitudes cognitives générales du mâle – et que la sélection sexuelle est active sur ces signes d'intelligence.

C'est la fin de l'après-midi. Quelques heures après ma première pause, dans ce colloque consacré aux oiseaux, je suis ressortie et je me penche pour inspecter le petit cèdre. Le moqueur est toujours là, sur son perchoir abrité, sifflant ses innombrables airs, mais cette fois *pianissimo*.

La question de savoir si les oiseaux chanteurs femelles utilisent le chant des mâles comme indicateur d'intelligence générale reste ouverte. Mais une chose semble claire : au cours de l'évolution, les femelles ont façonné les mélodies complexes, précises et incroyablement belles de leur espèce, et les circuits cérébraux élaborés nécessaires pour les produire. Comme l'explique l'ornithologue Donald Kroodsma, en écoutant le chant d'un mâle et en l'évaluant, la femelle « dessine le portrait » de ce partenaire potentiel ; son chant lui indique ainsi s'il est digne d'être le père de sa progéniture[106]. « Par les choix d'accouplement qu'elle fait, elle perpétue les gènes des "bons chanteurs", le "bon" étant défini par quelque chose qui se trouve profondément dans la psyché des femelles de chaque espèce. » En ce sens, les femelles sculptent chez les mâles un réseau neuronal dédié à la vocalisation, d'une complexité miraculeuse, et un cerveau qui les récompense pour la précision de leur chant propre. Cette hypothèse est connue sous le nom de « mating mind[a] » : les aptitudes cognitives des mâles pour la manifestation de capacités complexes et les aptitudes cognitives des femelles pour l'évaluation de ces capacités évoluent ensemble, affectant la structure du cerveau dans les deux sexes[107].

Il n'y a pas de femelles en vue autour de ce mâle qui siffle dans son cèdre. Ce chant d'automne lui offre peut-être une récompense. Les oiseaux qui chantent bien leurs mélodies au printemps et à l'automne ressentent les effets des molécules chimiques gratifiantes qu'ils synthétisent – dopamine et opioïdes –, mais dans des quantités variables selon la saison et à des fins diverses[108]. « Les opioïdes n'induisent pas seulement un sentiment de plaisir, ils provoquent aussi une analgésie », explique Lauren Riters. Pour savoir à quelle saison le chant produit le plus d'opioïdes analgésiques, la scientifique a identifié des étourneaux sansonnets mâles qui sifflaient à l'automne et au printemps, les a capturés et a plongé leurs pattes dans de l'eau chaude[109]. Elle avait prédit que les oiseaux qui émettaient un chant à l'automne endureraient la chaleur plus longtemps. Elle avait raison. Le chant automnal, a-t-elle découvert, est plus étroitement associé à la distribution opioïde que le chant printanier. Comme Darwin l'a écrit, « les chants d'oiseaux servent principalement d'attraction pendant la saison des amours », mais à la fin de cette période, « les oiseaux mâles [...] continuent de chanter pour leur propre amusement ». Ou éventuellement pour leur dose de drogue.

---

a. Terme qui n'a pas encore d'équivalent en français (NdT).

Cet oiseau dans son arbuste n'est pas en mode ténor complet. Bien que son chant soit encore parsemé d'imitations, il est interprété avec une grâce si calme qu'il semble que ce moqueur chante pour lui-même. Possiblement pour oublier le froid. Ou peut-être parce que, quand il lance ses doux trilles, cela diminue la douleur que ce froid lui cause et l'emplit, littéralement, de plaisir.

{ chapitre VI }

L'OISEAU ARTISTE : *aptitudes esthétiques*

En s'accroupissant derrière les racines contreforts d'un cerisier bleu[a], on peut observer un spectacle étonnant. Dans une petite clairière tachetée par le soleil qui filtre à travers le réseau des branches de la forêt tropicale humide se tient un bel oiseau de la taille d'un pigeon, mais d'un bleu très foncé aux reflets brillants, avec un œil violet étincelant[1]. En retrait se dresse une élégante construction d'environ 30 cm de haut, une sorte de tonnelle formée de deux parois parallèles bien droites en brindilles, dont les extrémités se courbent légèrement de façon à former une voûte. Tout autour de l'oiseau, le sol est parsemé d'objets colorés qui tranchent avec le tapis de brindilles couleur chamois pâle sur lequel ils sont disposés ; le contraste est si vif qu'ils semblent presque briller dans la faible lumière du sous-bois. Il y a des fleurs, des fruits, des baies, des plumes, des bouchons de bouteille, des pailles pour boire, les

---

a. L'*Elaeocarpus angustifolius* est un arbre à feuillage persistant présent dans le sud-est de l'Asie et le Pacifique. Il a été introduit dans de nombreuses régions tropicales (NdT).

ailes d'un perroquet, une minuscule planche à roulettes en plastique et ce qui semble être un œil de verre turquoise. L'oiseau prend une fleur et la laisse tomber à proximité, il arrange la disposition d'une plume, déplace une perle, repousse une brindille. Apparemment, il trie son butin selon la couleur, la taille et la forme. De temps en temps, il s'éloigne en sautillant à reculons, comme s'il s'agissait d'évaluer son travail, puis vient retoucher l'emplacement d'une pièce.

Ce même oiseau de la côte est de l'Australie, plusieurs semaines auparavant, déploie une activité bien plus industrieuse. Il enlève tout d'abord avec une grande énergie tout ce qui encombre le sol sur une surface d'environ un mètre carré, puis il collecte des brindilles et des herbes pour en recouvrir régulièrement l'espace ainsi dégagé, formant une espèce de plateforme. Parmi toutes celles qu'il a apportées, il sélectionne des brindilles qu'il plante en deux rangées, créant une sorte d'allée orientée dans l'axe du soleil à l'aube. Devant, il dispose les brindilles les plus fines en une esplanade qui servira d'écrin à ses décorations, mais aussi de piste de danse où il se produira le moment venu dans un spectacle chanté agrémenté de pirouettes spectaculaires.

Vient ensuite la collecte des trésors. Ce ne sont pas tous les objets qui font l'affaire. Cet oiseau fait une fixation sur le bleu : plumes indigo de la queue d'un perroquet, fleurs lavande de lobélie, fruits luisants du cerisier bleu, pétunias violacés et delphiniums dérobés dans un jardin proche, éclats de verre cobalt et tessons de poterie cyan, rubans azur, fragments d'une bâche turquoise, billets de bus céruléens, pailles à boire saphir, petits jouets célestes… Qu'importe – capuchons de stylo, sucettes d'enfants, billes, etc. –, pourvu que ce soit bleu et transportable. Tous ces objets sont disposés artistiquement sur le tapis de brindilles. Si les fleurs se fanent ou si les baies se racornissent, il les remplacera par des fraîches. Les jours suivants, on peut le voir peindre une bande dans sa tonnelle, à hauteur de sa poitrine[2]. Il utilise pour cela des aiguilles de pin sèches, qu'il écrase et malaxe avec son bec.

Pas étonnant que les premiers naturalistes européens se soient trouvés perplexes lorsqu'ils découvrirent ces créations au plus profond de la forêt australienne. Ils pensèrent tout d'abord avoir affaire à des maisons de poupée fabriquées par les enfants autochtones ou par leurs mères.

Nous sommes impressionnés par les animaux constructeurs, peut-être parce que nous sommes des constructeurs nous-mêmes. C'est pourquoi nous nous émerveillons de l'architecture aviaire la plus connue, le nid, en particulier des constructions ornementées de certaines espèces : les tisserins, par exemple, qui entrelacent et nouent des plantes pour édifier leurs nids élaborés, les orioles de Baltimore qui tissent les leurs en utilisant leur bec comme une navette, en dizaines de milliers de mouvements, les hirondelles rustiques[a] qui font d'innombrables trajets, le bec chargé de boue, pour façonner leur abri en forme de coupe sous les chevrons des granges ou sous le rebord des parapets des quais et des ponts[3].

« Et au-dedans, l'instrument qui imprime au nid la forme circulaire n'est encore autre que le corps de l'oiseau, écrit Jules Michelet, donc la maison, c'est la personne même, sa forme [...] et, je dirai, sa souffrance[4]. »

J'ai pensé à cette citation quand j'ai vu le minuscule nid en forme de coupelle du rhipidure à gorge blanche, accroché au sommet de la tige d'un pandanus, le long des rives d'une rivière dans la région de Tanjung Puting, à Bornéo. Le rhipidure est un oiseau commun dans la forêt ouverte de cette île, et son petit nid compact est une merveille de construction intelligente et d'ingénierie délicate, parfaitement rond, à peine assez grand pour contenir la mère et son oisillon. Je me demandais si les oiseaux exerçaient des pressions sur les parois avec leur poitrine et utilisaient leur corps pour comprimer et pétrir les matériaux jusqu'à ce qu'ils soient souples. Le nid était ancré au sommet de la tige avec des fils d'araignée et des brins

a. Hirondelles de cheminée ou hirondelles des granges (NdT).

d'herbe, et avait l'aspect d'une coupe dense et sphérique, formée d'herbes tressées, de petites feuilles se chevauchant et de racines filiformes[5].

Le prix de virtuosité dans la construction d'un nid doit revenir à la mésange à longue queue, qui vit en Europe et en Asie. Son nid est un sac souple composé de mousses en forme de crochet, tissées avec des boucles de soie provenant des cocons pelucheux que les araignées élaborent pour leurs œufs, ce qui crée une sorte de « Velcro »[6]. Ces oiseaux menus tapissent l'intérieur du nid de milliers de petites plumes isolantes et en recouvrent l'extérieur avec autant de flocons de lichen qui lui serviront de camouflage. L'ensemble représente une structure constituée de près de six mille morceaux individuels.

« Le nid d'un oiseau est le miroir le plus graphique de son esprit. C'est l'exemple le plus palpable de ces qualités de raisonnement et de pensée dont ces créatures sont incontestablement dotées à un haut niveau[7]. »

Cette affirmation a été rédigée en 1902 par l'ornithologue anglais Charles Dixon. Néanmoins, il a longtemps été supposé que la construction du nid résultait d'un comportement purement inné : l'oiseau viendrait au monde avec une sorte de « modèle » de nid dans ses gènes et aucune représentation mentale de ce qu'il doit réaliser. Si le cerveau était impliqué, ce n'était que pour suivre un ensemble sommaire de règles sur la façon de se comporter et d'enchaîner les mouvements programmés conduisant à l'achèvement de la forme préencodée du nid, même sophistiquée. Le lauréat du prix Nobel Niko Tinbergen[a] a noté que les mésanges à longue queue utilisent une séquence comportant jusqu'à quatorze actions motrices pour élaborer leurs nids en dôme, mais il a remarqué combien il était étonnant que de tels mouvements, « simples et rigides », coordonnés « puissent conduire à une construction aussi superbe »[8, 9].

---

a. Nikolaas Tinbergen (1907-1988) est un biologiste et ornithologue néerlandais, récipiendaire du prix Nobel de médecine ou de physiologie en 1973, avec Karl von Frisch et Konrad Lorenz. Avec ce dernier, il est considéré comme le fondateur de l'éthologie, c'est-à-dire de l'étude comparative du comportement animal (NdT).

Cette appréciation a évolué récemment, car les scientifiques ont accumulé des preuves convaincantes attestant que l'édification d'un nid nécessite toutes sortes de qualités autres que l'instinct – par exemple, l'apprentissage, la mémoire, l'expérience, la prise de décision, la coordination et la collaboration. Il s'avère que la création magnifique des mésanges à longue queue est un effort de coopération entre les membres d'un couple[10]. C'est un travail qui exige une suite de choix concernant l'emplacement, les matériaux et la construction elle-même.

Il est donc logique que Sue Healy, psychologue et biologiste à l'université écossaise de St Andrews, et son équipe, qui travaillent sur l'apprentissage et la nidification, après avoir sondé les aires cérébrales mobilisées par le diamant mandarin durant la nidification, aient trouvé une activité non seulement dans les voies du cerveau commandant l'activité motrice, mais aussi dans celles impliquées dans le comportement social et la récompense[11].

Dans une expérience rapportée en 2014, Healy et ses collaborateurs se sont demandé si le diamant mandarin pouvait apprendre à sélectionner un matériel de nidification plus efficace avec la pratique[12]. À l'état sauvage, ces oiseaux élaborent leurs nids dans des arbustes denses en utilisant des pelotes creuses d'herbes sèches rigides ou de fines brindilles[13]. En laboratoire, les scientifiques leur ont présenté deux matériaux de nidification : des cordelettes de coton souples et fragiles ou une variété beaucoup plus rigide. Les oiseaux pouvaient choisir et, après une brève période de construction, ceux qui avaient testé la ficelle fragile l'évitaient en faveur de la variété plus solide. Plus ils étaient expérimentés dans l'élaboration du nid, plus ils optaient pour le fil le plus résistant. De toute évidence, l'apprentissage influait sur leur choix d'approvisionnement en matériaux de construction.

Afin de déterminer si les oiseaux optent délibérément pour les matériaux qui camoufleront leurs nids, l'équipe a tapissé chacune des cages des diamants mandarins mâles d'un papier peint d'une couleur donnée[14]. Ils ont ensuite fourni aux oiseaux deux options de matériaux de construction :

des bandelettes de papier qui soit correspondaient à la tapisserie de la cage, soit étaient d'une teinte différente. La plupart des sujets ont sélectionné les bandes s'accordant à la couleur de leur cage, ce qui suggère que ces oiseaux observent les caractéristiques des matériaux de construction dont ils disposent et ne se contentent pas de prendre sans distinction ce qui est localement disponible.

Les tisserins gendarmes apprennent eux aussi par expérience à améliorer la sélection de leur matériel de nidification[15]. Les jeunes oiseaux favorisent les matériaux plus souples et les brins les plus longs. Au fil du temps, cependant, ils deviennent plus sélectifs, rejetant tout ce qui est artificiel, comme la ficelle, le raphia ou les cure-dents. Ils améliorent en outre leur mode de découpe en tronçons des matériaux et de tissage, créant à mesure qu'ils vieillissent des nids plus soignés et plus serrés.

L'assemblage de brindilles et d'objets de notre brillant oiseau des antipodes, cependant, n'est pas un nid. Chez cette espèce, contrairement à la très coopérative mésange à longue queue, le mâle laisse la construction du nid complètement à la charge de la femelle. Non, cette création étrange et élaborée, connue sous le nom de « tonnelle » ou de « berceau » est édifiée dans un seul but – la séduction – par une créature d'une habileté technique et d'une d'intelligence extraordinaires : le jardinier satiné (*Ptilonorhynchus violaceus*).

La famille du jardinier satiné est si remarquable que l'ornithologue Ernest Thomas Gilliard a souligné qu'il conviendrait de diviser les oiseaux en deux groupes : les jardiniers et tous les autres[16]. Les jardiniers présentent les caractéristiques de l'intelligence aviaire : gros cerveau, longue existence et période étendue – sept ans – de développement avant l'âge adulte. Il en existe une vingtaine d'espèces qui vivent dans les forêts tropicales de Nouvelle-Guinée et d'Australie, dont dix-sept fabriquent des tonnelles. Ce sont les seuls animaux de la planète – l'homme excepté – connus pour utiliser des objets dans d'extravagantes démonstrations visant à attirer des partenaires sexuels.

Voici la partenaire qui arrive. Un oiseau vert olive, terne, de la taille de son prétendant. Elle a parcouru le quartier, jaugeant la fabrication de trois ou quatre autres berceaux et évaluant leurs décorations.

C'est son marché, alors elle fait ses courses. Elle se pose au sud de la tonnelle de notre héros et hésite dans le sous-bois. Elle semble aimer ce qu'elle voit. C'est peut-être la symétrie satisfaisante de son architecture qui retient son attention ou bien cette sucette d'enfant bleu ciel. Quelques instants plus tard, elle sautille sous le petit berceau de brindilles et en pique quelques-unes de son bec, goûtant la peinture soigneusement appliquée sur les parois de l'édifice.

Dès qu'elle s'est posée, le mâle arrête son rangement et commence à s'agiter[17]. Il se lance dans un ballet frénétique, une danse sautillante. Avec son bec, il prélève des objets de sa collection et les dépose sur le sol devenu une scène. Soudainement, il se transforme en une sorte d'oiseau mécanique, bourdonnant et ronronnant comme un jouet à ressort. Il ressemble moins à un chanteur se pavanant qu'à un automate aux mouvements saccadés. Il bat des ailes et agite sa queue vivement, puis court sur la plate-forme de façon spectaculaire, comme s'il chargeait un agresseur. Brusquement, il commence un torrent d'imitations. Tout d'abord, le ricanement haché de l'appel du dacelo, un martin-pêcheur, puis la rafale de mitraillette du méliphage de Lewin, les appels plus doux du cacatoès à huppe jaune et du corbeau d'Australie, ou corneille à gros bec, et enfin le hurlement sinistre du cacatoès funèbre. Il glousse. Il bourdonne. Il piaule et vagit. Il exhibe son superbe plumage et cligne ses yeux bombés, maintenant étrangement teintés de rouge. Il se fige, regardant fixement devant lui, sautille de-ci de-là durant quelques minutes, puis reprend brusquement sa parade. Il pousse son cou vers l'avant et tend ses ailes battantes de même. S'emparant prestement d'une petite décoration dans son bec – une feuille jaune –, il se place exactement dans l'axe du berceau, gonflant ses plumes pour paraître plus imposant, et effectue, fléchissant les genoux, une série de profondes révérences.

La femelle considère attentivement ce spectacle, jaugeant la parade qui peut durer quelques secondes ou une demi-heure.

Soudainement, notre héros fait un violent écart. La femelle s'effarouche. En un instant, elle sort de la tonnelle et s'éloigne.

Il l'a perdue.

Pourquoi ? Où a-t-il commis une erreur ?

La dure réalité dans l'univers des jardiniers satinés est que relativement peu de mâles réussissent à s'accoupler. Ce sont les femelles qui exercent leur choix dans leurs amours, et elles opèrent une sélection très minutieuse. Souvent, un mâle est chanceux à plusieurs reprises, s'accouplant avec vingt ou trente femelles, tandis que d'autres mâles n'obtiennent aucune copulation. Les raisons de cette inégalité sont complexes et offrent une vision intrigante sur la façon dont le jardinier satiné a développé son sens artistique et son intelligence. Comment ce penchant masculin pour la danse, ces alignements pointilleux de brindilles disposées de façon symétrique et ces babioles de toutes les nuances de bleu répondent-ils à la représentation féminine d'un partenaire de reproduction idéal ? Son « talent artistique » est-il un indicateur de son intelligence ou de son sens esthétique ?

L'histoire du jardinier satiné est intéressante pour qui souhaite obtenir des réponses à ces questions. Selon Gerald Borgia, biologiste à l'université du Maryland, qui étudie les oiseaux depuis plus de quarante ans, cette espèce présente des comportements démonstratifs exacerbés et les femelles font montre d'une extrême sévérité dans leur sélection[18].

Que cherchent-elles ?

Les jardiniers satinés mâles n'offrent aucun avantage direct en tant que partenaires sexuels, pas d'aide pour nourrir les jeunes, par exemple, ni de protection du territoire. La seule chose qu'une femelle obtient d'un mâle, ce sont ses gènes. Elle ne perd donc pas de temps à évaluer ses capacités à trouver de la nourriture ou à défendre le nid. Au lieu de cela, elle scrute sa tonnelle et son décor, ainsi que ses compétences pour danser, imiter et d'autres démonstrations visant à la courtiser.

Faire son marché prend du temps et de l'énergie, ces démonstrations doivent par conséquent être porteuses de signification ou d'information. Et en effet, précise Borgia, dans chacun des aspects de sa construction et de sa parade, le mâle révèle son agilité d'esprit[19].

Celle qu'il faut, tout d'abord, pour édifier un berceau de bonne qualité.

En premier, le choix d'un excellent emplacement. Un mâle avisé positionne sa tonnelle de manière à maximiser l'attrait de son spectacle. Les jardiniers satinés que le scientifique étudie orientent leurs berceaux sur un axe nord-sud. « Ils semblent essayer d'obtenir le bon éclairage pour leur parade », explique-t-il. Parfois, ils élaguent les feuilles autour de la plate-forme, afin de laisser davantage passer le soleil[20].

Vient ensuite un artisanat de qualité. Les femelles préfèrent les parois qui sont édifiées avec soin, symétriques et denses, dont les brindilles sont uniformes. Pour tenter sa chance, un mâle doit donc collecter des centaines de brindilles droites, fines et de la bonne longueur, puis les assembler en deux cloisons épaisses et courbées en leur sommet, afin de former une voûte. Pour que les murs soient symétriques, il utilise un outil mental appelé « modèle ». « Dans le modèle, le mâle prend une brindille et se positionne lui-même sur la ligne médiane de l'allée de la tonnelle[21] », explique Gerald Borgia. Puis il place la brindille contre une des deux parois avant de la retirer en inversant avec précision le mouvement initial, de manière à l'installer dans une position identique sur la paroi opposée. Certains jardiniers satinés font preuve d'assez de souplesse mentale pour modifier leur technique. Lorsque les expérimentateurs ont saccagé les berceaux de plusieurs mâles, détruisant complètement l'une des cloisons, les oiseaux ont révélé un esprit étonnamment agile : au lieu d'ordonner la moitié des bâtons uniformément de chaque côté, ils ont concentré leurs efforts pour reconstruire l'unique paroi abattue[22].

Il y a enfin la question complexe de l'ornementation. Les femelles apprécient les ornements, et en grand nombre, c'est la raison pour laquelle les mâles accumulent joyaux et babioles. Ils en ajoutent constamment à leur collection, parfois en dérobant sans scrupule ceux des tonnelles voisines si leurs propriétaires sont absents. Garder son propre berceau intact et bien décoré absorbe toute leur énergie.

Chaque espèce de jardinier a ses ornements préférés et ses couleurs soigneusement sélectionnées pour le contraste qu'elles forment avec l'environnement. D'après Gerald Borgia, les jardiniers maculés, qui construisent leur tonnelle dans les sous-bois dégagés, préfèrent les objets verts, argentés et brillants. « Ils disposent des pièces de monnaie, des bijoux et des clous neufs dans leur berceau, et des douilles provenant de balles d'armes à feu autour. Nous en avons vu un qui répartissait les clous neufs dans l'allée du berceau et ceux qui étaient rouillés, derrière. Il faisait le tri entre les brillants et les plus ternes. » Ces oiseaux localisent souvent leurs tonnelles à proximité des décharges, où ils peuvent trouver facilement toutes sortes d'objets éclatants et colorés. Un berceau découvert par Borgia, construit par un jardinier maculé près de la demeure d'un artiste du vitrail, était empli d'éclats de verre que l'oiseau avait ordonnés par couleur. « La façon dont étaient exposés les morceaux était remarquable, comme une mosaïque[23] », se rappelle le biologiste.

Le jardinier brun édifie une grande structure en forme de hutte autour du tronc d'un jeune arbre, dans les forêts humides des montagnes de la Nouvelle-Guinée. La toiture est tissée à partir de tiges d'orchidées épiphytes[a]. Sur une pelouse de mousse s'étendant devant la hutte, l'oiseau

a. Rappel : plantes qui poussent en se servant d'autres plantes comme support (NdT).

crée une belle nature morte de petits tas de fleurs colorées, de fruits et d'ailes de coléoptères iridescentes – mêlant le rouge, le bleu, le noir et l'orange – et dispose en bonne place le trésor d'objets qu'il a pu rassembler, par exemple une chaussette blanche avec des rayures orange, volée dans la cabane voisine d'un missionnaire.

Les jardiniers à nuque rose, qui vivent dans les forêts d'eucalyptus du nord de l'Australie, choisissent un aménagement minimaliste pour l'arrière-plan de leur emplacement, composé en grande partie d'éléments blancs : cailloux, os, coquilles d'escargots. Lors d'une forte tempête sur un site d'observation du Queensland, en décembre 2014, la chercheuse brésilienne Aída Rodrigues a noté que les jardiniers à nuque rose y incluaient même des grêlons géants. Cette toile de fond pâle augmente le contraste des objets brillants qu'ils placent dans l'allée, devant l'entrée de la tonnelle ; les verts sont alignés ou regroupés en ovale et les rouges sont dispersés sur les bords de la plate-forme.

Les jardiniers de cette espèce construisent deux plates-formes elliptiques, comme deux terrasses ou deux cours, reliées par une longue allée de brindilles d'un brun rougeâtre, formant une tonnelle comportant le chiffre étonnant de cinq mille branchettes. La femelle se tient au milieu de l'allée tandis que le mâle la courtise. La lumière filtrée par les brindilles prend une nuance rouge qui peut effectivement modifier sa perception de la couleur, augmentant l'intensité de la perception du rouge et du vert des objets, et du rose lilas, teinte de la crête nucale de ce jardinier[24]. Il reste hors de la vue de la femelle, dans l'une des cours où se trouvent les objets de couleur. À intervalles réguliers, il montre sa tête dans l'allée et surprend celle qu'il courtise en lançant un objet dans sa direction. C'est sa manière de retenir son attention. Plus elle demeure dans l'allée, plus il y a de chances qu'elle s'accouple avec lui.

Selon John Endler, de l'université Deakin, en Australie, les jardiniers à nuque rose peuvent avoir un autre tour artistique dans leur manche :

l'illusion d'optique[25]. Pour impressionner les dames, soutient Endler, les mâles disposent leurs collections de pierres et d'os selon leur taille, qui va croissant avec la distance par rapport à l'entrée de l'allée. D'après le scientifique, cela détermine les conditions parfaites pour une illusion visuelle appelée « perspective forcée ».

C'est une astuce semblable à celle utilisée par les anciens architectes grecs dans la conception des colonnes des temples : rétrécir leur diamètre dans la partie supérieure pour donner l'impression d'une plus grande hauteur. Ce principe a été employé plus récemment par les concepteurs de l'emblématique château de Cendrillon dans les parcs Disney. Les briques, les flèches et les fenêtres du château bleu et rose sont d'une taille réduite à chaque étage, de sorte que le cerveau est trompé et pense que le haut du bâtiment est plus éloigné qu'il ne l'est en réalité. Les cinéastes ont également recours à cette technique, comme dans *le Seigneur des anneaux* où les hobbits paraissent petits.

Les jardiniers à nuque rose font apparemment tout le contraire : ils disposent les menus objets à l'entrée de la tonnelle et les plus gros, plus loin. Les chercheurs spéculent que, pour la femelle qui regarde depuis l'allée, cela crée l'illusion que la terrasse est plus petite qu'elle ne l'est réellement. Sur cette scène artificiellement miniaturisée, le mâle paradant apparaît plus volumineux, de même que les éléments colorés de son trésor. Le cerveau de la femelle, comme le nôtre, pourrait faire de fausses hypothèses sur ce qu'elle voit ; pour en être sûr, cependant, il faut mener d'autres recherches sur la perception chez les oiseaux.

Quels sont les types de capacités intellectuelles que doit posséder le mâle pour mettre en place cette illusion d'optique, si c'en est bien une ? D'après John Endler, cela pourrait être une simple question d'essais et d'erreurs, les oiseaux posant des objets au hasard, puis les examinant et les réarrangeant[26]. Ils pourraient aussi utiliser une simple règle générale – rapprocher les petites choses et éloigner davantage les plus grosses –, ce qui est déjà un comportement légèrement plus complexe. Ou alors ils disposent d'un vrai sens de la perspective et connaissent l'ordre dans lequel ils doivent agencer les objets pour construire un dégradé visuel. Nous savons néanmoins avec certitude que « l'arrangement ne se produit pas par hasard », dit Endler[27]. Les oiseaux sont profondément attachés à leurs propres conceptions de la tonnelle, a découvert le scientifique[28]. Quand son équipe a réarrangé les objets blancs et gris dans les berceaux, les mâles les ont replacés selon leur disposition d'origine en trois jours.

Les jardiniers satinés sont principalement des coloristes et ils choisissent leurs couleurs de façon à obtenir un contraste maximal. En élaborant leur tonnelle, ils déposent à son pied un tapis de brindilles et de feuilles d'une teinte claire, qui génère une lueur dans le sous-bois sombre de la forêt. Sur ce fond beige pâle, ils garnissent la scène sur laquelle ils vont se produire d'objets bleus, la plus rare des couleurs dans la nature. Certains scientifiques suggèrent que le schéma de tonalités retenu par le jardinier satiné pourrait viser à créer une harmonie avec son propre plumage irisé. Mais Gerald Borgia a constaté que les oiseaux n'étaient pas intéressés par le principe de décorer leur tonnelle avec leurs propres plumes. Ils préfèrent juste le bleu, qui contraste si bien avec le beige clair dans l'obscurité verte de la forêt tropicale.

L'homme semble aussi affectionner cette couleur. Des sondages suggèrent qu'elle plaît à plus de personnes que n'importe quelle autre teinte, peut-être parce qu'elle est associée à des objets appréciés dans l'environnement, des cieux clairs et de l'eau propre[29]. Le peintre et coloriste Raoul Dufy aurait déclaré que « le bleu est la seule couleur qui conserve son caractère propre dans toutes ses teintes. [...] Il restera toujours bleu ». Dans la nature, le bleu est inhabituel, en partie parce que les Vertébrés n'ont jamais développé la capacité de fabriquer ou d'utiliser des pigments bleus[30]. Le bleu électrique profond que le merlebleu de l'Est arbore sur son dos est un exemple de ce que les scientifiques appellent une « couleur structurale » : il est généré par l'interaction de la lumière avec l'agencement tridimensionnel de la kératine dans ses plumes.

Les objets bleus sont relativement rares dans l'univers des jardiniers satinés, de sorte que ces derniers se les procurent souvent en les volant. La réserve de décorations bleues dans la tonnelle d'un mâle reflète sa capacité à s'en saisir dans celles de son voisinage. Une fois acquis, ces trésors doivent être conservés en dépit de la convoitise des autres jardiniers satinés, désireux de s'en emparer pour leur propre berceau.

Certains mâles visitent les tonnelles rivales non seulement pour y voler, mais encore pour les détruire. Cela exige aussi une cognition efficace. Les berceaux des jardiniers satinés sont généralement distants de quelque 900 m, hors de vue les uns des autres. Selon Gerald Borgia, la mise à sac d'une tonnelle voisine qui ne se situe pas dans le champ de vision suggère que les mâles possèdent une carte mentale des emplacements des berceaux et se souviennent d'eux.

L'équipe de recherche de Borgia utilise des caméras vidéo de surveillance pour surprendre les vandales en action[31]. Un maraudeur cherche et cible un berceau rival de manière furtive et rapide. Il vole silencieusement et se perche dans les branches au-dessus de la tonnelle, où il demeure immobile, s'assurant que son propriétaire s'en est éloigné. Puis il se laisse tomber au sol. En un instant, il devient une tornade de velours foncé, arrachant les brindilles du berceau et les jetant de côté. En l'espace de trois ou quatre minutes, un triomphe architectural dont la construction a pris des jours est réduit à un tas de brindilles aplati. Le brigand recule pour examiner les décombres, repère une brosse à dents bleue, s'en empare comme butin et s'en va.

Du point de vue de la femelle, une tonnelle intacte, embellie avec des objets bleus abondants, laisse entendre que le mâle est doué non seulement pour la rapine, mais aussi pour la protection de son propre berceau contre le pillage et le vandalisme.

Si les jardiniers satinés préfèrent le bleu, ils rejettent le rouge. Si l'on place un objet rouge au milieu des bleus de leur collection, les oiseaux enlèvent rapidement l'intrus, s'envolent avec lui et le déposent à quelque distance, hors de vue. Certains observateurs vont même jusqu'à suggérer que la pollution de la tonnelle de l'oiseau avec un élément rouge le surexcite[32].

Pourquoi cette aversion pour le rouge ? Gerald Borgia pense que la combinaison du bleu sur fond beige – des couleurs qui n'existent pas vraiment dans l'habitat de l'oiseau – fournit un signal clair et distinctif, une sorte d'enseigne pour les femelles en visite, qui indique : « Voici un jardinier de votre espèce ! » Tout ce qui est rouge est une présence polluante qui perturbe la clarté du signal.

La promptitude avec laquelle les jardiniers satinés se débarrassent des objets rouges a donné à Jason Keagy, de l'université d'État du Michigan, alors doctorant sous le tutorat de Gerald Borgia, une idée ingénieuse : utiliser cette aversion comme un puissant facteur de motivation pour tester la capacité de résolution des problèmes de différents mâles dans la nature[33].

Keagy voulait savoir si certains mâles étaient plus intelligents et si ces mêmes oiseaux parvenaient à davantage d'accouplement.

Pour tester cette hypothèse, il a placé trois objets rouges devant le berceau d'un jardinier satiné et les a couverts d'un récipient en plastique transparent. Il a ensuite relevé le temps mis par l'oiseau pour enlever cet obstacle et se débarrasser des objets rouges. Il a fallu à certains sujets moins de vingt secondes pour résoudre le casse-tête, tandis que d'autres n'y sont pas arrivés du tout. Parmi les individus qui ont réussi le test, la plupart ont donné des coups de bec sur le récipient jusqu'à ce qu'il bascule et libère les objets rouges. Un oiseau s'est perché dessus et l'a secoué jusqu'à ce qu'il se renverse. Il l'a ensuite emporté loin de sa plate-forme, puis a écarté les objets rouges si dérangeants[34].

Le deuxième test était un peu plus sournois. Jason Keagy a collé de longues vis sous un carreau rouge, puis a enfoncé ces vis dans le sol, rendant le carreau inamovible. Cela représentait pour les oiseaux un problème inédit, qu'ils ne rencontrent habituellement pas dans leur environnement naturel. Les mâles intelligents ont rapidement découvert une nouvelle stratégie pour faire face à la situation : couvrir le rouge avec des feuilles beiges ou des décorations bleues.

Le chercheur a ensuite corrélé l'ingéniosité dans ces deux tâches avec le taux d'accouplement des mâles. Il s'est avéré que les plus rapides dans la résolution des deux problèmes étaient également des champions de l'accouplement, comptabilisant beaucoup plus de copulations que les oiseaux moins compétents. En d'autres termes, « l'intelligence est sexuellement désirable ! », dit Jason Keagy.

La tonnelle du jardinier est-elle une œuvre d'art et le mâle de cette espèce, un artiste ?

Cela dépend de la façon dont vous définissez l'art. Comme l'intelligence, le terme échappe à une définition simple. L'*Oxford English Dictionary* le caractérise comme « une aptitude, en particulier une aptitude humaine, par opposition à ce que produit la nature ; une compétence imitative ou imaginative appliquée à la conception ». Le *Merriam-Webster* dit que c'est « une aptitude acquise par l'expérience, l'étude ou l'observation » et « l'utilisation consciente des compétences et de l'imagination créatives ».

Les biologistes offrent une perspective différente. John Endler suggère que l'art visuel peut être défini comme la « création d'un modèle visuel externe par un individu, dans l'objectif d'influer sur le comportement des autres » et que « l'aptitude artistique est la capacité de créer de l'art »[35]. Richard Prum, ornithologue à l'université Yale, le considère comme « une forme de communication qui évolue conjointement avec l'évaluation qui en est faite[36] ». Selon ces définitions, une tonnelle peut certainement être qualifiée d'art et les jardiniers, d'artistes.

On peut trouver des talents artistiques chez d'autres oiseaux. Certains décorent leurs nids avec exubérance. Les milans noirs apprécient le plastique blanc ; les hiboux, les excréments et les restes de leurs proies. De nombreuses espèces sont attirées par les objets brillants ou scintillants. Dans son ouvrage *Birds of Massachusetts*[a], Edward Forbush rapporte qu'un oriole de Baltimore qui espionnait un enfant jouant avec une boucle de chaussure en argent attachée à un ruban a fini par s'en emparer pour l'emporter jusqu'à son nid. Sur le rivage du Delaware, j'ai observé des balbuzards pêcheurs rapporter à leur nid des rubans brillants, des bouteilles et des morceaux de ballons gonflables en film plastique réfléchissant. Un balbuzard pêcheur à Monmouth Beach, dans le New Jersey, avait accroché à son nid une montre-bracelet.

Les autres oiseaux peuvent être attirés par des objets brillants pour des raisons esthétiques ou non, mais seuls les jardiniers décorent somptueusement la scène où ils paradent, recherchent des objets de couleurs spécifiques et les disposent méticuleusement pour impressionner les femelles. Le naturaliste et cinéaste Heinz Sielmann a observé ce comportement de décoration du jardinier de Lauterbach : « Chaque fois que l'oiseau revient de l'une de ses collectes, il étudie l'effet de couleur global. [...] Il prend une fleur dans son bec, la place dans la mosaïque et se retire à une distance de vision optimale. Il se comporte exactement comme un peintre qui évalue sa propre toile. Il peint avec des fleurs, c'est la seule façon dont je puisse décrire cela[37]. » Selon Gerald Borgia et Jason Keagy, le jardinier satiné agit de manière semblable : il se tient dans sa tonnelle à l'endroit où la femelle viendra se placer, comme s'il adoptait son point de vue, puis modifie la disposition des objets en conséquence[38]. « Nous n'affirmons pas que ces oiseaux ont une théorie de l'esprit, dit Keagy ; néanmoins, c'est un comportement très intéressant. »

---

a. Trois volumes publiés entre 1925 et 1929 (NdT).

Comment appeler cette collecte, ce tri, ce soin à disposer des éléments colorés sans autre fonction apparente que d'impressionner un spectateur ou un évaluateur et d'influer sur son comportement ? Selon moi, c'est presque impossible à concevoir, sauf à mettre cela en relation avec l'art.

Pour revenir à notre premier jardinier satiné, repoussé avec dédain, où a-t-il échoué ? Son berceau était un modèle de symétrie et d'expression artistique, sa scène était constellée de joyaux bleus pillés chez ses rivaux et il a démontré une maîtrise remarquable du mimétisme vocal et de la danse.

Mais la femelle du jardinier satiné, semble-t-il, attend autre chose.

Gail Patricelli, spécialiste du comportement animal à l'université de Californie (Davis), suggère qu'une cour réussie chez les jardiniers satinés n'est pas seulement une question d'intelligence, d'art et de parade. Un paramètre additionnel joue de façon importante dans le tableau, quelque chose comme de la sensibilité[39].

Les femelles sont certes attirées par des spectacles de chant et de danse vigoureux et intenses, mais pas excessivement. Des battements d'ailes trop puissants, des bourdonnements immodérés peuvent ressembler à une démonstration d'agressivité d'un mâle envers un autre, et, selon Gail Patricelli, c'est un vrai éteignoir pour les femelles. Les mâles doivent parader avec intensité et engagement pour être attrayants, sans pour autant en faire trop, car cela peut éloigner les femelles. Il leur faut faire leur cour avec plus de sensibilité que de fanfaronnade, cela relève davantage du tango que d'un art martial.

Pour évaluer la manière dont les mâles gèrent ce dilemme, la scientifique a conçu une expérience originale et inspirée alors qu'elle était doctorante dans le laboratoire de Gerald Borgia[40]. Elle a construit un petit robot à l'image de la femelle du jardinier satiné et l'a équipé de moteurs lui permettant de s'accroupir comme un oiseau véritable, de regarder autour d'elle et même d'ébouriffer ses plumes en position d'accouplement. C'était une manière, pour Gail Patricelli, de contrôler les variables du comportement de la femelle, afin de pouvoir mesurer les réponses du mâle. Le robot a opéré à l'identique lors de chaque test, et Patricelli a filmé les réponses de vingt-trois mâles.

Les enregistrements vidéo ont révélé que les mâles varient beaucoup, dans leur sensibilité, à la façon dont une femelle répond à leur parade. Certains mâles sont attentifs : si une femelle semble s'alarmer, ils modéreront leur performance, réduisant leurs battements d'ailes et laissant un peu de distance entre eux deux. D'autres mâles, en revanche, sont insensibles aux réponses de la femelle.

Les mâles sensibles se sont révélés être ceux qui accomplissent le plus d'accouplements. Ceux qui passent un peu les limites dans la démonstration de leur intensité et de leur vigueur restent finalement en rade. En d'autres termes, d'après Gail Patricelli, la sélection sexuelle semble avoir favorisé, au cours de l'évolution, à la fois les caractéristiques des parades élaborées et la capacité de les utiliser de manière appropriée. C'est peut-être sur ce point que notre héros a échoué : il manquait de grâce sociale.

Construire, décorer, peaufiner son chant et son spectacle de danse et modérer son intensité en fonction de la partenaire qui se présente : selon Gerald Borgia, ce sont des comportements coûteux qui ne sont pas innés chez le jardinier satiné, mais qu'il doit acquérir lorsqu'il est jeune. Il y a potentiellement ici un autre indice pour les femelles : la qualité de la parade du mâle, comme la précision du chant chez les oiseaux chanteurs, indique ses capacités à apprendre lorsqu'il est jeune et, de même que pour l'apprentissage du chant, cela peut être un signe de ses facultés cognitives[41].

L'enjeu, pour l'heureux élu – transmettre son patrimoine génétique –, est important. Très important. Les mâles travaillent donc dur en vue d'édifier la meilleure construction possible – tonnelle et dépendances – et exercent intensivement leurs compétences de parade. De fait, ces oiseaux consacrent peu de temps à autre chose.

« Les jeunes mâles construisent des berceaux pitoyables[42] », dit Gerald Borgia. Ils ne parviennent pas à sélectionner des bâtons de longueurs et de tailles différentes ni à les placer selon un angle approprié pour produire des murs arrondis au sommet, comme les adultes ; leurs tonnelles sont donc imprécises et désordonnées. « En outre, les jeunes utilisent des bâtons ridiculement épais », explique Jason Keagy, ce qui rend encore plus difficile la construction d'un beau berceau, bien régulier[43]. « Une autre chose amusante, ajoute Keagy, est que les jeunes peuvent travailler ensemble sur une tonnelle d'entraînement, mais pas en collaboration. Un mâle va donc ajouter des brindilles, un autre va venir et détruire tout ce qui a été édifié et recommencera, puis un autre encore qui fera de même, et ainsi de suite. »

Les jeunes oiseaux s'améliorent à la tâche avec le temps, principalement en s'inspirant de leurs aînés. Ils visitent les berceaux d'autres mâles et les « assistent » parfois dans leur construction. Ils peignent également les parois des tonnelles appartenant à d'autres mâles. La peinture d'un berceau est un aspect important de son attrait. Lorsque les chercheurs ont ôté cette peinture de la tonnelle de certains mâles, moins de femelles y sont revenues pour être courtisées une seconde fois et s'accoupler[44].

Les jeunes observent aussi leurs aînés pour apprendre des astuces sur la parade. Cela nécessite un petit jeu de rôle. Quand un jeune mâle visite le berceau d'un congénère adulte, il joue souvent le rôle de la femelle tandis qu'il observe de près le mâle plus âgé. Il est peut-être un peu plus agité que son homologue féminin, mais le mentor tolère sa présence, parce qu'il bénéficie également de la possibilité de s'entraîner en présence d'un public. « C'est une situation gagnant-gagnant, dit Borgia, sinon, vous pouvez parier que cela n'arriverait pas. »

Pour convaincre une partenaire sexuelle, un jardinier satiné doit être artiste, intelligent, sensible, sportif, efficace et bon apprenant. La femelle exigeante, pour sa part, doit posséder une capacité cognitive considérable afin d'évaluer toutes ces qualités[45]. Comme l'observe Jason Keagy, le choix du partenaire est un processus cognitif astreignant[46]. Il implique de sélectionner les candidats tout au long de la saison en réduisant progressivement les choix possibles, de visiter les tonnelles de ces messieurs, d'y revenir pour être courtisée et enfin de se décider pour un accouplement avec l'un d'entre eux.

La femelle doit découvrir l'emplacement des tonnelles, qui sont souvent bien dissimulées sous les arbustes et parfois à quelques kilomètres de distance les unes des autres, et s'en souvenir d'une saison sur l'autre, ce qui requiert une sorte de carte mentale. Elle doit évaluer les compétences relatives à la construction et compter les décorations, ou au moins en estimer le nombre. Elle doit goûter la peinture sur cette bande qui recouvre à hauteur de poitrine l'intérieur du berceau, peut-être pour elle un signal chimiosensible qu'elle utilise dans l'appréciation d'un mâle en tant que partenaire potentiel. Elle doit jauger la parade de ce dernier, écoutant ses imitations tout en jugeant de la vigueur et de l'habileté montrées dans son jeu de jambes, de l'intensité et de la force de la performance, tout en maîtrisant sa peur d'être attaquée.

Elle ne peut y passer la journée, mais est tenue d'accomplir tout cela rapidement. Il lui faut ensuite comparer chaque prétendant avec tous les autres mâles disponibles, tout en prenant en compte les résultats de ses choix des saisons précédentes[a, 47].

« Cela s'avère être assez similaire au processus de recrutement par un employeur, explique Gail Patricelli. D'abord un examen du curriculum vitae, puis une courte entrevue suivie d'un entretien plus long. Les modèles issus de l'économie, qui concernent la recherche de bons candidats

a. Chez le jardinier satiné, les femelles se rappellent ce qu'elles ont observé au cours des années antérieures sur chaque partenaire potentiel.

à l'emploi (appelée "problème de secrétaire" par les économistes – évidemment masculins – qui ont élaboré ces modèles), se révèlent assez efficaces pour prédire le comportement des femelles des jardiniers[48]. » Chaque fois qu'une femelle rencontre un nouveau mâle, elle doit le comparer avec le souvenir qu'elle a des mâles précédemment approchés, et elle sera mieux disposée à l'accepter si cette comparaison lui est favorable.

Mais pourquoi est-elle si exigeante ?

Pourquoi s'efforcer de rechercher un mâle qui soit doué pour apprendre, décorer, imiter, danser et résoudre des problèmes ?

Une explication possible est que les femelles des jardiniers utiliseraient la tonnelle de la façon dont celles des oiseaux chanteurs exploitent le chant des mâles, comme moyen d'évaluer son aptitude génétique globale, y compris ses capacités cognitives.

Les caractéristiques de la parade contiennent les informations que la femelle doit connaître sur le mâle, afin de juger de sa condition physique en tant que partenaire : s'il provient d'un bon œuf, s'il n'a pas de parasites, s'il fait preuve d'endurance, si ses aptitudes motrices sont fines et ses capacités cognitives, supérieures[49]. Selon Jason Keagy et Gerald Borgia, c'est dans la totalité de la performance du mâle – tonnelle, décor, chant et danse – que les femelles peuvent lire son plein potentiel en tant que père et, sans doute surtout, ses capacités cognitives. « Tous les éléments de la performance du mâle semblent posséder une composante de la cognition », explique Borgia. « Chaque trait peut signifier à la femelle quelque chose au sujet du mâle », ajoute Keagy. Par exemple, le nombre de décorations bleues indique sa capacité concurrentielle ; le nombre de coquilles d'escargots (qui sont durables et collectées au cours des années) offre des informations sur son âge et son aptitude à la survie ; ses imitations sont liées à ses capacités d'apprentissage et mémorielles, et la construction de sa tonnelle révèle sa coordination et ses compétences motrices. Une seule caractéristique de la performance n'est pas nécessairement une mesure fiable. « La femelle utilise donc tous ces traits simultanément pour obtenir un indicateur plus précis de la qualité globale d'un mâle, poursuit Jason Keagy. Comme dans un test de sélection sexuelle basé sur l'intelligence, qui fournit une note globale, mais aussi une évaluation pour les diverses catégories. » En l'occurrence, des recherches suggèrent que les femmes feraient de même, évaluant avec précision l'intelligence masculine en observant le comportement des hommes sur le plan verbal et lors de tâches physiques ; les mâles humains les plus attrayants s'avèrent être les plus intelligents[50].

« Dans la mesure où ces aspects sont importants pour la femelle du jardinier, elle sélectionne des mâles cognitivement capables », explique encore Gerald Borgia. Mais le chercheur prévient : « On peut débattre de la question de savoir s'il revient à la femelle d'opérer un choix délibérément en fonction de la cognition ou si ce sont les mâles dotés d'une meilleure activité cognitive qui sont les meilleurs dans l'exécution de leur performance globale. »

Dans tous les cas, une femelle de jardinier satiné avisée semble rechercher les mâles dont les performances sont supérieures. Peut-être prend-elle un tel soin à se décider pour assurer à sa progéniture d'hériter de caractéristiques de qualité, telles qu'une bonne santé, un système immunitaire fort, de la vigueur et de l'intelligence. C'est ce qu'on appelle l'hypothèse du « modèle des bons gènes ».

Il en existe une autre, plus radicale. Les femelles des jardiniers satinés, des paons et d'autres espèces peuvent être attirées par les splendides tonnelles et les parades somptueuses parce qu'elles sont, tout simplement, magnifiques. Richard Prum rappelle que c'était l'idée vraiment dangereuse de Charles Darwin ; ces plumes colorées ou ces beaux berceaux peuvent avoir un double intérêt. Ils peuvent annoncer des qualités souhaitables, comme la vigueur et la santé, mais ils peuvent aussi « simplement être des qualités souhaitables en eux-mêmes, sans communiquer d'information particulière sur la forme physique ou cognitive de leur possesseur ou de leur créateur »[51].

Ronald Fisher[a], dans son modèle pionnier sur la sélection sexuelle, a suggéré que certains traits extravagamment beaux, même s'ils ne sont pas utiles, font partie de l'évolution simplement parce qu'ils étaient préférés par le sexe opposé[b, 52]. Comme le souligne Prum, l'idée de Darwin selon laquelle les femelles, chez les animaux, pourraient apprécier la beauté pour son propre intérêt était également audacieuse pour cette raison. Darwin a émis l'éventualité que les mâles peuvent progressivement, au cours de l'évolution, développer de « belles » caractéristiques – qu'il s'agisse de plumes splendides, de chants magnifiques ou de tonnelles superbes – « par la préférence des femelles sur de nombreuses générations »[53]. Les plumes du paon mâle, par exemple, s'accordent avec le sens esthétique de la femelle, qui apprécie leurs couleurs resplendissantes et leurs motifs. Dans le cas du jardinier, la beauté de la tonnelle est façonnée par la perception esthétique de la femelle. En d'autres termes, son esprit a déterminé la performance des mâles ; elle est l'architecte de la création artistique de l'oiseau mâle et du cerveau dont il a besoin pour y parvenir, de même que, chez les oiseaux chanteurs, la femelle est l'architecte du chant élaboré par le mâle et du réseau sophistiqué des neurones qui le produisent.

Si la femelle du jardinier est réellement l'artiste qui, par la sélection au long de la succession des générations, aide à créer ces superbes tonnelles, se pose la question de savoir comment elle peut percevoir la beauté. Les

---

a. Ronald Aylmer Fisher (1890-1962) est un biologiste et statisticien britannique (NdT).

b. Ce modèle est appelé « emballement fisherien » ou modèle du « fils sexy », car le bénéfice principal que les femelles obtiennent de leur choix sont des fils plus « désirables » qui s'accouplent plus souvent, transmettant leurs gènes « sexy » aux mâles et les gènes de la préférence pour ces caractéristiques aux femelles.

jardiniers satinés ont-ils un sens esthétique ? Perçoivent-ils la beauté de la même manière que nous ?

Shigeru Watanabe explore la question épineuse de savoir comment une autre créature peut éprouver une expérience esthétique dans son laboratoire de l'université Keio, au Japon. Il y a quelques années, il a testé la capacité des oiseaux à discriminer différents styles de peinture – par exemple, distinguer les cubistes des impressionnistes[54]. Au début de cette étude, il a formé huit pigeons à reconnaître les œuvres de Picasso et celles de Monet. Les oiseaux provenaient de la Japanese Society for Racing Pigeons ; les peintures, de photos de reproductions dans un livre d'art. Les expérimentateurs ont entraîné les pigeons à identifier dix Picasso et dix Monet en les récompensant lorsqu'ils picotaient les bonnes images. Puis ils les ont testé avec de nouvelles toiles des mêmes artistes, qu'ils n'avaient jamais vues pendant leur formation, et des tableaux de divers artistes d'un style analogue. Les pigeons ont su distinguer non seulement un nouveau Monet d'un Picasso, mais aussi des œuvres d'autres impressionnistes (Renoir, par exemple) et d'autres cubistes (comme Braque). Ce premier travail a valu à l'équipe l'attribution d'un prix Ig Nobel en 1995, accordé aux « réalisations qui font d'abord rire les gens, puis les font réfléchir »[a].

Afin de déterminer si les oiseaux sont capables de faire des distinctions fondées sur notre conception de la beauté, Watanabe a formé des pigeons à différencier des peintures que des critiques avaient évaluées « bonnes » ou « mauvaises »[55]. Il a constaté que les oiseaux pouvaient en effet distinguer le beau du laid en utilisant des repères de couleur, de motif et de texture.

C'est très intéressant en soi, mais les oiseaux préfèrent-ils un style particulier de peinture ? Pour le découvrir, l'équipe de Watanabe a créé

a. Le prix Ig Nobel (qui peut se lire « Ignobel », car nommé ainsi par jeu de mots entre *prix Nobel* et l'adjectif *ignoble*) est une récompense parodique du prix Nobel, décernée chaque année à dix recherches scientifiques qui paraissent insolites, mais qui amènent secondairement à réfléchir (NdT).

une cage à oiseaux rectangulaire conçue pour ressembler au couloir d'une galerie d'art[56]. Le long du « couloir » ont été placés des écrans montrant différents styles : peintures japonaises traditionnelles de style *ukiyo-e*, œuvres impressionnistes et tableaux cubistes. Les scientifiques ont chronométré le temps passé par les sujets à rester perchés devant chaque type de peinture. Les critiques d'art étaient cette fois sept moineaux de Java, appelés aussi paddas de Java. Cinq des sept semblaient préférer le cubisme à l'impressionnisme ; six n'ont montré aucune préférence claire entre les peintures japonaises et impressionnistes (peut-être une déception pour les chercheurs japonais). C'était la première étude visant à montrer que les animaux peuvent exprimer des préférences parmi les peintures réalisées par l'homme.

Plus récemment, des recherches ont montré que la distinction entre les styles de peinture – utilisant la couleur, la touche du pinceau et d'autres paramètres – n'est pas du tout réservée à l'homme. Les scientifiques ont cette fois formé des abeilles à distinguer un Picasso d'un Monet.

Il est de fait facile de se moquer de ces expériences. L'idée que les oiseaux et les abeilles auraient des préférences parmi les œuvres imputées à l'homme ressemble beaucoup à de l'anthropomorphisme. Le travail de Shigeru Watanabe est cependant moins de savoir si les oiseaux préfèrent Braque à Monet que d'évaluer l'acuité de leur potentiel d'observation et de discrimination des couleurs, des motifs et des détails[57].

Les oiseaux sont des créatures « visuelles ». Ils prennent rapidement des décisions fondées sur une information visuelle, à partir d'un point de vue en hauteur et à grande vitesse. Des pigeons à qui l'on présente une série de photographies d'un même paysage, prises successivement, peuvent détecter de légères différences que l'homme distinguera difficilement[58]. Ils sont aussi habiles à reconnaître d'autres pigeons simplement en les regardant, comme le peuvent aussi bien les poulets entre eux[59]. Que les puissants petits systèmes nerveux centraux des pigeons et des jardiniers soient organisés de manière très différente de la nôtre ne signifie pas qu'ils sont moins capables d'une perception visuelle exceptionnelle et de bonnes discriminations.

Si l'on considère la question de l'évaluation des mouvements subtils dans la parade, certains oiseaux possèdent des facultés stupéfiantes. C'est le cas du manakin à col d'or (*Manacus vitellinus*), connu pour son étonnante et acrobatique parade amoureuse. Pour les manakins comme pour les jardiniers, les chances d'accouplement d'un mâle dépendent de l'évaluation de sa parade par la femelle. Il commence par un saut entre deux arbustes, puis à mi-hauteur, l'oiseau retourne ses ailes vers le haut dans un claquement bruyant. En touchant le sol, il renverse rapidement son corps pour se figer dans une position qui lui permet d'exhiber sa barbe d'un jaune brillant et les plumes de sa gorge. C'est un mouvement extrêmement difficile, nécessitant une coordination neuromusculaire subtile et une grande endurance, un peu comme un gymnaste, aux barres parallèles ou asymétriques, effectuerait une réception parfaite.

Comme chez les jardiniers, seul un petit nombre de manakins à col d'or mâles obtiennent la plupart des accouplements. Dans l'espoir de découvrir ce qui distingue les gagnants, une équipe de chercheurs a récemment utilisé des caméras à haute vitesse pour enregistrer les parades de mâles manakins sauvages[60]. Ils ont découvert que les femelles préfèrent les mâles qui effectuent des mouvements de parade à une vitesse plus élevée ; cependant, la différence d'exécution entre deux mâles s'apprécie en milliseconde. « La capacité des sujets féminins à discriminer de légères différences dans des modèles de chorégraphies motrices mâles (danses) n'avait été jusqu'alors démontrée que chez l'homme », assurent les scientifiques.

Je pense que je pourrais distinguer un mauvais danseur de ballet d'un bon. Mais pourrais-je dire qu'un grand jeté a duré 3,7 secondes ou 3,8 secondes ? D'une manière ou d'une autre, la femelle manakin à col d'or enregistre d'infimes différences temporelles.

Lorsque les scientifiques ont examiné le cerveau des mâles et des femelles de l'espèce, ils ont trouvé des circuits spécialisés de contrôle moteur chez les mâles et des circuits spécialisés de traitement visuel chez les femelles[61]. D'autres recherches sur diverses espèces de manakins ont révélé une corrélation étroite entre la complexité de la parade du mâle et le poids de son cerveau[62].

Il semble que, chez les oiseaux, la sélection sexuelle par le comportement moteur acrobatique puisse entraîner l'évolution de la taille du cerveau. « Le cerveau du manakin, écrivent les scientifiques, a été façonné par l'évolution pour soutenir à la fois la performance masculine et l'évaluation féminine de la parade amoureuse. » Une preuve de plus en faveur de l'hypothèse du « mating mind ».

Que ce soit pour l'expression artistique ou les parades, les oiseaux, tout comme nous, sont capables d'opérer des distinctions visuelles subtiles, mais les scientifiques savent qu'il faut tenir compte de l'environnement sensoriel et cognitif qui leur est propre. Les animaux appréhendent le monde avec des systèmes sensoriels différents des nôtres. La couleur, par exemple, n'est pas une propriété du monde physique, mais le résultat du signal que peut traiter et analyser l'appareil visuel. Les oiseaux possèdent le système visuel le plus avancé de tous les Vertébrés, avec une capacité très développée à distinguer les couleurs sur une large gamme de longueurs d'onde. Nous comptons dans nos rétines trois types de cellules coniques dédiées à la vision des couleurs ; les oiseaux en ont quatre. Certaines espèces aviaires sont sensibles à l'extrémité ultraviolette du spectre, pour laquelle nous sommes aveugles. De plus, chacune des cellules coniques, chez l'oiseau, contient une goutte d'huile colorée qui améliore sa capacité à détecter des variations minimes dans les nuances d'une couleur.

« Nous ne savons pas s'il existe des différences dans la façon dont le cerveau du jardinier traite les couleurs, explique Gerald Borgia. Nos expériences portant sur l'utilisation des couleurs décoratives par les jardiniers satinés ne fournissent aucune preuve d'une vision très éloignée de la nôtre. » Trois espèces, cependant – le jardinier à nuque rose, le jardinier maculé et le jardinier tacheté –, peuvent voir dans la partie ultraviolette du spectre[63]. En d'autres termes, les objets que collectent les jardiniers peuvent leur apparaître tels que nous les percevons ou bien briller et étinceler d'une manière que nous ne pouvons imaginer.

Certains des critères que les oiseaux utilisent pour porter des jugements visuels peuvent néanmoins rejoindre les principes universels de la beauté – ou du moins de l'attractivité : c'est la cas de la symétrie, des motifs répétés et des couleurs contrastées. Des expériences menées dans les années 1950 ont par exemple montré que les corbeaux et les choucas manifestaient une nette préférence pour les motifs réguliers et symétriques[a, 64].

Le lauréat du prix Nobel Karl von Frisch[b] a écrit : « Ceux qui considèrent la vie sur terre comme le résultat d'un long processus évolutif chercheront toujours le début des processus de la pensée et des sentiments esthétiques chez les animaux, et je crois que des traces de signature peuvent être trouvées chez le jardinier[65]. »

Étant donné la biologie que partagent le système nerveux aviaire et celui de l'homme, n'est-il pas erroné de supposer qu'il n'y a rien de commun entre notre sens esthétique et le leur ?

---

a. Les animaux de toutes sortes favorisent les partenaires présentant un équilibre, une image miroir, entre les deux côtés du corps. Cela a du sens. La symétrie, dans la nature, signale presque toujours des informations importantes. Chez les plantes et les animaux, c'est souvent un signe de santé, car elle indique une absence de mutation, de maladie ou de stress environnemental comme des températures extrêmes ou une pénurie alimentaire.

b. Le chevalier Karl von Frisch (1886-1982) est considéré comme un des plus importants éthologues de langue allemande. Au cœur de son œuvre se trouve la recherche sur les perceptions sensorielles et les danses des abeilles, ainsi que sur les modalités de la communication entre ces animaux. Il obtient le prix Nobel de physiologie ou de médecine en 1973 (NdT).

Quand j'ai demandé à Gerald Borgia s'il pensait que les jardiniers pouvaient avoir un sens esthétique, une sensibilité spéciale pour le beau, il a dit qu'il n'en avait aucune idée. « Au fil du temps, les oiseaux semblent pouvoir élaborer une sorte d'image de ce à quoi leur décoration devrait ressembler, m'a-t-il déclaré. Ce sont généralement des oiseaux plus âgés qui paraissent développer cette représentation, car lorsque de plus jeunes individus prennent possession d'une tonnelle préexistante, ils n'apprécient pas ce qui s'y trouve. » À titre d'exemple, lorsque le jardinier maculé qui rassemblait des morceaux de vitrail est mort, l'un de ses congénères s'est approprié sa tonnelle, « mais le nouveau venu a empilé les éclats, précise Borgia, et il ne semblait pas savoir quoi faire avec eux ».

Quant à établir si cela indique un sens esthétique chez les mâles plus âgés, le scientifique confie : « Je trouve cette terminologie glissante, alors j'essaie de l'éviter. Je sais à quoi ressemble la beauté à mes yeux. Leurs tonnelles sont magnifiques, mais j'ignore si c'est la raison pour laquelle ils les ont construites de cette façon. »

C'est vrai. Nous n'avons pas la moindre idée de ce que le jardinier mâle pense vraiment de ce qu'il accomplit, mais nous savons qu'il ne gaspille pas son temps à des actions inutiles et qu'il ne se conduit pas de façon insensée dans cette entreprise de séduction. Bien au contraire, il rassemble les objets bleus de son environnement et les dispose d'une certaine façon. Il conçoit. Il construit. Il chante. Il danse. La femelle, avec une grande acuité, remarque ses efforts. Est-il précis, attentif, créatif ? Si elle aime ce qu'elle voit, elle se donne en retour.

{ chapitre VII }

UN ESPRIT DE CARTOGRAPHE : *ingéniosité spatiale (et temporelle)*

Vous êtes quelque part au Canada, conduisant vers le sud en direction des États-Unis. C'est la fin de l'automne et vous rejoignez une maison sous un climat plus chaud, distante de plusieurs centaines de kilomètres. Soudainement, vous êtes extrait de votre voiture, enfermé dans un fourgon sans fenêtres et emmené dans un aéroport. Les yeux bandés, vous voyagez plusieurs heures en avion sans aucune idée de votre destination ni même de la direction que l'on vous fait prendre. À l'atterrissage, vous êtes de nouveau convoyé dans une camionnette fermée. Lorsque finalement on vous libère, aucun des éléments de votre environnement ne vous est, même vaguement, familier. Vous n'avez pas d'assistant de navigation GPS, pas de carte, pas de boussole et aucun repère. Néanmoins, vous devez trouver le chemin du retour vers cette maison qui se trouve quelque part dans le pays, à des milliers de kilomètres de là.

Comment allez-vous faire ?

C'est à peu près ce qui est arrivé à un groupe de bruants à couronne blanche, il n'y a pas longtemps[1]. Ces petits oiseaux chanteurs – 30 g de plumes et de courage –, reconnaissables à leur calotte blanche traversée par deux larges bandes latérales noires, migrent normalement de leurs aires de reproduction en Alaska et au Canada jusqu'à leur hivernage dans le sud de la Californie et au Mexique. Un jour qu'une bande de bruants traversait Seattle en direction du sud, les chercheurs ont capturé trente d'entre eux, quinze adultes et quinze jeunes. Ils les ont placés dans des caisses et les ont expédiés par avion à 3 700 km de leur itinéraire ordinaire, pour les relâcher à Princeton, dans le New Jersey. Il s'agissait de déterminer s'ils pouvaient retrouver le chemin vers leurs aires d'hivernage. Quelques heures après leur libération, les moineaux adultes se sont réorientés et ont commencé à voyager en solo à travers le pays, en se dirigeant directement vers le sud de la Californie et le Mexique. Même les plus jeunes adultes, qui n'avaient entrepris qu'un seul voyage migratoire au cours de leur brève vie, ont retrouvé leurs marques et se sont acheminés vers leurs quartiers d'hiver.

Le bruant à couronne blanche a peut-être un cerveau de la taille d'une noisette, mais il est beaucoup plus doué pour naviguer que la plupart des hommes modernes. Nous disposons, il est vrai, de cartes mentales que nous constituons en mémorisant les relations entre des repères familiers – par exemple, l'emplacement du bureau de poste ou de la boulangerie sur le réseau des rues de notre quartier –, mais il s'agit là de tout autre chose. Qu'un oiseau transporté bien au-delà de son territoire connu semble savoir exactement comment y revenir est l'un des faits les plus étonnants concernant l'esprit aviaire.

Une bonne mémoire ne l'explique pas, non plus que les théories qui se concentrent uniquement sur l'instinct, la vue, les repères magnétiques ou la sensibilité à l'azimut[a] du soleil. Comme Julia Frankenstein,

a. Angle dans le plan horizontal entre la direction d'un objet et une direction de référence (NdT).

psychologue au Centre de sciences cognitives de l'université de Fribourg, l'écrit : « Naviguer, garder une trace de sa position et construire une carte mentale par l'expérience est un processus très difficile[2]. » Cela implique des compétences cognitives telles que la perception, l'attention, le calcul des distances, l'approximation des relations spatiales, la prise de décision – autant de tâches assez ardues, même pour notre grand cerveau de mammifère.

Comment les oiseaux s'y prennent-ils ?

On pensait que cette faculté était innée chez les oiseaux, que c'était une question d'instinct. Nous savons maintenant que la navigation aviaire implique la perception, l'apprentissage et surtout une capacité remarquable à construire une carte mentale, bien supérieure à ce que nous imaginions et fondée sur une cartographie étrange et encore mystérieuse.

Une grande partie de ce que nous savons sur la façon dont les oiseaux trouvent leur chemin provient d'une humble espèce, un oiseau qui depuis des centaines d'années a été soumis à différentes versions de l'expérience subie par ces bruants à couronne blanche : le pigeon voyageur, une race appartenant à l'espèce du pigeon biset spécialement sélectionnée pour effectuer des transports de messages ou des courses. Les courses de pigeons impliquent d'abord d'entraîner les oiseaux en les libérant d'un panier sur des sites qu'ils n'ont jamais vus et de plus en plus distants de leur pigeonnier qu'ils doivent s'efforcer de rejoindre[3]. Les pigeons peuvent parcourir jusqu'à 1 600 km pour revenir à leur lieu de nichage, survolant de larges étendues de territoire inconnu à une vitesse moyenne de 80 km/h. La plupart y parviennent, mais pas tous.

Voici l'histoire de Whitetail.

Un matin d'avril 2002, Tom Roden, éleveur et amateur de courses de pigeons, a vu un oiseau à la queue blanche se poser dans son pigeonnier, à Hattersley, Hyde, près de Manchester, en Angleterre[4]. L'animal lui était vaguement familier. Roden a vérifié la bague d'immatriculation fixée à sa patte et s'est rendu compte qu'il s'agissait de son propre oiseau de course, disparu cinq ans plus tôt lors d'une compétition au-dessus de la Manche.

La disparition de Whitetail avait constitué une énigme. Ce n'était pas un oiseau ordinaire – ce champion avait remporté treize courses et avait déjà effectué quinze traversées de la Manche. Cette fois-là, cependant, l'épreuve s'était révélée singulière ; son échec retentissant lui avait d'ailleurs valu l'appellation de *Great Pigeon Race Disaster*.

La course avait été organisée à l'occasion de la célébration du centenaire de l'Association royale des courses de pigeons[a, 5]. À l'aube d'un dimanche de la fin juin 1997, plus de 60 000 pigeons voyageurs avaient été relâchés dans un champ, près de Nantes, afin qu'ils rejoignent leur pigeonnier situé dans le sud de l'Angleterre. À 6 h 30, le ciel bruissait du battement de leurs ailes, tandis qu'ils s'envolaient pour un voyage de 400 à 500 km en direction du nord.

Vers 11 heures, la majorité des compétiteurs à plume avait parcouru les 320 km les séparant des côtes françaises et s'était lancée au-dessus de la Manche.

Puis quelque chose advint.

Au début de l'après-midi, au pied des pigeonniers, les éleveurs anglais attendaient l'arrivée des oiseaux les plus rapides, mais les heures passaient sans que le moindre battement d'ailes ne soit perceptible à l'horizon. Les candidats se grattaient la tête, partagés entre la perplexité et la consternation. Enfin, quelques pigeons se glissèrent dans leur refuge, dont certains des coureurs de Roden parmi les plus lents de son élevage. L'oiseau champion, ainsi que des dizaines de milliers d'autres coureurs expérimentés, ne sont jamais revenus ce jour-là ni à une date ultérieure. La raison de leur

a. Royal Pigeon Racing Association.

disparition est restée mystérieuse, bien que des indices aient pu émerger – j'y reviendrai.

Cinq ans plus tard, en ce matin frais d'avril, Tom Roden venait de sortir pour promener son chien quand il repéré Whitetail. « J'étais absolument stupéfait, a-t-il déclaré au *Manchester Evening News*. J'ai toujours dit que je pensais que Whitetail reviendrait un jour... mais j'avais fini par abandonner tout espoir de le revoir. »

Cette catastrophe a été remarquée en raison de sa rareté. Les pigeons voyageurs ne s'égarent qu'exceptionnellement et savent retrouver leur pigeonnier même si les distances sont conséquentes. Red Whizzer Pensacola, un magnifique pigeon écaillé rouge et opale avec une gorge éclatante et un œil rubis, est ainsi arrivé chez lui, à Philadelphie, après avoir voyagé 1 500 km depuis Pensacola, en Floride, lors d'une compétition. On pouvait lire dans le *New York Times* qu'il s'agissait de la plus grande distance jamais couverte par un pigeon voyageur, tous pays confondus[6]. Après cette performance qui lui a fait remporter la course, l'oiseau a reçu une bague en or gravée avec son matricule et a pris sa retraite en tant que pigeon de course.

C'était en 1885. D'autres pigeons voyageurs ont depuis répété cet exploit – et l'ont même largement dépassé – des milliers de fois dans des courses à travers le monde. Cependant, des pertes collectives se produisent occasionnellement. Un an après la catastrophe de la Manche, par exemple, 3 600 volatiles compétiteurs ont été lâchés en Pennsylvanie et à New York, et quelques centaines d'individus seulement sont revenus dans leurs quartiers[7]. Personne ne sait pourquoi.

Qu'est-ce qui, néanmoins, est le plus étonnant ? Que certains oiseaux échouent à rentrer chez eux ou qu'ils trouvent habituellement le chemin de retour en partant d'endroits où ils n'ont jamais été ? C'est la question que s'est posée Charles Walcott, spécialiste en pigeons voyageurs[8]. Il peut sembler évident qu'un oiseau se souvienne du trajet qu'il a emprunté la veille pour se rendre sur une zone pleine de larves ou regagner l'abri chaud et sec de son nid, mais découvrir un itinéraire vers son pigeonnier sur des centaines de kilomètres est une autre affaire.

Même les remarquables distances couvertes par les pigeons voyageurs pâlissent en comparaison des déplacements stupéfiants des oiseaux migrateurs « longue distance », sur lesquels les nouvelles technologies ont apporté un éclairage inédit. Des oiseaux portant de minuscules sacs à dos intégrant des dispositifs de géolocalisation ont ainsi révélé les détails de leur marathon migratoire. La petite paruline rayée, une espèce des forêts boréales, quitte la Nouvelle-Angleterre et l'est du Canada chaque automne et migre vers l'Amérique du Sud, voyageant sans escale sur l'Atlantique jusqu'à sa destination, Porto Rico, Cuba et les Grandes Antilles – un vol de plus de 2 700 km – en seulement deux ou trois jours[9]. La sterne arctique, qui aime tellement la lumière des longs jours d'été et n'a pas peur des grands trajets, parcourt la planète en même temps que les saisons. Elle passe de ses aires de nidification au Groenland et en Islande à son terrain d'hivernage, au large de la côte de l'Antarctique, soit un tour du monde de plus de 70 000 km. Au cours de son existence, d'une durée moyenne de trente ans, cet oiseau peut accomplir l'équivalent de trois allers-retours vers la Lune.

Comment s'oriente-t-elle sur la planète ? Comment un bécasseau maubèche se reposant à Cape May, dans le New Jersey, de son voyage de printemps depuis la Terre de Feu sait-il retrouver ses zones de reproduction de l'année précédente dans le nord-est du lointain Arctique ? Comment un guêpier d'Europe allant vers le sud après sa saison estivale dans un champ en Espagne trouve-t-il son chemin à travers le Sahara pour rejoindre sa parcelle familière des forêts de l'Ouest africain ? Comment le courlis d'Alaska ou le puffin fuligineux savent-ils atteindre leurs quartiers au-dessus d'une vaste étendue maritime sans repère ?

Moi qui me perds facilement dans un petit bois, j'admire les capacités de navigation des oiseaux. Comment peuvent-ils accomplir un exploit que peu d'hommes sauraient réaliser même avec l'aide d'une boussole ?

Le pigeon biset, *Columba livia*, une espèce qui comprend le pigeon domestique et la plupart des pigeons des villes, est l'oiseau adéquat pour l'exploration de telles questions. Les pigeons ont une mauvaise réputation, on les traite souvent d'oiseaux de gouttière, de rats volants picorant sauvagement les miettes de pain sous les bancs des parcs ou fouillant dans les décharges urbaines. Ils sont considérés par certains comme aussi stupides que les dodos, dont ils sont en réalité les proches parents.

Il est exact que le cerveau antérieur, chez le pigeon, ne compte que la moitié de la densité neuronale de celui d'un corbeau[10]. Il est également vrai que les pigeons peuvent ne pas se rendre compte qu'un œuf ou un pigeonneau sont à eux, à moins qu'ils ne se situent juste sous eux, et qu'ils vont accidentellement piétiner à mort leurs oisillons ou les jeter du nid[11] ; encore que, comme l'a souligné un expert colombophile, « les pigeonneaux sont si petits et les pattes du pigeon si grandes, comparativement, que le miracle tient à ce qu'il n'y ait pas davantage d'oisillons écrasés[12] ». Les pigeons sont également des constructeurs de nid notoirement inefficaces, ne transportant qu'une seule brindille ou touillette à café à la fois, alors que les moineaux se chargeront de deux ou trois. Et si un peu de matériel de nidification vient à tomber en plein vol, le moineau plongera pour l'attraper, tandis que le pigeon le laissera choir sans le récupérer[a, 13].

Donc, sous certains aspects, oui, ils peuvent sembler stupides et bornés, mais en vérité, ils sont beaucoup plus intellos qu'on ne l'imagine. Ils sont doués avec les chiffres, par exemple, capables non seulement de

a. Cependant, pour être tout à fait équitable, il faut mentionner que le nid du pigeon est la plupart du temps très soigné, tandis que celui du moineau est notoirement bâclé.

compter – ce que beaucoup d'animaux peuvent faire, il est vrai, y compris les abeilles –, mais aussi de saisir l'arithmétique de la perte et du gain et d'apprendre des règles abstraites sur les nombres, à égalité avec les primates[14]. Ils peuvent classer des images représentant jusqu'à neuf objets selon l'ordre croissant de la quantité d'objets figurés. Ils peuvent également déterminer des probabilités relatives.

À vrai dire, les pigeons sont meilleurs que la plupart des gens – et même supérieurs à certains mathématiciens – pour résoudre certains problèmes statistiques, comme celui de Monty Hall, ainsi nommé d'après l'animateur qui a présenté ce jeu pendant treize ans aux États-Unis, dans l'émission télévisée *Let's Make a Deal*[a]. Un concurrent essaie de deviner derrière quelle porte parmi trois se cache un prix de valeur – une voiture, par exemple –, les deux autres dissimulant une chèvre. Après que le joueur a choisi une porte, le présentateur ouvre une des deux autres, révélant systématiquement une chèvre. Le candidat a ensuite la possibilité de rester sur son choix initial ou d'opter pour la dernière porte.

Dans une version de laboratoire du jeu, les pigeons résolvent le dilemme avec succès – en sélectionnant la bonne porte – plus souvent que l'homme[15]. Dans le jeu télévisé, la plupart des joueurs maintenaient leur premier choix, bien que le fait de changer de porte ait pu doubler leurs chances de gagner. Les pigeons, en revanche, apprennent de l'expérience et se fient aux probabilités en modifiant leur choix initial.

Ce problème semble défier la logique. Il semble qu'avec deux portes encore non ouvertes les chances soient égales que le prix se cache derrière l'une d'elles, mais la réalité est que le changement de porte permet de gagner dans 66 % des cas. Voici pourquoi. La probabilité que vous ayez choisi la bonne porte est tout d'abord d'une chance sur trois. Il y a donc deux possibilités sur trois que vous ayez choisi la mauvaise

---

a. De 1963 à 1977 (NdT).

porte. Quand Monty ouvre la porte dissimulant une chèvre, ces probabilités restent inchangées (l'animateur sait toujours où se trouve le prix et n'ouvre jamais cette porte). Cela signifie que l'autre porte comportait deux tiers de chances d'être la porte gagnante, et qu'il est donc intéressant de modifier son choix. Je sais, c'est difficile à admettre. Lorsque la démonstration mathématique exposant ce fait est parue dans le magazine *Parade*, en septembre 1990, son auteur, Marilyn vos Savant[a], a reçu plus de 9 000 lettres en désaccord avec sa solution, pourtant correcte, dont beaucoup émanaient de mathématiciens universitaires[16]. Ce n'est apparemment pas l'avis des pigeons, car si au départ les volatiles décident au hasard de changer de porte, ils apprennent finalement l'intérêt qu'il y a à modifier leur choix[17]. Leur approche réussie du problème exige de recourir à la probabilité empirique – c'est-à-dire à l'ajustement de son comportement en fonction de l'observation du résultat de nombreux essais[b]. En ce domaine, les pigeons adoptent le plus souvent des stratégies optimales, maximisant ainsi leurs chances de gagner, alors que la plupart d'entre nous ne le font pas, même après une série conséquente de tentatives.

Les pigeons sont également doués pour distinguer si des ensembles d'objets sont identiques ou non, une compétence que le psychologue américain William James[c] appelait la « colonne vertébrale de notre pensée[18] ». Ce ne sont néanmoins pas les champions de cette aptitude, l'honneur en revenant à Alex, le perroquet jaco si brillamment étudié, avant

---

a. Femme d'affaires et écrivain américaine ayant figuré un temps dans le *Guinness Book of Records* comme possédant l'un des quotients intellectuels les plus élevés du monde (NdT).

b. On peut résoudre la question en utilisant soit une probabilité classique soit une probabilité empirique. Dans le problème de Monty Hall, nous avons tendance à faire appel à la probabilité classique. L'inconvénient, c'est que nous n'en faisons pas un usage correct. Les pigeons se servent vraisemblablement de la probabilité empirique.

c. 1842-1910 (NdT).

sa disparition en 2007, par Irene Pepperberg. Non seulement Alex était presque infaillible pour indiquer si deux objets différaient en termes de couleur, de forme ou de matière, mais il pouvait aussi déterminer qu'il n'existait aucune similitude ou dissemblance entre eux[19]. Il était également capable de classer plus d'une centaine d'objets en fonction de ces caractéristiques.

Il n'en reste pas moins que les pigeons savent très bien distinguer des stimuli visuels arbitraires tels que les lettres de l'alphabet et, comme cela a été vu, les peintures de Van Gogh, Monet, Picasso et Chagall[20]. Ils peuvent différencier les photographies qui montrent des êtres humains (qu'ils soient vêtus ou non) de celles qui n'en présentent pas[21]. Ils sont très compétents pour reconnaître une personne d'après son visage, et même pour interpréter son expression émotionnelle[22]. Ils peuvent apprendre et retenir plus d'un millier d'images, les stockant au moins une année dans une mémoire à long terme[23].

Ils savent surtout bien mieux que nous chercher leur chemin sur la planète, sans utiliser la moindre technologie. De ce fait, ce sont des « cobayes ailés » de choix pour les recherches très pointues visant à comprendre le mystère de la navigation chez les oiseaux.

Dernièrement, j'ai réfléchi aux pigeons qui se rassemblent comme des moines à capuchon ou des touristes sur les briques et le béton de nos espaces publics de centre-ville. Plus j'observe ces oiseaux, plus je les aime. Ils peuvent être timides, nerveux devant la nouveauté, mais ils sont également combatifs et adaptables. De près, leur jabot irisé brille des couleurs de l'arc-en-ciel.

L'élevage des pigeons est pratiqué depuis l'Antiquité et il existe des douzaines de variétés d'agrément – romagnol, roubaisien, capucin, carneau, frisé, king, culbutant, strasser, etc. – élevées pour leur apparence et l'ornement, parfois avec des effets extravagants, tel le boulant, qui a été décrit fort à propos comme une balle de tennis enfoncée dans un gant[24].

Les pigeons voyageurs sont destinés à un usage domestique ou à la compétition. Les pigeons en liberté que l'on côtoie dans les villes américaines descendent des pigeons voyageurs domestiques apportés par des colons européens au début des années 1600, qui se sont échappés – ils sont de fait les premiers oiseaux exotiques au continent nord-américain.

Les pigeons des villes marchent beaucoup, balançant leurs corps courtauds comme se dandinent les canards, se redressant parfois pour se pavaner à petits pas martiaux. Ils semblent méfiants quand il s'agit de se percher dans les arbres, et leur préfèrent les fils téléphoniques ou électriques ou aiment à pénétrer dans les coins et les recoins architecturaux – chapiteaux, contreforts, poutrelles, chevrons et solives, encorbellements et volutes – des ponts et des bâtiments. Ce goût pour les corniches m'a toujours frappé comme une étrange et inconfortable prédilection.

Pourquoi le pigeon biset commun se tient-il à distance des perchoirs arboricoles élevés et a-t-il une préférence pour les rebords étroits ? Parce qu'il descend, comme tous les pigeons domestiques, de la souche sauvage de l'espèce, qui niche dans les falaises et les îles rocheuses de la Méditerranée. Cet oiseau cherche sa nourriture dans les champs voisins, puis rentre au nid afin d'alimenter ses pigeonneaux. C'est dans ce contexte que sa capacité naturelle d'orientation pour revenir à son nichage a probablement évolué.

Selon *The Pigeon*, la bible anglo-saxonne des colombophiles, l'homme exploite l'instinct du pigeon voyageur depuis au moins huit mille ans. Publié pour la première fois en 1941, cet ouvrage a été rédigé par Wendell Mitchell Levi[a], un scientifique amateur de pigeons et premier lieutenant

---

a. 1891-1976 (NdT).

en charge de la section des pigeons voyageurs du Corps des signaleurs de l'armée des États-Unis[a] pendant la Première Guerre mondiale[25].

« Partout où la civilisation s'est épanouie, le pigeon a prospéré, écrit Lévi, et plus le niveau de civilisation est élevé, plus la considération pour le pigeon est importante[26]. »

Au cours des siècles, les pigeons voyageurs ont été utilisés comme messagers, courriers et espions – par les anciens Romains pour annoncer des victoires au Colisée, par des marins phéniciens et égyptiens pour avertir de l'arrivée des navires, par les pêcheurs informant de leur capture et, durant la prohibition, par les contrebandiers entre les navires et leurs arrière-bases terrestres. On raconte que la banque Rothschild a appris de façon anticipée la défaite de Napoléon à Waterloo grâce à une dépêche acheminée par un pigeon voyageur, ce qui lui a permis de modifier à son avantage ses investissements. Au milieu du XIXe siècle, Paul Julius Reuter a lancé son service d'actualités avec des pigeons relayant les cours des stocks entre Aix-la-Chapelle et Bruxelles et, au début du XXe siècle, des pigeons transportaient des messages d'approche ou de détresse des bateaux qui se déplaçaient entre La Havane et Key West, en Floride.

Pendant les deux guerres mondiales, les pigeons ont été utilisés pour acheminer urgemment les informations du renseignement militaire. Les oiseaux convoyaient des documents chiffrés à travers les lignes ennemies, afin de relayer les indications sur le mouvement des troupes ou de communiquer avec les résistants dans les zones occupées. Ces espions ailés, baptisés The Mocker, Spike, Steady, The Colonel's Lady et Cher-Ami, pouvaient, selon Levi, mener une mission à bien « malgré une patte cassée ou un sternum blessé lors du trajet[27] ». Un messager nommé President

a. L'United States Army Signal Corps est une unité de l'armée américaine créée en 1863, dont la fonction est de développer, de tester, de fournir et de gérer les communications et les systèmes d'information et de communication pour le contrôle et le commandement des forces armées combinées (NdT).

Wilson avait perdu sa patte lors de la Grande Guerre[28]. Un autre, Winkie of Scotland, fut relâché par l'équipage d'un bombardier qui venait de s'abîmer en mer du Nord. Il a parcouru rapidement les 200 km qui le séparaient de son colombier de la base aérienne voisine de Dundee[a], alertant ainsi les secours qui purent venir en avion assurer le sauvetage des hommes demeurés sur l'épave[29].

Au plus fort de la Seconde Guerre mondiale, l'United States Army Pigeon Service possédait 55 000 oiseaux[30]. « Nous les sélectionnons pour leur intelligence et leur endurance, a expliqué un instructeur. Ce que nous voulons, c'est un oiseau qui va revenir, qui ne sera pas effrayé, qui est assez intelligent pour être autonome. De temps en temps, il y a un canard boiteux, mais on le repère assez tôt. Il ne sait pas regagner le colombier ou il se met dans un coin et reste amorphe. » La plupart se révélaient cependant « intelligents, très intelligents ».

Parmi les plus célèbres de ces messagers ailés figurait GI Joe[31]. Expédié par les Britanniques pour annuler le bombardement programmé d'une ville tenue par les Allemands, parce qu'une brigade d'un millier de soldats des troupes anglaises l'occupait déjà, Joe a effectué un vol de 32 km en vingt minutes et a stoppé les bombardiers au moment où leurs moteurs tournaient déjà pour le décollage. Il y a eu aussi Julius Caesar, parachuté dans la région de Rome et relâché dans le sud de l'Italie, qui s'est envolé en direction de son pigeonnier en Tunisie, porteur d'informations vitales pour la campagne en Afrique du Nord. Terminons par Jungle Joe, un pigeon de quatre mois qui a parcouru 360 km contre des vents contraires et est passé au-dessus des plus hautes montagnes d'Asie afin de délivrer un message qui a conduit à la conquête de larges zones de la Birmanie par les troupes alliées.

---

a. Ville du nord-est de l'Écosse, à environ 100 km au nord d'Édimbourg, près de la côte est de la mer du Nord (NdT).

Les fonctionnaires de Cuba utilisent encore ces oiseaux pour transmettre les résultats des élections en provenance de régions montagneuses éloignées et les Chinois ont récemment constitué une flotte de 10 000 pigeons voyageurs en vue de porter des communications militaires entre des troupes stationnées le long de leurs frontières, en cas « d'interférence électromagnétique ou d'effondrement de [leurs] systèmes de communication », comme l'explique l'officier en charge de cette unité colombophile[32].

« On affirme souvent que le pigeon voyageur trouve son chemin sans l'exercice de l'intelligence ou de l'observation, et simplement à l'aide d'une sorte d'incompréhensible instinct, a écrit Charles Dickens en 1850. Mais d'après mes propres observations, [...] je suis convaincu que c'est une erreur[33]. »

Darwin, contemporain de Dickens, a émis l'hypothèse que les pigeons pouvaient enregistrer, de quelque manière que ce soit, la route sinueuse de leur voyage aller, puis utiliser ces informations pour revenir vers leur nichage. Nous savons maintenant que ce n'est pas le cas : même ceux qui ont voyagé selon un parcours indirect, à l'intérieur de tambours rotatifs dans un véhicule fermé, peuvent trouver leur chemin de retour à partir d'un point de libération inconnu d'eux, non pas en retraçant un itinéraire, mais par des vols plus ou moins directs[34].

Le retour vers un lieu connu au-dessus d'un territoire familier est une chose. La vraie navigation en est une autre[35]. C'est la possibilité, à partir d'un endroit étranger, de choisir la bonne direction vers un but donné en utilisant uniquement des indices présents localement et non ceux obtenus en ayant parcouru l'itinéraire auparavant. Nous comptons pour cela sur la technologie : assistant de navigation GPS et cartes dématérialisées nous indiquent exactement où nous nous trouvons en tout point de la Terre et comment nous rendre là où nous souhaitons aller. Les oiseaux, semble-t-il, ont leurs propres systèmes de positionnement interne, qui, comme le GPS[a], peuvent en effet être globaux.

Afin d'établir si les oiseaux naviguent véritablement, les scientifiques les convoient par bateau, par avion ou en voiture dans un endroit éloigné, inconnu, sans indice de distance ni de direction. Puis ils les libèrent et observent la manière dont ils se réorientent. On appelle cela une « étude de déplacement » et c'est un outil puissant d'investigation de la vraie navigation.

Les chercheurs soupçonnent que les pigeons et les autres oiseaux naviguent en mettant en œuvre une stratégie en deux étapes, de type « carte et boussole ». Tout d'abord, ils déterminent où ils se trouvent au moment de leur libération et de quelle manière ils doivent voyager pour rentrer. C'est le stade de la carte. En des termes qui nous sont familiers, le système de coordonnées spatiales suggère : « Je suis au sud de la maison, j'ai donc besoin de me déplacer vers le nord. » Ils utilisent ensuite des repères directionnels – territoriaux, célestes ou environnementaux – comme boussole pour spécifier la direction à prendre et la conserver. L'ensemble du système, y compris la carte et la boussole, se compose d'éléments multiples impliquant différents types d'informations : le soleil, les étoiles, les champs magnétiques, les caractéristiques du paysage, le vent et les conditions météorologiques.

La phase de la boussole est assez bien comprise, en grande partie en raison de milliers d'études ayant privé les oiseaux – souvent des pigeons – d'un sens donné avant de les délocaliser, puis d'observer leur comportement.

Les pigeons, comme nous, sont des créatures « visuelles », c'est-à-dire marquées par une prédominance de l'imagerie visuelle dans les processus

---

a. GPS est l'acronyme de *Global Positioning System*, « système mondial de positionnement », en français (NdT).

de pensée ou les productions mentales. Il serait donc surprenant qu'ils n'utilisent aucun repère visible – un bosquet de chênes noueux, la courbe en arc d'une rivière, une haie isolée ou un gratte-ciel triangulaire un peu étrange – pour revenir à leur pigeonnier. Et il s'avère qu'ils le font, au moins sur la dernière étape de leur voyage.

Le soleil apporte également son concours. De même que les abeilles, les pigeons s'en servent comme d'une boussole, à l'aide d'une horloge interne précise que possèdent tous les oiseaux. Cette horloge interne leur donne le sens du temps, de sorte qu'à n'importe quel moment de la journée ils savent où l'astre du jour devrait se situer. Cependant, pour utiliser le soleil comme un instrument de navigation, le jeune pigeon doit mémoriser son parcours ; il observe ainsi l'arc de la course solaire à différents instants de la journée, apprenant à quelle vitesse se déplace le soleil – environ 15 degrés par heure – et internalise une représentation de cet arc. Si un jeune pigeon est exposé au soleil seulement le matin, il ne pourra pas exploiter ce qu'il a assimilé pour naviguer l'après-midi. Ce compas solaire est calibré tous les jours, peut-être en utilisant la lumière polarisée visible à l'horizon, au coucher du soleil[a]. Une fois que le pigeon maîtrise cette utilisation de la lumière du soleil, il la favorise par rapport à d'autres indices. Même à quelques minutes de son pigeonnier, il ne se fiera pas à des points de repère familiers, mais à son compas solaire.

Ce qui est cependant extraordinaire, c'est que même des pigeons dont la vision est masquée par des verres dépolis peuvent s'orienter jusqu'au bout vers leur pigeonnier. Selon Charles Walcott, professeur émérite

---

a. Les schémas de lumière polarisée semblent également jouer un rôle clé dans la navigation aviaire. Beaucoup d'espèces migratrices qui voyagent de nuit commencent leurs vols au coucher du soleil ou un peu après. Les oiseaux tirent apparemment parti des modèles de lumière polarisée en vue d'obtenir des informations sur la direction initiale à suivre pour leur vol migratoire.

d'ornithologie à l'université Cornell, lorsque ces oiseaux ainsi aveuglés s'approchent de leur colombier, ils arrivent par le haut et se posent verticalement, comme le ferait un hélicoptère[36]. Un autre paramètre que la vision les guide.

Il y a plus de quarante ans, William Keeton, de l'université Cornell, a montré que, dans des conditions où le ciel est couvert, des pigeons équipés de barrettes magnétiques sont désorientés et reviennent plus lentement au pigeonnier que les oiseaux témoins, munis d'un équipement semblable, mais non magnétique[37]. Ce n'est donc pas la simple présence ou le poids de ce matériel qui les gêne.

La Terre est comme un aimant géant dont les lignes de force magnétiques – ou lignes de champ – émanent de ses pôles et s'affaiblissent lorsqu'elles s'approchent de l'équateur. Les oiseaux semblent pouvoir détecter même de petits changements dans l'inclinaison, ou l'angle vertical, du champ magnétique et peuvent les utiliser pour déterminer leur latitude.

Le premier indice selon lequel les champs magnétiques pourraient guider les oiseaux dans leurs voyages provient d'expériences menées à la fin des années 1960 sur des rouges-gorges européens en cage[38]. Ces oiseaux étaient gardés dans des pièces isolées de toute indication environnementale extérieure. Les rouges-gorges européens migrent normalement en direction du sud, c'est-à-dire du nord de l'Europe vers le sud de l'Europe et l'Afrique. Pendant la période du *Zugunruhe*, également appelée « agitation migratoire » – un sentiment d'anxiété qui apparaît chez les animaux migrateurs, notamment les oiseaux –, les oiseaux captifs s'animaient comme s'ils étaient sur le point de partir et semblaient toujours vouloir s'échapper vers le sud, bien qu'ils n'aient eu aucun indice visuel de leur localisation. Lorsque les scientifiques ont enveloppé leurs cages de rubans électromagnétiques, les oiseaux se sont montrés désorientés, modifiant la direction de leurs sauts et de leurs volettements.

Nombre de créatures, des abeilles aux baleines, perçoivent les champs magnétiques et s'en servent pour s'orienter. Nous ne savons cependant toujours pas comment ces animaux les détectent. Les localiser au moyen d'instruments électroniques sensibles est une chose, mais « détecter des champs magnétiques aussi faibles que celui de la Terre en utilisant uniquement un "équipement" biologique n'est pas simple[39] », explique le biologiste Henrik Mouritsen, qui étudie les mécanismes sous-jacents à la navigation animale à l'université d'Oldenburg, en Allemagne. Les oiseaux ne possèdent aucun organe sensoriel évident consacré à la tâche, mais puisque les champs magnétiques peuvent traverser les tissus organiques, les capteurs peuvent être cachés au plus profond de leur corps.

Un modèle d'explication de la perception des champs magnétiques par les oiseaux affirme qu'ils les « voient » grâce à des molécules spéciales situées dans leur rétine et activées par certaines longueurs d'ondes lumineuses[40]. Les signaux magnétiques semblent affecter les réactions chimiques de ces molécules, en les accélérant ou en les ralentissant, selon la direction du champ magnétique. En réponse, les nerfs rétiniens déclenchent des signaux sur les zones visuelles du cerveau aviaire, qui l'informent de la direction du champ. Tout se produit au niveau subatomique, impliquant la rotation des électrons, ce qui suggère quelque chose d'extraordinaire : les oiseaux seraient capables de détecter les effets quantiques. Cette détection semble impliquer une partie du cerveau antérieur lié à la vision, connue sous le nom de « noyau N »[41]. Si le noyau N est endommagé, les oiseaux ne peuvent plus trouver la direction du nord.

Que voient-ils objectivement ? Il est difficile de le savoir. Peut-être un motif spectral de taches ou de lumière et d'ombre, qui resterait stable alors que l'oiseau déplace sa tête d'un côté à l'autre.

Une seconde théorie suggère qu'un capteur magnétique composé de minuscules cristaux d'oxyde de fer – comme une aiguille de compas – serait logé quelque part dans leur corps. Ce capteur détecterait les gradients[a] d'un champ magnétique et les traduirait en impulsions neuronales.

Dernièrement, les scientifiques ont pensé avoir localisé ces capteurs magnétiques si infimes au sein de la cavité nasale de la partie supérieure du bec des pigeons, en particulier dans six grappes de cellules riches en fer[42]. Cependant, lorsqu'ils se sont penchés davantage sur 250 000 coupes de tissus provenant du bec de près de deux cents pigeons, quelque chose ne collait pas : le nombre de ces cellules porteuses de fer variait largement d'un oiseau à l'autre[43]. Un individu pouvait n'en posséder que 200, tandis qu'un autre en comptait plus de 100 000 et qu'un troisième, présentant une infection du bec, en avait des dizaines de milliers à l'emplacement précis de l'infection. Ces cellules riches en fer ne semblent pas être des cellules sensorielles, mais des globules blancs appelés « macrophages », qui recyclent simplement le fer des globules rouges qu'ils engloutissent.

Fin de l'histoire ? Pas exactement. De nouvelles preuves suggèrent que des magnétorécepteurs, quelque part dans le bec supérieur des oiseaux, près de la peau, sont impliqués dans l'enregistrement de l'intensité magnétique, qui varie avec la latitude[44]. Le fait de sectionner, chez un oiseau, le nerf qui relie le bec au cerveau détruit sa capacité à établir sa position, mais ce qui détecte le magnétisme – et son emplacement exact dans le bec, le cas échéant – reste un mystère[45].

Pour compliquer le tableau, une autre localisation possible pour ces magnétorécepteurs a émergé récemment, cette fois au sein de minuscules nodules ferreux trouvés dans les cellules ciliées – les neurones sensoriels de l'oreille interne –, suggérant que les oiseaux pourraient « entendre » les

---

a. Le terme de *gradient* désigne un vecteur représentant la variation d'une fonction par rapport à la variation de ses différents paramètres (NdT).

champs magnétiques[a, 46]. Cependant, retirer l'oreille interne des pigeons voyageurs n'affecte pas leur capacité à revenir à leur pigeonnier[47].

Quel que soit l'endroit où est localisé ce capteur, il semble être extraordinairement sensible. En 2014, Mouritsen et son équipe ont rapporté dans la revue *Nature* que même un « bruit » électromagnétique extrêmement faible généré par des dispositifs électroniques humains en milieu urbain pouvait perturber les compas magnétiques des rouges-gorges européens lors de leur migration[48]. Il ne s'agit pas ici seulement d'antennes émettrices pour les réseaux des téléphones cellulaires ou des lignes électriques à haute tension, mais bien du « bourdonnement » de fond généré par tout ce qui fonctionne avec du courant électrique. Cette nouvelle a provoqué une onde de choc dans le monde scientifique. Si cela est vrai, ce type d'« électrosmog », comme on l'appelle, pourrait déjà dérégler la navigation des oiseaux, assez gravement pour affecter leur survie.

Pendant longtemps, les scientifiques ont pensé que la boussole magnétique des oiseaux était juste une sorte de système de secours pour les jours couverts[49]. Loin de là. Tout comme leur boussole solaire, elle est essentielle à leur système de navigation. Ces animaux possèdent donc peut-être différents types de magnétorécepteurs qui travaillent ensemble, ce qui leur permet de détecter les plus infimes fluctuations dans les champs magnétiques. Si leurs ressources sont parfois rudimentaires dans d'autres domaines, les oiseaux sont sans doute légèrement suréquipés en ce qui concerne le chapitre de la navigation, de sorte qu'un pigeon survolant la

a. Tous les oiseaux, du pigeon à l'autruche, possèdent des cellules ciliées, chacune abritant un de ces petits nodules ferreux. Les scientifiques ont récemment mis en évidence un groupe de cellules dans le tronc cérébral des pigeons, qui enregistrent des informations sur la direction et la force du champ magnétique ; l'information semblait émaner de l'oreille interne de l'oiseau. Il est possible que des neurones individuels de l'oreille interne détectent la direction, l'intensité et la polarité des champs magnétiques et relaient ces données, équipant ainsi les pigeons d'une sorte de GPS interne.

mer Méditerranée par une nuit sans lune peut trouver son chemin jusqu'à son pigeonnier en Afrique du Nord.

Après la question, déjà complexe, de la boussole, vient celle de la carte ou de ce qui y ressemble, permettant à un oiseau de déterminer sa position au début de son parcours, et ce qui, dans l'espace entourant cette position, est lié à l'endroit où il souhaite se rendre, pour pouvoir se diriger dans la bonne direction. Les oiseaux conçoivent-ils une carte dans leur esprit ?

L'idée remonte aux années 1940, lorsque Edward Tolman, psychologue à l'université de Californie (Berkeley), a d'abord proposé le principe selon lequel les mammifères possèdent une « carte cognitive » de leur environnement spatial[50]. Tolman a observé que des rats introduits dans des labyrinthes spécialement construits pour des tests pouvaient trouver de nouvelles voies, des itinéraires plus rapides ou des raccourcis vers des destinations qui présentaient une récompense alimentaire. « Au cours de l'apprentissage, a-t-il déclaré, quelque chose comme une carte du terrain et de l'environnement s'établit dans le cerveau du rat », indiquant les itinéraires, les chemins, les culs-de-sac et leurs relations environnementales, que les rongeurs peuvent convoquer plus tard. Ceux qui ont poursuivi les recherches sur la carte cognitive dans la veine des travaux de Tolman étaient affectueusement surnommés les « tolmaniaques »[51].

Edward Tolman a également émis l'idée que l'homme construisait des cartes cognitives semblables et a fortement suggéré que ces cartes nous aident à naviguer non seulement dans l'espace, mais aussi parmi les relations sociales et émotionnelles, dans « ce grand labyrinthe donné par Dieu qui est notre monde humain »[52]. Une carte restreinte peut conduire à dévaloriser les autres et, en fin de compte, à la « haine désespérément dangereuse des étrangers » allant, dans son expression, « de la discrimination à l'égard des minorités aux conflagrations mondiales ». La solution ? Créer des cartes cognitives plus étendues dans l'esprit, qui englobent des limites géographiques plus vastes et une portée sociale plus large, incluant ceux qui pourraient être considérés comme « autres », et encourager ainsi l'empathie et la compréhension.

La découverte que les oiseaux peuvent établir des cartes mentales de leur environnement physique – sinon social et émotionnel – est venue après que l'on eut soumis des pigeons au même genre de tests de labyrinthe que ceux utilisés par Tolman. Comme les rats, il s'avère que les pigeons ont une excellente mémoire de l'information spatiale[53]. Ils se souviennent des repères qu'ils ont croisés auparavant, de la distance à laquelle ils se trouvent et de la direction dans laquelle ils se situent, exploitant cette information pour se guider vers de nouveaux emplacements.

On appelle cela la « navigation à petite échelle », et certains oiseaux sont très doués en la matière. Les champions sont ces oiseaux qui cachent de la nourriture de façon dispersée sur un territoire, tels le casse-noix d'Amérique et le geai buissonnier[54]. Ces membres de la famille des Corvidés sont des virtuoses de la mémoire spatiale sur une échelle colossale.

Les casse-noix d'Amérique (*Nucifraga columbiana*), des oiseaux gris clair caractérisés par leurs belles ailes noires et leur silhouette de corbeau, sont surnommés les « voleurs des campings » pour leur habitude de chaparder dans les lieux de campement. Ils sont originaires des montagnes Rocheuses et d'autres régions d'altitude de l'ouest de l'Amérique du Nord. Pour survivre aux hivers difficiles, un seul casse-noix collectera plus de 30 000 pignons de pin en un seul été, en portant jusqu'à 100 à la fois dans une grande poche spéciale sous sa langue. Il les enterrera dans plusieurs milliers d'emplacements distincts – jusqu'à 5 000 –, dispersés sur un territoire de dizaines, voire de centaines, de kilomètres carrés. Il retrouvera plus tard ses trésors éparpillés, se rappelant leur situation et s'y rendant directement sans dépenser d'énergie à les chercher de toute part[55]. Les casse-noix comptent presque uniquement sur leurs souvenirs pour localiser leurs caches personnelles et peuvent conserver cette mémoire durant neuf mois, malgré des changements radicaux dans l'apparence du paysage au fil des saisons, causés par la neige, les feuilles ou le déplacement des roches et des sols.

Un pignon de pin est une toute petite graine, comme les caches qui les abritent. Pour enfouir son trésor, l'oiseau creuse en effet avec une pelle minuscule, son bec en forme de dague. Retrouver l'emplacement exact d'un de ces grains exige donc une précision de l'ordre du millimètre. La moindre erreur dans le souvenir de la localisation d'une cache peut signifier qu'elle ne sera jamais retrouvée. Le casse-noix d'Amérique y parvient sept fois sur dix[56]. Une statistique particulièrement humiliante pour moi si je considère mon incapacité, par exemple, à retrouver mes clefs de voiture ou à me rappeler l'endroit où j'ai planté mes graines de tomate.

La question reste de savoir comment ces oiseaux opèrent pour réaliser une telle prouesse. Les indices olfactifs ne jouent aucun rôle. Une théorie affirme que les casse-noix se créent une carte mentale des grands repères, comme les arbres et les roches, qui ne seront pas recouverts par la neige[57]. Ils enregistrent leurs positions et se souviennent de l'emplacement des caches par rapport à ces repères en utilisant la distance, la direction et même des relations ou des configurations géométriques. Ils peuvent par exemple mémoriser qu'une cachette est située à mi-chemin entre deux grands repères ou à la troisième pointe d'un triangle formé par deux autres points. Et répéter cette opération pour 5 000 emplacements !

Les geais buissonniers – ces maîtres de la duplicité sociale – ne se rappellent pas seulement où se situent leurs cachettes et qui les regardait faire, mais aussi ce qu'ils dissimulaient là et quand. Ce sont des paramètres importants, parce que le geai buissonnier, en plus des noix et des graines, met de côté des fruits, des insectes et des vers, autant d'aliments périssables selon des durées différentes. Les insectes cachés peuvent se gâter en quelques jours si les températures sont assez élevées, alors que les noix et les graines peuvent se conserver des mois. Une série d'expériences innovantes menées par Nicola Clayton et son équipe à l'université de Cambridge ont montré que ces oiseaux récupéraient les aliments plus périssables avant qu'ils ne pourrissent, laissant les non périssables, comme les noix et les graines, pour plus tard[58]. Les geais utilisent leur expérience de la rapidité avec laquelle la nourriture se dégrade pour guider leur choix dans la levée de leurs cachettes. Tout en gardant en mémoire que les denrées alimentaires périssables devront être collectées plus tôt, il faut se souvenir de l'emplacement des cachettes, de leur contenu et du moment de la mise en cache. Cette capacité à se rappeler le quoi, le où et le quand d'événements passés particuliers est considérée comme apparentée à la mémoire épisodique humaine, cette faculté remarquable de se souvenir d'expériences personnelles spécifiques. Comme nous, les oiseaux semblent utiliser des événements qui se sont produits antérieurement – ce qu'ils ont dissimulé et quand – pour savoir ce qu'ils doivent faire dans le temps présent ou à l'avenir – récupérer le contenu de la cachette ou l'économiser pour plus tard[59].

Clayton et ses collègues ont fait suivre ces expériences d'études complémentaires qui suggèrent fortement que les geais buissonniers semblent également capables d'un certain degré de planification – ou du moins de prévoyance –, leur offrant une certaine flexibilité pour agir dans le présent, de manière à augmenter leurs chances ultérieures de survie.

Afin de tester cette hypothèse, les scientifiques ont logé huit spécimens de geais buissonniers dans de grandes cages dotées d'un accès à deux compartiments distincts[60]. Le premier compartiment contenait toujours un petit déjeuner, tandis que le second n'en proposait jamais. Les oiseaux ne disposaient d'aucune nourriture durant la nuit et étaient placés dans l'un des compartiments le lendemain matin. Après trois matinées successives dans chaque compartiment, les geais ont été nourris dans la soirée avec une bonne quantité de pignons de pin. Lorsqu'ils se trouvaient dans le compartiment « sans petit déjeuner », ils y cachaient des graines, vraisemblablement en prévision de leurs besoins pour le lendemain matin.

Les chercheurs ont ensuite modifié le protocole. Les compartiments proposaient le matin des aliments différents, des cacahouètes dans l'un, des croquettes pour chiens dans l'autre. Lorsque les oiseaux ont géré leur surplus du soir, composé des deux aliments, ils en ont mis de côté de façon que le compartiment contienne les deux aliments le lendemain, y plaçant des croquettes le soir si on leur distribuait des cacahouètes le matin, et inversement.

Dans des expériences ultérieures sur les geais des chênes, Nicola Clayton et sa collègue Lucy Cheke ont montré que ces oiseaux stockent les aliments spécifiques dont ils auront envie plus tard – ceux avec lesquels ils n'ont pas été récemment nourris –, planifiant apparemment leurs besoins tout en ignorant leurs désirs du moment. « La question reste ouverte de savoir s'il s'agit d'une anticipation du futur, écrivent les chercheurs, mais nos résultats fournissent des preuves solides attestant que ces oiseaux peuvent agir en fonction d'une finalité future qui diffère de leur motivation présente, et le faire de façon flexible[61]. »

Ce travail suggère que certains oiseaux semblent capables d'au moins deux des composantes essentielles du voyage mental dans le temps – la possibilité de revoir le passé (de quoi me suis-je nourri ici ?) et de se projeter dans l'avenir (de quoi aurai-je envie demain et où dois-je cacher ma nourriture ?). Ces facultés ont longtemps été considérées comme étant uniquement propres à l'espèce humaine.

Mais revenons au génie spatial des geais buissonniers. Il y a plus fort encore. Comme nous le savons, ces oiseaux pillent les caches de leurs congénères. De façon remarquable, les « cacheurs » peuvent retrouver avec autant de précision les cachettes qu'ils ont déplacées et celles qui ne l'ont pas été. Les voleurs, pour leur part, exploitent une cartographie mentale sophistiquée. Ils s'appuient sur leur mémoire spatiale pour localiser la nourriture qu'ils ont vue être mise en cache par un congénère et peuvent se rappeler l'endroit précis, même s'ils surveillent le « cacheur » de loin et s'ils doivent inverser mentalement la position de la cachette dans leur tête[62].

Les colibris semblent posséder un génie similaire de la navigation à petite échelle.

Chaque printemps, mon ami David White accroche un distributeur de nectar à un cordon élastique avec un crochet en forme de S, dans son jardin de Virginie. Durant les autres saisons, il enlève le distributeur afin que les ratons laveurs n'y accèdent pas, laissant toutefois en place cordon et crochet pour le suspendre de nouveau en avril. Il oublie parfois de le réinstaller, mais à son grand plaisir, les colibris à gorge rubis le lui rappellent, apparaissant autour du 13 avril pour voleter autour du crochet vide. Ils savent où se rendre, et quand.

J'ai regardé ces nectarivores bruisser comme des toupies vrombissantes dans les jardinières fixées à mes fenêtres, l'énergie de leurs battements d'ailes formant un halo gazeux autour d'eux. Un colibri à gorge rubis pèse environ 3 g, moins qu'une pièce de 2 centimes d'euro.

Les colibris bourdonnant autour de mes plantes ne semblent pas s'intéresser deux fois à la même fleur. Est-ce que cela signifie qu'ils ont en tête la carte des fleurs qu'ils ont vidées récemment et de celles qui contiennent encore du nectar ? Ou, chez David, de l'emplacement de toutes les mangeoires suspendues dans un quartier ?

Garder à l'esprit la poignée de fleurs de ma fenêtre est une chose. Se rappeler les milliers de celles qui forment un territoire typique pour un colibri en est une autre. Il est cependant logique que ces oiseaux consacrent une part de leurs capacités cérébrales à cette sorte de stratégie d'économie d'énergie. Les colibris mènent une vie énergétiquement très coûteuse. Non seulement leurs rapides battements d'ailes – jusqu'à 75 fois par seconde – absorbent des calories, mais eux-mêmes en consomment également beaucoup à poursuivre à grande vitesse leurs rivaux, à effectuer des piqués et à voler en zigzag en vue d'attirer des partenaires sexuels. Pour alimenter ces acrobaties aériennes, ils doivent butiner des centaines de fleurs par jour, et ils ne peuvent gaspiller de l'énergie à visiter celles qui ont déjà été vidées. Ils ne se fient apparemment pas à la couleur ni à la forme des fleurs ou à d'autres informations qu'elles pourraient leur fournir, mais plutôt à des indications spatiales, comme les geais et les casse-noix lorsqu'ils stockent leurs provisions[63].

Sue Healy, de l'université de St Andrews, explore les capacités cognitives des colibris dans la nature. Elle étudie le colibri roux, un petit oiseau orange connu pour assurer une défense fougueuse et pugnace des fleurs sur lesquelles il se nourrit[64]. Les récents travaux de la scientifique suggèrent que ces merveilleux poids plume peuvent enregistrer l'emplacement spatial d'une fleur – ou d'un distributeur de nectar – dans un grand champ sans caractéristiques particulières en la visitant quelques secondes seulement, une unique fois[65]. Ils peuvent ensuite revenir à cet emplacement avec une précision impressionnante, même si la fleur n'est plus là[66]. En outre, ils enregistrent la qualité du nectar et le contenu de chaque fleur individuellement, ainsi que leur vitesse de recharge, les revisitant strictement après qu'elles ont eu le temps de se remplir[67].

Les indications spatiales qu'ils utilisent restent encore un mystère. Les recherches de Sue Healy laissent entendre qu'ils s'appuient sur des points de repère comme sur une sorte d'échafaudage pour structurer leur carte mentale, à l'instar de ce que semblent faire les oiseaux qui dissimulent leurs aliments. Ce n'est cependant pas si simple. Dans les observations de la scientifique, les points de repère proches « étaient (à [ses] yeux, du moins) remarquablement uniformes : le sol était assez plat et couvert de végétation ». Les références les plus éloignées, toutefois – les arbres qui bordaient le terrain, les monts de quelque 900 m de hauteur qui encadraient la vallée –, étaient très visibles de tous les points du terrain, mais il n'est pas clairement établi, et de loin, comment ces oiseaux pourraient utiliser des points de repère si imposants pour déterminer avec une telle précision où se situent une fleur ou un distributeur spécifiques, voire où ils devraient se trouver[a, 68].

Les scientifiques ont émis l'hypothèse que les pigeons voyageurs établiraient des cartes mentales analogues signalant différents endroits mémorisés, qui couvriraient une plus grande échelle géographique. Mais personne n'avait vraiment testé l'idée en dehors d'un laboratoire avant que Nicole Blaser, alors doctorante à l'université de Zurich, ne conçoive une expérience innovante[69].

Blaser voulait montrer que les pigeons ne naviguent pas au moyen d'une réponse simple et automatique aux indices environnementaux, mais plutôt à l'aide d'une véritable carte de navigation mentale qui leur permet de fixer différents objectifs et de sélectionner les meilleurs itinéraires pour les atteindre.

Si le pigeon était une sorte de « robot volant », la navigation devrait se résumer à un processus en deux étapes relativement sommaires : comparer un signal environnemental, tel qu'un signal magnétique, dans un emplacement inconnu avec le même signal familier, comme celui relatif au pigeonnier habituel, et se déplacer dans une direction qui réduit systématiquement la différence entre les deux signaux. Cette stratégie robotique « centrée sur le pigeonnier », ainsi que la qualifie la scientifique, signifierait que les oiseaux ne mémorisent qu'un seul emplacement – leur pigeonnier –, puis

---

a. De nouvelles études suggèrent cependant que les colibris ne tiennent pas compte de la géométrie, mais recourent bien à toutes sortes de paramètres visuels, parmi lesquels les caractéristiques du paysage.

naviguent dans son axe en suivant la réduction des variations des indices environnementaux jusqu'à leur arrivée à bon port.

Comment démontrer que les pigeons transportent dans leur tête une véritable carte visualisant un certain nombre d'emplacements ?

Nicole Blaser a décidé de donner à un troupeau de 131 pigeons le choix de l'endroit qu'ils pouvaient rejoindre – un pigeonnier de nichage ou un pigeonnier alimentaire – en fonction de la faim qu'ils ressentaient. Elle a tout d'abord entraîné tous ses sujets à reconnaître l'emplacement du pigeonnier alimentaire. Chaque jour, elle les y transportait en voiture pour des repas réguliers – la recherche sur les pigeons peut nécessiter une bonne dose d'engagement. Elle les a ensuite relâchés de leur pigeonnier de nichage à des distances progressivement plus éloignées du pigeonnier alimentaire, et *vice versa*, jusqu'à ce qu'ils puissent voler efficacement d'un site à l'autre.

Après cette phase préparatoire, elle les a emmenés dans un endroit qui leur était complètement étranger, équidistant des pigeonniers, à moins de 30 km. Elle n'a nourri que la moitié des pigeons, puis a relâché tous les individus. Ceux qui avaient le ventre plein se sont envolés en direction du pigeonnier de nichage, mais les oiseaux affamés ont opté pour le pigeonnier alimentaire. Ils ne se sont détournés de leur trajectoire que pour contourner les obstacles topographiques, deux lacs et une petite chaîne de montagnes. Aucun de ces pigeons non alimentés n'a cherché à rejoindre le pigeonnier de nichage.

De l'avis de Nicole Blaser, si les oiseaux naviguaient selon une stratégie robotique de type « centrée sur le pigeonnier », ils auraient d'abord orienté leur trajectoire vers le pigeonnier de nichage, puis l'ayant atteint ou ayant du moins rejoint une zone familière, ils auraient modifié leur plan de vol pour gagner le pigeonnier alimentaire.

Le fait qu'ils se soient directement rendus à l'endroit qui pouvait satisfaire leur faim est révélateur sur deux points : cela montre tout d'abord que les oiseaux sont capables d'opérer un choix entre plusieurs cibles en fonction de leur motivation – ce qui est une capacité cognitive en soi – et aussi qu'ils ont en mémoire une véritable carte cognitive, qui inclut la connaissance de leur propre position indéterminée dans l'espace par rapport à au moins deux sites connus.

Où, dans le petit paysage cérébral du cerveau d'un pigeon, une telle carte réside-t-elle ?

Au même endroit que là où elle se situe dans notre cerveau, l'hippocampe, ce réseau neuronal qui nous aide à nous orienter dans l'espace. Nous savons cela en partie grâce à l'effort d'un « tolmaniaque », l'anatomiste John O'Keefe, qui a réalisé des tests en labyrinthe sur des rats dans les années 1970 et a remporté le prix Nobel en 2014 (avec May-Britt Moser et Edvard Moser) pour une découverte remarquable. En étudiant l'activité cérébrale des rongeurs durant leur course au sein du dispositif labyrinthique, O'Keefe et la psychologue Lynn Nadel ont observé que certaines cellules spéciales de l'hippocampe s'activaient uniquement lorsque les rats se trouvaient dans un endroit précis[70]. Tandis que l'animal serpente le long des galeries, ces « cellules de lieu » s'activent dans un ordre précis, formant un motif qui correspond fidèlement au chemin zigzagant qu'il emprunte.

Dans notre cerveau, l'hippocampe est une structure de la forme de l'animal éponyme, enterrée profondément au sein du lobe temporal médian. Chez l'oiseau, il se trouve au-dessus du cerveau, comme un bouton ou un petit champignon. À l'instar du nôtre, il abrite ses cartes mentales et ses souvenirs. En réalité, les souvenirs semblent tous liés à l'endroit où l'on a vécu un événement. De nouvelles recherches montrent que, lorsque nous nous rappelons un événement, les cellules de lieu de notre hippocampe, qui stockent l'emplacement de cet événement, s'activent de nouveau, nous aidant à localiser un souvenir à la fois dans l'espace et dans le temps[71].

Cela explique pourquoi le fait de retracer les étapes d'un trajet peut aider à se remémorer ce que l'on cherche. Le souvenir d'une pensée est lié à l'endroit où elle est survenue pour la première fois.

Chez les oiseaux, l'hippocampe joue un rôle essentiel dans le traitement de l'information spatiale. Un hippocampe plus gros signifie généralement une meilleure capacité spatiale[72]. Les familles d'oiseaux cachant des aliments possèdent un hippocampe de plus du double de la taille attendue pour des sujets de leur gabarit et de leur poids corporel. En termes relatifs, l'hippocampe de la mésange est ainsi deux fois plus gros que celui du moineau.

Les colibris peuvent vraiment se vanter d'être bien pourvus à cet égard. Par rapport au volume total de leur cerveau, leur hippocampe est plus important que chez tout autre oiseau, de deux à cinq fois plus grand que celui des oiseaux chanteurs – cacheurs ou non cacheurs –, des oiseaux de mer et des pics[a, 73]. Un grand colibri connu sous le nom d'ermite à brins blancs est doté d'un cerveau aussi gros que celui de la paruline flamboyante[b], mais possède un hippocampe presque dix fois plus grand – ce qui lui est très utile pour se souvenir de l'emplacement, de la distribution et du contenu en nectar des fleurs de gingembre et de grenadille[c] dont il se nourrit au Venezuela et au Brésil.

Les parasites de couvée tels que les indicateurs et les vachers ont également un gros hippocampe par rapport aux oiseaux non parasites de la même famille[74]. « C'est assez logique, précise Louis Lefebvre. Un

a. Certains facteurs pourraient avoir contribué à élargir l'hippocampe des colibris, comme le vol stationnaire qui requiert une « morphologie cérébrale unique ». Il est également possible que « la taille relative de l'hippocampe chez [ces oiseaux] soit le résultat d'une réduction de la taille d'autres régions télencéphaliques ».

b. Les parulines sont de petits passereaux très fréquents sur le continent américain – dans les zones néarctique et néotropicale –, à l'allure de fauvettes bien que n'appartenant pas à la même famille, d'où leur autre nom de « fauvettes du Nouveau Monde » (NdT).

c. Fruit de la passion, ou *maracudja* en créole (NdT).

indicateur femelle doit trouver un nid approprié pour déposer ses œufs au bon moment. Si elle les met dans un nid où les oisillons sortiront le lendemain, ses propres poussins, plus petits et incapables de se défendre, seront plus tard jetés hors du nid ; si elle les laisse trop tôt, l'oiseau hôte peut ne pas être prêt à couver ou à incuber. Elle doit donc surveiller la position des nids et les étapes auxquels ils se trouvent[75]. »

Les femelles vachers sont dotées d'un hippocampe plus gros que celui des mâles – et, comme Melanie Guigueno et ses collègues de l'université de l'ouest de l'Ontario l'ont récemment découvert, elles développent également de meilleures compétences spatiales[76]. Chez la plupart des animaux, ce sont les mâles qui possèdent des capacités spatiales supérieures, mais chez les oiseaux, les parasites de couvée renversent ce stéréotype. Seules les femelles vachers localisent, surveillent et revisitent les nids qu'elles parasitent. Elles explorent la canopée et observent les activités de nidification, afin de repérer les nids hôtes potentiels. Puis, avant le lever du soleil, elles les situent dans l'obscurité et y déposent leurs œufs. Dans une étude menée en laboratoire, Melanie Guigueno a constaté que les femelles vachers étaient beaucoup plus adaptées aux tâches de mémoire spatiale que les mâles. Cela suggère que la capacité spatiale supérieure n'est pas intrinsèquement masculine, mais évolue en fonction des exigences écologiques liées au mode de reproduction des oiseaux parasites de couvée.

Les pigeons voyageurs ont un hippocampe plus gros que les autres souches de pigeons élevées pour leurs caractéristiques d'agrément ou d'ornement, telles que les pigeons paons, les boulants et les strassers. Mais cette hypertrophie n'est pas génétique et est difficilement acquise[77].

Une expérience perspicace a récemment révélé que la taille de l'hippocampe du pigeon voyageur dépend de son utilisation[78]. Des scientifiques ont rassemblé vingt pigeonneaux dans le même colombier, près de Düsseldorf, en Allemagne. Une fois que les oiseaux ont été en capacité de voler, la moitié a été autorisée à connaître l'emplacement du pigeonnier et ses environs et a participé à plusieurs courses sur des distances allant jusqu'à 280 km. Les dix autres oiseaux ont été confinés dans un colombier assez spacieux pour pouvoir y voler librement, bénéficiant ainsi d'une activité physique comparable à celle de l'autre groupe, mais sans la pratique de la navigation. Lorsque tous les oiseaux ont atteint leur maturité sexuelle, les scientifiques ont mesuré le volume de leur cerveau et de leur hippocampe. Chez les pigeons ayant eu une expérience de navigation, l'hippocampe était 10 % plus gros que celui de leurs congénères qui étaient restés enfermés. Au dire des chercheurs, le mécanisme biologique responsable de cette augmentation de taille n'est pas clair. « Les cellules existantes pourraient s'élargir », spéculent-ils, ou de nouvelles cellules cérébrales de soutien pourraient s'ajouter au tissu initial (mais probablement pas des neurones), ou encore « il pourrait y avoir une vascularisation accrue de cette zone ».

Dans tous les cas, la taille de l'hippocampe du pigeon pourrait refléter son expérience de la navigation et la fréquence à laquelle ses compétences en la matière sont sollicitées. En d'autres termes, l'hippocampe peut être façonné par son utilisation[a, 79]. Les chercheurs britanniques ont découvert que cela semblait également être le cas chez l'homme, grâce à une étude maintenant célèbre portant sur des « navigateurs modernes » hautement qualifiés : les chauffeurs de taxi londoniens[80]. Avant d'obtenir une licence

a. En revanche, les recherches menées par Vladimir Pravosudov et son équipe sur l'hippocampe des oiseaux qui cachent des aliments « suggèrent que de nombreux attributs du cerveau (comme la quantité de neurones matures) ne sont en réalité pas très plastiques et ne changent pas dans des conditions différentes. En d'autres termes, il est probable que beaucoup de ces attributs sont héréditaires et les variations entre les populations ont vraisemblablement été produites par l'action de la sélection naturelle sur la mémoire, plutôt que par une adaptation des individus à des conditions changeantes ».

d'exploitation, les chauffeurs aspirants passent un examen rigoureux connu sous le nom de « The Knowledge » (la Connaissance). Cela implique de mémoriser la localisation de près de 25 000 rues, ainsi que des milliers de points de repère dans ce qui a été jugé, selon une enquête populaire, comme la « ville la plus déroutante du monde[81] ». La formation pour se présenter à l'examen dure de deux à quatre ans. Les scientifiques ont constaté que les chauffeurs de taxi qui conduisaient depuis un certain nombre d'années dans la capitale britannique possèdent plus de matière grise dans la partie arrière de leur hippocampe que leurs collègues débutants ou que les conducteurs de bus[a].

Cela soulève une question troublante. Si nos efforts de navigation humaine façonnent notre hippocampe, que se passe-t-il quand nous cessons de l'utiliser à cette fin – lorsque nous nous appuyons trop sur la technologie, comme sur les assistants GPS, qui permettent de se repérer et de se déplacer sans peine ? Les assistants GPS remplacent les sollicitations cérébrales de la navigation par une forme très schématique de comportement stimulus-réponse : « Tournez à gauche, tournez à droite. » Certains scientifiques craignent qu'une dépendance excessive à cette technologie ne réduise notre hippocampe. En effet, lorsque des chercheurs de l'université McGill ont examiné, chez des personnes âgées, le cerveau de celles qui utilisaient un assistant GPS et de celles qui n'en avaient pas, ils ont constaté que les sujets habitués à naviguer eux-mêmes présentaient davantage de matière grise dans leur hippocampe et moins d'altérations cognitives globales que ceux qui dépendaient de leur assistant GPS[82]. Au fur et à mesure que nous perdons l'habitude de former des cartes cognitives, nous risquons de

a. L'obtention du *Knowledge* peut néanmoins avoir un coût. Les chauffeurs de taxi doués pour cet examen ont obtenu de mauvais résultats à des tests portant sur d'autres types de mémoire spatiale, qui impliquaient l'acquisition ou la récupération de nouvelles informations visuelles. La matière grise dans leur hippocampe antérieur était en outre réduite.

perdre de la matière grise et, si Tolman a raison, nos capacités de compréhension sociale.

Nous savons où réside la carte mentale d'un oiseau. Mais quelle dimension peut-elle avoir ?

Je pense à ce matin d'un début d'octobre, sur la plage du cap Henlopen, dans le Delaware. Il fait froid depuis l'aube, la température de l'eau a baissé brusquement. Sur le côté de la baie du Delaware, j'espère apercevoir un balbuzard pêcheur, mais les grands oiseaux ont pour la plupart déjà disparu, partis en direction du sud vers le Pérou ou le Venezuela pour hiverner dans les marécages chauds de l'Amazone.

Cependant, c'est encore le pic de la saison migratoire pour les rapaces, ainsi que pour les oiseaux chanteurs dont ils se nourrissent. En traversant la baie du Delaware à cap May, on peut observer des faucons émerillons, dits également « faucons merlins », mais aussi des crécerelles, des faucons pèlerins, des éperviers bruns et des éperviers de Cooper faire une pause pour fondre sur un petit oiseau en migration, prenant ainsi des forces pour leur propre voyage. Les passereaux bruns sont nombreux au cap May et les zones broussailleuses de Hidden Valley, de même que les terres agricoles connues sous le nom de Beanery, sont constellées des éclats colorés que forment les chardonnerets et les diverses parulines – à croupion jaune, à couronne rousse, à collier, rayées –, ainsi que les viréos aux yeux rouges.

Un front froid peut pousser des dizaines ou même des centaines de milliers d'oiseaux chanteurs migrateurs jusqu'à cette région, une vision merveilleuse depuis la digue à la plage de Higbee. Ces migrants néotropicaux se reposeront et se nourriront pendant quelques jours, puis se remettront en route durant la nuit. J'aime imaginer le ciel nocturne d'automne voilé d'oiseaux sombres volant en direction du sud.

Tandis que je contourne Henlopen vers le côté océanique du cap, une épaisse couche de brouillard serpente au large de la côte. Je la regarde un moment avec curiosité à mesure qu'elle se rapproche, comme une vague grise géante. Soudain, elle m'enveloppe dans une couverture d'humidité salée. Les collines de sable le long de la côte fondent en brume, et je ne vois plus à un mètre devant moi. C'est étrangement désorientant, mais sans plus, je peux facilement localiser le rivage et retrouver mon chemin à travers les dunes.

C'est tout à fait différent lorsqu'on se retrouve dans le brouillard en pleine mer. John Huth, professeur de physique à l'université Harvard, raconte comment il est parti en kayak pour Nantucket Sound[a] par un clair jour d'automne et s'est retrouvé sans préavis englouti dans un brouillard dense[83]. Kayakiste expérimenté, il avait pris soin de noter des paramètres importants avant de partir, en particulier la direction du vent et des vagues. « Je suis resté près de la rive, écrit-il, et chaque fois que le brouillard dissimulait mes points de repère, je savais comment me diriger vers la terre ferme. » Deux autres kayakistes qui naviguaient à proximité ce jour-là n'ont pas été si heureux ; ils ont apparemment perdu la direction de la côte, ont été submergés par de lourdes vagues et se sont noyés.

Comme le souligne John Huth, les premiers navigateurs pouvaient déchiffrer des indices dans la nature, afin de trouver leur chemin. Les voyageurs polynésiens ont créé une boussole naturelle en se souvenant de la position des étoiles lors de leur élévation et de leur disposition. Les commerçants arabes utilisaient l'odeur et le « ressenti » des vents pour traverser l'océan Indien. Les Vikings se servaient de la position du soleil pour déterminer durée et orientation. Les navigateurs des îles du Pacifique lisent les vagues. Avec de l'apprentissage, nous pouvons trouver notre

---

a. Zone à peu près triangulaire de l'océan Atlantique au large des États-Unis, dans le Massachusetts, de 48 km de long sur 40 km de large. Comprise entre le cap Cod au nord, Nantucket au sud et Martha's Vineyard à l'ouest, elle est d'une très grande diversité biologique (NdT).

chemin à partir d'observations attentives du soleil, de la lune et des étoiles, des marées et des courants, du vent et des conditions météorologiques. J'ai été intéressée d'apprendre qu'environ un tiers des langues du monde décrivent l'espace occupé par le corps non pas via les notions de droite et de gauche, mais par les directions cardinales[84]. Ceux qui parlent de telles langues sont plus compétents pour s'orienter et déterminer l'endroit où ils se trouvent, même dans un environnement inconnu. Mais sans carte ou assistants GPS en main, la plupart des hommes modernes n'ont aucun espoir de naviguer.

Les oiseaux qui migrent à travers l'immensité du ciel, pour leur part, perdent rarement leur chemin, même dans l'obscurité ou le brouillard. Comme les pigeons, ils s'appuient sur les indications délivrées par les boussoles naturellement disponibles, à partir de repères visuels, du soleil et des champs magnétiques.

La nuit, certains utilisent les étoiles, mais pas comme on pourrait le penser. Ils n'ont pas en tête une carte des constellations, ils apprennent à repérer la rotation apparente du ciel nocturne autour de l'étoile Polaire[85]. Lors du premier été de leur existence, les oisillons qui volent pour la première fois cherchent dans le ciel étoilé son point de rotation. Dans l'hémisphère Nord, ce centre de rotation est l'étoile Polaire, que les oiseaux apprennent à interpréter comme indiquant le nord. Ils s'orientent vers le sud en s'éloignant de cette étoile. Une fois que leur boussole stellaire est complètement établie, ce qui ne prend que deux semaines environ, ils peuvent se diriger grâce aux étoiles, même si seulement une partie d'entre elles sont visibles.

Je sais que la navigation à l'aide de repères célestes n'est pas nécessairement un signe d'intelligence élevée. Après tout, les bousiers – ces coléoptères plus connus pour façonner de petites boules d'excréments d'animaux, qu'ils mangent plus tard – utilisent la lumière de la Voie lactée pour s'orienter la nuit[86]. Pourtant, il me semble merveilleux que les oiseaux puissent déterminer l'orientation nord-sud en apprenant le motif de la rotation des étoiles.

Les oiseaux migrateurs sont occasionnellement détournés de leurs itinéraires sur des centaines, voire des milliers de kilomètres par des événements naturels comme les tempêtes. Ce sont en quelque sorte des expériences de déplacement naturel à grande échelle. La capacité de la plupart des oiseaux migrateurs de retrouver leur chemin vers leur destination après de tels détournements tout à fait désorientants suggère que leurs cartes mentales peuvent être en effet très vastes.

J'avais envisagé de visiter le cap Henlopen un an plus tôt, mais mes projets ont été déjoués par l'ouragan Sandy. Juste un jour ou deux avant mon arrivée prévue cette année-là, la supertempête se dirigeait vers le sud, et son œil visait directement le cap. Je suis contente de ne pas l'avoir bravée. Elle a frappé Henlopen à mort, a noyé les routes et détruit des ponts, empilant du sable dans des parcs de stationnement et les rues secondaires.

Après le passage de Sandy, toute la côte orientale du continent grouillait de « vagabonds ». C'est un terme intéressant, couramment utilisé pour ceux qui voyagent sans aucun soutien. Il est emprunté au bas latin *vagabundus*, « vagabond, errant », dérivé lui-même du latin classique *vagari*, « aller çà et là, errer ». Un oiseau vagabond est un oiseau égaré ou qui a été détourné de sa destination ; on parle également d'« espèce erratique » pour une espèce que l'on retrouve dans une zone géographique située en dehors de son aire de répartition habituelle, et d'« oiseau rare » – la joie des ornithologues amateurs – quand il s'agit d'un individu isolé dont la présence dans une zone géographique donnée est inhabituelle.

Dans le sillage de Sandy, les observateurs d'oiseaux au cap May ont signalé avoir vu plus d'une centaine de labbes pomarins – des oiseaux de mer prédateurs – qui avaient été probablement poussés vers l'intérieur des terres tandis qu'ils migraient au sud depuis leurs terrains de nidification arctiques pour hiverner dans les mers tropicales. Des centaines d'autres oiseaux ont été repérés dans l'arrière-pays, en Pennsylvanie, volant vers le sud le long du fleuve Susquehanna. Des sternes fuligineuses et des phalaropes à bec large, une mouette de Sabine, un puffin cendré et un oiseau tropical ont échoué à Manhattan. Des vanneaux huppés – oiseaux de rivage européens – ont été dispersés en plein champ le long des côtes de la Nouvelle-Angleterre. Enfin, un pétrel de Trindade, un oiseau marin qui passe normalement ses jours sur l'océan Atlantique, au large du Brésil, est tombé près d'Altoona, en Pennsylvanie, à l'ouest des Appalaches et à 320 km de la côte. Il n'y est cependant pas resté longtemps. Dès que le vent est retombé, il a mis le cap sur le sud.

Si vous voulez ajouter un oiseau rare à votre carnet d'observations ornithologiques, vous devez agir rapidement. Généralement, ils reprennent leur voyage après une journée, sachant apparemment quel chemin ils doivent prendre.

La promenade expérimentale des bruants à couronne blanche du nord-ouest du Pacifique à Princeton, dans le New Jersey, était une version extrême de l'ouragan Sandy, une expérience de déplacement délibéré et massif. Les scientifiques qui l'ont dirigée espéraient éclairer la question de la taille de la carte de navigation d'un oiseau, et ils y sont parvenus.

Que les bruants, même ceux qui ont une expérience minimale, puissent rapidement ajuster et corriger leur parcours après un déplacement de 4 800 km suggère l'existence d'une vaste carte de navigation mentale, qui englobe au moins les États-Unis continentaux et éventuellement tout la planisphère[87].

L'expérience a également laissé entendre que cette carte est fondée sur l'expérience. Les jeunes oiseaux complètement inexpérimentés ne s'en sont pas si bien tirés. Ils ont échoué à trouver leur chemin à travers le pays et, guidés par leur seul instinct, se sont au lieu de cela déplacés vers le sud[a, 88].

Les oiseaux ne naissent pas avec leurs cartes mentales. Ils la construisent par l'apprentissage. Certains, comme les grues blanches, le font en suivant le cheminement des adultes qui les entourent. Les jeunes inexpérimentés se mettent dans le sillage des adultes le long des itinéraires de migration, c'est pourquoi les scientifiques peuvent entraîner de jeunes grues en captivité à suivre un avion ultraléger comme s'il s'agissait du *Joueur de flûte de Hamelin*, version aviaire[b, 89].

Cependant, suivre un parent n'est pas toujours possible. Le jeune macareux à l'envol, par exemple, quitte les falaises isolées et escarpées de l'Atlantique Nord et les îles l'ayant vu naître durant la nuit, bien avant que les adultes abandonnent la colonie pour l'hiver.

De même, un jeune coucou faisant sa saison anglaise à Norfolk ne peut pas suivre ses géniteurs dans les forêts tropicales du Congo, parce qu'ils sont déjà partis vers le sud avant qu'il ait pris son envol du nid de ses parents adoptifs.

Pourtant, un jeune oiseau migrateur – à condition qu'il ne soit pas kidnappé et expédié, dans une boîte fermée, à travers le pays – parvient, d'une façon ou d'une autre, à trouver son chemin à des centaines ou

---

a. Ces résultats ont confirmé ce que les scientifiques savaient grâce à une expérience impressionnante réalisée sur les étourneaux dans les années 1950, où plus de 11 000 d'entre eux avaient été transportés en Suisse. Les oiseaux adultes avaient retrouvé le chemin de leurs terrains d'hivernage normaux dans le sud de l'Angleterre ou dans le nord-ouest de la France. Les jeunes s'étaient dirigés beaucoup plus vers le sud-ouest, ce qui, selon Kasper Thorup et Richard Holland, auteurs de l'expérience de déplacement des bruants, « correspond à la direction normale de leur migration à travers les Pays-Bas ».

b. Cette étude a révélé que les jeunes oiseaux qui suivaient les plus âgés avaient généralement tendance à moins se détourner de l'itinéraire – taux d'approximativement -40 % – que ceux qui se débrouillaient par eux-mêmes. La capacité d'une grue de s'en tenir à une trajectoire de vol direct augmente régulièrement chaque année jusqu'à ses cinq ans environ.

à des milliers de kilomètres de ses terrains d'hivernage, bien qu'il n'y ait jamais séjourné. Pour ce faire, il se repose sur un peu de merveilleuse intelligence génétique, un programme inné de type « horloge et boussole » qui lui indique de voler pendant un certain nombre de jours dans une certaine direction. L'horloge est un chronométreur interne sous contrôle génétique, qui dicte le nombre de jours de vol. Nous le savons parce qu'un oiseau migrateur en cage fera preuve d'une durée déterminée d'agitation migratoire, le *Zugunruhe*, qui est étroitement corrélée avec la distance sur laquelle son espèce migre habituellement[90]. En ce qui concerne la boussole, pour quelques espèces au moins, certains oiseaux juvéniles possèdent une boussole héréditaire à une seule direction, spécifique à leur espèce, qui les place sur le bon parcours. Pour rester dans la direction requise, ils comptent sur les signaux de la boussole que les adultes utilisent, y compris le soleil, les étoiles, le champ géomagnétique et les signaux lumineux polarisés disponibles au coucher du soleil. Le crépuscule constitue une source importante d'informations relatives à la navigation pour des animaux de tous types. C'est la seule période du jour où les oiseaux et les autres espèces peuvent combiner des modèles de polarisation lumineuse, la position des étoiles et des repères magnétiques.

Il est difficile de se figurer comment fonctionne ce programme inné, en particulier pour les oiseaux dont les itinéraires sont extrêmement précis et complexes, mais d'une manière ou d'une autre, codées dans leurs gènes et transmises d'une génération à la suivante, les informations spécifiques à l'espèce concernent à la fois direction et distance.

Pour le voyage de retour et les migrations ultérieures, les oiseaux ne dépendent plus des informations héritées. En voyageant, ils élaborent une carte cognitive qui leur permet d'utiliser la vraie navigation pour retrouver des lieux de nidification ou d'hivernage qu'ils ont visités auparavant et même de corriger leurs trajectoires perturbées par les vents, les tempêtes et divers événements naturels. Pour certains oiseaux, au moins, cette carte mentale semble être immense, couvrant les continents et même les océans.

En témoigne le bruant à couronne blanche ou le puffin des Anglais. Dans une expérience de déplacement de ces derniers, les sujets transportés à Boston, à plus de 5 100 km de leur île de nidification au pays de Galles, ont trouvé le chemin du retour à la maison en seulement douze jours et demi[91].

De quoi est faite cette carte ? Elle pourrait fonctionner comme notre système de coordonnées cartésiennes, avec des paramètres environnementaux qui varient de manière prévisible le long de gradients, fournissant des informations sur la latitude et la longitude. Pour utiliser ces gradients, explique Richard Holland, de l'université Queen's à Belfast, les oiseaux « devraient apprendre qu'ils varient de manière prévisible en intensité avec l'espace (et éventuellement le temps) dans le secteur constituant leur territoire habituel et extrapoler cela pour les zones situées au-delà[92] ».

Mais quelles sont les indications sensorielles qui contribuent aux coordonnées de la carte ? Est-ce qu'il existe même des coordonnées ? En dépit d'une multitude d'études menées au cours des quatre dernières décennies, nous essayons toujours de résoudre la complexité de cette question des repères cartographiques.

La carte en gradients peut être partiellement géomagnétique. Holland et l'un de ses collègues ont récemment fait une curieuse découverte[93]. Ils ont capturé plusieurs rouges-gorges qui s'étaient arrêtés en repos sur leur route migratoire et les ont exposés à une forte impulsion magnétique, perturbant temporairement leur sensibilité magnétique. Ils les ont ensuite libérés. Les plus jeunes d'entre eux, qui n'avaient pas d'expérience de navigation antérieure, n'ont pas semblé perturbés par l'impulsion et ont continué sur la trajectoire prévue, guidés par leur programme inné, mais les adultes ont poursuivi dans la mauvaise direction. Les chercheurs ont émis l'hypothèse que les oiseaux adultes avaient élaboré des cartes magnétiques mentales au cours de leurs migrations, qui les aidaient à naviguer dans leurs voyages ultérieurs. L'impulsion magnétique pourrait avoir « réinitialisé » ces cartes, plongeant les oiseaux dans la confusion.

Une autre expérience récente portant sur des rousserolles effarvattes – une espèce de fauvettes des marais – a conduit à une explication similaire. Une équipe dirigée par Nikita Chernetsov et Henrik Mouritsen a capturé des rousserolles sur leur route migratoire depuis le nord, de Kaliningrad sur la mer Baltique, en Russie, au sud de la Scandinavie[94]. Sur la moitié des oiseaux, les scientifiques ont tranché le nerf reliant le bec au cerveau – le nerf trijumeau –, censé transmettre l'information magnétique au cerveau. Ils ont ensuite déplacé tous les individus de plus de 1 000 km à l'est de leur trajet migratoire normal. Les rousserolles dont le nerf trijumeau était intact se sont rapidement réorientées vers le nord-ouest et leurs terres de reproduction habituelles, mais les oiseaux mutilés se sont dirigés vers le nord-est, comme s'ils étaient encore sur leur voie migratoire ordinaire. Le point remarquable est qu'ils savaient où se situait le nord, mais ils avaient perdu leur capacité à corriger leur position. En d'autres termes, ils semblaient avoir perdu leur sens de la cartographie.

L'homme est une créature très visuelle, surtout en ce qui concerne les questions spatiales. Il nous est difficile de concevoir une carte faite de repères que nous ne pouvons pas voir.

Selon Jon Hagstrum, géophysicien à Institut d'études géologiques des États-Unis[a], qui étudie la navigation aviaire depuis plus de dix ans, les signaux infrasonores naturels – les bruits de basse fréquence dans l'atmosphère – inférieurs à notre seuil auditif, mais audibles par les oiseaux, peuvent représenter un élément constitutif de la carte qui les aide à se repérer[95].

---

a. US Geological Survey.

Ils peuvent également les avertir de l'arrivée d'un orage. Un exemple surprenant de la capacité apparente de certains oiseaux d'anticiper les tempêtes imminentes a récemment été mis en lumière de manière accidentelle, en avril 2014[96]. Des chercheurs de l'université de Californie, à Berkeley, travaillaient sur une population de petites parulines à ailes dorées se reproduisant dans les monts de Cumberland, à l'est du Tennessee, et testaient la possibilité qu'elles puissent transporter un dispositif de géolocalisation sur leur dos. Les oiseaux n'étaient arrivés que depuis un jour ou deux, après un voyage de 4 800 km en provenance de leurs territoires d'hivernage en Colombie. L'équipe venait de fixer les émetteurs sur les parulines quand toutes se sont soudainement envolées, évacuant spontanément leurs sites de nidification. Les scientifiques ont appris plus tard qu'une énorme tempête de printemps de type « supercellulaire[a] » se dirigeait vers eux, qui allait engendrer 84 tornades et tuer 35 personnes. Les parulines ont quitté les lieux vingt-quatre heures avant que la tempête dévastatrice ne frappe et sont parties dans toutes les directions, certaines aussi loin que le sud de Cuba. Une fois la tempête passée, elles sont revenues directement vers leur site de nidification, ce qui représentait pour elle un aller-retour de près de 1 600 km.

Les scientifiques qui ont mené l'étude suggèrent que les oiseaux ont pu être avertis par le grondement profond du superouragan lorsqu'il se situait encore entre 400 et 800 km de distance, parce qu'ils percevaient les puissants infrasons de basse fréquence générés par ce type de manifestation météorologique. Bien qu'ils soient inaudibles pour l'homme, les infrasons peuvent en effet voyager sur des centaines, voire des milliers de kilomètres.

Ils sont produits par de nombreuses sources naturelles, mais principalement par les océans. Les interactions entre les vagues en grande

---

a. C'est-à-dire associée à des phénomènes violents comme des tornades et une grosse grêle (NdT).

profondeur et le mouvement de l'eau en surface créent une sorte de bruit de fond dans l'atmosphère, qui peut être détecté n'importe où sur terre à l'aide d'un microphone basse fréquence. En outre, les changements de pression sur les fonds marins génèrent des ondes sismiques au sein de la croûte terrestre ; ces ondes peuvent interagir avec l'atmosphère à la surface du sol – « comme le pavillon d'un haut-parleur géant », explique Jon Hagstrum –, produisant des ondes infrasonores qui, relayées par les falaises, les coteaux et les terrains escarpés, peuvent parcourir de grandes distances. Chaque emplacement sur terre possède une sorte de signature sonore, façonnée par la topographie. Selon Hagstrum, les oiseaux sont capables d'utiliser ces signatures sonores pour naviguer et localiser leurs destinations « de manière infrasonore ».

« À l'instar de la façon dont nous voyons un paysage, je pense que les oiseaux l'entendent, explique le scientifique. Lorsqu'ils sont loin, ils écoutent probablement les sons produits par les caractéristiques les plus générales du paysage et, à mesure qu'ils se rapprochent, ceux émis par des singularités plus précises et plus petites[97]. » En d'autres termes, un pigeon peut savoir à quoi ressemble la zone autour de son pigeonnier en l'« écoutant ». « Des pigeons dont les yeux ont été masqués par des verres dépolis peuvent ainsi parvenir à moins d'un kilomètre ou deux de leur pigeonnier, mais ils doivent le visualiser pour leur approche finale, indique Hagstrum. Je pense que c'est la surface minimale requise pour que les infrasons produits soient assez puissants pour que le pigeon les entende. »

Cette théorie suscite beaucoup de scepticisme. « La preuve anecdotique est certainement fascinante, commente Henrik Mouritsen, mais la question clé à laquelle doit répondre quiconque propose que les infrasons fonctionnent comme un élément du sens de l'orientation aviaire est de nature sensorielle : les oiseaux peuvent-ils détecter les infrasons ? Il n'y a aucune preuve de cela. Peuvent-ils en outre déterminer leur direction ? Cela nécessite normalement une très grande distance entre les oreilles, comme chez les éléphants et les baleines[98]. » De l'avis du scientifique, l'explication la plus probable, si l'on veut rendre compte de l'aptitude des parulines du Tennessee à détecter les supertempêtes encore éloignées, n'est pas leur faculté de percevoir les infrasons, mais leur sensibilité aux changements de pression atmosphérique – un paramètre que les oiseaux sont justement capables de ressentir.

Cependant, si la théorie des infrasons de Jon Hagstrum est vraie, elle pourrait éclairer la disparition de Whitetail et des 60 000 autres pigeons qui se sont volatilisés entre la France et l'Angleterre voilà presque deux décennies. Intrigué par la perte de tant d'oiseaux dans cette course désastreuse, le chercheur s'est penché sur les archives historiques dans l'espoir d'y découvrir une corrélation avec des événements sonores inhabituels. Il a effectivement relevé un fait marquant ce jour-là[99]. Tandis que les pigeons se dirigeaient vers la Manche, leur trajectoire de vol a croisé celle d'un Concorde SST quittant Paris. Hagstrum rapporte qu'après que l'avion supersonique a franchi le mur du son il a déployé un « tapis sonore grondant » si fort qu'il a effacé la carte de navigation acoustique des pigeons, les désorientant complètement.

L'hypothèse de Jon Hagstrum peut également contribuer à expliquer pourquoi certaines zones fonctionnent pour les pigeons voyageurs comme autant de « triangles des Bermudes » dans lesquels ils ont tendance à disparaître ou à se perdre sans espoir de retour. La géométrie du terrain pourrait y créer ce qu'il appelle des « ombres sonores », perturbant l'orientation acoustique des navigateurs.

Ce concept demeure néanmoins hautement controversé. Selon Richard Holland, « ces corrélations sont convaincantes, mais elles ne sont que cela : des corrélations » – dans le cas de la course de pigeons maudite, une correspondance entre la perturbation infrasonore (le grondement sonique du Concorde) et le dysfonctionnement du sens de l'orientation (les oiseaux manquants). « C'est une preuve faible, dit Holland, aucune expérience n'a encore démontré un quelconque effet des infrasons sur la navigation chez les oiseaux[100]. »

Les odeurs pourraient également jouer un rôle dans la carte de navigation des oiseaux – cet autre concept étire l'imagination humaine et inspire le débat, bien que cette théorie soit soutenue par des preuves expérimentales substantielles. L'idée que des repères olfactifs pourraient influer sur la navigation aviaire est née il y a plus de quarante ans, lorsque Floriano Papi a mené une expérience sur les pigeons en Toscane[101]. Le zoologiste italien et ses collègues ont sectionné les nerfs olfactifs d'un groupe de pigeons, avant de relâcher les animaux sur un site qui leur était inconnu. Ces oiseaux ne sont jamais revenus, tandis que leurs compagnons qui n'avaient subi aucune mutilation sont rapidement retournés à leur pigeonnier. À peu près au même moment, l'ornithologue allemand Hans Wallraff a constaté que les pigeons vivant dans un pigeonnier protégé du vent par des écrans de verre n'étaient pas en mesure de retrouver leur chemin jusqu'à lui[102]. Ainsi est née l'hypothèse de la navigation olfactive, qui suggère que les pigeons apprennent à associer les odeurs de leur pigeonnier à la direction du vent et à utiliser cette information pour déterminer le chemin du retour chez eux.

La possibilité que les oiseaux naviguent à l'aide d'une carte olfactive peut éclairer un paradoxe évolutif étrange qui rend les scientifiques perplexes depuis plus d'une décennie. Il s'agit d'une coïncidence peu probable dans la géométrie du cerveau animal, donc un hasard qui n'en est pas un[103]. Si l'on observe le cerveau des Vertébrés à travers les différents niveaux de classification du vivant pour le règne animal – ordres, classes, familles et espèces –, un modèle précis émerge, une sorte de loi de mise à l'échelle universelle. Chez presque tous les Vertébrés, les composantes du cerveau, du cervelet à la moelle en passant par le cerveau antérieur, augmentent de manière prévisible avec la taille du cerveau dans son ensemble[104]. Le plus souvent, on peut prédire les dimensions d'un élément cérébral à partir du volume global du cerveau. Les structures qui ont évolué le plus récemment sont généralement les plus grosses.

La nature invente parfois de si jolies règles.

Cependant, « le principe “tardif égal gros” connaît une exception importante », explique Lucia Jacobs, psychologue à l’université de Californie, à Berkeley : le bulbe olfactif. C’est un renégat sous presque tous ses aspects.

Le bulbe olfactif est une partie ancienne du cerveau consacrée au sens de l’odorat, que l’on trouve chez tous les Vertébrés. Il est souvent plus petit ou plus gros que prévu par rapport au reste du cerveau. Sa grosseur est particulièrement étrange, compte tenu de son âge évolutif reculé. La taille du bulbe olfactif varie entre les animaux du même ordre, de la même classe ou de la même famille. C’est aussi vrai chez les oiseaux[105]. Les pétrels et les oiseaux marins, tels que les puffins et les albatros, possèdent un bulbe d’environ trois fois la taille de celui des oiseaux chanteurs. Chez la corneille d’Amérique, il ne représente que 5 % de la longueur de l’hémisphère cérébral de l’oiseau, alors que chez le pétrel – ou fulmar – des neiges, c’est plus de 35 %.

La grosseur du bulbe chez certains oiseaux constitue une énigme. Dans le cerveau, « gros » signifie généralement « important ». C’est ce qu’on appelle le « principe de masse appropriée » : plus le volume cérébral consacré à une fonction est conséquent, plus cette fonction est essentielle dans la biologie de l’animal. Les scientifiques ont longtemps cru que les oiseaux avaient peu d’odorat, car ils ne manifestaient aucun des comportements les plus évidents suscités par ce sens, comme se renifler l’arrière-train ou déterrer des truffes. Ils s’apparentaient davantage, comme nous, à des créatures visuelles dotées de systèmes de vision hautement évolués et sophistiqués. « Le développement extraordinaire d’un ensemble d’organes n’est jamais accompli sans que cela ne se fasse au détriment d’un autre, a écrit un ornithologue en 1892. Dans le cas des oiseaux, ce sont les organes de l’odorat qui ont été sacrifiés[106]. »

Cette représentation a radicalement changé. L'évolution des mentalités a commencé dans les années 1960 avec une série d'expériences révélant que des pigeons exposés à un courant d'air parfumé montraient une pointe de fréquence cardiaque. Pour que leur cœur réagisse de cette façon, ils devaient sentir quelque chose. Plus tard, des scientifiques ont planté des électrodes dans le bulbe olfactif de plusieurs oiseaux et, à leur grande surprise, ont trouvé le même modèle d'activation cellulaire en réponse à la stimulation par les odeurs que celui qu'ils avaient pu observer dans le bulbe olfactif et les nerfs des mammifères[107].

Depuis, presque toutes les espèces aviaires testées ont démontré des talents olfactifs, qu'il s'agisse des kakapos[a], de la famille des Sturnidés, des canards ou des petits pétrels connus sous le nom de prions. Les kiwis, ces oiseaux nocturnes de Nouvelle-Zélande, qui ne volent pas, trouvent les invertébrés dont ils se régalent en détectant leur odeur grâce à leurs narines situées sur leurs longs becs. Les vautours sont capables de tracer les relents d'une carcasse d'animal en décomposition à des kilomètres et de l'approcher en volant contre le vent. Les pétrels bleus – des oiseaux de mer qui cherchent leur nourriture dans des eaux sans caractéristiques particulières à l'égard du krill, des poissons et des calmars qu'elles abritent – peuvent déceler très jeunes, avant même de quitter le nid, l'odeur de leurs proies à des concentrations minimes[108]. Ces pétrels nichent dans des terriers sombres et, par les nuits sans lune, ils semblent se fier aux odeurs pour retrouver leur chemin vers leurs terriers personnels à travers des colonies denses[109].

Tous les oiseaux manifestant de façon évidente des comportements liés à l'odorat sont dotés de gros bulbes olfactifs ; néanmoins, même les espèces qui ont un bulbe beaucoup plus petit, comme les oiseaux chanteurs,

a. Strigops kakapo, aussi appelé perroquet-hibou ou *whakapapa*, une espèce nocturne de très grands perroquets – jusqu'à 60 cm (NdT).

semblent sensibles aux odeurs de l'air, du sol et de la végétation et se révèlent capables de les utiliser pour détecter les prédateurs ou les plantes les protégeant contre les microbes nuisibles. Les mésanges bleues qui nourrissent leurs oisillons n'entreront pas dans un nid s'il a été contaminé par l'odeur d'une belette[110]. Elles garniront leur nid de fragments de plantes odoriférantes – mille-feuille[a], menthe à feuilles rondes ou menthe suave, lavande –, afin de protéger les oisillons contre les bactéries pathologiques et les parasites[111]. Les petits oiseaux de mer appelés « stariques cristatelles » ne laissent pas leur bulbe olfactif de taille modeste les empêcher de se livrer chaque été à un rite social impliquant l'odorat : ils plongent leur bec dans la nuque de leurs congénères pour capter leur parfum, un arôme décrit comme celui de la mandarine fraîchement pelée, perceptible seulement durant la saison de reproduction, mais assez fort pour être détectable même par les nez humains jusqu'à 700 m sous le vent[112]. Les diamants mandarins, dont le bulbe olfactif est minuscule, utilisent pourtant leur odorat pour repérer leurs proches, tout comme les mammifères, afin d'éviter la consanguinité, mais aussi de faciliter la coopération avec eux[113].

Pourquoi une si grande variation de la taille du bulbe ? Ces divergences reflètent-elles simplement des besoins différents en termes de perception plus ou moins précise des odeurs, selon la pression liée à la recherche de nourriture ou aux modes de vie sociale ?

Lucia Jacobs a une autre explication. Cette spécialiste de la cognition et de l'évolution du cerveau pense que le bulbe olfactif a évolué pour la première fois chez tous les Vertébrés, y compris les oiseaux, non pour la chasse ou la nourriture ni encore pour se prémunir des prédateurs, pour

a. L'achillée mille-feuille est une espèce de plante herbacée vivace de la famille des Astéracées ; elle possède plusieurs noms vernaculaires : herbe à dindes, herbes à dindons, persil à dinde, herbe aux charpentiers, herbe aux cochers, herbe aux militaires ou au soldat, herbe à la coupure ou saigne-nez, herbe de la Saint-Jean, herbe de saint Joseph et herbe des menuisiers, sourcils de Vénus (NdT).

la communication ou la recherche de partenaires de reproduction, mais plutôt afin de permettre aux « animaux de décoder et de cartographier des modèles d'odeurs dans un objectif de navigation spatiale[114] ». L'univers des odeurs est très dynamique, ses signaux sont en constante évolution. « Il exige une architecture neuronale adaptée à l'apprentissage de modèles complexes », explique la scientifique. Cela pourrait en réalité avoir été la principale force motrice dans l'évolution de l'apprentissage associatif, suggère-t-elle encore, apprendre et se souvenir de la relation entre des éléments non liés – par exemple, l'odeur d'un certain minerai ou d'un arbre et la direction vers l'abri familier. La taille du bulbe chez les oiseaux est aujourd'hui plus étroitement associée à leur capacité à naviguer selon des indices olfactifs qu'à leur faculté de discriminer les odeurs pour trouver de la nourriture ou se protéger des prédateurs. Le pigeon voyageur, par exemple, a un bulbe olfactif impressionnant par rapport à ses cousins domestiques non voyageurs qui partagent pourtant, sur les autres aspects, son mode de vie.

Certains oiseaux dotés de gros bulbes olfactifs semblent posséder une sorte de carte des odeurs détaillée. Anna Gagliardo, de l'université de Pise, a constaté que les puffins cendrés, des oiseaux de haute mer vivant dans l'océan Atlantique, semblent utiliser de tels systèmes pour trouver leur chemin au-dessus de la mer[115]. Les puffins errent sur les grands océans à la recherche de nourriture, mais chaque année, ils parviennent à retrouver la même petite île sur laquelle se reproduire et élever leurs jeunes. Pour déterminer le mécanisme sous-jacent à ce comportement, Gagliardo et ses collègues ont enlevé deux douzaines de puffins de leurs nids, aux Açores, pendant la saison de nidification et les ont chargés sur un cargo à destination de Lisbonne[116]. Certains des oiseaux ont été équipés de petites barres magnétiques qui brouillaient leur sens magnétique ; d'autres ont eu les narines rincées avec du sulfate de zinc, effaçant temporairement leur odorat. Une fois que le navire s'est trouvé à des centaines de kilomètres de leur île de reproduction, les oiseaux ont été relâchés. Les individus dont le magnétisme avait été parasité ont su repérer le chemin du retour, mais ceux dont l'odorat avait été neutralisé sont apparus complètement déroutés et ont sillonné l'océan durant des semaines. Certains ne sont jamais revenus dans leurs îles.

Une carte de navigation olfactive ne ressemblerait à aucune des cartes bicoordonnées qui nous sont familières. Lucia Jacobs imagine un système de cartographie double pour l'espace olfactif, fondé sur les travaux de Floriano Papi, d'Hans Wallraff et d'autres chercheurs[117]. La première partie est une carte à basse résolution composée de divers ensembles d'odeurs qui se combinent avec plusieurs gradients pour créer une grille divisant l'espace olfactif en sous-régions qu'elle appelle des « quartiers »[118]. Ces ensembles d'odeurs peuvent consister en différents rapports des composés organiques volatils, les produits chimiques dans l'atmosphère qui peuvent être la source d'odeurs. Lorsque Wallraff a échantillonné l'air de 96 sites dans un rayon de 200 km autour d'un colombier de pigeons dans le sud de l'Allemagne, il a constaté que ces rapports augmentaient ou diminuaient selon des gradients spatiaux assez stables[119]. Pour un pigeon, ces variations de ratios peuvent se traduire par des changements d'odeurs. En d'autres termes, des zones différentes portent des signatures olfactives différentes.

Prenons un pigeon dans son pigeonnier. Il y a un arôme de citron dans une direction et le parfum des oliviers dans l'autre. Si l'oiseau vole vers les citronniers, l'odeur des citrons se renforcera alors que celle des olives diminuera. Si l'on dépose un pigeon dans un « quartier » quelque part entre les deux – 20 % de citron, 80 % d'olive –, il trouvera à partir de ce mélange particulier de gradients des informations sur la direction de son colombier.

La seconde partie de la carte est une collection de repères odorants – mélanges d'odeurs uniques ou spécifiques à un lieu particulier. Imaginez une interprétation aromatique de la statue de la Liberté ou de la tour Eiffel.

Cette notion de carte olfactive est encore sujette à de vifs débats et soulève des difficultés importantes. Les odeurs sont en suspension dans l'air et se déplacent avec les vents. Il semble donc peu probable qu'elles puissent prendre la forme d'une carte bicoordonnée stable. « De toute évidence, la question des turbulences atmosphériques fait problème, déclare Lucia Jacobs, mais les oiseaux et les autres animaux sont assez doués pour prendre en compte ces turbulences. » Il s'avère néanmoins que la distribution de certaines odeurs dans l'atmosphère est assez persistante, créant des gradients spatiaux prévisibles qui peuvent être utiles pour un oiseau naviguant sur des distances de plusieurs centaines de kilomètres, mais probablement pas au-delà.

Pour compliquer les choses, il est possible que les odeurs agissent davantage comme des facteurs de motivation que comme des repères d'orientation. Une étude a révélé que, chez les jeunes pigeons, les odeurs semblent activer d'autres processus de navigation[120]. Selon Richard Holland, si cette conclusion est vérifiée, le fait de percevoir des odeurs « non domestiques » peut déclencher chez l'oiseau l'activation d'un système de navigation fondé sur d'autres paramètres[121].

Pourtant, une expérience récemment menée par Holland et ses collègues a montré que des oiseaux adultes privés de leur odorat, puis déplacés de l'Illinois à Princeton, dans le New Jersey, ne pouvaient pas prendre en compte ce déplacement comme le faisaient leurs congénères à l'odorat actif[122]. En outre, lorsque les scientifiques ont examiné le cerveau d'oiseaux migrateurs pendant leur *Zugunruhe*, ils ont détecté une activité dans les zones visuelles et olfactives, ce qui suggère que les odeurs jouent effectivement un rôle dans le comportement migratoire – rôle qui, à l'heure actuelle, n'est pas clair[123].

C'est une idée intrigante que cette carte mentale composée, au moins en partie, de mosaïques d'odeurs et de repères s'y rapportant. Lucia Jacobs estime que les oiseaux peuvent utiliser ce système de « quartiers » comme une carte approximative pour situer leur position générale et déterminer la direction de leur vol. L'élaboration du système de repères prendrait du temps, mais produirait finalement une carte de résolution spatiale plus élevée. Dans ce scénario, l'olfaction pourrait alors fournir deux types de repères cartographiques. La scientifique suggère que l'hippocampe s'est spécialisé au fil de l'évolution, afin de traiter et d'intégrer ces deux flux d'informations olfactives. Finalement, il a « appris » à assimiler d'autres types de signaux sensoriels, tels que les signaux magnétiques et le son. Cela pourrait expliquer pourquoi la taille du bulbe olfactif est si aberrante dans son rapport à celle du cerveau. Avec le changement évolutif de certaines espèces en faveur de l'utilisation d'autres informations sensorielles pour la navigation, le bulbe olfactif a diminué en taille.

Je trouve curieusement excitant que les cartes mentales des oiseaux restent… non cartographiées. Il n'y a aucune preuve évidente qu'une indication sensorielle spécifique assure l'ensemble du fonctionnement de système de navigation. Ce qui indique que ce qu'un oiseau particulier utilise sur un voyage précis peut dépendre de l'échelle du déplacement, des informations disponibles, des conditions environnementales ou simplement de ses prédilections.

Par exemple, les indices qu'un pigeon va utiliser pour retrouver son pigeonnier peuvent dépendre de son expérience de vie et de ses choix ou de ses inclinaisons. Dans son étude sur les pigeons voyageurs, Nicole Blaser a constaté que les pigeons n'étaient jamais alignés sur leur cible[124]. Chaque fois, ils ont pris une route légèrement différente, « un compromis entre la direction indiquée par la boussole utilisée, les facteurs topographiques et leurs propres stratégies de vol », dit-elle. Beaucoup de facteurs dépendent de l'endroit où l'oiseau a grandi. Selon Charles Walcott, un pigeon élevé dans un pigeonnier dépourvu d'odeurs ambiantes s'oriente à l'aide d'autres paramètres et n'est pas affecté lorsqu'il est privé de son odorat[125]. De même, les pigeons d'une même fratrie élevés dans divers colombiers répondent différemment aux anomalies magnétiques : l'un trouve son chemin malgré un schéma magnétique étrange quand l'autre est déconcerté et perd son sens de l'orientation.

Les oiseaux sont également des créatures singulières, dotées d'une forme de libre arbitre, qui semblent utiliser les indices d'orientation selon leur propre style. Walcott raconte l'histoire d'un pigeon élevé près d'une haute colline dans le Massachusetts. Lorsqu'il était libéré sur un site inconnu, il volait toujours en premier lieu vers la montagne la plus proche avant de rentrer au colombier – contrairement à l'un de ses congénères, élevé dans le même pigeonnier. Un autre pigeon était un navigateur champion des longues distances, mais un jour qu'il avait été relâché à seulement à 10 km de son pigeonnier, il a simplement abandonné sa course et a atterri par hasard dans un jardin[126].

Dans ce domaine comme dans tous les aspects de la vie des oiseaux – de notre vie également –, l'idiosyncrasie, c'est-à-dire le comportement particulier d'un individu, propre à celui-ci, face aux influences de divers agents extérieurs, et l'opportunisme peuvent prévaloir.

À l'instar d'un cadre qui aime avoir un téléphone cellulaire, un smartphone et un ordinateur portable connectés sur divers canaux informatifs, un pigeon peut compter sur toutes sortes d'éléments disponibles pour obtenir des informations afin de se guider. Il peut utiliser des indices multiples et redondants pour trouver son chemin, et des cartes mentales différentes de tout ce qui a été présenté. Sa grille spatiale peut ne pas être bicoordonnée du tout, mais multicoordonnée, superposée à une combinaison encore mystérieuse de signaux solaires, stellaires et géomagnétiques, d'ondes sonores et de repères d'odeurs tourbillonnantes, le tout parfaitement intégré.

Cette notion semble pouvoir être complétée avec une nouvelle théorie sur l'organisation générale du cerveau aviaire – et du nôtre.

Dans le jargon des neurosciences, le cerveau est connu sous le nom de « système de contrôle distribué massivement parallèle ». En gros, cela signifie qu'ils contiennent un nombre colossal de petits « processeurs » – les neurones – qui fonctionnent en parallèle, mais qui sont distribués partout. Le problème pour le cerveau est alors de savoir comment rassembler toutes ces ressources – la totalité de ce qu'un animal sait – pour relever un défi tel que la navigation ou répondre à des circonstances imprévisibles, comme une tempête.

C'est ce qu'on appelle l'« intégration cognitive ». Le cerveau d'une abeille, avec « seulement » un million de neurones, le fait, de même que le cerveau humain, avec ses 100 milliards de neurones.

« Les hommes excellent dans l'intégration cognitive », affirme Murray Shanahan, neuroscientifique computationnel à l'Imperial College London[a], bien qu'il reconnaisse que les échecs sont monnaie courante, « comme quand je retire le siphon sous mon évier et que je verse son contenu dans le même évier, créant ainsi un déluge d'eau sale en dessous »[127].

Selon lui, la vraie navigation est le triomphe de l'intégration cognitive. Pour y parvenir, il faut un certain schéma de connectivité dans le cerveau. Les informations sur les points de repère, les distances, les relations spatiales, les mémoires, les visions, les sons et les odeurs doivent toutes converger dans un noyau couvrant des aires cérébrales d'importance, puis

a. Université britannique, officiellement The Imperial College of Science, Technology and Medicine, fondée en 1907 et située dans le quartier de South Kensington. Elle est spécialisée dans les sciences, l'ingénierie, la médecine et les études commerciales (NdT).

se répartir entre elles. Cela, explique-t-il, « entraîne une réponse intégrée à leur situation [des oiseaux] du moment ».

Pour tenter de comprendre comment pourrait fonctionner cette connectivité dans le cerveau aviaire, Shanahan s'est entouré d'une équipe de neuroanatomistes à qui il a confié l'analyse des études anatomiques du cerveau de pigeons[128]. Les pigeons sont une espèce adaptée à ce genre de recherche, car, de l'avis du scientifique, ils sont capables d'exploits cognitifs remarquables. S'appuyant sur plus de quarante années d'études sur les voies de circulation entre les aires cérébrales chez ces oiseaux, l'équipe a créé la première carte à grande échelle – le schéma de câblage – de leur cerveau, montrant comment différentes aires cérébrales sont typiquement connectées pour traiter l'information.

La surprise ?

La carte que les chercheurs ont élaborée ressemble beaucoup aux cartes de connectivité établie chez les mammifères, l'homme compris. Bien que l'architecture cérébrale des oiseaux soit radicalement différente de la nôtre, en ce qui concerne la connectivité, leur cerveau semble être organisé de manière similaire. Murray Shanahan voit dans cette similitude ce qu'il appelle un « plan commun pour la cognition de haut niveau ». En termes simplifiés, le cerveau humain est censé être un « réseau de petits mondes », pas très différents de Facebook.

Ses différents modules – ou aires – sont reliés par un nombre relativement petit de neurones fonctionnant comme des concentrateurs-répartiteurs. Ils se connectent avec beaucoup d'autres neurones, parfois sur de longues distances, pour fournir un lien de connexion court entre deux points quelconques du réseau neuronal (comme une personne qui, sur Facebook, a des milliers d'« amis »). Ces concentrateurs-répartiteurs qui relient des zones du cerveau importantes dans la cognition – ayant par exemple trait à la mémoire à long terme, à l'orientation spatiale, à la résolution de problèmes – forment un « noyau conjonctif ».

Shanahan a constaté que les concentrateurs-répartiteurs dans l'hippocampe du pigeon en particulier – si crucial pour la navigation – formaient des connexions très denses avec d'autres parties du cerveau de l'oiseau.

L'idée est la suivante : si un vanneau ou une rousserolle en migration sont détournés de leur itinéraire par une tempête, il se peut que ses sens recueillent des informations par toutes les sources disponibles – odeurs de la terre et de la mer, signature et anomalies magnétiques, inclinaison de la lumière du soleil, disposition des étoiles dans le ciel nocturne –, données qui vont toutes converger vers le noyau conjonctif pour être intégrées, puis réparties dans les aires cérébrales susceptibles de le guider vers sa destination : son territoire de naissance et de reproduction ou ses quartiers d'hivernage.

Dans le cerveau d'un oiseau, un réseau de petits mondes peut donc créer une carte du grand monde. Pour qu'un colibri puisse, chaque printemps, trouver son chemin vers le distributeur de nectar de David White. Pour qu'une sterne arctique puisse voyager comme un missile guidé d'un pôle à l'autre. Pour qu'un matin d'avril, après avoir été absent cinq années durant, Whitetail, le pigeon voyageur, puisse finalement rentrer chez lui.

SPRINKLER
FIRE ALARM
WHEN BELL RINGS
911

{ chapitre VIII }

LA VILLE DES MOINEAUX : *génie de l'adaptation*

« Ce n'est pas l'espèce la plus forte qui survit, ni la plus intelligente. C'est celle qui s'adapte le mieux au changement. » Ces mots sont souvent présentés comme étant de Charles Darwin et avaient même été gravés pendant un temps sur un carreau du sol de l'Académie californienne des sciences avec cette attribution, mais ils sont en réalité de la plume du défunt Leon Megginson[a], professeur de marketing à l'université d'État de Louisiane, qui les avait lui-même, de façon plus ou moins explicite, imputés à l'auteur de *l'Origine des espèces*[b]. Cette citation me revient en mémoire à l'aube d'un matin de mai. Je suis

a. 1921-2010 (NdT).

b. « Yes, change is the basic law of nature. But the changes wrought by the passage of time affect individuals and institutions in different ways. According to Darwin's *Origin of Species*, it is not the most intellectual of the species that survives ; it is not the strongest that survives ; but the species that survives is the one that is able best to adapt and adjust to the changing environment in which it finds itself. Applying this theoretical concept to us as individuals, we can state that the civilization that is able to survive is the one that is able to adapt to the changing physical, social, political, moral, and spiritual environment in which it

avec un groupe d'observateurs des oiseaux pour un décompte de printemps des volatiles dans un centre commercial, le Crossroads Shopping Center, dans le comté d'Albemarle, en Virginie. Nos premiers spécimens sont un quiscale bronzé, un roselin familier – ou roselin du Mexique – et une famille de moineaux domestiques nichant au-dessus d'une enseigne qui annonce *Au lavomatique de maman*.

Nous les appelons les « oiseaux de parking », comme le dit mon ami David White.

Où trouver des nids de moineaux ? Sous les charpentes et les toitures, sur les colliers de serrage qui fixent aux murs les gouttières, dans les gaines d'aération des bâtiments, dans des pots de fleurs sous un porche. Rarement loin des constructions humaines. Une lignée de moineaux a niché des générations durant dans une mine à charbon, à des centaines de mètres sous terre, maintenue en vie par ce que lui apportaient les mineurs. J'ai trouvé une fois un nid de moineaux dans le tuyau d'échappement d'une automobile abandonnée.

« Que faisaient ces oiseaux avant la civilisation ? », demande David.

Comme le suggère son nom latin – *Passer domesticus*[a] –, le moineau domestique est l'exact opposé des oiseaux migrateurs. Comme un hôte plaisant, mais un peu abusif, il est souvent le bienvenu même s'il se montre un peu envahissant, dépassant les limites de l'hospitalité. C'est la plupart du temps un résident permanent, et remarquablement sédentaire, s'accrochant au lieu où il a établi sa résidence, cherchant sa nourriture dans les parages

---

finds itself » – « Lessons from Europe for American business », *Southwestern Social Science Quarterly*, 1963, 44 (1), p. 4.
« It is not the most intellectual of the species that survives ; it is not the strongest that survives ; but the species that survives is the one that is able to adapt to and to adjust best to the changing environment in which it finds itself, [...] so says Charles Darwin in his *Origin of Species* » – « Key to competition is management », *Petroleum Management*, 1964, 36 (1), p. 91 (NdT).

a. De *domus*, la « maison » (NdT).

où niche son groupe et se reproduisant à proximité de sa colonie natale. Pourtant, la propagation rapide du moineau domestique sur l'ensemble du globe est légendaire.

Dans son ouvrage *Biology of the Ubiquitous House Sparrow*, Ted Anderson cite une théorie de l'origine du moineau qui révèle sa nature, proposant que cet oiseau ait toujours été un « commensal[a] dépendant des hommes sédentaires[1] ». Il serait apparu en tant qu'espèce seulement depuis l'avènement de l'agriculture au Moyen-Orient, voilà environ 10 000 ans. D'autres théories lui donnent une origine plus précoce, il y a plus d'un demi-million d'années, sur la base de preuves fossiles trouvées dans une grotte près de Bethléem, en Palestine. Quoi qu'il en soit, le moineau domestique est si habile à s'adapter à tout environnement occupé par l'homme qu'il est souvent qualifié d'« opportuniste ultime » et d'« ombre aviaire de l'humanité »[2].

Est-ce que le talent du moineau pour s'adapter aux habitats humains demande un type particulier d'intelligence ? Qu'en est-il des oiseaux qui ne le possèdent pas ?

Ce ne sont pas des questions anodines. Les oiseaux, en tant que classe, sont confrontés à un changement sur une échelle de temps encore inédite dans leur histoire évolutive. C'est le résultat de l'anthropocène, une nouvelle période dans la chronologie de l'histoire de la Terre, marquée par les transformations dues à l'espèce humaine, qui contribuent à ce qu'on appelle la « sixième extinction massive »[3]. Les habitats que les oiseaux ont occupés depuis des millions d'années font place à des terres cultivées, à des villes et à leurs banlieues en plein essor[b, 4]. Des espèces exotiques remplacent les

---

a. Du latin *mensa* – la « table » –, compagnon de table, par extension animal ou végétal associé à un autre d'une espèce différente et profitant de ses aliments sans lui porter préjudice (NdT).

b. « L'agriculture est aujourd'hui l'une des menaces les plus sévères auxquelles sont confrontés les oiseaux du monde », déclare le biologiste Rhys Green. Près de la moitié de la surface

indigènes. Les variations climatiques modifient ou déplacent les zones de précipitations et de température dans lesquelles les oiseaux se nourrissent, migrent et se reproduisent. De nombreuses espèces ne tolèrent pas bien ces changements. Certaines s'en accommodent.

Y a-t-il quelque chose de spécial dans la boîte à outils cognitive des moineaux et des espèces au comportement similaire – pigeons et tourterelles notamment –, dites synanthropes[a], c'est-à-dire qui s'installent près de l'homme ? Ces volatiles disposent-ils d'un ensemble de compétences mentales qui leur permettent de prospérer en tout lieu, indépendamment de l'altération ou de la dégradation des conditions ?

Ou peut-être est-ce l'inverse. Peut-être les changements que nous traversons en tant qu'espèce modifient-ils les oiseaux eux-mêmes, façonnant la nature de leur cerveau et leurs comportements. Sommes-nous responsables de la sélection d'un certain type d'intelligence aviaire, celle qui, comme chez les moineaux, manifeste la plus grande capacité à s'adapter ?

L'ornithologue Pete Dunn appelle le *Passer domesticus* le « moineau du trottoir[5] ». Avant 1850, il n'y avait pas de moineaux en Amérique du Nord. Aujourd'hui, on en compte des millions[6].

On rapporte que les seize premiers sujets ont été introduits à Brooklyn en 1851 pour enrayer une invasion de mites, ce qui n'aurait peut-être pas suffi à assurer l'établissement du moineau dans le Nouveau Monde, mais un lâcher plus important l'année suivante, en provenance d'Angleterre, a consolidé leur implantation[7]. Les oiseaux ont été aidés par des individus,

---

terrestre a été convertie en terres pâturées ou cultivées ; plus de la moitié des forêts ont été perdues dans cette conversion. L'agriculture constitue le principal péril actuel et probablement futur pour les espèces d'oiseaux, en particulier dans les pays en développement.

a. La synanthropie (du grec ancien *syn* – « ensemble, avec » – et *anthrôpos* – « homme ») est un phénomène écologique décrivant un type particulier d'interaction durable liant certains animaux non domestiques spécifiquement avec les hommes à proximité desquels ils vivent (NdT).

mais aussi par des associations de naturalistes, qui souhaitaient peupler parcs et jardins avec des plantes et des animaux de l'Ancien Monde, ce qui a sans nul doute accéléré leur expansion. Le succès de leur prolifération et de leur propagation n'en reste pas moins étonnant.

Ces migrants d'un nouveau genre ont trouvé un pays à leur goût, riche en graines et en excréments de chevaux. Ils se sont multipliés et dispersés rapidement, débordant dans les zones agricoles, où ils ont exploité toutes les sources alimentaires qu'ils pouvaient rencontrer : les céréales, les baies et les succulentes productions des jardins et des vergers, comme les petits pois, les navets, les choux, les pommes, les pêches, les prunes, les poires et les fraises. Ils furent bientôt considérés comme de sérieux nuisibles. En 1889, quelques décennies après l'introduction du moineau domestique, des clubs furent fondés dans le seul objectif de détruire ces oiseaux, les fonctionnaires du comté et de l'État offrant 2 cents pour chaque moineau tué[8].

Les moineaux ont eu tôt fait de se disséminer à travers les États-Unis et le Canada, s'adaptant à des environnements aussi extrêmes que la Vallée de la Mort en Californie, à 85 m sous le niveau de la mer, et les montagnes Rocheuses du Colorado, à plus de 3 000 m d'altitude. Ils se sont déplacés vers le sud, atteignant le Mexique, puis l'Amérique centrale et l'Amérique du Sud jusqu'à la Terre de Feu. La route transamazonienne qui relie le Pérou à l'océan Atlantique leur a permis d'atteindre la forêt tropicale brésilienne. En Europe, en Afrique et en Asie, leur aire de répartition va du nord de la Finlande à l'Afrique du Sud, et comprend l'Arctique et la Sibérie.

L'humble moineau domestique est maintenant l'oiseau sauvage le plus répandu au monde, avec une population estimée à quelque 540 millions d'individus[9]. On le rencontre sur tous les continents – à l'exception de l'Antarctique – et sur toutes les îles et archipels, de Cuba et des Antilles aux îles hawaïennes, aux Açores, au Cap-Vert et même en Nouvelle-Calédonie.

Ted Anderson écrit qu'il peut s'asseoir dans son salon en écoutant, à la radio ou à la télévision, des nouvelles de n'importe où dans le monde et entendre le chant caractéristique des moineaux domestiques[10].

J'ai grandi dans le Maryland, où le moineau domestique était étiqueté comme un « mauvais » oiseau. Pas seulement inopportun et querelleur, fourrant son bec partout, mais aussi plutôt « voyou », réputé pour molester les « bons » oiseaux – les espèces membres de la famille des Hirundinidés, autrement dit les hirondelles, les différents merles, les troglodytes et, particulièrement, les merlebleus – et les contraindre à abandonner leur territoire.

C'est une réputation méritée. Quand une scientifique, Patricia Gowaty, a surveillé des nichoirs de merlebleus en Caroline du Sud durant six ans, de la fin des années 1970 au début des années 1980, elle a comptabilisé vingt-huit merlebleus adultes morts dans les abris[11]. Vingt d'entre eux montraient un traumatisme violent à la tête ou à la poitrine. « Il y en avait dix-huit dont le haut de la tête était déplumé et sanglant, la boîte crânienne enfoncée », a-t-elle alors noté. Avant ou après ces morts, des moineaux domestiques ont été vus dans dix-huit des vingt nichoirs qu'elle visitait régulièrement.

Les preuves matérielles sont accablantes. Patricia Gowaty n'a jamais surpris un moineau domestique en train de défoncer le crâne d'un merlebleu, mais à trois reprises, elle a découvert des nids de moineaux construits sur les corps des victimes. L'aile droite du cadavre d'un merlebleu était « déployée et incorporée au nid construit par les moineaux », a-t-elle écrit.

Le moineau domestique peut être qualifié de « voyou » ou même de « nuisible », stigmatisé comme pernicieux, voire meurtrier, mais peu importe ce que les gens disent, cet oiseau est un superbe envahisseur, habile à s'accommoder presque partout où il arrive. Sur trente-neuf introductions connues de moineaux domestiques, trente-trois ont été couronnées de succès[12].

Au cours des quinze dernières années, Daniel Sol a réfléchi à ce qui permet à un oiseau comme le moineau de s'installer facilement dans n'importe quel endroit où il se rend. Sol, qui est écologiste au CREAF[a], en Espagne, appelle cela le « paradoxe de l'invasion » : « Pourquoi des espèces exogènes réussissent-elles dans des environnements auxquels elles n'ont pas eu l'occasion de se préparer et deviennent même plus abondantes que beaucoup d'espèces natives ? Qu'est-ce qui donne à certains oiseaux cette marge adaptative face à des changements radicaux[13] ? »

Si un jour des dizaines d'espèces d'oiseaux exotiques vivant loin de leurs environnements naturels spécifiques s'échappent de leurs volières, Sol pourra vous dire lesquelles seront probablement encore là vingt ans plus tard, se chamaillant autour des bancs de nos parcs, criaillant en nuées massives qui assombriront le ciel, remplaçant les espèces indigènes. Il fonde ses prédictions sur ce qu'il a tiré de l'observation des caractéristiques communes des oiseaux « invasifs » à travers le monde entier.

Par le passé, les scientifiques qui étudiaient les invasions aviaires abouties se focalisaient sur l'influence des habitudes de nidification, des modèles de migration, des tailles et des masses corporelles. Il y a quelques années, Daniel Sol et son collègue Louis Lefebvre ont décidé d'évaluer si la taille du cerveau et l'intelligence avaient à voir avec ces succès[14]. Ils ont d'abord examiné les relevés concernant les oiseaux invasifs en Nouvelle-Zélande, une région qui a souffert de la présence d'espèces exogènes de toutes sortes. Sur les trente-neuf espèces d'oiseaux qui y avaient été introduites, dix-neuf seulement se sont acclimatées.

a. Centre for Research on Ecology and Forestry Applications.

Lorsque le duo a comparé les caractéristiques des espèces introduites ayant réussi leur adaptation avec les données relatives à celles qui n'y étaient pas parvenues, deux différences prononcées ont émergé. Les envahisseurs qui avaient le plus prospéré étaient dotés des plus gros cerveaux. Leur comportement s'était également révélé plus novateur et plus flexible, du genre de celui que Louis Lefebvre a documenté dans son échelle du QI aviaire.

Quand Daniel Sol s'est plus tard intéressé aux 428 espèces d'oiseaux qui ont envahi diverses régions du monde, le même schéma a été identifié[15]. Les colonisateurs performants sont ceux qui sont intelligents et inventifs. Bien représentés parmi ces conquérants, on trouve ces rois de l'innovation que sont les Corvidés : le corbeau familier – ou corneille de l'Inde – en Afrique, à Singapour et dans la péninsule arabe ; le corbeau à gros bec au Japon ; le grand corbeau dans le Sud-Ouest américain. Tous possèdent un cerveau volumineux et tous sont considérés comme des ravageurs dans les régions qu'ils ont investies.

De même, les amphibiens et les reptiles colonisateurs ont un cerveau plus gros que leurs pairs qui réussissent moins bien leur adaptation, tout comme chez les mammifères, y compris l'*Homo sapiens*, l'espèce qui, dans la famille des Hominidés, occupe désormais presque tous les habitats terrestres de la planète[16].

Un cerveau volumineux est coûteux en termes de développement et de maintenance, mais on pense qu'il améliore la survie de l'oiseau en lui permettant de s'adapter rapidement à des défis écologiques inhabituels, inédits ou complexes, comme la recherche de nouveaux aliments ou l'évitement de prédateurs inconnus. C'est ce qu'on appelle l'« hypothèse du tampon cognitif[a] », qui permet aux gros cerveaux de s'adapter au changement

---

a. *Cognitive buffer hypothesis*. Dans ce modèle de cognition, les tampons sont des systèmes qui stockent de l'information et permettent sa manipulation pour guider la prise de décision et le comportement (NdT).

environnemental et à ses nouvelles ressources alimentaires ou autres, d'explorer des emplacements étrangers et de nouvelles situations là où une espèce au comportement plus « programmé » ne saura pas sortir de sa routine – en d'autres termes, d'être assez souple cognitivement pour faire les choses différemment. Selon Daniel Sol, pour qu'un oiseau réussisse dans un environnement nouveau ou modifié, il doit avoir l'habitude de faire quelque chose de nouveau[a, 17].

Habituellement, il n'y a pas beaucoup de nourriture pour un oiseau autour d'un parking ou d'un gratte-ciel. Cependant, à Normal, dans l'Illinois, deux écologistes ont observé des moineaux domestiques qui s'affairaient le long d'une ligne de voitures garées dans un parking, glanant des insectes piégés dans les calandres de radiateur[18]. Ces oiseaux ont également été vus en train de chercher des insectes tard dans la nuit, dans le faisceau des projecteurs autour des plates-formes d'observation de l'Empire State Building, à une hauteur de quatre-vingts étages[19].

Ce ne sont que quelques extraits du répertoire des astuces du moineau. Louis Lefebvre a étudié 808 espèces ; dans son catalogue des comportements inventifs des oiseaux, de nombreuses espèces ne comptaient qu'une innovation à leur actif, contre quarante-quatre pour le moineau domestique.

Le moineau est connu pour nicher dans des endroits insolites – poutres, chevrons, gouttières, toits, soffites, couvertines, bouches de ventilation, tuyaux, conduits, etc. Un biologiste du Missouri a découvert un site de nidification vraiment original lorsqu'il a remarqué que des moineaux transportaient des aliments dans le chevalet

a. Selon Sol et ses collègues, une population d'oiseaux « qui goûte facilement de nouveaux aliments ou adopte de nouvelles stratégies d'alimentation est plus préadaptée pour survivre et se reproduire dans un nouvel environnement ».

de pompage – en fonction – d'un puits de pétrole, à McPherson, au Kansas[20]. En inspectant d'autres puits, il a trouvé trois nids installés dans des chevalets, abritant tous des jeunes. Deux d'entre eux étaient en mouvement constant, montant et descendant de près de 60 cm en quelques secondes.

De plus, les moineaux domestiques construisent leurs nids avec des matériaux inhabituels – des plumes arrachées à des oiseaux vivants, par exemple, parfois à des centaines d'entre eux. Tout au long d'une semaine de printemps, un observateur d'oiseaux de l'université Victoria, à Wellington, en Nouvelle-Zélande, a surpris plusieurs moineaux qui collectaient des plumes – à raison de six ou sept toutes les heures – directement sur le croupion d'un pigeon adulte en train de couver. « Le moineau arrivait sur le rebord du nid, a-t-il écrit, sautait sur le dos du pigeon, arrachait une unique plume et s'envolait avec[21]. »

Dans certaines villes, on trouve des mégots de cigarette incorporés aux nids des moineaux, qui fonctionnent efficacement comme antiparasitaire[22]. Les filtres des cigarettes fumées contiennent en effet de grandes quantités de nicotine et d'autres substances toxiques, y compris des traces de pesticides, qui repoussent toutes sortes de dangereuses et répugnantes vermines – un recyclage très ingénieux de ce détritus.

En ce qui concerne la recherche alimentaire, les moineaux domestiques sont particulièrement explorateurs et inventifs[23]. Ils iront partout où se trouve la nourriture, peu importe que l'endroit soit inusité ou les aliments, inhabituels. Ils mangent des matières végétales – principalement des graines –, mais aussi des fleurs, des bourgeons et des feuilles, ainsi que des insectes, des araignées, des lézards, des geckos, occasionnellement même un souriceau, sans parler d'un large éventail de déchets abandonnés par l'homme. Leurs techniques de recherche de nourriture sont tout aussi peu conventionnelles. Des moineaux ont été vus prélevant méthodiquement des insectes pris dans des toiles d'araignées tissées dans les garde-corps le long de la rivière Avon, en Angleterre[24]. Sur l'île hawaïenne de Maui, ils sont passés maîtres dans le pillage des petits déjeuners servis aux touristes sur les balcons des hôtels de l'immense front de mer[25]. Au lieu de patrouiller le long de centaines de balcons face à la mer, les moineaux s'accrochent aux murs de béton qui les séparent et attendent que la collation matinale soit apportée pour s'emparer des morceaux à leur portée. Cela leur permet d'économiser l'énergie qui serait dépensée à voler de-ci de-là pour voir qui prend son petit déjeuner ou à voleter devant un balcon en attendant que les croissants arrivent.

Leur exploit le plus célèbre est peut-être celui qui est venu à bout d'une invention humaine relativement sophistiquée. Il y a quelques années, un couple de biologistes a observé, dans un mélange de surprise et de jubilation, des moineaux domestiques ouvrir à maintes reprises une porte coulissante automatique menant à une cafétéria, dans une gare routière néo-zélandaise[26]. Les oiseaux volaient lentement devant le capteur, latéralement ou verticalement, ou bien encore se posaient dessus et s'inclinaient vers l'avant, pliant le cou jusqu'à ce que leur tête déclenche le détecteur. Ils l'ont fait seize fois en quarante-cinq minutes. La nouvelle porte automatique avait été installée seulement deux mois plus tôt, mais les moineaux avaient facilement percé à jour son fonctionnement. Le sommet du capteur était recouvert de fientes.

La manœuvre a été relevée dans d'autres endroits de Nouvelle-Zélande. Selon un compte-rendu, au Dowse Art Museum de Lower Hutt, un moineau a traversé un sas équipé de deux portes automatiques successives menant à la cafétéria[27]. Quelques minutes plus tard, l'oiseau a activé les deux capteurs pour rejoindre l'extérieur. Les membres du personnel le connaissaient – ils l'avaient d'ailleurs nommé Nigel – pour l'avoir vu déclencher plusieurs fois les détecteurs au cours des neuf mois précédents. Malgré la présence de moineaux et de portes automatiques dotées du même système de capteurs dans de nombreux pays, aucun autre rapport d'observation ne relate le même comportement ailleurs qu'en Nouvelle-Zélande. « Il semble que les ornithologues étrangers n'ont pas signalé une conduite analogue, les moineaux de Nouvelle-Zélande sont peut-être plus intelligents que ceux des autres pays », ont souligné les observateurs.

On peut comparer avec le tourne-pierre à collier, un petit oiseau limicole[a] – c'est-à-dire qui consomme de petits invertébrés vivant dans la vase ou l'humus – qui se situe au plus bas de l'échelle des comportements innovants. Dans son livre *The Wind Birds*, Peter Matthiessen décrit une des premières expériences sur le comportement des oiseaux de rivage par le naturaliste anglais du XVIIIe siècle, Mark Catesby[b] : « Catesby fournissait aux tourne-pierres à collier des pierres à retourner, pour mieux observer le comportement qui a donné son nom à cet oiseau. À une époque où les expériences scientifiques étaient moins complexes qu'elles ne le sont aujourd'hui, on proposait aux oiseaux des pierres qui, systématiquement, n'avaient rien au-dessous ; les oiseaux "ne trouvant pas sous elles leur nourriture habituelle, mouraient" [28]. »

La plupart des Vertébrés ont peur des objets étrangers ou y sont indifférents, mais la nouveauté, sous toutes ses formes, ne semble pas gêner le moineau domestique. Lorsque Lynn Martin, de l'université du sud de la Floride, à Tampa, a testé la tolérance du moineau à de nouveaux objets, tels qu'une balle en caoutchouc et un jouet en plastique figurant un lézard, en les plaçant à proximité de récipients d'alimentation remplis de graines, il a fait une découverte surprenante[29]. Non seulement les

a. Du latin *limus*, « limon, boue » (NdT).
b. 1683-1749 (NdT).

moineaux domestiques n'étaient pas perturbés par ces objets étrangers, mais ils semblaient plutôt attirés par eux ou plus heureux de s'approcher des mangeoires lorsque la balle ou le lézard étaient présents. C'était la première fois que l'on observait qu'un objet inconnu semblait réellement attrayant pour un vertébré – à part l'homme.

Pour coloniser un nouvel endroit, le goût de la nouveauté est une aide précieuse.

De même que le goût de traîner en bande.

Les moineaux sont grégaires. Ils n'aiment pas manger seuls, se baigner seuls ou se percher seuls. Ils se nourrissent en groupe, appelant d'autres oiseaux à se joindre à leur repas. Ils se déplacent en communautés qui vont de quelques individus à des centaines ou, parfois même, à des milliers.

Vivre en groupe leur offre de clairs avantages, de même qu'à d'autres oiseaux. L'un de ces bénéfices est la protection contre les prédateurs – presque tous étant susceptibles de se régaler d'un moineau domestique, plus il y a d'yeux vigilants, mieux cela vaut. La quête alimentaire est également facilitée et plus rapide. Un oiseau rejoignant sa colonie en provenance d'une direction particulière, le jabot visiblement bien rempli, peut indiquer une zone d'alimentation abondante et la route la plus directe pour la rejoindre.

Par ailleurs, il semble que les grands groupes de moineaux puissent résoudre plus rapidement les problèmes que des individus isolés ou des petits ensembles – du moins selon les travaux récents d'András Liker et de Veronika Bokony, de l'université de Pannonia, en Hongrie. Ce duo de chercheurs a constaté que des escouades de six oiseaux battaient facilement et systématiquement des paires lorsqu'il s'agissait d'ouvrir une boîte transparente en Plexiglas portant des trous en son sommet et emplie de graines[30]. Dans ce système un peu compliqué, chaque orifice était muni d'un couvercle fixé par un petit point de colle noire caoutchouteuse. Pour atteindre la nourriture, les moineaux devaient soit ouvrir le couvercle en tirant dessus, soit vigoureusement le piquer du bec pour le détacher. Les groupes de six ont surpassé les duos à tous les égards. Ils ont ouvert quatre fois plus de couvercles, ont été onze fois plus rapides pour résoudre le problème et ont obtenu leurs graines sept fois plus vite. Les scientifiques ont souligné que les meilleures performances avaient été obtenues par les bandes constituées d'individus présentant des capacités différentes, des expériences diverses et des tempéraments variés : « Les grands groupes réussissent parce qu'ils sont plus susceptibles de contenir une gamme hétérogène d'individus, ont-ils noté, dont certains seront particulièrement doués pour la résolution de problèmes. »

Les recherches portant sur d'autres espèces d'oiseaux viennent corroborer ces conclusions. Chez les cratéropes écaillés, par exemple, « une fois qu'un individu dans le groupe maîtrise une tâche, le reste du groupe l'apprend assez rapidement, explique Amanda Ridley. Les nouvelles compétences sont plus susceptibles d'être acquises dans de plus grands groupes[31] ».

C'est aussi vrai chez l'homme. Des études montrent que des ensembles petits, mais variés, de trois à cinq personnes résolvent des tâches intellectuelles plus rapidement que les individus isolés, même les plus brillants[32]. Le psychologue Steven Pinker va jusqu'à prétendre que la vie en communauté et l'occasion qu'elle a offerte à nos ancêtres d'apprendre les uns des autres a préparé la voie à l'évolution de l'intelligence humaine[33].

Les oiseaux invasifs rencontrent constamment des situations difficiles qui nécessitent des solutions nouvelles, que les groupes élaborent plus rapidement que les sujets solitaires[34]. « Pour les espèces telles que les moineaux, qui vivent dans des habitats en constante modification du fait de l'activité humaine, disent les scientifiques hongrois, deux cervelles valent décidément mieux qu'une. »

Cela a pour corollaire que l'esprit d'un moineau domestique n'est pas nécessairement comparable à celui d'un autre de ses congénères.

Que les animaux soient des individus singuliers peut sembler évident aux propriétaires d'animaux de compagnie. Mais pendant longtemps, les variations entre les membres d'une seule espèce aviaire ont été considérées comme un simple bruit. On s'attendait à ce que les oiseaux d'une même espèce se comportent tous de la même façon. « Il y a une grande tendance à voir un animal faire exactement ce qu'il est censé faire[35] », a averti l'ornithologue Edmund Selous, mais « l'uniformité des actions est proportionnelle à la pénurie d'observations[36] ». Les oiseaux sont des individus et ils répondent individuellement à toutes sortes de situations – les indices qu'ils utilisent pour naviguer, leurs réponses aux molécules de type ocytocine[37], la recherche d'accouplements supplémentaires, leurs réactions face à la nouveauté. Comme nous, ils varient en caractères et en comportements. Je soupçonne que ces comportements variables résident dans ce que nous appelons « esprit ». Mais ils apparaissent également dans leur corps – dans la façon dont un oiseau particulier répond au stress, par exemple. Un stimulus stressant qui provoque une réponse importante chez un oiseau – comme l'action de combattre ou de s'envoler – peut causer un simple frissonnement de plume chez un autre. John Cockrem, de l'université Massey en Nouvelle-Zélande, qui étudie les réponses au stress chez les petits pingouins et d'autres oiseaux, a constaté que les réactions de chaque individu aux facteurs de stress environnementaux divergent considérablement[38].

Une fois encore, ces différences peuvent être importantes pour les moineaux dans leur adaptation à des environnements nouveaux ou instables. Ainsi, dans un endroit dangereux comme une ville, il est bon de se rassembler.

Lynn Martin a pu observer des moineaux domestiques en train d'infiltrer un nouveau territoire, ce qui lui a procuré une position privilégiée pour remarquer les traits caractéristiques des oiseaux courageux en première ligne d'une invasion[39]. Ce physiologiste écologique étudie les moineaux domestiques qui grouillent maintenant au Kenya. Ces oiseaux ont d'abord été introduits dans la ville côtière de Mombasa dans les années 1950, probablement par des navires venant d'Afrique du Sud[40]. Martin a commencé à les étudier en préparant son diplôme en 2002, alors que les moineaux étaient encore rares au Kenya. Ils sont désormais communs dans les villes jusqu'à la frontière ougandaise[41]. Comme Ted Anderson, le scientifique s'aide du gazouillis des moineaux entendu à la radio et à la télévision pour surveiller leur propagation. Lui et ses collègues considèrent la distance à Mombasa comme une approximation de l'âge des populations de moineaux. Ils examinent les différences entre les anciennes populations sur le site d'introduction et les nouvelles populations aux lisières de l'expansion, dans des villes telles que Nairobi, Nakuru et Kakamega.

Les oiseaux les plus éloignés de Mombasa, à la fine pointe de l'invasion, ont des systèmes immunitaires plus développés[42]. Ils libèrent également davantage d'hormones de stress connues sous le nom de corticostérones après avoir été capturés. Les scientifiques suggèrent que ces molécules permettent aux oiseaux de réagir plus rapidement aux facteurs de stress, d'y survivre et, peut-être, de se les rappeler[43].

Les moineaux pionniers ont également un goût pour les nouveaux aliments. Lorsque Andrea Liebl, une étudiante de Martin, a testé les réactions des oiseaux sur des aliments qui leur étaient étrangers, comme des fraises lyophilisées et des confiseries de création récente, elle a constaté que les moineaux des populations les plus anciennes et les plus établies n'étaient pas intéressés par ces produits étranges, même s'ils avaient très faim[44]. En revanche, les oiseaux en première ligne du front de propagation, sans hésiter un instant, les ont dévorés[a, 45]. Les individus ouverts à essayer de nouvelles choses ont donc un grand avantage, sinon, ils pourraient mourir de faim.

S'il est si avantageux d'être ouvert à la nouveauté et flexible dans ses habitudes alimentaires et de recherche de nourriture, pourquoi tous les moineaux ne présentent-ils pas ces traits ?

Parce qu'ils sont également risqués. La flexibilité a un coût. La curiosité peut tuer l'oiseau aussi bien que le chat. L'exploration de la nouveauté et de l'inconnu prend du temps et de l'énergie, et cela met en difficulté. Goûter un nouvel aliment peut exposer à ingurgiter avec lui une toxine ou un agent pathogène.

Les grands hérons sont connus pour leur alimentation expérimentale, s'attaquant à toutes sortes de grandes proies, lourdes ou peu maniables : serpents, épinoches, crapauds de mer et autres poissons épineux. Un de ces oiseaux, au large de la côte de Biloxi, dans le Mississippi, a récemment ouvert de nouvelles perspectives aux chercheurs en s'attaquant au domaine encore inexploré pour lui des Élasmobranches, qui incluent les raies[46]. C'était en novembre, pendant une période calme. Un groupe de scientifiques du Dauphin Island Sea Lab a vu un héron juste au bord de la côte frapper quelque chose sous l'eau encore et encore,

a. Cela correspond à ce que Lynn Martin avait trouvé dans une étude antérieure comparant deux groupes de moineaux domestiques. Les individus constituant le premier groupe, originaires de la ville de Colon, au Panama, étaient des nouveaux venus, introduits dans le pays seulement trente ans plus tôt, qui s'étaient propagés activement depuis. L'autre population consistait en un groupe de « vieillards » dont les générations résidaient depuis plus de 150 ans à Princeton, dans le New Jersey. Le scientifique a maintenu les deux groupes en captivité dans des conditions similaires et a ensuite testé leurs réponses à des aliments nouveaux, comme des tranches de kiwi et des confiseries industrielles finement écrasées. Les oiseaux du Panama ont rapidement consommé ces aliments, tandis que ceux du New Jersey les ont rejetés.

sans succès. Sa tête a ensuite disparu sous la surface pendant un certain temps, puis elle a émergé avec une raie *Dasyatis sabina* empalée sur son bec. Beaucoup de créatures mangent des raies, comme les épaulards, les otaries à fourrure et une grande variété de requins. Mais les oiseaux ? Longtemps, la raie « s'agita, tordant sa colonne vertébrale et fouettant l'air de sa queue venimeuse » dans le bec du héron, ont rapporté les scientifiques. Après douze minutes de lutte, l'oiseau a réussi à replier la raie dans son bec, à élargir son œsophage et à l'avaler entière, apparemment sans aucun péril.

Un pélican brun trouvé mort sur la côte de Baja a essayé le même régime, mais sans succès[47]. La colonne vertébrale d'une raie était enfoncée dans sa gorge, et il avait vraisemblablement succombé par étouffement ou empoisonnement. « Preuve en est que l'opportunisme est un mode de vie dangereux », ont noté les observateurs.

Les nestors kéas, ces perroquets habiles et joueurs endémiques de la Nouvelle-Zélande, consommeront presque n'importe quoi. Ils mangent une centaine d'espèces de plantes, des insectes, des œufs, des poussins d'oiseaux de mer et des carcasses d'animaux, ce qui peut être une des raisons pour lesquelles ils ont survécu aux extinctions massives engendrées par l'établissement des hommes sur cette île. Ils ont même goûté les moutons introduits dans leur habitat alpin dans les années 1860, se nourrissant tout d'abord d'animaux morts et développant une nouvelle stratégie alimentaire : faire de l'équitation sur le dos de moutons vivants pour se délecter directement de leurs tissus musculaires et de leur graisse.

Les traits qui ont aidé les nestors kéas à survivre dans un environnement difficile durant une bonne partie de leur histoire évolutive les ont récemment mis en danger. Leur innovation en matière d'alimentation n'a pas été du goût des éleveurs de moutons, qui ont offert une prime pour chaque spécimen abattu, ce qui a entraîné la mort d'environ 150 000 individus. La tendance à l'investigation de ces oiseaux sur les pistes de ski, les terrains de stationnement automobile et les décharges met souvent en danger les 1 000 à 5 000 sujets restants. Au village alpin de Mount Cook, un nestor kéa a eu des problèmes en raison de ses compétences dans l'ouverture des couvercles des poubelles. Il a été trouvé mort avec 20 g d'une matière liquide sombre dans son jabot. La cause du décès ? « Intoxication à la méthylxanthine après une ingestion opportuniste de chocolat noir[48]. »

Le fait est qu'il est dangereux d'explorer le nouveau et l'inconnu. Une stratégie de recherche et d'échantillonnage d'aliments alternatifs ou d'abris peut bénéficier aux moineaux domestiques tandis qu'ils s'établissent sur un nouveau territoire, alors qu'une grande partie de l'environnement ne leur est pas familier, cependant, comme le suggère Lynn Martin, « consommer des aliments inconnus – éventuellement dangereux – augmente les risques, y compris celui de contracter une infection[49] ». Une fois que les oiseaux sont installés dans un endroit, ils peuvent changer leur stratégie et s'en tenir à ce qui leur est familier[a, 50].

Une fois de plus, il est avantageux de compter au sein d'un groupe un mélange de personnalités : certains preneurs de risques, à imiter – ou non, si le comportement est imprudent –, et certains qui préfèrent agir en toute sécurité.

Voici donc la recette du succès du moineau domestique :

- Un goût prononcé pour la nouveauté ;
- une bonne pincée d'innovation ;

a. Selon Martin et son collègue : « Par conséquent, la sélection devrait réduire la flexibilité chez les individus résidant dans des zones écologiquement stables, mais la favoriser dans les environnements nouveaux et/ou variables. [...] Étant donné que la flexibilité peut entraîner un coût, il pourrait ne pas s'agir d'une stratégie viable pour tous les individus, en particulier pour ceux qui se stabilisent sur des sites éloignés du front de propagation ; la sélection devrait donc commencer à affiner les phénotypes pour correspondre aux conditions locales. »

- une dose d'audace ;
- et, peut-être, un penchant pour traîner en bande métissée[a, 51].

Il faut ajouter à cela une prédilection pour les habitats humains qui se sont répandus sur cette planète et une capacité à couver plusieurs fois dans la même saison de reproduction. Ce dernier comportement, appelé « stratégie de couverture », réduit les coûts de remise en train des tentatives de procréation échouées, ce qui, comme le dit Daniel Sol, « semble être particulièrement utile dans les environnements urbains, où le risque d'échec reproductif peut être élevé[52] ».

Mettez tout cela dans un mixeur, et le résultat est un oiseau adaptatif, aguerri au changement, qui peut facilement passer à une nouvelle stratégie alimentaire ou de recherche de nourriture, ou s'approprier un site de nidification peu orthodoxe. C'est un type de génie différent. Dans ce cas, « la mesure de l'intelligence est la capacité de changer ». Ce n'est pas Charles Darwin qui a dit cela, il paraît que c'est Albert Einstein… ou bien Stephen Hawking !

Le moineau domestique n'est pas le seul oiseau qui a appris à aimer les ordures et à nicher dans les canalisations de drainage. Un certain nombre d'autres espèces – les pigeons, les corbeaux et les corneilles, quelques petits oiseaux chanteurs – sont synanthropes, bien adaptées à la vie dans des milieux radicalement modifiés comme les villes, qui présentent de nouvelles opportunités ainsi que des dangers inédits, tels que les voitures, les lignes électriques, les bâtiments, les fenêtres.

a. Il convient toutefois de noter qu'il n'y a pas de preuve empirique pour étayer la suggestion selon laquelle la sociabilité est une caractéristique importante des envahisseurs prospères, comme le souligne Daniel Sol. « La raison en est que presque toutes les espèces qui ont été introduites sont sociables, peut-être parce qu'elles sont plus faciles à capturer ou parce qu'elles sont plus fréquentes à proximité des établissements des hommes. Ainsi, la prédiction ne peut pas être correctement testée. »

À Toronto, par exemple, vingt bâtiments seulement totalisent trente mille collisions mortelles d'oiseaux[53]. Daniel Sol et ses collègues ont examiné huit cents espèces dans le monde et en ont identifié un certain nombre, comme le dit Sol, « véritables exploitantes urbaines, qui ont atteint des densités plus élevées dans les villes que dans l'environnement naturel[54] ». Celles-ci comprennent les membres des familles des Corvidés, des merles noirs (Turdidés) et des pigeons (Columbidés). Ils ont également établi une liste des caractéristiques et des comportements les plus courants qui permettent à ces oiseaux de prospérer en ville. Les principaux sont un cerveau volumineux et la capacité de s'accommoder d'aliments nouveaux, de gérer les dangers du trafic automobile, de la lumière perpétuelle et du vacarme constant. Pour les oiseaux chanteurs, par exemple, l'adaptation musicale, c'est-à-dire la volonté et la capacité de changer de chant et de répertoire, est la clef. Les villes bourdonnent, vrombissent, rugissent et grondent dans les basses fréquences. Des chercheurs canadiens ont récemment constaté que, lorsque le bruit de la circulation est élevé, les mésanges à tête noire sifflent sur des fréquences plus élevées, afin d'être entendues au-dessus de la cacophonie urbaine à basse fréquence[55]. Quand le fond sonore diminue, elles reviennent à leur mélodie familière plus lente et plus musicale, sur une tonalité inférieure. Selon les scientifiques, « la remarquable flexibilité vocale manifestée par les mésanges peut être une des raisons pour lesquelles elles prospèrent en milieu urbain ». Le rouge-gorge familier contourne le problème du son urbain en chantant durant la nuit, plus calme.

Les villes ont été qualifiées de « machines à apprendre ». Elles peuvent rendre les oiseaux intelligents encore plus intelligents.

Quelles sont les espèces qui ne peuvent pas affronter à la jungle urbaine ? Les oiseaux présentant des comportements nettement opposés à celui du moineau, c'est-à-dire timides et peu adaptifs. L'oiseau qui s'effarouche et abandonne son nid en raison du tourbillon de l'agitation humaine, ou qui vole en boucle en raison de la luminosité permanente induite par l'éclairage urbain après la fin du jour. Celui qui a un petit cerveau, celui qui est invariable dans ses routines, celui qui est spécialisé dans un comportement.

Il en va de même pour les oiseaux qui vivent sur les terres agricoles, loin des villes et des banlieues. Lorsque les scientifiques ont examiné l'évolution des populations d'oiseaux établies dans les terres agricoles au Royaume-Uni, sur une période de trente ans, ils ont constaté des baisses spectaculaires dans les espèces à petit cerveau, comme les fauvettes et les moineaux friquets, tandis que celles dotées d'encéphales relativement importants, telles les pies et les mésanges, présentaient des effectifs constants[56]. Les oiseaux les plus exigeants à propos de leurs habitudes et de leurs habitats semblent souffrir le plus.

De nouvelles données en provenance des fermes et des jungles d'Amérique centrale confirment cela[57]. Pendant une douzaine d'années, les biologistes de l'université Stanford ont compté des oiseaux dans trois types d'habitats au Costa Rica : des réserves forestières relativement vierges, des terres agricoles « mixtes » – caractérisées par une alternance de différentes sortes de cultures et de petites parcelles forestières – et enfin de grandes plantations intensivement monocultivées – canne à sucre ou ananas. Sur une période de douze ans, dans 44 transects[a], les membres de l'équipe ont compté 120 000 oiseaux de 500 espèces distinctes. Les champs agricoles mixtes, à leur grande surprise, présentaient autant d'espèces que les forêts vierges. Ces scientifiques, cependant, s'intéressaient davantage à la diversité évolutive – des oiseaux situés

---

a. Un transect est une ligne virtuelle ou physique que l'on met en place pour étudier un phénomène où l'on comptera des occurrences (NdT).

sur des branches éloignées de l'arbre évolutif – qu'à la simple diversité des espèces.

Ce qu'ils ont trouvé est révélateur.

Dans les zones agricoles constamment travaillées et modifiées par l'homme, la plupart des oiseaux présents étaient des membres d'espèces étroitement liées s'adaptant facilement au changement, principalement des moineaux et des merles, qui ont évolué en espèces séparées seulement au cours des deux derniers millions d'années. Les absents étaient les représentants de branches éloignées de ces oiseaux sur l'arbre évolutif : le grand tinamou, par exemple, un oiseau massif, moucheté et à peine capable de voler pour se percher, qui a divergé des merles et des moineaux il y a environ 100 millions d'années. Ce tinamou ne prospère que dans un habitat spécialisé de la jungle, où son terne plumage gris et brun s'intègre au feuillage – ce qui n'est pas le cas de ses œufs, réputés pour leurs couleurs brillantes et spectaculaires : citron vert, bleu ciel et brun mauve cuivré.

Pour ceux qui s'intéressent à la préservation de la diversité des oiseaux, cela soulève une question importante. Les lignées d'oiseaux adaptables, comme les moineaux et les merles, évoluent-elles plus rapidement, générant davantage de nouvelles espèces ? Les recherches de Daniel Sol et de ses collègues suggèrent que cela pourrait être le cas[58]. Le nombre d'espèces varie considérablement selon les différents groupes d'oiseaux. Dans ses études taxinomiques, Sol a montré que les espèces à gros cerveau, novatrices, adaptables et aptes à coloniser de nouveaux environnements, se diversifient à un rythme plus rapide. Cela comprend des groupes riches en espèces tels que les Corvidés, les perroquets et les oiseaux de proie, qui ont une capacité à ajuster prestement leur comportement alimentaire.

Dans cette théorie de l'évolution par pression comportementale, l'idée est la suivante : les oiseaux individuels qui adoptent une nouvelle habitude s'exposent à un nouvel ensemble de pressions de sélection. Ces nouvelles pressions peuvent favoriser certaines variations ou mutations génétiques qui améliorent l'efficacité de l'oiseau à vivre d'une manière inhabituelle ou dans un contexte inédit. Les oiseaux présentant ces variations divergent du reste de la population. En d'autres termes, les comportements nouveaux favorisent des caractéristiques nouvelles, qui produisent de nouvelles espèces. À l'échelle de l'évolution, les oiseaux opportunistes qui peuvent facilement échanger une source alimentaire pour une autre ou utiliser une technique de recherche innovante ont généré plus d'espèces que leurs pairs moins adaptables.

Cela pourrait largement expliquer pourquoi on recense près de 120 espèces de Corvidés et seulement une poignée de Ratites, ces oiseaux incapables de voler, comme l'autruche et l'émeu. Cela pose aussi la question de savoir si l'homme, dans la création d'environnements nouveaux et instables, change la nature même de l'arbre généalogique des oiseaux.

Même sur les sommets éloignés où la forêt est encore vierge, les oiseaux de vieilles lignées ressentent les ondes des actions humaines sur l'environnement – non par l'empiètement des villes et des fermes, mais par quelque chose de plus envahissant encore, qui se fait sentir partout.

Au début de l'année 2014, deux jeunes chercheurs, Ben et Alexandra Freeman, de l'université Cornell, ont constaté que 70 % des espèces d'oiseaux vivant dans les montagnes de la Nouvelle-Guinée – soit 87 espèces – avaient déplacé leur aire de répartition en moyenne de 150 m au cours du dernier demi-siècle pour échapper à la hausse des températures due au réchauffement climatique[59]. Ben Freeman est fasciné par le fait que la plupart des oiseaux de montagne dans les tropiques vivent dans des bandes d'altitude très étroites, entre deux courbes de niveau. « Je trouve étonnant de monter à travers une zone de forêt où une espèce donnée est absente, puis de traverser une zone où cette espèce est abondante et finalement trouver une zone de nouveau vide de cette espèce – et cela en seulement quinze minutes de randonnée difficile[60]. » C'est une réalité, malgré l'apparente similitude de la forêt à mesure que l'on grimpe et malgré la capacité des oiseaux de voler à des altitudes plus ou moins élevées. « S'agit-il simplement d'une préférence pour une zone de confort ou les autres altitudes sont-elles réellement trop chaudes ou trop froides de façon quasi vitale ? », se demande le chercheur.

Vraisemblablement, la seconde hypothèse prévaut.

Sur le mont Karimui, un volcan éteint sur l'île principale, la zone de répartition du magnifique paradisier, ou oiseau de paradis, s'est élevée de plus de 90 m à la suite d'un réchauffement de seulement 0,4 °C. « Parce qu'une montagne est comme une pyramide, explique Freeman, il y a moins de superficie disponible pour l'habitat à mesure que les oiseaux se déplacent vers le haut. Ils subissent à la fois la pression de la température et celle de l'espace. » Le miro à ailes blanches, par exemple, qui vivait dans les hauteurs des collines à 300 m d'altitude il y a cinquante ans, prospère désormais dans la zone des 120 m.

Les températures en Nouvelle-Guinée devraient augmenter de 2,5 °C d'ici à la fin du siècle. Quatre espèces d'oiseaux à la recherche de températures plus fraîches ont déjà atteint le sommet du mont Karimui et n'ont nulle autre part où aller. Ces oiseaux spécialisés d'ancien lignage semblent s'acheminer vers leur extinction locale. Même une élévation de température limitée à 1, voire à 0,5 °C repoussera leur zone thermique vitale au-delà du sommet de cette montagne.

Non loin d'où je vis, il y a une petite montagne que j'aime visiter, Buck's Elbow. Rien d'exotique comme le mont Karimui, juste un massif ancien de Virginie. C'est un endroit où je vais pour la perspective qu'il offre et ses points de vue largement ouverts. Le sommet ici est nu, presque comme une lande irlandaise, et une journée claire garantit un panorama à 360 degrés sur les montagnes des Appalaches qui l'entourent. Cet après-midi de printemps, la cime de la montagne est prise dans les nuages. Une couverture de brouillard s'est déroulée, l'enveloppant et étouffant les sons.

La crête de Buck's Elbow a toujours été dénudée, mais ses pentes étaient autrefois couvertes de forêts anciennes, depuis longtemps abattues, comme tant de forêts originelles de l'est des États-Unis. J'ai vu une fois une carte mondiale de l'impact humain sur la superficie terrestre du globe, montrant que seuls 15 % ont échappé à l'empreinte humaine[61]. Villes et cités, fermes, routes, lumière nocturne sont partout sur la fine croûte terrestre. Et même où elles sont absentes – comme sur le mont Karimui –, la planète change. Les estimations situent l'augmentation des températures mondiales entre 1,5 et 4 °C au cours des soixante prochaines années.

Dans ma région, tout semble s'épanouir plus précocement que d'habitude. Les pommes de mai[a] ouvrent leurs timides corolles blanches à la mi-avril. Les sabots-de-la-Vierge[b] déploient leurs fleurs jaunes sur les pentes des montagnes près d'un mois plus tôt qu'auparavant.

À quelques jours de là, dans un petit parc tout proche, j'ai repéré un oisillon merlebleu de l'Est sur la plus grosse branche d'un robinier[c]. Âgé de deux ou trois semaines, il avait encore cette apparence un peu mal fichue des jeunes oiseaux – gosier ouvert, queue courte, plumes hérissées sur la tête. L'ornithologue qui m'accompagnait était stupéfait : « Il est inouï de voir de jeunes merlebleus prêts à l'envol dans cette région en avril. Il est trop tôt pour cela. »

---

a. Aussi appelé podophylle pelté ou podophylle d'Amérique, il s'agit d'une espèce de plante herbacée vivace qui pousse en Amérique du Nord (NdT).

b. Espèce nord-américaine d'orchidée, dont certaines variétés sont morphologiquement très proches de l'espèce européenne, le sabot-de-Vénus (NdT).

c. Aussi appelé robinier faux acacia, acacia, faux acacia (NdT).

Le climat virginien se déplace vers le « bas de la latitude », comme on dit. Selon les projections du Nature Conservancy[a], l'État de Virginie sera aussi chaud que la Caroline du Sud d'ici à 2050 et que le nord de la Floride cinquante ans après[62]. La hausse des températures modifie les rythmes des oiseaux résidents. Elle fait également se déplacer le groupe des espèces tempérées vers les pôles. Il y a cinquante ans, les espèces « méridionales », comme les cardinaux et les troglodytes de Caroline, étaient rares dans le nord-est des États-Unis ; elles y sont désormais communes.

Quand il n'y a pas d'autre endroit où aller, les oiseaux font face à la hausse des températures de deux façons : en évoluant ou en ajustant leur comportement.

Les mésanges charbonnières, connues pour leur flexibilité comportementale, semblent avoir surmonté la situation, du moins selon une étude de population à long terme concernant leur reproduction à Wytham Woods[63]. Une équipe d'Oxford a montré que le cycle court des générations chez les mésanges leur permet d'évoluer rapidement – pas assez, cependant. L'un des facteurs essentiels à leur survie est leur capacité à ajuster en peu de temps leurs comportements. Les mésanges charbonnières de Wytham Woods règlent la ponte et l'éclosion de leurs œufs pour qu'elles coïncident avec le pic printanier des chenilles des papillons nocturnes dont elles nourrissent leurs jeunes. Les chenilles émergent de leur cocon avec la floraison des arbres au printemps, dont le tempo est dicté par la température. À mesure que les températures ont augmenté au cours du dernier demi-siècle, la floraison des arbres et l'éclosion des larves de papillon se produisent plus tôt qu'au moment où l'étude a commencé en 1960. Si les mésanges étaient programmées pour pondre

a. Organisation de protection de l'environnement fondée en 1951 aux États-Unis, dont le but est la préservation des plantes, des animaux et des communautés naturelles représentant la diversité biologique par la mise en réserve et la protection des ressources naturelles (NdT).

leurs œufs à la même date chaque année, elles manqueraient le pic de disponibilité des chenilles, et leurs oisillons mourraient pour la plupart de faim. Elles ont donc apparemment suivi ce décalage dans le temps et pondent maintenant leurs œufs environ deux semaines plus tôt qu'il y a presque soixante ans.

Les modèles des scientifiques suggèrent que cette capacité à ajuster leur comportement pourrait permettre aux oiseaux de survivre à un réchauffement de 0,5 °C par an. Sans cette faculté, les mésanges seraient confrontées à un risque d'extinction cinq cents fois supérieur à ce qu'il est actuellement.

Lorsque les chercheurs ont utilisé ces modèles pour prédire la façon dont les autres oiseaux pourraient gérer les tendances du réchauffement, ils ont constaté que les espèces les plus grosses et à plus longue durée de vie étaient les plus mal placées. Ces oiseaux ont des cycles générationnels plus longs, ce qui signifie qu'ils évoluent plus lentement, de sorte qu'ils dépendent davantage de leur capacité à modifier leur comportement pour survivre. Si ces projections se révèlent vraies, elles sont de mauvais augure pour les oiseaux les plus gros ayant une faible polyvalence[a, 64].

Les oiseaux qui migrent sur de longues distances sont particulièrement sensibles au réchauffement climatique. Ils sont pour la plupart dotés de petits encéphales et sont plutôt peu flexibles dans leurs comportements. Ils dépendent de l'exactitude de la floraison des plantes une fois par an pour nourrir leur progéniture. Si le réchauffement change la période traditionnelle de la disponibilité de leurs aliments, il est probable qu'ils en souffriront fortement[65]. Les plus vulnérables peuvent être des oiseaux qui se reproduisent ou hivernent à des latitudes élevées, où les modifications

---

a. Cependant, comme le souligne Daniel Sol, « d'autres études montrent le contraire : un cycle générationnel plus long augmenterait la réponse au changement climatique ».

provoquées par les changements climatiques devraient être particulièrement sévères.

Beaucoup d'oiseaux migrateurs dépendent également d'escales précisément programmées pour se nourrir à hauteur de points critiques le long de leurs itinéraires. Le bécasseau maubèche, par exemple, possède un cerveau modeste, mais c'est un prodigieux voyageur. Chaque printemps, il parcourt 15 000 km, de la Terre de Feu vers l'Arctique. Depuis des milliers d'années, il s'appuie sur un rendez-vous ponctuel avec les limules – ces arthropodes marins que les Américains appellent « crabes fer à cheval » – venant pondre leurs œufs sur les plages de la baie du Delaware. Ces œufs sont tellement gras qu'un bécasseau maubèche peut doubler son poids en seulement dix jours de ripaille. Depuis les années 1980, la population de bécasseaux maubèches a baissé de 75 %, principalement en raison de la surexploitation des limules[66]. La récolte a désormais ralenti, même si c'est assez tardivement, mais les changements climatiques peuvent porter un nouveau coup aux bécasseaux maubèches. Les limules et les oiseaux doivent arriver simultanément lorsque ces derniers rejoignent leur territoire de reproduction en Arctique. Si un changement de température atmosphérique les désynchronise de cette source de nourriture si cruciale pour leur marathon annuel, les conséquences seront dramatiques[67]. Parallèlement, si le réchauffement des températures aquatiques conduit les limules à pondre avant l'arrivée des bécasseaux, ces derniers manqueront ce festin vital pour achever leur trajet.

La vérité est que les oiseaux relativement intelligents constituent également des populations à risque. C'est le cas de la mésange de Gambel, un petit oiseau robuste vivant à la lisière des forêts de conifères de montagne. Son habitat devrait diminuer de 65 % au cours du prochain demi-siècle[68]. De plus, le réchauffement climatique pourrait, en théorie, changer la cognition et la structure cérébrale de cette mésange[69]. On a vu que les mésanges établies à des altitudes élevées ont un cerveau plus gros que leurs congénères qui résident plus bas. Selon Vladimir Pravosudov, si le climat est plus chaud, l'hiver offrira moins de pression de sélection, de sorte que ces oiseaux peuvent perdre ces avantages compétitifs que représentent un hippocampe volumineux et une intelligence plus développée[70]. « Si le maintien d'une meilleure mémoire a un coût, soutient-il, les oiseaux plus "intelligents" seront désavantagés. En outre, ces populations seront rapidement envahies par des oiseaux plus méridionaux, moins intelligents, ce qui entraînera une réduction globale de la capacité cognitive de l'espèce. »

Même le moineau domestique modeste et adaptable a ses limites. Dans la ville d'origine de Ben Freeman, à Seattle, le Recensement des oiseaux de Noël[a] de 2014 ne totalisait que 225 moineaux domestiques dans les limites de la cité. « C'est le niveau le plus bas jamais atteint, explique Freeman, et une preuve que les moineaux domestiques peuvent eux aussi être en déclin[71]. » En effet, de par le monde, cet oiseau connaît des baisses rapides et massives d'effectifs – en Amérique du Nord, en Australie et en Inde, mais surtout dans certaines villes et certains villages d'Europe[72]. Sa raréfaction génère peu de gros titres dans les médias, mais le moineau domestique est maintenant répertorié comme une espèce dont le statut de conservation est préoccupant en Europe[73]. En Grande-Bretagne, il figure même sur la liste rouge. Au cours du dernier demi-siècle, le Royaume-Uni a perdu en moyenne cinquante moineaux domestiques chaque heure. Personne ne sait avec certitude pourquoi. La survie des couvées semble être le problème, peut-être parce qu'elles ne reçoivent pas assez de nourriture[74].

---

a. Le Recensement des oiseaux de Noël (*Christmas Bird Count*, ou *CBC*, en anglais) est un comptage annuel des oiseaux de l'hémisphère Ouest ayant lieu au début de l'hiver en Amérique du Nord, par des milliers de bénévoles ornithologues amateurs et/ou professionnels. Son objectif est de contribuer aux connaissances scientifiques en autécologie et écologie de la conservation (NdT).

Les jardins transformés en parcs de stationnement ou la faible densité des insectes en raison de la végétation exotique ou de la pollution peuvent contribuer à cette diminution des effectifs, à moins que ce ne soit la mort des géniteurs, percutés par des véhicules ou victimes du nombre croissant de prédateurs, chats domestiques ou rapaces ayant pris leurs quartiers en ville[75]. Certains éléments en provenance d'Israël incriminent le changement climatique[76]. Lynn Martin se dit sceptique devant ces théories, mais il n'a pas d'explication valable à proposer à la place. « Je n'écarterais pas non plus une maladie quelconque[77] », précise-t-il. De même que les canaris, très sensibles aux émanations de gaz toxiques impossibles à détecter pour l'homme, avertissaient les mineurs, en y succombant ou en s'évanouissant, de l'imminence d'une explosion ou d'une intoxication, la disparition des moineaux domestiques nous indique peut-être que le péril est proche pour nous aussi.

Je reste assise un moment dans le calme gris. Le silence sur Buck's Elbow n'est pas complet, je peux entendre ma propre respiration. Dans cette nébulosité mélancolique, il est difficile d'imaginer l'ardeur des rayons du soleil brûlant et desséchant tout, mais l'on peut sans peine se figurer une autre scène : les bois, les champs et les montagnes sans chants d'oiseaux. L'humanité est responsable de l'extinction d'environ la moitié de la vie connue, dont une espèce sur quatre d'oiseaux. Il semble que ce soient surtout les spécialistes que nous éliminions, ceux avec un petit cerveau, en particulier les anciennes lignées.

Le dernier paragraphe du livre de Ted Anderson sur les moineaux domestiques est le suivant : « Alors que je regarde des nouvelles à la télévision en direct de Bagdad, de Gaza, de Jérusalem ou du Kosovo et que j'entends en arrière-fond le pépiement des moineaux, je me demande parfois quelle est l'opinion, s'il en a une, du moineau domestique à propos des ravages causés par ses hôtes humains[78]. »

Je m'interroge aussi. Durant leur vie, mes deux filles verront peut-être des oiseaux, peu importe leur intelligence, vouloir se poser sur les rivages d'une mer qui n'existe plus que dans leurs souvenirs.

Nous ne savons même pas ce que nous perdons. Les scientifiques découvrent encore de nouvelles espèces[79]. Deux sortes d'épervières boréales, ou chouettes éperviéres, aux Philippines en 2012, dont on pense qu'elles sont désormais éteintes en raison de la déforestation généralisée sur l'île de Cebu. En 2014, le gobe-mouches de Sulawesi, un oiseau minuscule sur une île indonésienne, qui survit encore dans les parcelles de forêt laissées par les agriculteurs. Et en 2015, la secrète locustelle – ou bouscarle – du Sichuan, qui vit dans la brousse dense et les plantations de thé des provinces montagneuses de la Chine centrale.

D'autres espèces, inconnues, ont-elles disparu avant même que nous les ayons trouvées et identifiées ?

Nous nous demandons encore comment définir l'intelligence des oiseaux, mais toujours en utilisant principalement des critères humains. Mesurer les autres esprits par leur ressemblance avec le nôtre n'est pourtant pas d'une grande aide. Naturellement, nous apprécions d'abord ce en quoi nous sommes nous-mêmes doués, la fabrication d'outils, par exemple, plus qu'une aptitude pour la véritable navigation.

Une nouvelle étude suggère que les corbeaux présentent une capacité à saisir des analogies – une sorte de compréhension sophistiquée que l'on croyait jusqu'alors uniquement du ressort de l'homme et d'autres primates[80]. L'expérience impliquait un jeu d'appariement de motifs. Les chercheurs ont formé deux corneilles mantelées à sélectionner la carte qui, parmi plusieurs, ressemblait exactement à une carte témoin, récompensant les réponses correctes par un ver de farine caché dans une tasse sous la carte correspondante. Ils ont ensuite demandé aux corneilles de faire quelque chose de nouveau : choisir une carte qui ne correspondait pas à la carte témoin, mais qui présentait un motif équivalent. Par exemple, si la carte témoin affichait deux carrés de même taille, les corbeaux devaient lui faire correspondre une carte avec deux cercles de dimensions identiques plutôt qu'une avec deux cercles de tailles différentes. Les corneilles ont spontanément désigné la bonne carte sans aucune formation – un premier exemple de raisonnement analogique, disent les chercheurs, une de « nos » formes de pensée de niveau supérieur.

C'est une démonstration vraiment extraordinaire de facultés mentales comparables aux nôtres, mais ne devrions-nous pas également apprécier les capacités cognitives complexes des oiseaux pour leur valeur propre et non parce qu'elles ressemblent à nos caractéristiques humaines ? Les oiseaux migrateurs peuvent avoir de petits cerveaux, mais ils contiennent des cartes mentales colossales. Dans un autre registre, les oiseaux chanteurs possèdent des traditions culturelles uniques et durables. Selon Richard Prum, l'apprentissage du chant et l'émergence d'une culture chez les oiseaux chanteurs trouvent leur origine il y a 30 ou 40 millions d'années, « peut-être même avant l'achèvement de la dislocation du Gondwana[a]. Bien que la culture humaine ait probablement 100 000 ans, les oiseaux chanteurs ont produit une "culture esthétique" à grande échelle pendant des dizaines de millions d'années[81] ».

Nous tentons toujours d'expliquer pourquoi certaines espèces d'oiseaux semblent plus intelligentes que d'autres, opérant finalement une sorte de classement. Est-ce parce qu'ils ont dû résoudre autour d'eux des problèmes écologiques, techniques ou sociaux ? Parce qu'ils doivent chanter de tout leur cœur ou construire une belle tonnelle pour convaincre un partenaire exigeant ?

L'intelligence telle que nous la comprenons peut varier selon les oiseaux, mais aucun d'eux n'est véritablement stupide. Comme l'a dit

---

a. Rappel : supercontinent formé tout à la fin du néoprotérozoïque (-600 millions d'années) et qui a commencé à se fracturer au jurassique supérieur (-160 millions d'années [NdT]).

l'ornithologue Richard F. Johnston : « Tout ce qui existe est adaptable[82]. » Pas miraculeusement, pas parfaitement, mais avec son propre génie. Et cela inclut le grand tinamou et le kagou. Je pense à ma rencontre avec ce kagou en Nouvelle-Calédonie, le cœur battant, mon appareil photo pendant de mon poignet. Le « fantôme de la forêt », comme l'appellent les Kanaks de la zone où il vit, a de gros yeux rouge laser qui l'aident, je l'ai appris depuis, à trouver ses proies dans la pénombre intense de la forêt. Il ne donne naissance qu'à un poussin par an, un modèle de reproduction qui l'a presque condamné depuis que les chiens ont été introduits dans son habitat. Mais le kagou est-il réellement plus stupide que le moqueur qui se perchait sur l'épaule de Jefferson pour prendre sa nourriture à même ses lèvres ? Ce que nous considérons comme de la bêtise chez cet oiseau s'apparente peut-être davantage à une forme de naïveté écologique, reflétant son adaptation à long terme à un environnement insulaire autrefois bénin. « Si vous avez évolué sans prédateurs et que votre nourriture est accessible par picorage direct au niveau du sol, votre cognition se concentrera sur la détection des aliments et sur un picorage précis, plutôt que sur une recherche alimentaire opportuniste, explique Gavin Hunt. Qui sait pourquoi les kagous s'approchent souvent des gens et des chiens ? Peut-être est-ce parce qu'ils n'aiment pas avoir d'autres kagous sur leur territoire et qu'ils enquêtent sur les nouveaux arrivants, de crainte qu'ils ne se révèlent des concurrents potentiels[83]. » Ils comptent maintenant des prédateurs. Le monde du kagou a changé, et la vérité inévitable pour cet oiseau, comme pour d'autres d'anciens lignages, c'est que sa chance, son opportunité en tant qu'espèce, est désormais passée.

Il serait facile de renoncer à ces oiseaux, de considérer leur anéantissement comme un dommage collatéral du « progrès » humain, mais, ainsi que l'a dit l'un des scientifiques qui ont étudié les fermes et les jungles costaricaines, « avoir seulement des oiseaux du type des moineaux dans un écosystème, c'est comme investir en bourse uniquement dans les actions des start-up technologiques[84] ». Lorsque la bulle éclate, vous perdez tout.

Dans la lumière crépusculaire de Buck's Elbow, une tache lumineuse apparaît, qui semble éclairer la brume de l'intérieur. J'entends soudainement un bruissement, le bruit chuintant d'un frottement. Trois dindons sauvages jaillissent du brouillard, se jettent dans la prairie devant moi, parcourant de leurs longues pattes les hautes herbes, tels de petits *Velociraptor*, avant de disparaître comme par magie dans le voile nébuleux. Une nouvelle étude comparant les génomes aviaires suggère que, génétiquement parlant, le dindon est plus proche de ses ancêtres les dinosaures que de tout autre oiseau[85]. Ses chromosomes ont subi moins de changements que ceux des autres espèces d'oiseaux depuis l'époque des dinosaures à plume. À regarder ces animaux se dérober à travers les herbes dressées, c'est facile à croire.

Nous avons presque perdu nos dindons sauvages, espèce endémique d'Amérique du Nord, à force de les servir à dîner au siècle dernier. Arthur Cleveland Bent[a], écrivant dans les années 1930, affirme que les quelques survivants avaient développé un degré élevé de perspicacité et de ruse et donne un exemple rapporté par un certain Dr J. M. Wheaton en 1882 : « Comme conscients que leur sécurité dépend de la préservation de leur incognito lorsqu'ils sont observés, ils affectent l'indifférence de leurs cousins domestiques tant qu'un danger menaçant est inactif ou inévitable. J'en ai vu deux rester tranquillement perchés sur une clôture tandis qu'une équipe de chasseurs passait à côté d'eux. Un couple de chasseurs a été bluffé par un troupeau de cinq individus qui ont délibérément marché devant eux, puis passé une clôture avant de disparaître placidement dans la végétation d'une colline basse, où ils ont repris un comportement sauvage,

a. Ornithologiste américain (1866-1954 [NdT]).

prenant leurs pattes à leur cou avant de s'envoler pour placer une large vallée entre eux et leurs potentiels poursuivants, tout aussi épatés que mortifiés[86]. »

Les nouvelles ne sont cependant pas toutes mauvaises. Le nombre de dindons sauvages a depuis augmenté et ils se multiplient désormais abondamment dans tous les États américains, sauf en Alaska. Dans ma région, ils apprécient les forêts de chênes et de hêtres qui couvrent les pentes des montagnes. À l'instar des kagous, ils cherchent leur nourriture au sol, et comme eux, ils ne sont pas considérés comme les premiers de la classe, malgré l'histoire du Dr Wheaton. Pourtant, même un oiseau apparemment peu doté cérébralement peut avoir beaucoup de présence ; c'est ce qu'Aldo Leopold[a] nous rappelle à propos de la physique de la beauté : « Le paysage d'automne dans les bois du Nord est la terre, plus un érable rouge, plus une gélinotte huppée. En termes de physique classique, la gélinotte ne représente qu'un millionième de la masse ou de l'énergie d'une acre. Pourtant, ôtez-la, et tout est mort[87]. »

La planète a déjà connu des pertes d'espèces catastrophiques dans le passé, et de ces événements cataclysmiques peuvent surgir de nouvelles créatures. Les preuves indiquent que le rayonnement du « big bang » des espèces qui a eu lieu pour les oiseaux chanteurs, les perroquets, les pigeons et d'autres oiseaux a commencé après le phénomène d'extinction de masse qui a tué les dinosaures, il y a environ 66 millions d'années[88]. Sur l'échelle du temps géologique, la « sixième extinction de masse » est peut-être l'un des nombreux événements de ce type, mais la mesure qui compte le plus pour la plupart d'entre nous est celle d'une vie humaine. Il n'est pas forcément réconfortant de penser qu'il faudrait quelques millions d'années

---

a. Forestier, écologue et écologiste américain (1887-1948). Il a influé sur le développement de l'éthique environnementale moderne et sur le mouvement pour la protection des espaces naturels. Il est considéré comme l'un des pères de la gestion de la protection de l'environnement aux États-Unis (NdT).

pour que la nature redevienne ce qu'elle a été. De plus, même s'il y avait plus de 10 000 espèces d'oiseaux à venir sur le chemin de l'évolution, elles ne descendront pas au hasard de celles présentes aujourd'hui. La moitié, selon Louis Lefebvre, pourrait provenir du genre *Corvus* : « Les gens peuvent trouver cette idée déplaisante, ils pensent que les corbeaux sont quelconques et méchants. Mais qui sait ? Dans 2 millions d'années, ce pourrait être de magnifiques chanteurs vivement colorés. »

C'est vrai. Mais qui sera là pour les entendre chanter ? Dans l'intervalle, nous contenterons-nous de la diminution de la variété du vivant, de la diversité réduite aux espèces de moineaux qui vivent selon nos règles ? Ou chercherons-nous à préserver le plus de branches possible de l'arbre de la vie aviaire, les gros cerveaux et les petits encéphales, les spécialistes et les généralistes, les espèces anciennes et les plus récentes ?

« En tant qu'êtres humains, écrivait Einstein, nous avons été dotés d'une intelligence suffisante pour être capables de voir clairement combien l'intelligence est totalement insuffisante face à ce qui existe[a]. »

Nous tentons encore de savoir si cela coûte à un oiseau d'être intelligent – comment et pourquoi, et dans quelles conditions l'intelligence peut accroître l'aptitude physique. Les individus les plus brillants se reproduisent-ils davantage ? Curieusement, les preuves étayant cette idée sont plus rares que les dents d'une poule. « La mesure des avantages que procure une caractéristique donnée sur la forme physique dans le monde réel n'est jamais facile, quelle que soit la caractéristique[89] », écrit Sue Healy. Trouver un lien entre la cognition de l'oiseau et sa forme physique est un peu comme tomber sur un merle blanc. Selon Daniel Sol, c'est une question délicate, parce que les avantages physiques apportés par une caractéristique telle que la flexibilité comportementale peuvent être évidents

a. Lettre à la reine Élisabeth de Belgique, 19 septembre 1932.

seulement dans des situations particulières, les années où la nourriture est rare, par exemple. Dans des conditions favorables, l'oiseau spécialisé peut faire mieux. Ce n'est pas très différent des découvertes sur les pinsons des Galápagos : certaines années, les gros becs sont pratiques ; à d'autres périodes, les plus petits sont mieux adaptés.

Il existe des compromis. Daniel Sol possède des données suggérant l'existence d'un compromis entre la fécondité et la survie[90]. En général, les oiseaux à plus petit cerveau – qui ont tendance à avoir une vie brève – ont de larges couvées, tandis que les oiseaux à plus gros encéphale – qui vivent généralement longtemps – ont des couvées plus restreintes. Les oiseaux à gros cerveau présentent souvent, cependant, un taux de survie plus élevé. C'est un équilibre. « Les oiseaux à gros cerveau ont une stratégie de vie lente, où l'énergie va à la survie plutôt qu'à la reproduction, explique Sol. Une longue vie reproductive peut augmenter la "productivité" de ces espèces vivant lentement, mais elle n'atteindra jamais la productivité élevée des espèces à vie brève, qui favorisent la reproduction au détriment de la survie. » D'autre part, « une stratégie de vie rapide peut favoriser une croissance rapide de la population lorsque les conditions sont favorables, mais peut être risquée si elles ne le sont pas. Quand il y a de bonnes et de mauvaises années, il peut payer d'avoir une stratégie de vie lente, en particulier si l'oiseau a développé des capacités cognitives d'adaptation pour survivre durant les moins bonnes années. En d'autres termes, les deux stratégies, vivre vite ou vivre lentement, peuvent être plus ou moins adaptées en fonction de l'environnement ».

Qu'en est-il au sein d'une espèce ? Les individus plus ingénieux ont-ils plus de descendants ? Existe-t-il des preuves contradictoires ? Une étude sur les mésanges charbonnières sauvages de l'île de Gotland, en Suède, a montré que les parents qui étaient plus prompts dans une tâche de résolution de problèmes – tirer une ficelle pour ouvrir une trappe menant à leur boîte de nidification – avaient un taux de survie plus élevé que ceux qui ne pouvaient pas accomplir la tâche. Leurs couvées étaient également plus importantes, davantage d'œufs arrivaient à éclosion et plus de jeunes étaient menés à l'envol[a, 91].

Cependant, dans une observation plus rapprochée sur les couples reproducteurs de mésanges charbonnières à Wytham Woods, Ella Cole d'Oxford et ses collègues ont constaté que les choses pouvaient ne pas être aussi simples[92]. Les oiseaux « plus intelligents » – ceux qui avaient résolu rapidement un casse-tête qui exigeait de tirer sur le bâtonnet d'une mangeoire en vue de libérer des friandises savoureuses – ont pondu plus d'œufs et étaient plus efficaces dans la recherche de nourriture, mais ils étaient également plus enclins à abandonner leurs nids. À l'état sauvage, selon les chercheurs, la sélection naturelle ne semble pas favoriser les mésanges charbonnières capables de résoudre des problèmes. Les champions des casse-tête peuvent produire des couvées plus abondantes, car ils sont meilleurs pour exploiter leur environnement, mais ils ont aussi tendance à être plus effrayés par les prédateurs et donc à abandonner très vite leur nid. Le même comportement a été observé chez les mésanges de Gambel. Celles ayant un plus gros cerveau, qui vivent plus haut que leurs congénères dont l'encéphale est réduit, désertent plus fréquemment leur nid[93].

Cependant, il pourrait y avoir un biais. Comme le suggèrent les scientifiques dans leur article, l'abandon des nids par les mésanges pourrait être attribuable aux expérimentateurs, qui tentent de toucher les poussins alors qu'ils sont trop jeunes. « Les mésanges charbonnières capables de résoudre

a. Laure Cauchard et ses collègues, à l'origine de l'étude, ont présenté à des couples reproducteurs de mésanges une tâche délicate de résolution de problème, puis ont corrélé la performance des parents avec leur succès reproductif. L'équipe a construit des boîtes de nidification munies d'une sorte de trappe, qui ne pouvaient être ouvertes qu'en tirant sur une ficelle. Les nids où au moins un parent avait résolu la tâche présentaient une survie plus élevée de la couvée par rapport à ceux où aucun des deux parents n'était venu à bout du problème.

des casse-tête sont-elles donc simplement plus sensibles à cette perturbation artificielle causée par les scientifiques que celles qui sont moins douées, et abandonnent-elles leurs nids plus souvent à cause de cela ?, se demande Neeltje Boogert. Il serait très intéressant de tester si ces spécialistes en résolution de problèmes sont également plus sensibles aux prédateurs réels et donc plus susceptibles d'abandonner leurs nids, comme le suggèrent les auteurs[94]. » Sans ce facteur de perturbation par les expérimentateurs, l'étude aurait-elle confirmé une relation positive entre la performance dans la résolution de problèmes et le succès dans la reproduction ? L'incertitude consiste à montrer combien il est difficile de mener de telles études et la complexité qu'il y a à tenir compte de toutes les variables.

Quoi qu'il en soit, nous pensons généralement que l'intelligence est universellement avantageuse, mais ce n'est pas toujours le cas. Il existe des compromis avec n'importe quelle caractéristique, y compris celle d'être un apprenant vif et rapide. Les oiseaux audacieux qui répondent rapidement aux problèmes peuvent subir un compromis de précision en raison de leur vitesse. Sur l'île de La Barbade, par exemple, Simon Ducatez a constaté que certains quiscales merles sont capables de résoudre promptement des problèmes, tandis que d'autres sont plus lents[95]. En fin de compte, les esprits les plus véloces tendent à réussir moins bien certains tests, tels que l'apprentissage par inversion – tout comme les pères-noirs de La Barbade –, que ceux qui sont plus lents, mais plus précis. « Les individus audacieux ont tendance à explorer plus rapidement, mais plus superficiellement, explique Daniel Sol. Les explorateurs plus lents obtiennent de meilleures informations et les utilisent pour agir avec davantage de flexibilité[96]. » Pourquoi les deux types persistent-ils dans une population ? « Peut-être qu'ils sont tour à tour plus efficaces et plus performants dans leur environnement en fonction des années », spécule Simon Ducatez, ce qui peut expliquer pourquoi la capacité cognitive varie d'un oiseau à l'autre. Et pourquoi, comme les moineaux nous l'ont appris, il est bon de se mélanger.

Le brouillard se lève. Je peux commencer à distinguer le rideau ondulé des montagnes Bleues, au-delà de la vallée voilée de violet par la brume. D'un bosquet d'arbres voisins me parvient le sifflet perçant d'une mésange. Je fais quelques pas et je vois l'oiseau perché dans un sapin, débitant ses trilles, prenant peut-être la mesure de ma présence. Il suffit que je considère le génie extraordinaire étroitement associé à cette petite boule de plumes pour que mon esprit s'ouvre aux mystères que soulève notre connaissance des oiseaux – le quoi et le pourquoi. Ces questionnements merveilleux nous rappellent combien nous en savons peu, encore.

Remerciements

Il est difficile de remercier de manière adéquate tous ceux qui m'ont aidée à rédiger ce livre.

Je me suis appuyée sur les recherches de nombreux scientifiques qui ont consacré leur vie à étudier les oiseaux et leur cerveau. Leurs noms remplissent ce livre, et ma dette envers eux est immense.

Je suis particulièrement reconnaissante envers les ornithologues, les biologistes, les psychologues et les spécialistes du comportement animal qui m'ont offert généreusement leur temps et leurs connaissances tandis que je faisais des recherches sur ce projet. Louis Lefebvre, de l'université McGill, m'a ouvert son laboratoire au Bellairs Research Institute de La Barbade et, plusieurs jours durant, m'a guidée dans le monde de la cognition des oiseaux, m'expliquant ses propres travaux, m'exposant dans leur ensemble ses idées élaborées sur le terrain et répondant à mes innombrables questions avec patience, éloquence et humour. Il a également lu un brouillon préliminaire du manuscrit complet et a formulé des commentaires et des suggestions utiles. Au cours de mon séjour à Bellairs, Lima Kayello,

Jean-Nicolas Audet et Simon Ducatez ont généreusement partagé avec moi leurs recherches et leurs hypothèses.

Quand je suis allée en Nouvelle-Calédonie, Alex Taylor, de l'université d'Auckland, a passé plusieurs heures à me faire découvrir les divers aspects de son travail avec les corbeaux, m'offrant également son expertise sur la cognition des oiseaux. J'ai apprécié mes conversations informatives avec Elsa Loissel et le plaisir de sa compagnie lors de randonnées à travers le parc des Grandes Fougères ; elle a partagé avec moi ses contacts et m'a également donné de superbes photographies des kagous que nous avons vus ensemble, ainsi que des paysages de Nouvelle-Calédonie et de ses corbeaux.

Beaucoup d'autres personnes, occupées mais bienveillantes, ont passé du temps à converser avec moi, me fournissant des références, puis lisant et relisant des projets de sections du livre explorant leur travail : Lucy Aplin, de l'université d'Oxford ; Gerald Borgia, de l'université du Maryland ; John Endler, de l'université Deakin à Victoria, en Australie ; Stephen Brusatte, de l'université d'Édimbourg ; Jon Hagstrum, de la Commission géologique des États-Unis ; Richard Holland, de la Queen's University à Belfast ; Gavin Hunt, de l'université d'Auckland ; Erich Jarvis, de l'université Duke ; Jason Keagy, de l'université d'État du Michigan ; Vladimir Pravosudov, de l'université du Nevada ; Amanda Ridley, de l'université d'Australie occidentale ; et Daniel Sol, du CREAF, en Espagne.

Russell Gray, de l'université d'Auckland, a partagé avec moi les vidéos de ses brillantes interventions en 2014, à l'occasion des conférences de Nijmegen, à l'Institut Max-Planck pour la psycholinguistique.

Je suis très reconnaissante à Neeltje Boogert, de l'université de St Andrews, qui a généreusement apporté son regard scientifique et éditorial sur une grande portion du manuscrit, lisant avec beaucoup de soin et d'intelligence, plus d'une fois pour certaine, quelques parties. Chaque page sur laquelle elle s'est penchée en est ressortie améliorée.

Beaucoup d'autres scientifiques du monde entier ont lu des parties du manuscrit et ont proposé des corrections sur des questions scientifiques, m'épargnant toutes sortes d'embarras. Je remercie donc très sincèrement :

• Aux États-Unis : Arkhat Abzhanov, de l'université Harvard ; Carlos Botero, de l'université de Washington ; Nancy Burley, de l'université de Californie à Irvine ; Lainy Day, de l'université du Mississippi ; Judy Diamond, de l'université du Nebraska ; Ben Freeman, de l'université Cornell ; Luke Frishkoff, de l'université Stanford ; Tim Gentner, de l'université de Californie à San Diego ; Walter Herbranson, du Whitman College ; Lucia Jacobs, de l'université de Californie à Berkeley ; Alan Kamil, de l'université du Nebraska ; Marcy Kingsbury, de l'université d'Indiana ; Sarah London, de l'université de Chicago ; Lynn (« Marty ») Martin, de l'université du sud de la Floride à Tampa ; John Marzluff, de l'université de Washington ; Shigeru Miyagawa, du Massachusetts Institute of Technology ; Richard Mooney, de l'université Duke ; Gail Patricelli, de l'université de Californie à Davis ; Irene Pepperberg, de l'université Harvard ; Lauren Riters, de l'université du Wisconsin ; et Rhiannon J. D. West, de l'université du Nouveau-Mexique.

• Au Royaume-Uni : Nicola Clayton, de l'université de Cambridge ; Sue Healy, de l'université de St Andrews ; Richard Holland de la Queen's University à Belfast ; Laura Kelley, de l'université de Cambridge ; Ljerka Ostojic', de l'université de Cambridge ; Christian Rutz, de l'université de St Andrews ; Murray Shanahan, de l'Imperial College de Londres ; et Chris Templeton, de l'université de St Andrews.

• En Europe : Alice Auersperg, de l'université de Vienne ; Johan Bolhuis, de l'université d'Utrecht ; Jenny Holzhaider de Gräfelfing en Allemagne ; Henrik Mouritsen, de l'université d'Oldenburg ; Andreas Nieder, de l'université de Tübingen ; Niels Rattenborg, de l'Institut Max-Planck pour l'ornithologie ; et Sabine Tebbich, de l'université de Vienne.

• En Australie et en Nouvelle-Zélande : Russell Gray, Gavin Hunt et Alex Taylor, de l'université d'Auckland ; et Teresa Iglesias, de l'université Macquarie en Australie.

• Et ailleurs : Laure Cauchard, de l'université de Montréal ; Suzana Herculano-Houzel, de l'université fédérale de Rio de Janeiro, au Brésil ; Kazuo Okanoya, de l'université de Tokyo ; et Shigeru Watanabe, de l'université Keio à Tokyo.

Les commentaires et les critiques de ces experts ont eu énormément d'importance pour me remettre sur la bonne voie quand je dérivais sur des chemins de traverse. Toute erreur qui se cacherait encore dans ces pages est clairement et complètement de ma responsabilité.

Beaucoup d'amis et de collègues ont offert une aide inestimable ou ont stimulé mon esprit en exprimant leur intérêt pour mon travail. Quand j'ai entendu Karin Bendel parler à l'une de ses relations de son perroquet gris africain, Throckmorton, elle a accueilli ma curiosité avec gentillesse et a généreusement partagé avec moi les histoires de Throckmorton et de son animal de compagnie, Isabeau, une calopsitte élégante, que l'on appelle aussi « perruche nymphique ». Barrie Pollock a fait de même, me racontant les histoires d'Alfie, son perroquet jaco. Michele et Joey Mangham m'ont laissée passer une après-midi dans leur ferme à laine en compagnie de Luke, leur perruche veuve[a] qui s'installait sur mon épaule et se penchait périodiquement vers mon oreille pour dire : « Whisper, whisper, whisper[b]. »

Daniel Bieker, enseignant brillant et ornithologue, a guidé mes camarades étudiants en ornithologie de terrain et moi-même lors de sorties d'observation, dont certaines ont trouvé place dans ce livre, et m'a permis

a. Ce Psittacidé porte de nombreux noms : conure veuve, perriche veuve, perruche moine, perruche souris ou encore perruche jeune-veuve (NdT).

b. Chuchote, chuchote, chuchote.

d'affiner mon appréciation du chant des oiseaux. Il a également lu l'intégralité du manuscrit en se concentrant sur l'exactitude des observations des oiseaux. David White, un observateur expérimenté, a partagé avec moi ses histoires, son humour et son expertise.

Ma chère amie Miriam Nelson a pris part à plusieurs de mes livres, parfois en tant que collègue ou coauteur, mais le plus souvent sans autre raison que la générosité et l'amitié. Elle a lu un premier brouillon du manuscrit pour ce livre et a fait de nombreuses et excellentes suggestions. Plusieurs amis m'ont prodigué des encouragements et soufflé des idées, avec parfois des petites vidéos d'oiseaux, en particulier Susan Bacik, Ros Casey, Sandra et Stephen Cushman, Laura Delano, qui m'a raconté son histoire du « paon dans le mistral », Liz Denton, Mark Edmundson, Dorrit Green, Sharon Hogan, Donna Lucey, Debra Nystrom, Dan O'Neill, Michael Rodemeyer, John Rowlett, Nancy Murphy-Spicer, David Eddy Spicer, Henry Wiencek et Andrew Wyndham. Merci vivement à eux et aussi à mes généreux et aimants père et belle-mère, Bill et Gail Gorham, et à mes sœurs bien-aimées, Sarah Gorham, Nancy Haiman et Kim Umbarger, pour leur soutien enthousiaste et leur intérêt pour mon travail. Mention spéciale pour mes deux chères filles, si réfléchies, Zoë et Nell, pour leur amour et leurs encouragements constants qui m'ont permis de rester concentrée sur mon travail.

Depuis plus de deux décennies, j'ai eu le grand honneur et la joie de travailler avec mon agent Melanie Jackson. Il m'est difficile d'imaginer l'écriture d'un livre sans bénéficier de son enthousiasme, de son intelligence et de son bon sens dans tous les domaines. Je suis extrêmement heureuse d'avoir comme éditrice Ann Godoff, et je lui suis profondément reconnaissante pour sa vision éditoriale éclairée et son aide importante dans la réalisation de cet ouvrage. Merci aussi à Sofia Groopman et à Casey Rasch pour leur assistance dans toutes les étapes du processus de publication, à John Burgoyne pour ses illustrations adorables et le plaisir de collaborer avec lui, à Eunike Nugroho pour son magnifique portrait, en couverture, de geai buissonnier et à Gabriele Wilson pour le design magnifique de la jaquette[a].

Enfin, j'exprime aussi ma gratitude et mon profond amour à mon cher Karl, qui devrait être le premier dans mes remerciements pour avoir volé à mes côtés toutes ces années à travers les rafales et les bourrasques de la vie et du travail ; sans ses encouragements, sa sagesse, sa patience, son soutien, sa camaraderie, sa façon d'être, son humour et son amour, rien de tout cela n'existerait.

a. Dans l'édition anglaise.

Notes

Introduction – Le génie des oiseaux

1. Les aptitudes d'Alex ont fait l'objet de publications : I. M. Pepperberg, *The Alex Studies*, Cambridge, MA : Harvard University Press, 1999 ; I. M. Pepperberg, « Evidence for numerical competence in an african grey parrot (*Psittacus erithacus*) », *J. Comp. Psych.*, 108 (1994) : 36-44 ; I. M. Pepperberg, « Ordinality and inferential abilities of a grey parrot (*Psittacus erithacus*) », *J. Comp. Psych.*, 120, n° 3 (2006) : 205-16 ; I. M. Pepperberg, S. Carey, « Grey parrot number acquisition : the inference of cardinal value from ordinal position on the numeral list », *Cognition*, 125 (2012) : 219-32.
2. G. R. Hunt, « Manufacture and use of hook-tools by New Caledonian crows », *Nature*, 379 (1996) : 249-51 ; G. R. Hunt, R. D. Gray, « Species-wide manufacture of stick-type tools by New Caledonian crows », *Emu*, 102 (2002) : 349-53 ; G. R. Hunt, R. D. Gray, « Diversification and cumulative evolution in tool manufacture by New Caledonian crows », *Proc. R. Soc. B*, 270 (2003) : 867-74.
3. A. A. S. Weir *et al.*, « Shaping of hooks in New Caledonian crows », *Science*, 297, n° 5583 (2002) : 981.
4. S. Olkowicz *et al.*, « Complex brains for complex cognition-neuronal scaling rules for bird brains » (présentation d'un poster à l'occasion de la conference annuelle de la Society for Neuroscience, Washington, D. C., 15-19 novembre 2014) ; Suzana Herculano-Houzel, communication personnelle, 14 janvier 2015.
5. L. Rogers, « Lateralisation in the avian brain », *Bird Behav.*, 2 (1980) : 1-12.
6. H. Prior *et al.*, « Mirror-induced behavior in the magpie (*Pica pica*) : evidence of self-recognition », *PLoS Biol.*, 6, n° 8 (2008) : e202, doi : 10.1371/journal.pbio.0060202.
7. U. Grodzinski *et al.*, « Peep to pilfer : what scrub-jays like to watch when observing others », *Anim. Behav.*, 83 (2012) : 1253-60.

8. N. S. Clayton *et al.*, « Social cognition by food-caching corvids : the western scrub-jay as a natural psychologist », *Phil. Trans. Roy. Soc. B/Biol. Sci.*, 362, n° 1480 (2007) : 507-22.
9. N. S. Clayton, A. Dickinson, « Episodic-like memory during cache recovery by scrub jays », *Nature*, 395 (1998) : 272-74 ; N. S. Clayton *et al.*, « Episodic memory », *Curr. Biol.*, 17, n° 6 (2007) : 189-91.
10. L. Cheke, N. S. Clayton, « Mental time travel in animals », *Wiley Interdiscip. Rev. Cogn. Sci.*, 1, n° 6 (2010) : 915-30.
11. R. O. Prum, « Coevolutionary aesthetics in human and biotic artworlds », *Biol. Phil.*, 28, n° 5 (2013) : 811-32.
12. R. Rugani *et al.*, « Number-space mapping in the newborn chick resembles humans' mental number line », *Science*, 347, n° 6221 (2015) : 534-36.
13. R. Rugani *et al.*, « The use of proportion by young domestic chicks », *Anim. Cogn.*, 13, n° 3 (2015) : 605-16 ; R. Rugani *et al.*, « Is it only humans that count from left to right ? », *Biol. Lett.*, (2010), doi : 10.1098/rsbl.2009.0960.
14. R. Rugani, « Arithmetic in newborn chicks », *Proc. R. Soc. B*, (2009), doi : 10.1098/rspb.2009.0044.
15. L. Halle, *Spring in Washington*, Baltimore : Johns Hopkins University Press, 1988, 182.
16. W. F. Dearborn, cité dans R. J. Sternberg, *Handbook of Intelligence*, Cambridge : Cambridge University Press, 2000, 8.
17. H. Woodrow, *ibid.*
18. E. G. Boring, « Intelligence as the tests test it », *New Republic*, 35 (1923) : 35-37.
19. R. J. Sternberg, « People's conceptions of intelligence », *J. Pers. Soc. Psych.*, 41, n° 1 (1981) : 37-55.
20. E. D. Jarvis *et al.*, « Whole-genome analyses resolve early branches in the tree of life of modern birds », *Science*, 346, n° 6215 (2014) : 1320-31 ; S. Brusatte *et al.*, « Gradual assembly of avian body plan culminated in rapid rates of evolution across the dinosaur-bird transition », *Curr. Biol.*, 24, n° 20 (2014) : 2386-92.
21. K. J. Gaston, T. M. Blackburn, « How many birds are there ? », *Biodivers. Conserv.*, 6, n° 4 (1997) : 615-25.
22. W. H. Thorpe, *Learning and Instinct in Animals*, London : Methuen & Co. Ltd., 1964, 110.
23. A. Taylor, « Corvid cognition », *WIREs Cogn. Sci.*, (2014), doi : 10.1002/wcs.1286 ; Alex Taylor, communication personnelle, mai 2014 ; R. Gray, « The evolution of cognition without miracles », conférences de Nimègue, 27-29 janvier 2014, vidéo disponible sur http://www.mpi.nl/events/nijmegen-lectures-2014/lecture-videos.
24. Définition donnée en 1901 par la romancière britannique Amelia Barr, dans son essai « A successful novelist : fame after fifty », in O. Swett Marden, *How They Succeeded : Life Stories of Successful Men Told by Themselves*, Boston : Lothrop Publishing Company, 1901, 311.
25. J. B. Fisher, R. A. Hinde, « The opening of milk bottles by birds », *Br. Birds*, 42 (1949) : 347-57 ; L. M. Aplin *et al.*, « Milk-bottles revisited : social learning and individual variation in the blue tit (*Cyanistes caeruleus*) », *Anim. Behav.*, 85 (2013) : 1225-32.
26. John Endler, communication personnelle, 3 février 2015.
27. *Ibid.*
28. N. J. Emery, N. S. Clayton, « The mentality of crows : convergent evolution of intelligence in corvids and apes », *Science*, 306 (2004) : 1903-7.
29. C. Darwin, *The Descent of Man*, London : John Murray, 1871, 59.
30. A. R. Pfenning *et al.*, « Convergent transcriptional specializations in the brains of humans and song-learning birds », *Science*, 346, n° 6215 (2014) : 1256846.

Chapitre premier - Du dodo au corbeau : prendre la mesure de l'esprit d'un oiseau

1. A. H. Taylor *et al.*, « Spontaneous metatool use by New Caledonian crows », *Curr. Biol.*, 17, n° 17 (2007) : 1504-7.
2. *Ibid.*
3. Alex Taylor, communication personnelle, 7 janvier 2015.
4. L. Lefebvre, « Feeding innovations and forebrain size in birds », présentation AAAS à l'occasion du symposium *Mind, Brain and Behavior*, 21 février 2005. Les citations et les données fournies par Louis Lefebvre sont extraites d'une série d'interviews réalisées à La Barbade (Holetown) du 26 février au 1er mars 2012.
5. P. A. Buckley *et al.*, *The Birds of Barbados*, British Ornithologists' Union, check-list n° 24 (2009), 58.
6. P. A. Buckley, F. G. Buckley, « Rapid speciation by a Lesser Antillean endemic, Barbados bullfinch, *Loxigilla barbadensis* », *Bull. BOC*, 124, n° 2 (2004) : 108-23.
7. J. Morand-Ferron *et al.*, « Dunking behavior in Carib grackles », *Anim. Behav.*, 68 (2004) : 1267-74.
8. J. Morand-Ferron, L. Lefebvre, « Flexible expression of a food-processing behaviour : determinants of dunking rates in wild Carib grackles of Barbados », *Behav. Processes*, 76 (2007) : 218-21.
9. C. Darwin, The Formation of Vegetable Mould Through the Action of Worms, London : John Murray, 1883, 93.
10. F. B. M. de Waal, « Are we in anthropodenial ? », *Discover*, 18, n° 7 (1997) : 50-53 ; F. B. M. de Waal, « Silent invasion : Imanishi's primatology and cultural bias in science », *Anim. Cogn.*, 6 (2003) : 293-99.
11. S. J. Shettleworth, *Cognition, Evolution, and Behavior*, 2e éd., New York : Oxford University Press, 2010, 23.
12. R. Samuels, « Massively modular minds : evolutionary psychology and cognitive architecture », in *Evolution and the Human Mind : Modularity, Language and Meta-Cognition*, éd. P. Carruthers et A. Chamberlain, Cambridge : Cambridge University Press, 2000, 13-46 ; S. J. Shettleworth, *Cognition, Evolution and Behavior*, 23.
13. S. M. Reader *et al.*, « The evolution of primate general and cultural intelligence », *Philos. Trans. R. Soc. Lond. B*, 366 (2011) : 1017-27 ; L. Lefebvre, « Brains, innovations, tools and cultural transmission in birds, non-human primates, and fossil hominins », *Front. Hum. Neurosci.*, 7 (2013) : 245.
14. H. Gardner, « Reflections on multiple intelligences : myths and messages », *Phi Delta Kappan*, 77, n° 3 (1995) : 200-9.
15. L. S. Gottfredson, « Mainstream science on intelligence : an editorial with 52 signatories, history, and bibliography », *Intelligence*, 24, n° 1 (1997) : 13-23 ; voir aussi I. J. Deary *et al.*, « The neuroscience of human intelligence differences », *Nat. Rev. Neuro.*, 11 (2010) : 201-11.
16. J. L. Audet *et al.*, « Morphological and molecular sexing of the monochromatic Barbados bullfinch, *Loxigilla barbadensis* », *Zool. Sci.*, 10, n° 31 (2014) : 687-91.
17. L. Kayello, *Opportunism and Cognition in Birds*, mémoire de master, McGill University, 2013, 55-67.
18. S. E. Overington *et al.*, « Innovative foraging behaviour in birds : what characterizes an innovator ? », *Behav. Processes*, 87 (2011) : 274-85.
19. E. Selous, *Bird Life Glimpses*, London : G. Allen, 1905, 141.
20. E. Selous, *Thought-Transference (or What ?) in Birds*, New York : Richard R. Smith, 1931.

21. I D. Couzin, J. Krause, « Self-organization and collective behavior in vertebrates », *Adv. Stud. Behav.*, 32 (2003) : 1-75 ; I. Couzin, « Collective minds », *Nature*, 445 (2007) : 715 ; C. K. Hemelrijk *et al.*, « What underlies waves of agitation in starling flocks », *Behav. Ecol. Sociobiol.*, (2015), doi : 10.1007/s00265-015-1891-3.

22. I. Lebar Bajec, F. H. Heppner, « Organized flight in birds », *Anim. Behav.*, 78, n° 4 (2009) : 777-89 ; M. Ballerini *et al.*, « Interaction ruling animal collective behavior depends on topological rather than metric distance : evidence from a field study », *PNAS*, 105, n° 4 (2008) : 1232-37 ; A. Attanasi *et al.*, « Information transfer and behavioural inertia in starling flocks », *Nat. Phys.*, 10 (2014) : 691-96.

23. Neeltje Boogert, communication personnelle, 3 avril 2015.

24. H. Kummer, J. Goodall, « Conditions of innovative behaviour in primates », *Philos. Trans. R. Soc. Lond. B*, 308 (1985) : 203-14.

25. L. Lefebvre, D. Spahn, « Gray kingbird predation on small fish (*Poecillia spp*) crossing a sandbar », *Wilson Bull.*, 99 (1987) : 291-92.

26. T. G. Grubb, R. G. Lopez, « Ice fishing by wintering bald eagles in Arizona », *Wilson Bull.*, (1997) : 546-48.

27. L. Lefebvre *et al.*, « Feeding innovations and forebrain size in birds », *Anim. Behav.*, 53 (1997) : 549-60.

28. L. Lefebvre, « Feeding innovations and forebrain size in birds », présentation AAAS à l'occasion du symposium *Mind, Brain and Behavior*, 21 février 2005.

29. L. Lefebvre *et al.*, « Feeding innovations and forebrain size in birds », *Anim. Behav.*, 53 (1997) : 549-60 ; S. Timmermans *et al.*, « Relative size of the hyperstriatum ventrale is the best predictor of innovation rate in birds », *Brain Behav. Evol.*, 56 (2000) : 196-203.

30. Louis Lefebvre, communication personnelle, 13 janvier 2015.

31. R. Menzel *et al.*, « Honey bees navigate according to a maplike spatial memory », *PNAS*, 102, n° 8 (2005) : 3040-45 ; M. Marine Battesti *et al.*, « Spread of social information and dynamics of social transmission within drosophila groups », *Curr. Biol.*, 22 (2012) : 309-13, doi : 10.1016/j.cub.2011.12.050.

32. Voir D. M. Alba, « Cognitive inferences in fossil apes (Primates, Hominoidea) : does encephalization reflect intelligence ? », *J. Anthropol. Soc.*, 88 (2010) : 11-48 ; R. O. Deaner *et al.*, « Overall brain size, and not encephalization quotient, best predicts ability across non-human primates », *Brain Behav. Evol.*, 70 (2007) : 115-24.

33. Cette anecdote est citée dans l'article de C. Dreifus, « A quest to understand how memory works : a conversation with Eric Kandel », *New York Times*, Science Times, 6 mars 2012.

Chapitre II – À la manière des oiseaux : le cerveau aviaire revisité

1. E. H. Forbush, *Useful Birds and Their Protection*, Aurora, CO : Bibliographical Research Center, 2010 (première parution en 1913), 195.

2. E. H. Forbush, Natural History of the Birds of Eastern and Central North America, Boston : Houghton Mifflin, 1955, 347.

3. T. M. Freeberg, J. R. Lucas, « Receivers respond differently to chick-a-dee calls varying in note composition in Carolina chickadees, *Poecile carolinensis* », *Anim. Behav.*, 63 (2002) : 837-45.

4. C. Templeton *et al.*, « Allometry of alarm calls : black-capped chickadees encode information about predator size », *Science*, 308 (2005) : 1934-37.
5. Pour reprendre l'expression d'Edward Forbush in *Natural History of the Birds of Eastern and Central North America*, Boston : Houghton Mifflin, 1955, 347.
6. Chris Templeton, communication personnelle, 12 février 2015.
7. C. N. Templeton, « Black-capped chickadees select spotted knapweed seedheads with high densities of gall fly larvae », *Condor*, 113, n° 2 (2011) : 395-99.
8. T. C. Roth *et al.*, « Evidence for long-term spatial memory in a parid », *Anim. Cogn.*, 15, n° 2 (2011) : 149-54.
9. L. S. Phillmore *et al.*, « Annual cycle of the black-capped chickadee : seasonality of singing rates and vocal-control brain regions », *J. Neurobiol.*, 66, n° 9 (2006) : 1002-10.
10. A. N. Iwaniuk, J. E. Nelson, « Can endocranial volume be used as an estimate of brain size in birds ? », *Can. J. Zool.*, 80 (2002) : 16-23.
11. N. E. Emery, N. S. Clayton, « The mentality of crows : convergent evolution of intelligence in corvids and apes », *Science*, 306, n° 5703 (2004) : 1903-7.
12. Louis Lefebvre, communication personnelle, 13 janvier 2015.
13. C. H. Greenewalt, « The flight of the black-capped chickadee and the white-breasted nuthatch », *Auk*, 72, n° 1 (1955) : 1-5.
14. S. B. Laughlin *et al.*, « The metabolic cost of neural information », *Nat. Neurosci.*, 1, n° 1 (1998) : 36-41.
15. P. Matthiessen, *The Wind Birds*, New York : Viking, 1973, 45.
16. R. L Nudds, D. M. Bryant, « The energetic cost of short flights in birds », *J. Exp. Biol.*, 203 (2000) : 1561-72.
17. P. J. Butler, « Energetic costs of surface swimming and diving of birds », *Physiol. Biochem. Zool.*, 73, n° 6 (2000) : 699-705.
18. Les données générales concernant l'anatomie et la physiologie aviaires sont tirées de F. B. Gill, *Ornithology*, New York : Freeman, 2007, 141-73.
19. E. R. Dumon, « Bone density and the lightweight skeletons of birds », *Proc. R. Soc. B*, 277 (2010) : 2193-98.
20. D. Lentink *et al.*, « *In vivo* recording of aerodynamic force with an aerodynamic force platform : from drones to birds », *J. Roy. Soc. Interface*, 2015, doi : 10.1098/rsif.2014.1283.
21. G. Zhang *et al.*, « Comparative genomics reveals insights into avian genome evolution and adaptation », *Science*, 346, n° 6215 (2014) : 1311-19.
22. R. C. Murphy, *Oceanic Birds of South America*, New York : Macmillan, 1936.
23. P. R. Ehrlich *et al.*, « Adaptations for flight », 1988, https://web.stanford.edu/group/stanfordbirds/text/essays/Adaptations.html ; F. B. Gill, *Ornithology*, New York : Freeman, 2007, 115-37.
24. J. C. Welty, *The Life of Birds*, Philadelphia : Saunders, 1975, 112.
25. H. R. Duncker, « The lung air sac system of birds », *Adv. Anat. Emb. Cell. Biol.*, 45 (1971) : 1-171.
26. E. D. Jarvis *et al.*, « Whole-genome analyses resolve early branches in the tree of life of modern birds », *Science*, 346, n° 6215 (2014) : 1320-31 ; G. Zhang *et al.*, « Comparative genomics reveals insights into avian genome evolution and adaptation », *Science*, 346, n° 6215 (2014) : 1311-19.
27. G. Zhang *et al.*, « Comparative genomics reveals insights into avian genome evolution and adaptation », *Science*, 346, n° 6215 (2014) : 1311-19.
28. P. Dodson, « Origin of birds : the final solution ? », *Amer. Zool.*, 40, n° 4 (2000) : 504-12.

29. T. H. Huxley, « Further evidence of the affinity between the dinosaurian reptiles and birds », *Proc. Geol. Soc. Lond.*, (1870) : 2612-31.

30. Stephen Brusatte, communication personnelle, 5 mai 2015.

31. M. J. Benton *et al.*, « The remarkable fossils from the Early Cretaceous Jehol Biota of China and how they have changed our knowledge of Mesozoic life », *Proc. Geol. Assoc.*, 119 (2008) : 209-28.

32. J. Ackerman, « Dinosaurs take wing : the origin of birds », *National Geographic*, juillet 1998 : 74-99.

33. Q. Ji *et al.*, « Two feathered dinosaurs from northeastern China », *Nature*, 393 (1998) : 753-61 ; P. J. Chen, « An exceptionally well-preserved theropod dinosaur from the Yixian formation of China », *Nature*, 391 (1998) : 147-52, doi : 10.1038/34356 ; P. J. Currie, P. J. Chen, « Anatomy of *Sinosauropteryx prima* from Liaoning, northeastern China », *Can. J. Earth Sci.*, 38 (2001) : 1705-27.

34. M. J. Benton, « How birds became birds », *Science*, 345, n° 6196 (2014) : 509.

35. A. H. Turner, « A basal dromaeosaurid and size evolution preceding avian flight », *Science*, 317, n° 5843 (2007) : 1378-81 ; M. S. Y. Lee *et al.*, « Sustained miniaturization and anatomical innovation in the dinosaurian ancestors of birds », *Science*, 345, n° 6196 (2014) : 562-66.

36. R. B. J. Benson *et al.*, « Rates of dinosaur body mass evolution indicate 170 million years of sustained ecological innovation on the avian stem lineage », *PLoS Biol.*, 12, n° 5 : e1001853, doi : 10.1371/journal.pbio.1001853 (2014).

37. M. S. Y. Lee *et al.*, « Sustained miniaturization and anatomical innovation in the dinosaurian ancestors of birds », *Science*, 345, n° 6196 (2014) : 562-66.

38. S. Brusatte *et al.*, « Gradual assembly of avian body plan culminated in rapid rates of evolution across the dinosaur-bird transition », *Curr. Biol.*, 24, n° 20 (2014) : 2386-92.

39. A. Balanoff *et al.*, « Evolutionary origins of the avian brain », *Nature*, 501 (2013) : 93-96.

40. B.-A. S. Bhullar *et al.*, « Birds have paedomorphic dinosaur skulls », *Nature*, 487 (2012) : 223-26.

41. Arkhat Abzhanov, communication personnelle, 25 janvier 2015 ; A. Abzhanov, « Evolution of birds is result of a drastic change in how dinosaurs developed », 30 mai 2012, université du Texas, Austin.

42. J. R. Corfield *et al.*, « Brain size and morphology of the brood-parasitic and cerophagous honey-guides (Aves : Piciformes) », *Brain Behav. Evol.* (février 2012), doi : 10.1159/000348834 ; Louis Lefebvre, interview, février 2012.

43. A. N. Iwaniuk, J. E. Nelson, « Developmental differences are correlated with relative brain size in birds : a comparative analysis », *Can. J. Zool.*, 81 (2003) : 1913-28.

44. J. A. Lesku *et al.*, « Adaptive sleep loss in polygynous pectoral sandpipers », *Science*, 337 (2012) : 1654-58.

45. J. A. Lesku, N. C. Rattenborg, « Avian sleep », *Curr. Biol.*, 24, n° 1 (2014) : R12-R14.

46. M. F. Scriba *et al.*, « Linking melanism to brain development : expression of a melanism-related gene in barn owl feather follicles covaries with sleep ontogeny », *Front. Zool.*, 10 (2013) : 42.

47. J. A. Lesku *et al.*, « Local sleep homeostasis in the avian brain : convergence of sleep function in mammals and birds ? », *Proc. R. Soc. B*, 278 (2011) : 2419-28.

48. Niels Rattenborg, communication personnelle, 10 février 2015.

49. D. Sol, cité sur http://www.alphagalileo.org/ViewItem.aspx?ItemId=74774&CultureCode = en.

50. T. C. Roth, V. V. Pravosudov, « Tough times call for bigger brains », *Commun. Integ. Biol.*, 2, n° 3 (mai 2009) : 236-38 ; V. V. Pravosudov, N. S. Clayton, « A test of the adaptive specialization hypothesis : population differences in caching, memory, and the hippocampus in blackcapped chickadees (*Poecile atricapilla*) », *Behav. Neurosci.*, 116, n° 4 (2002) : 515-22.

51. C. A. Freas *et al.*, « Elevation-related differences in memory and the hippocampus in mountain chickadees, *Poecile gambeli* », *Anim. Behav.*, 84, n° 1 (2012) : 121-27.
52. V. V. Pravosudov, « Cognitive ecology of food-hoarding : the evolution of spatial memory and the hippocampus », *Ann. Rev. Ecol. Evol. Syst.*, 44 (2013) : 18.1-18.2.
53. Vladimir Pravosudov, communication personnelle, 23 janvier 2015 ; V. V. Pravosudov *et al.*, « Environmental influences on spatial memory and the hippocampus in food-caching chickadees », *Comp. Cog. and Beh. Rev.*, 10 (2015) : 25-43.
54. A. Barnea, V. V. Pravosudov, « Birds as a model to study adult neurogenesis : bridging evolutionary, comparative and neuroethological approaches », *Eur. J. Neuroscience*, 34 (2011) : 884-907.
55. G. Kempermann, « The neurogenic reserve hypothesis : what is adult hippocampal neurogenesis good for ? », *Trends Neurosci.*, 31 (2008) : 163-69 ; L. Wiskott *et al.*, « A functional hypothesis for adult neurogenesis : avoidance of catastrophic interference in the dentate gyrus », *Hippocampus*, 16 (2006) : 329-43 ; W. Deng *et al.*, « New neurons and new memories : how does adult hippocampal neurogenesis affect learning and memory ? », *Nat. Rev. Neurosci.*, 11 (2010) : 339-50.
56. C. D. Clelland *et al.*, « A functional role for adult hippocampal neurogenesis in spatial pattern separation », *Science*, 325 (2009) : 210-13.
57. T. C. Roth, V. V. Pravosudov, « Tough times call for bigger brains », *Commun. Integ. Biol.*, 2, n° 3 (mai 2009) : 236-38.
58. S. Herculano-Houzel, « Neuronal scaling rules for primate brains : the primate advantage », *Prog. Brain Res.*, 195 (2012) : 325-40.
59. S. Olkowicz *et al.*, « Complex brains for complex cognition-neuronal scaling rules for bird brains », poster présenté à l'occasion des rencontres annuelles de la Society for Neuroscience, Washington, D. C., 15-19 novembre 2014.
60. Suzana Herculano-Houzel, communication personnelle, 14 janvier 2015.
61. S. Herculano-Houzel *et al.*, « The elephant brain in numbers », *Front. Neuroanat.*, 8 (2014) : 46, doi : 10.3389/fnana.2014.00046.
62. H. Karten, cité in S. LaFee, « Our brains are more like birds' than we thought », 2010, http://ucsdnews.ucsd.edu/archive/newsrel/health/07-02avianbrain.asp.
63. Avian Brain Nomenclature Consortium, « Avian brains and a new understanding of vertebrate brain evolution », *Nat. Rev. Neurosci.*, 6, n° 2 (2005) : 151-59 ; T. Shimizu, « Why can birds be so smart ? Background, significance, and implications of the revised view of the avian brain », *Comp. Cog. Beh. Rev.*, 4 (2009) : 103-15.
64. P. Marler, « Social cognition », *Curr. Orni.*, 13 (1996) : 1-32.
65. H. J. Karten in Comparative and Evolutionary Aspects of the Vertebrate Central Nervous System, éd. J. Pertras, Ann. NY Acad. Sci., 167 (1969) : 164-79 ; H. J. Karten, W. A. Hodos, A Stereotaxic Atlas of the Brain of the Pigeon, Baltimore : Johns Hopkins University Press, 1967.
66. Avian Brain Nomenclature Consortium, « Avian brains and a new understanding of vertebrate brain evolution », *Nat. Rev. Neurosci.*, 6, n° 2 (2005) : 151-59.
67. R. J. Herrnstein, D. H. Loveland, « Complex visual concept in the pigeon », *Science*, 146 (1964) : 549-51.
68. Avian Brain Nomenclature Consortium, « Avian brains and a new understanding of vertebrate brain evolution », 151-59.
69. Erich Jarvis, interview, 23 mars 2012.
70. I. M. Pepperberg, *The Alex Studies*, Boston : Harvard University Press, 1999, 9.

71. L. Veit *et al.*, « Neuronal correlates of visual working memory in the corvid endbrain », *J. Neurosci.*, 34, n° 23 (2014) : 7778-86.

72. O. Güntürkün, « The convergent evolution of neural substrates for cognition », *Psychol. Res.*, 76 (2012) : 212-19.

73. B. Voelkl *et al.*, « Matching times of leading and following suggest cooperation through direct reciprocity during V-formation flight in ibis », *PNAS*, 112, n° 7 (2015) : 2115-20.

Chapitre III – Experts : la magie technique

1. Les données générales concernant les corbeaux calédoniens sont tirées de l'interview d'Alex Taylor que j'ai réalisée en mai 2014 et de la publication A. H. Taylor, « Corvid cognition », *Wiley Interdiscip. Rev. Cogn. Sci.*, 5, n° 3 (2014) : 361-72.

2. L. A. Bluff *et al.*, « Tool use by wild New Caledonian crows *Corvus moneduloides* at natural foraging sites », *Proc. R. Soc. B*, 277, n° 1686 (2010) : 1377-85.

3. B. C. Klump *et al.*, « Context-dependent "safekeeping" of foraging tools in New Caledonian crows », *Proc. R. Soc. B*, 282 (2015) : 20150278.

4. A. H. Taylor, R. D. Gray, « Is there a link between the crafting of tools and the evolution of cognition ? », *Wiley Interdiscip. Rev. Cogn. Sci.*, 5, n° 6 (2014) : 693-703.

5. Les données portant sur l'utilisation d'outils par les animaux sont tirées de R. W. Shumaker *et al.*, *Animal Tool Behavior*, Baltimore : Johns Hopkins University Press, 2011.

6. H. J. Brockmann, « Tool use in digger wasps (Hymenoptera : Sphecinae) », *Psyche*, 92 (1985) : 309-30.

7. D. Biro *et al.*, « Tool use as adaptation », *Phil. Trans. R. Soc. Lond. B*, 368, n° 1630 (2013) : 20120408.

8. E. Meulman, C. P. van Schaik, « Orangutan tool use and the evolution of technology », in C. M. Sanz *et al.* (éd.), *Tool Use in Animals : Cognition and Ecology*, New York : Cambridge University Press, 2013, 176.

9. C. Boesch, « Ecology and cognition of tool use in chimpanzees », in C. M. Sanz *et al.* (éd.), *Tool Use in Animals : Cognition and Ecology*, New York : Cambridge University Press, 2013, 21-47.

10. W. C. McGrew, « Is primate tool use special ? Chimpanzee and New Caledonian crow compared », *Philos. Trans. R. Soc. Lond. B*, 368 (2013) : 20120422.

11. J. Chappell, A. Kacelnik, « Tool selectivity in a non-primate, the New Caledonian crow (*Corvus moneduloides*) », *Anim. Cogn.*, 5 (2002) : 71-78 ; J. Chappell, A. Kacelnik, « Selection of tool diameter by New Caledonian crows *Corvus moneduloides* », *Anim. Cogn.*, 7 (2004) : 121-27.

12. J. H. Wimpenny *et al.*, « Cognitive processes associated with sequential tool use in New Caledonian crows », *PLoS ONE*, 4, n° 8 (2009) : e6471, doi : 10.1371/journal.pone.0006471.

13. Les citations d'Alex Taylor proviennent d'interviews réalisées en mai 2014.

14. K. D. Tanaka, *J. Ethol.*, 31 (2013) : 341-44.

15. P. R. Grant, *Ecology and Evolution of Darwin's Finches*, Princeton, NJ : Princeton University Press, 1986, 393.

16. R. W. Shumaker *et al.*, *Animal Tool Behavior*, Baltimore : Johns Hopkins University Press, 2011, 38.

17. Y. Nihei, « Variations of behavior of carrion crows *Corvus corone* using automobiles as nutcrackers », *Jpn. J. Ornithol.*, 44 (1995) : 21-35.

18. R. W. Shumaker *et al.*, *Animal Tool Behavior*, Baltimore : Johns Hopkins University Press, 2011, 35-58.
19. J. Rekasi, « Über die Nahrung des Weisstorchs (*Ciconia ciconia*) in der Batschka (SüdUngarn) », *Ornith. Mit.*, 32 (1980) : 154-55, cité in L. Lefebvre *et al.*, « Tools and brains in birds », *Behaviour*, 139 (2002) : 939-73.
20. I. M. Pepperberg, H. A. Shive, « Simultaneous development of vocal and physical object combinations by a grey parrot (*Psittacus erithacus*) : bottle caps, lids, and labels », *J. Comp. Psychol.*, 115 (2001) : 376-84.
21. P. D. Cole, *The Ontogenesis of Innovative Tool Use in an American Crow (*Corvus brachyrhynchos*)*, thèse de doctorat, Dalhousie University, 2004.
22. L. Lefebvre, « Feeding innovations and forebrain size in birds », présentation AAAS à l'occasion du symposium *Mind, Brain and Behavior*, 21 février 2005.
23. T. Eisner, « "Anting" in blue jays : evidence in support of a foodpreparatory function », *Chemoecology*, 18, n° 4 (décembre 2008) : 197-203.
24. C. Caffrey, « Goal-directed use of objects by American crows », *Wilson Bulletin*, 113, n° 1 (2001) : 114-15.
25. S. W. Janes *et al.*, « The apparent use of rocks by a raven in nest defense », *Condor*, 78 (1976) : 409.
26. R. W. Shumaker *et al.*, *Animal Tool Behavior*, Baltimore : Johns Hopkins University Press, 2011, 35-58.
27. S. Taylor, *John Gould's Extinct and Endangered Birds of Australia*, Canberra : National Library of Australia, 2012, 130.
28. R. P. Balda, « Corvids in combat : with a weapon ? », *Wilson J. Ornithol.*, 119, n° 1 (2007) : 100.
29. S. Tebbich, *Tool-Use in the Woodpecker Finch* Cactospiza pallida *: Ontogeny and Ecological Relevance*, thèse de doctorat, université de Vienne, 2000 ; Gavin Hunt, communication personnelle, janvier 2015.
30. S. Tebbich *et al.*, « The ecology of tool-use in the woodpecker finch (*Cactospiza pallida*) », *Ecol. Lett.*, 5 (2002) : 656-64.
31. S. Tebbich, « Do woodpecker finches acquire tool-use by social learning ? », *Proc. R. Soc. B*, 268 (2001) : 1-5.
32. G. Merlen, G. Davis-Merlen, « Whish : more than a tool-using finch », *Noticias de Galápagos*, 61 (2000) : 2-9.
33. S. Tebbich *et al.*, « Use of a barbed tool by an adult and a juvenile woodpecker finch (*Cactospiza pallida*) », *Behav. Processes*, 89, n° 2 (2012) : 166-71.
34. A. M. I. Auersperg *et al.*, « Explorative learning and functional inferences on a five-step means-means-end problem in Goffin's cockatoos (*Cacatua goffini*) », *PLoS ONE*, 8, n° 7 (2013) : e68979.
35. A. M. I. Auersperg *et al.*, « Spontaneous innovation in tool manufacture and use in a Goffin's cockatoo », *Curr. Biol.*, 22, n° 21 (2012) : R903-R904.
36. L. A. Bluff *et al.*, « Tool use by wild New Caledonian crows *Corvus moneduloides* at natural foraging sites », *Proc. R. Soc. B*, 277 (2010) : 1377-85 ; C. Rutz *et al.*, « Video cameras on wild birds », *Science*, 318, n° 5851 (2007) : 765.
37. C. Rutz, J. J. H. St Clair, « The evolutionary origins and ecological context of tool use in New Caledonian crows », *Behav. Proc.*, 89 (2012) : 153-65.
38. *Ibid.*, 156.

39. G. R. Hunt, R. D. Gray, « The crafting of hook tools by wild New Caledonian crows », *Proc. R. Soc. B*, 271 (2004) : S88-S90 (suppl.).

40. G. R. Hunt, « Manufacture and use of hook-tools by New Caledonian crows », *Nature*, 379 (1996) : 249-51 ; G. R. Hunt, R. D. Gray, « Species-wide manufacture of stick-type tools by New Caledonian crows », *Emu*, 102 (2002) : 349-53 ; G. R. Hunt, R. D. Gray, « Diversification and cumulative evolution in tool manufacture by New Caledonian crows », *Proc. R. Soc. B*, 270 (2003) : 867-74 ; G. R. Hunt, R. D. Gray, « The crafting of hook tools by wild New Caledonian crows », *Proc. R. Soc. B*, 271 (2004) : S88-S90 (suppl.) ; G. R. Hunt, R. D. Gray, « Direct observations of pandanus-tool manufacture and use by a New Caledonian crow (*Corvus moneduloides*) », *Anim. Cogn.*, 7 (2004) : 114-20 ; C. Rutz, J. J. H. St Clair, « The evolutionary origins and ecological context of tool use in New Caledonian crows », *Behav. Processes*, 89, n° 2 (2012) : 153-65.

41. G. R. Hunt, « Manufacture and use of hook-tools by New Caledonian crows » ; G. R. Hunt, R. D. Gray, « Direct observations of pandanus-tool manufacture and use by a New Caledonian crow (*Corvus moneduloides*) ».

42. J. C. Holzhaider *et al.*, « Social learning in New Caledonian crows », *Learn. Behav.*, 38, n° 3 (2010) : 206-19.

43. G. R. Hunt, R. D. Gray, « Diversification and cumulative evolution in tool manufacture by New Caledonian crows ».

44. L. G. Dean *et al.*, « Identification of the social and cognitive processes underlying human cumulative culture », *Science*, 335 (2012) : 1114-18.

45. Gavin Hunt, communication personnelle, janvier 2015 ; G. R. Hunt, « New Caledonian crows' (*Corvus moneduloides*) pandanus tool designs : diversification or independent invention ? », *Wilson J. Ornithol.*, 126, n° 1 (2014) : 133-39 ; G. R. Hunt, R. D. Gray, « Diversification and cumulative evolution in tool manufacture by New Caledonian crows ».

46. C. Rutz, J. J. H. St Clair, « The evolutionary origins and ecological context of tool use in New Caledonian crows ».

47. J. J. H. St Clair, C. Rutz, « New Caledonian crows attend to multiple functional properties of complex tools », *Phil. Trans. R. Soc. Lond. B*, 368, n° 1630 (2013) : 20120415.

48. Pour approfondir la question, développée dans la discussion qui suit, des caractéristiques uniques et des origines évolutives possibles de l'utilisation d'outils par ces corbeaux, voir l'excellent article de C. Rutz et J. J. H. St Clair, « The evolutionary origins and ecological context of tool use in New Caledonian crows ».

49. Pour un complément d'informations sur la Nouvelle-Calédonie, consulter le site (en anglais) http://sp10.conservation.org/where/asia-pacific/pacific_islands/new_caledonia/Pages/overview.aspx ; C. Rutz, J. J. H. St Clair, « The evolutionary origins and ecological context of tool use in New Caledonian crows ».

50. http://newcaledoniaplants.com/.

51. http://newcaledoniaplants.com/plant-catalog/araucarians/.

52. M. G. Fain, P. Houde, « Parallel radiations in the primary clades of birds », *Evolution*, 58 (2004) : 2558-73.

53. A. Gasc *et al.*, « Biodiversity sampling using a global acoustic approach : contrasting sites with microendemics in New Caledonia », *PLoS ONE*, 8, n° 5 (2013) : e65311.

54. http://www.cepf.net/resources/hotspots/Asia-Pacific/Pages/New-Caledonia.aspx.

55. http://sp10.conservation.org/where/asia-pacific/pacific_islands/new_caledonia/Pages/overview.aspx.
56. Voir C. Rutz, J. J. H. St Clair, « The evolutionary origins and ecological context of tool use in New Caledonian crows ».
57. C. Rutz, J. J. H. St Clair, « The evolutionary origins and ecological context of tool use in New Caledonian crows » ; C. Rutz *et al.*, « The ecological significance of tool use in New Caledonian crows », *Science*, 329, n° 5998 (2010) : 1523-26.
58. C. Rutz *et al.*, « The ecological significance of tool use in New Caledonian crows » ; C. Rutz *et al.*, « Video cameras on wild birds », *Science*, 318, n° 5851 (2007) : 765.
59. C. Rutz, J. J. H. St Clair, « The evolutionary origins and ecological context of tool use in New Caledonian crows ».
60. B. Kenward *et al.*, « Tool manufacture by naïve juvenile crows », *Nature*, 433 (2005) : 121 ; B. Kenward *et al.*, « Development of tool use in New Caledonian crows : inherited action patterns and social influences », *Anim. Behav.*, 72 (2006) : 1329-43.
61. J. C. Holzhaider *et al.*, « Social learning in New Caledonian crows ».
62. J. C. Holzhaider *et al.*, « Social learning in New Caledonian crows » ; communication personnelle et interview de Jenny Holzhaider pour la radio 95bFM en 2011 ; analyse fascinante de l'apprentissage de Yellow-Yellow par Russell Gray, à l'occasion de sa conférence « The evolution of cognition without miracles », Nijmegen Lectures, 27-29 janvier 2014, enregistrement (en anglais) disponible sur http://www.mpi.nl/events/nijmegen-lectures-2014/lecture-videos.
63. J. C. Holzhaider *et al.*, « Social learning in New Caledonian crows ».
64. R. Gray, « The evolution of cognition without miracles ».
65. G. R. Hunt, J. C. Holzhaider, R. D. Gray, « Prolonged parental feeding in tool-using New Caledonian crows », *Ethology*, 188 (2012) : 1-8.
66. C. Rutz, J. J. H. St Clair, « The evolutionary origins and ecological context of tool use in New Caledonian crows ».
67. J. Troscianko *et al.*, « Extreme binocular vision and a straight bill facilitate tool use in New Caledonian crows », *Nat. Comm.*, 3 (2012) : 1110.
68. A. Martinho *et al.*, « Monocular tool control, eye dominance, and laterality in New Caledonian crows », *Curr. Biol.*, 24, n° 24 (2014) : 2930-34.
69. A. Kacelnik, cité in « Why tool-wielding crows are left- or right-beaked », *Cell Press*, 4 (décembre 2014), http://phys.org/news/2014-12-tool-wielding-crows-left-right-beaked.htm.
70. J. Troscianko *et al.*, « Extreme binocular vision and a straight bill facilitate tool use in New Caledonian crows », *Nat. Comm.*, 3 (2012) : 1110.
71. D. Biro *et al.*, « Tool use as adaptation », *Phil. Trans. R. Soc. Lond. B*, 368, n° 1630 (2013) : 20120408.
72. J. Troscianko *et al.*, « Extreme binocular vision and a straight bill facilitate tool use in New Caledonian crows », *Nat. Comm.*, 3 (2012) : 1110.
73. Gavin Hunt, communication personnelle, 21 janvier 2015.
74. R. Gray, « The evolution of cognition without miracles ».
75. J. Cnotka *et al.*, « Extraordinary large brains in tool-using New Caledonian crows (*Corvus moneduloides*) », *Neurosci. Lett.*, 433 (2008) : 241-45 ; C. Rutz, J. J. H. St Clair, « The evolutionary origins and ecological context of tool use in New Caledoninan crows ».
76. J. Mehlhorn, « Tool-making New Caledonian crows have large associative brain areas », *Brain Behav. Evolut.*, 75 (2010) : 63-70.

77. R. Gray, « The evolution of cognition without miracles » ; F. S. Medina *et al.*, « Perineuronal satellite neuroglia in the telencephalon of New Caledonian crows and other Passeriformes : evidence of satellite glial cells in the central nervous system of healthy birds ? », *Peer J.*, 1 (2013) : e110.
78. R. Gray, « The evolution of cognition without miracles ».
79. Interview d'Alex Taylor ; A. Taylor, « Corvid cognition », *WIREs Cogn. Sci.*, (2014), doi : 10.1002/wcs.1286.
80. R. Gray, « The evolution of cognition without miracles ».
81. A. H. Taylor *et al.*, « Spontaneous metatool use by New Caledonian crows », *Curr. Biol.*, 17 (2007) : 1504-7 ; R. Gray, « The evolution of cognition without miracles ».
82. A. H. Taylor, « Corvid cognition », *WIREs Cogn. Sci.*, (2014), doi : 10.1002/wcs.1286.
83. Alex Taylor, communication personnelle, 7 janvier 2015.
84. Christian Rutz, communication personnelle, 30 juillet 2015.
85. *Ibid.*
86. A. H. Taylor *et al.*, « An end to insight ? New Caledonian crows can spontaneously solve problems without planning their actions », *Proc. R. Soc. B*, 279, n° 1749 (2012) : 4977-81 ; interview d'Alex Taylor.
87. Voir cependant A. M. Seed, N. J. Boogert, « Animal cognition : an end to insight ? », *Curr. Biol.*, 23, n° 2 (2013) : R67-R69.
88. S. A. Jelbert *et al.*, « Using the Aesop's fable paradigm to investigate causal understanding of water displacement by New Caledonian crows », *PLoS ONE*, 9, n° 3 (2014) : 1-9.
89. A. H. Taylor *et al.*, « New Caledonian crows reason about hidden causal agents », *PNAS*, 109, n° 40 (2012) : 16389-91.
90. R. Gray, « The evolution of cognition without miracles ».
91. R. Saxe *et al.*, « Knowing who dunnit : infants identify the causal agent in an unseen causal interaction », *Develop. Psych.*, 43, n° 1 (2007) : 149-58 ; R. Saxe *et al.*, « Secret agents : inferences about hidden causes by 10-and 12-month-old infants », *Psychol. Sci.*, 16, n° 12 (2005) : 995-1001.
92. R. Gray, « The evolution of cognition without miracles ».
93. N. J. Boogert *et al.*, « Do crows reason about causes or agents ? The devil is in the controls », *PNAS*, 110, n° 4 (2013) : E273 ; A. H. Taylor *et al.*, « Reply to Boogert *et al.* : the devil is unlikely to be in association or distraction », *PNAS*, 110, n° 4 (2013) : E274.
94. A. H. Taylor *et al.*, « Of babies and birds : complex tool behaviours are not sufficient for the evolution of the ability to create a novel causal intervention », *Proc. R. Soc. B*, 281, n° 1787 (2014) : 1-6.
95. N. J. Emery, N. S. Clayton, « Do birds have the capacity for fun ? », *Curr. Biol.*, 25, n° 1 (2015) : R16-R19.
96. W. H. Thorpe in M. Ficken, « Avian play », *Auk*, 94 (1977) : 574.
97. M. Ficken, « Avian play », *Auk*, 94 (1977) : 573-82.
98. A. F. Gotch, *Latin Names Explained*, New York : Facts on File, 1995, 286.
99. J. Diamond, A. B. Bond, *Kea : Bird of Paradox*, Berkeley and Los Angeles : University of California Press, 1999, 76.
100. *Ibid.*, 99.
101. M. Miller, « Parrot steals $1100 from unsuspecting tourist », *Sunday Morning Herald*, 4 février 2013, http://www.traveller.com.au/parrot-steals-1100-from-unsuspecting-tourist-2dtc2.
102. R. Moreau, W. Moreau, « Do young birds play ? », *Ibis*, 86 (1944) : 93-94.

103. M. Brazil, « Common raven *Corvus corax* at play ; records from Japan », *Ornithol. Sci.*, 1 (2002) : 150-52.

104. A. M. I. Auersperg *et al.*, « Combinatory actions during object play in psittaciformes (*Diopsittaca nobilis*, *Pionites melanocephala*, *Cacatua goffini*) and corvids (*Corvus corax*, *C. monedula*, *C. monedu-loides*) », *J. Comp. Psych.*, 129, n° 1 (2015) : 62-71 ; A. M. I. Auersperg *et al.*, « Unrewarded object combinations in captive parrots », *Anim. Behav. Cogn.*, 1, n° 4 (2014) : 470-88.

105. A. M. I. Auersperg *et al.*, « Unrewarded object combinations in captive parrots », *Anim. Behav. Cogn.*, 1, n° 4 (2014) : 470-88.

106. La discussion qui suit s'appuie sur plusieurs interviews d'Alex Taylor et sur la publication de C. Rutz et J. J. H. St Clair, « The ecological significance of tool use in New Caledonian crows ».

107. C. Rutz, J. J. H. St Clair, « The ecological significance of tool use in New Caledonian crows ».

108. J. R. Beggs, P. R. Wilson, « Energetics of South Island kaka (*Nestor meridionalis*) feeding on the larvae of kanuka longhorn beetles (*Ochrocydus huttoni*) », *New Zealand J. Ecol.*, 10 (1987) : 143-47.

109. Gavin Hunt, interview, 12 mai 2014.

110. http://newcaledoniaplants.com/plant-catalog/humid-forest-plants/.

Chapitre IV – Gazouiller : une compétence sociale

1. P. Green, « The communal crow », *BBC Wildlife*, 14, n° 1 (1996) : 30-34.

2. L. M. Aplin *et al.*, « Social networks predict patch discovery in a wild population of songbirds », *Proc. R. Soc. B*, 279 (2012) : 4199-205.

3. T. Schjelderup-Ebbe, « Contributions to the social psychology of the domestic chicken », in *Social Hierarchy and Dominance*, éd. M. Schein, Stroudsburg, PA : Dowden, Hutchinson & Ross, 1975, 35-49 ; T Schjelderup-Ebbe, « Social behavior in birds », in *Handbook of Social Dynamics of Hierarchy Formation*, éd. C. Murchison, Worcester, MA : Clark University Press, 1935, 947-72.

4. N. Humphrey, « The social function of intellect », initialement publié in *Growing Points in Ethology*, P. P. G. Bateson, R. A. Hinde (éd.), Cambridge : Cambridge University Press, 1976, 303-17. Ce concept a d'abord été suggéré par M. R. A. Chance, A. P. Mead, « Social behavior and primate evolution », *Symp. Soc. Exp. Biol.*, 7 (1953) : 395-439 et A. Jolly, « Lemur social behavior and primate intelligence », *Science*, 153 (1966) : 501-6.

5. N. J. Emery *et al.*, « Cognitive adaptations of social bonding in birds », *Philos. Trans. R. Soc. B*, 362 (2007) : 489-505.

6. H. Prior *et al.*, « Mirror-induced behavior in the magpie (*Pica pica*) : evidence of self-recognition », *PLoS Biol.*, 6, n° 8 (2008) : e202.

7. T. Juniper, M. Parr, *Parrots : A Guide to Parrots of the World*, New Haven, CT : Yale University Press, 1998, 22.

8. C. S. Davis, « Parrot psychology and behavior problems », *Vet. Clin. North Am. Small Anim. Pract.*, 21 (1991) : 1281-88 ; D. Aydinonat *et al.*, « Social isolation shortens telomeres in African grey parrots (*Psittacus erithacus erithacus*) », *PLoS ONE*, 9, n° 4 (2014) : e93839.

9. F. Peron *et al.*, « Human-grey parrot (*Psittacus erithacus*) reciprocity », *Anim. Cogn.*, (2014), doi : 10.1007/s10071-014-0726-3.

10. « Birds that bring gifts and do the gardening », *BBC News Magazine*, 10 mars 2015, http://www.bbc.com/news/magazine-31795681.

11. J. Marzluff, T. Angell, *Gifts of the Crow*, New York : Free Press, 2012, 108.
12. K. Sewall, « The girl who gets gifts from birds », *BBC News Magazine*, 25 février 2015, http://www.bbc.com/news/magazine-31604026.
13. J. Marzluff, T. Angell, *Gifts of the Crow*, 114.
14. C. A. F. Wascher, T. Bugnyar, « Behavioral responses to inequity in reward distribution and working effort in crows and ravens », *PLoS ONE*, 8, n° 2 (2013) : e56885.
15. V. Dufour *et al.*, « Corvids can decide if a future exchange is worth waiting for », *Biol. Lett.*, 8, n° 2 (2012) : 201-4.
16. A. M. I. Auersperg *et al.*, « Goffin cockatoos wait for qualitative and quantitative gains but prefer "better" to "more" », *Biol. Lett.*, 9 (2013) : 20121092.
17. T. Bugnyar, « Social cognition in ravens », *Comp. Cogn. Behav. Rev.*, 8 (2013) : 1-12.
18. O. N. Fraser, T. Bugnyar, « Do ravens show consolation ? Responses to distressed other », *PLoS ONE*, 5, n° 5 (2010) : e10605.
19. M. Boeckle, T. Bugnyar, « Long-term memory for affiliates in ravens », *Curr. Biol.*, 22 (2012) : 801-6.
20. B. Heinrich, *Mind of the Raven*, New York : Harper Perennial, 2007, 176.
21. J. M. Marzluff, « Lasting recognition of threatening people by wild American crows », *Anim. Behav.*, 79 (2010) : 699-707.
22. John Marzluff, communication personnelle, 10 février 2015.
23. J. M. Marzluff *et al.*, « Brain imaging reveals neuronal circuitry underlying the crow's perception of human faces », *PNAS*, 109, n° 39 (2012) : 15912-17.
24. G. C. Paz-y-Miño *et al.*, « Pinyon jays use transitive inference to predict social dominance », *Nature*, 430 (2004) : 778.
25. L. Ostojić *et al.*, « Can male Eurasian jays disengage from their own current desire to feed the female what she wants ? », *Biol. Lett.*, 10 (2014) : 20140042 ; L. Ostojić *et al.*, « Evidence suggesting that desire-state attribution may govern food sharing in Eurasian jays », *PNAS*, 110 (2013) : 4123-28.
26. Ljerka Ostojić, communication personnelle, avril 2015.
27. *Ibid.*
28. R. M. Seyfarth, D. L. Cheney, « Affiliation, empathy, and the origins of theory of mind », *PNAS*, 110, n° 2 (2013) : 10349-56 (suppl.).
29. T. Bugnyar, K. Kotrschal, « Scrounging tactics in free-ranging ravens », *Ethology*, 108 (2002) : 993-1009 ; P. Green, « The communal crow », *BBC Wildlife*, 14, n° 1 (1996) : 30-34.
30. L. M. Guillette *et al.*, « Individual differences in learning speed, performance accuracy and exploratory behavior in black-capped chickadees », *Anim. Cogn.*, 18, n° 1 (2015) : 165-78.
31. L. M. Aplin *et al.*, « Social networks predict patch discovery in a wild population of songbirds », *Proc. R. Soc. B*, 279 (2012) : 4199-4205.
32. Lucy Aplin, communication personnelle, 10 mars 2015.
33. L. M. Aplin *et al.*, « Social networks predict patch discovery in a wild population of songbirds » ; D. R. Farine, « Interspecific social networks promote information transmission in wild songbirds », *Proc. R. Soc. B*, 282 (2015) : 20142804 ; Lucy Aplin, communication personnelle, 10 mars 2015.
34. J. T. Seppanen, J. T. Forsman, « Interspecific social learning : novel preference can be acquired from a competing species », *Curr. Biol.*, 17 (2007) : 1248-52.
35. L. M. Aplin *et al.*, « Experimentally induced innovations lead to persistent culture via conformity in wild birds », *Nature*, 518, n° 7540 (2014) : 538-41.

36. Lucy Aplin, communication personnelle, 10 mars 2015.
37. N. Boogert, « Milk bottle-raiding birds pass on thieving ways to their flock », *The Conversation*, 4 décembre 2014, https://theconversation.com/milk-bottle-raiding-birds-pass-on-thieving-ways-to-their-flock-34784.
38. J. P. Swaddle *et al.*, « Socially transmitted mate preferences in a monogamous bird : a non-genetic mechanism of sexual selection », *Proc. R. Soc. B*, 272 (2005) : 1053-58.
39. E. Curio *et al.*, « Cultural transmission of enemy recognition : one function of mobbing », *Science*, 202 (1978) : 899.
40. W. E. Feeney, N. E. Langmore, « Social learning of a brood parasite by its host », *Biol. Lett.*, 9 (2013) : 20130443.
41. J. M. Marzluff, « Lasting recognition of threatening people by wild American crows », *Anim. Behav.*, 79 (2010) : 699-707.
42. T. M. Caro, M. D. Hauser, « Is there teaching in nonhuman animals ? », *Q. Rev. Biol.*, 67 (1992) : 151.
43. A. Thornton, K. McAuliffe, « Teaching in wild meerkats », *Science*, 313 (2006) : 227-29.
44. N. R. Franks, T. Richardson, « Teaching in tandem-running ants », *Nature*, 439, n° 153 (2006), doi : 10.1038/439153a.
45. Amanda Ridley, communication personnelle, 11 mars 2015.
46. M. J. Nelson-Flower *et al.*, « Monogamous dominant pairs monopolize reproduction in the cooperatively breeding pied babbler », *Behav. Ecol.*, (2011), doi : 10.1093/beheco/arr018.
47. *Ibid.*
48. A. R. Ridley, N. J. Raihani, « Facultative response to a kleptoparasite by the cooperatively breeding pied babbler », *Behav. Ecol.*, 18 (2007) : 324-30 ; A. R. Ridley *et al.*, « The cost of being alone : the fate of floaters in a population of cooperatively breeding pied babblers *Turdoides bicolor* », *J. Avian Biol.*, 39 (2008) : 389-92.
49. « The re-occurrence of an extraordinary behaviour : a new kidnapping event in the population », *Pied & Arabian Babbler Research* (blog), novembre 2012, http://www.babbler-research.com/news.html.
50. A. R. Ridley *et al.*, « Is sentinel behaviour safe ? An experimental investigation », *Anim. Behav.*, 85, n° 1 (2012) : 137-42.
51. A. R. Ridley *et al.*, « The ecological benefits of interceptive eavesdropping », *Funct. Ecol.*, 28, n° 1 (2013) : 197-205.
52. *Ibid.*
53. T. P. Flower, « Deceptive vocal mimicry by drongos », *Proc. R. Soc. B*, (2010), doi : 10.1098/rspb.2010.1932.
54. T. P. Flower *et al.*, « Deception by flexible alarm mimicry in an African bird », *Science*, 344 (2014) : 513-16.
55. N. J. Raihani, A. R. Ridley, « Adult vocalizations during provisioning : offspring response and postfledging benefits in wild pied babblers », *Anim. Behav.*, 74 (2007) : 1303-9 ; N. J. Raihani, A. R. Ridley, « Experimental evidence for teaching in wild pied babblers », *Anim. Behav.*, 75 (2008) : 3-11.
56. A. M. Thompson, A. R. Ridley, « Do fledglings choose wisely ? An experimental investigation into social foraging behavior », *Behav. Ecol. Sociobiol.*, 67, n° 1 (2013) : 69-78.

57. A. M. Thompson *et al.*, « The influence of fledgling location on adult provisioning : a test of the blackmail hypothesis », *Proc. R. Soc. B*, 280 (2013) : 20130558.
58. J. A. Thornton, A. McAuliffe, « Cognitive consequences of cooperative breeding ? A critical appraisal », *J. Zool.*, 295 (2015) : 12-22.
59. Amanda Ridley, communication personnelle, 7 avril 2015.
60. G. Beauchamp, E. Fernandez-Juricic, « Is there a relationship between forebrain size and group size in birds ? », *Evol. Ecol. Res.*, 6 (2004) : 833-42.
61. R. Dunbar, S. Shultz, « Evolution in the social brain », *Science*, 317 (2007) : 1344-47.
62. L. McNally *et al.*, « Cooperation and the evolution of intelligence », *Proc. R. Soc. B*, (avril 2012), doi : 10.1098/rspb.2012.0206.
63. S. Shultz, R. I. M. Dunbar, « Social bonds in birds are associated with brain size and contingent on the correlated evolution of life-history and increased parental investment », *Biol. J. Linn. Soc.*, 100 (2010) : 111-23.
64. *Ibid.*
65. N. J. Emery *et al.*, « Cognitive adaptations of social bonding in birds », *Philos. Trans. R. Soc. Lond. B Biol. Sci.*, 362 (2007) : 489-505.
66. A. Cockburn, « Prevalence of different modes of parental care in birds », *Proc. R. Soc. B*, 273 (2006) : 1375-83.
67. N. J. Emery *et al.*, « Cognitive adaptations of social bonding in birds », *Philos. Trans. R. Soc. Lond. B Biol. Sci.*, 362 (2007) : 489-505.
68. N. S. Clayton, N. J. Emery, « The social life of corvids », *Curr. Biol.*, 17, n° 16 (2007) : R652-R656.
69. E. Fortune *et al.*, « Neural mechanisms for the coordination of duet singing in wrens », *Science*, 334 (2011) : 666-70.
70. M. Moravec *et al.*, « "Virtual parrots" confirm mating preferences of female budgerigars », *Ethology*, 116, n° 10 (2010) : 961-71.
71. A. G. Hile *et al.*, « Male vocal imitation produces call convergence during pair bonding in budgerigars », *Anim. Behav.*, 59 (2000) : 1209-18.
72. *Ibid.*
73. L. A. O'Connell *et al.*, « Evolution of a vertebrate social decision-making network », *Science*, 336, n° 6085 (2012) : 1154-57.
74. J. L. Goodson, R. R. Thompson, « Nonapeptide mechanisms of social cognition, behavior and species-specific social systems », *Curr. Opin. Neurobiol.*, 20 (2010) : 784-94.
75. J. L. Goodson, « Nonapeptides and the evolutionary patterning of social behavior », *Prog. Brain Res.*, 170 (2008) : 3-15.
76. C. S. Carter *et al.*, « Oxytocin and social bonding », *Ann. NY Acad. Sci.*, 652 (1992) : 204-11.
77. C. Crockford *et al.*, « Urinary oxytocin and social bonding in related and unrelated wild chimpanzees », *Proc. R. Soc. B*, 280 (2013) : 20122765.
78. M. Heinrichs *et al.*, « Oxytocin, vasopressin, and human social behavior », *Front. Neuroendocrin.*, 30 (2009) : 548-57 ; K. MacDonald, T. M. MacDonald, « The peptide that binds : a systematic review of oxytocin and its prosocial effects in humans », *Harvard Rev. Psychiat.*, 18, n° 1 (2010) : 1-21.
79. G.-J. Pepping, E. J. Timmermans, « Oxytocin and the biopsychology of performance in team sports », *Sci. World J.*, (2012) : 567363.

80. D. Scheele *et al.*, « Oxytocin enhances brain reward system responses in men viewing the face of their female partner », *Proc. Natl. Acad. Sci.*, 110, n° 5 (2013) : 20308020313.
81. J. L. Goodson, M. A. Kingsbury, « Nonapeptides and the evolution of social group sizes in birds », *Front. Neuroanat.*, 5 (2011) : 13 ; J. L. Goodson *et al.*, « Evolving nonapeptide mechanisms of gregariousness and social diversity in birds », *Horm. Behav.*, 61 (2012) : 239-50.
82. J. L. Goodson *et al.*, « Mesotocin and nonapeptide receptors promote songbird flocking behavior », *Science*, 325 (2009) : 862-66.
83. Neeltje Boogert, communication personnelle, 7 avril 2015.
84. J. L. Goodson *et al.*, « Mesotocin and nonapeptide receptors promote songbird flocking behavior », *Science*, 325 (2009) : 862-66.
85. J. D. Klatt, J. L. Goodson, « Oxytocin-like receptors mediate pair bonding in a socially monogamous songbird », *Proc. R. Soc. B*, 280, n° 1750 (2012) : 20122396.
86. R. Feldman, « Oxytocin and social affiliation in humans », *Horm. Behav.*, 61 (2012) : 380-91.
87. Marcy Kingsbury, communication personnelle, 9 février 2015 ; J. L. Goodson *et al.*, « Oxytocin mechanisms of stress response and aggression in a territorial finch », *Physiol. Behav.*, 141 (2015) : 154-63.
88. S. E. Taylor *et al.*, « Are plasma oxytocin in women and plasma vasopressin in men biomarkers of distressed pair-bond relationships ? », *Psychol. Sci.*, 21 (2010) : 3-7.
89. R. J. D. West, « The evolution of large brain size in birds is related to social, not genetic, monogamy », *Biol. J. Linn. Soc.*, 111, n° 3 (2014) : 668-78.
90. S. Griffith *et al.*, « Extra-pair paternity in birds : a review of interspecific variation and adaptive function », *Mol. Ecol.*, 11 (2002) : 2195-212.
91. J. Linossier *et al.*, « Flight phases in the song of skylarks », *PLoS ONE*, 8, n° 8 (2013) : e72768.
92. J. M. C. Hutchinson, S. C. Griffith, « Extra-pair paternity in the skylark, *Alauda arvensis* », *Ibis*, 150 (2008) : 90-97.
93. J. Stamps, « The role of females in extra-pair copulations in socially monogamous territorial animals », in *Feminism and Evolutionary Biology : Boundaries, Intersections, and Frontiers*, P. Gowaty (éd.), Washington, DC : Science, 1997, 294.
94. S. Eliassen, C. Jørgensen, « Extra-pair mating and evolution of cooperative neighbourhoods », *PLoS ONE*, 9, n° 7 (2014) : e99878.
95. E. M. Gray, « Female red-winged blackbirds accrue material benefits from copulating with extra-pair males », *Anim. Behav.*, 53, n° 3 (1997) : 625-39.
96. Nancy Burley, communication personnelle, 9 février 2015.
97. J. Linossier *et al.*, « Flight phases in the song of skylarks », *PLoS ONE*, 8, n° 8 (2013) : e72768.
98. L. Z. Garamszegi *et al.*, « Sperm competition and sexually size dimorphic brains in birds », *Proc. R. Soc. B*, 272 (2005) : 159-66.
99. J. Mailliard, « California jays and cats », *Condor*, juillet 1904, 94-95.
100. L. D. Dawson, *The Birds of California : A Complete and Popular Account of the 580 Species and Subspecies of Birds Found in the State*, San Diego : South Moulton Company, 1923.
101. U. Grodzinski, N. S. Clayton, « Problems faced by food-caching corvids and the evolution of cognitive solutions », *Philos. Trans. R. Soc. Lond. B*, 365 (2010) : 977-87.
102. N. S. Clayton *et al.*, « Social cognition by food-caching corvids : the western scrub-jay as a natural psychologist », *Philos. Trans. R. Soc. Lond. B Biol. Sci.*, 362, n° 1480 (2007) : 507-22 ; J. M. Thom,

N. S. Clayton, « Re-caching by western scrub-jays (*Aphelocoma californica*) cannot be attributed to stress », *PLoS ONE*, 8, n° 1 (2013) : e52936.

103. G. Stulp *et al.*, « Western scrub-jays conceal auditory information when competitors can hear but cannot see », *Biol. Lett.*, 5 (2009) : 583-85.

104. U. Grodzinski *et al.*, « Peep to pilfer : what scrub-jays like to watch when observing others », *Anim. Behav.*, 83 (2012) : 1253-60.

105. U. Grodzinski, N. S. Clayton, « Problems faced by food-caching corvids and the evolution of cognitive solutions », *Philos. Trans. R. Soc. Lond. B*, 365 (2010) : 977-87.

106. *Ibid.*

107. N. J. Emery, N. S. Clayton, « Do birds have the capacity for fun ? », *Curr. Biol.*, 25, n° 1 (2015) : R16-R19.

108. H. Fischer, « Das Triumphgeschrei der Graugans (*Anser anser*) », *Z. Tierpsychol.*, 22 (1965) : 247-304.

109. C. A. F. Wascher *et al.*, « Heart rate during conflicts predicts post-conflict stress-related behavior in greylag geese », *PLoS ONE*, 5, n° 12 (2010) : e15751.

110. A. M. Seed *et al.*, « Postconflict third-party affiliation in rooks, *Corvus frugilegus* », *Curr. Biol.*, 17 (2007) : 152-58.

111. N. J. Emery *et al.*, « Cognitive adaptations to bonding in birds », *Philos. Trans. R. Soc. Lond. B*, 362 (2007) : 489-505.

112. J. M. Plotnik, F. B. de Waal, « Asian elephants (*Elephas maximus*) reassure others in distress », *Peer J.*, 2 (2014) : e278.

113. O. Fraser, T. Bugnyar, « Do ravens show consolation ? Responses to distressed others », *PLoS ONE*, 5, n° 5 (2010) : e10605.

114. *Ibid.*

115. T. Iglesias *et al.*, « Western scrub-jay funerals : cacophonous aggregations in response to dead conspecifics », *Anim. Behav.*, 84, n° 5 (2012) : 1103-11.

116. B. King, « Do birds hold funerals ? », *13.7 Cosmos & Culture* (blog), NPR, 6 septembre 2012, http://www.npr.org/blogs/13.7/2012/09/06/160535236/do-birds-hold-funerals.

117. L. Erickson, « Scrub-jay funerals and blue jay Irish wakes », *Laura's Birding Blog*, 26 septembre 2012, http://webcache.googleusercontent.com/search?q=cache:http://lauraerickson.blogspot.com/2012/09/scrub-jay-funerals-and-blue-jay-irish.html.

118. T. L. Iglesias *et al.*, « Dead heterospecifics as cues of risk in the environment : does size affect response ? », *Behaviour*, 151 (2014) : 1-22.

119. Teresa Iglesias, communication personnelle, 7 février 2015.

120. M. L. Hoffman, « Is altruism part of human nature ? », *J. Personal. Soc. Psychol.*, 40 (1981) : 121-37.

121. N. J. Emery, N. S. Clayton, « Do birds have the capacity for fun ? », *Curr. Biol.*, 25, n° 1 (2015) : R16-R19.

122. K. Lorenz, cité in Marc Bekoff, « Grief in animals : it's arrogant to think we're the only animals who mourn » (blog), *Psychology Today*, 29 octobre 2009, http://www.psychologytoday.com/blog/animal-emotions/200910/grief-in-animals-its-arrogant-think-were-the-only-animals-who-mourn.

123. *Ibid.*

124. *Gifts of the Crow*, New York : Free Press, 2013, 138-39.

125. D. J. Cross *et al.*, « Distinct neural circuits underlie assessment of a diversity of natural dangers by American crows », *Proc. R. Soc. B*, 280 (2013) : 20131046.

Chapitre V - Quatre cents langages : virtuosité vocale

1. E. M. Halliday, *Understanding Thomas Jefferson*, New York : HarperCollins, 2001, 184.
2. http://www.monticello.org/site/research-and-collections/mockingbirds#_note-1.
3. J. Lembke, *Dangerous Birds*, New York : Lyons & Burford, 1992, 66.
4. Conférence *Birdsong : rhythms and clues from neurons to behaviour*, Society for Neuroscience (SFN), 14-15 novembre 2014, Georgetown University, Washington DC.
5. C. I. Petkov *et al.*, « Birds, primates, and spoken language origins : behavioral phenotypes and neurobiological substrates », *Front. Evol. Neurosci.*, 4 (2012) : 12 ; E. D. Jarvis, « Evolution of brain pathways for vocal learning in birds and humans », in *Birdsong, Speech, and Language*, J. J. Bolhuis, M. Everaert (éd.), Cambridge, MA : MIT Press, 2013, 63-107 ; D. Kroodsma *et al.*, « Behavioral evidence for song learning in the suboscine bellbirds (Procnias spp. ; Cotingidae) », *Wilson J. Ornithol.*, 125, n° 1 (2013) : 1-14.
6. S. J. Shettleworth, *Cognition, Evolution, and Behavior*, New York : Oxford University Press, 2010, 23.
7. A. R. Pfenning *et al.*, « Convergent transcriptional specializations in the brains of humans and song-learning birds », *Science*, 346, n° 6215 (2014) : 13333.
8. L. Kubikova *et al.*, « Basal ganglia function, stuttering, sequencing, and repair in adult songbirds », *Sci. Rep.*, 13, n° 4 (2014) : 6590.
9. J. Bolhuis, « Birdsong, speech and language », présentation à l'occasion de la conférence de la SFN, 14-15 novembre 2014.
10. C. Darwin, *Voyage of the Beagle*, 1839, New York : Penguin Classics, 1989.
11. L. Riters, « Why birds sing : the neural regulation of the motivation to communicate », présentation à l'occasion de la conférence de la SFN, 14-15 novembre 2014.
12. Erich Jarvis, interview, 23 mars 2012 ; E. Jarvis, « Identifying analogous vocal communication regions between songbird and human brains », présentation à l'occasion de la conférence de la SFN, 14-15 novembre 2014.
13. E Nemeth *et al.*, « Differential degradation of antbird songs in a neotropical rainforest : adaptation to perch height ? », *J. Acoust. Soc. Am.*, 110 (2001) : 3263-74.
14. H. Slabbekoorn, « Singing in the wild : the ecology of birdsong », in *Nature's Music : The Science of Birdsong*, P. Marler, H. Slabbekoorn (éd.), Amsterdam : Elsevier Academic Press, 2004.
15. M. J. Ryan *et al.*, « Cognitive mate choice », in *Cognitive Ecology II*, R. Dukas, J. Ratcliffe (éd.), Chicago : University of Chicago Press, 2009, 137-55.
16. D. Gil *et al.*, « Birds living near airports advance their dawn chorus and reduce overlap with aircraft noise », *Behav. Ecol.*, 26, n° 2 (2014) : 435-43.
17. R. A. Suthers, S. A. Zollinger, « Producing song : the vocal apparatus », in *Behavioral Neurobiology of Bird Song*, H. P. Zeigler, P. Marler (éd.), New York : Annals of the New York Academy of Sciences, 2014, 109-29.
18. D. N. Düring *et al.*, « The songbird syrinx morpheme : a three-dimensional, high-resolution, interactive morphological map of the zebra finch vocal organ », *BMC Biol.*, 11 (2013) : 1.
19. S. A. Zollinger *et al.*, « Two-voice complexity from a single side of the syrinx in northern mockingbird *Mimus polyglottos* vocalizations », *J. Exp. Biol.*, 211 (2008) : 1978-91.
20. C. P. H. Elemans *et al.*, « Superfast vocal muscles control song production in songbirds », *PLoS ONE*, 3, n° 7 (2008) : e2581.

21. http://bna.birds.cornell.edu/bna/species/720doi:10.2173.
22. T. Gentner, « Mechanisms of auditory attention », présentation à l'occasion de la conférence de la SFN, 14-15 novembre 2014.
23. D. Kroodsma, *The Singing Life of Birds*, Boston : Houghton Mifflin, 2007, 76-77.
24. S. A. Zollinger, R. A. Suthers, « Motor mechanisms of a vocal mimic : implications for birdsong production », *Proc. R. Soc. B*, 271 (2004) : 483-91.
25. L. A. Kelley *et al.*, « Vocal mimicry in songbirds », *Anim. Behav.*, 76 (2008) : 521-28.
26. D. E. Kroodsma, L. D. Parker, « Vocal virtuosity in the brown thrasher », *Auk*, 94 (1977) : 783-85.
27. H. Hultsch, D. Todt, « Memorization and reproduction of songs in nightingales (*Luscinia megarhynchos*) : evidence for package formation », *J. Comp. Phys. A*, 165 (1989) : 197-203.
28. F. Dowsett-Lemaire, « The imitative range of the song of the marsh warbler *Acrocepalus palustris*, with special reference to imitations of African birds », *Ibis*, 121 (2008) : 453-68.
29. H. J. Pollock, « Living with the lyrebirds », *Proc. Zool. Soc.*, (23 juillet 1965) : 20-24.
30. T. P. Flower, « Deceptive vocal mimicry by drongos », *Proc. R. Soc. B*, (2010), doi : 10.1098/rspb.2010.1932.
31. P. Marler, H. Slabbekoorn, *Nature's Music : The Science of Birdsong*, Amsterdam : Elsevier Academic Press, 2004, 35.
32. W. C. Fitzgibbon, rubrique « Talk of the Town », *New Yorker*, 14 août 1954.
33. V. R. Ohms *et al.*, « Vocal tract articulation revisited : the case of the monk parakeet », *J. Exp. Biol.*, 215 (2012) : 85-92 ; G. J. L. Beckers *et al.*, « Vocal-tract filtering by lingual articulation in a parrot », *Curr. Biol.*, 14, n° 7 (2004) : 1592-97.
34. I. M. Pepperberg, *The Alex Studies*, Cambridge, MA : Harvard University Press, 1999, 13-52.
35. Irene Pepperberg, communication personnelle, 8 mai 2015.
36. Cette anecdote rapportée par Martyn Robinson est citée in H. Price, « Birds of a feather talk together », *Aust. Geogr.*, 15 septembre 2011, Iangeographic.com.au/news/2011/09/birds-of-a-feather-talk-together/.
37. D. Kroodsma, *The Singing Life of Birds*, 70.
38. C. H. Early, « The mockingbird of the Arnold Arboretum », *Auk*, 38 (1921) : 179-81.
39. R. D. Howard, « The influence of sexual selection and interspecific competition on mockingbird song », *Evolution*, 28, n° 3 (1974) : 428-38 ; J. L. Wildenthal, « Structure in primary song of mockingbird », *Auk*, 82 (1965) : 161-89 ; J. J. Hatch, *Diversity of the Song of Mockingbirds Reared in Different Auditory Environments*, thèse de doctorat, Duke University, 1967.
40. K. C. Derrickson, « Yearly and situational changes in the estimate of repertoire size in northern mockingbirds (*Mimus polyglottos*) », *Auk*, 104 (1987) : 198-207.
41. J. R. Krebs, « The significance of song repertoires : the Beau Geste hypothesis », *Anim. Behav.*, 25, n° 2 (1977) : 475-78.
42. J. P. Visscher, « Notes on the nesting habits and songs of the mockingbird », *Wilson Bulletin*, 40 (1928) : 209-16.
43. A. Laskey, « A mockingbird acquires his song repertory », *Auk*, 61 (1944) : 211-19.
44. http://naturalhistorynetwork.org/journal/articles/8-donald-culross-peatties-an-almanac-for-moderns/.
45. E. Kandel cite ce spécialiste du comportement de la drosophile in *In Search of Memory*, New York : W. W. Norton, 2006, 148.

46. R. Zann, *The Zebra Finch : A Synthesis of Field and Laboratory Studies*, New York : Oxford University Press, 1996.
47. R. Mooney, « Translating birdsong research », présentation à l'occasion de la conférence de la SFN, 14-15 novembre 2014.
48. La discussion sur le processus d'apprentissage du chant chez les oiseaux est tirée de S. Nowicki, W. A. Searcy, « Song function and the evolution of female preferences : why birds sing and why brains matter », *Ann. N. Y. Acad. Sci.*, 1016 (juin 2004) : 704-23.
49. R. Dooling, « Audition : can birds hear everything they sing ? », in *Nature's Music : The Science of Birdsong*, P. Marler, H. Slabbekoorn (éd.), Amsterdam : Elsevier Academic Press, 2004, 206-25.
50. J. S. Stone, D. A. Cotanche, « Hair cell regeneration in the avian auditory epithelium », *Int. J. Dev. Biol.*, 51, n° 607 (2007) : 633-47.
51. J. F. Prather *et al.*, « Neural correlates of categorical perception in learned vocal communication », *Nat. Neurosci.*, 12, n° 2 (2009) : 221-28.
52. P. Ardet *et al.*, « Song tutoring in pre-singing zebra finch juveniles biases a small population of higher-order song selective neurons towards the tutor song », *J. Neurophysiol.*, 108, n° 7 (2012) : 1977-87.
53. J. J. Bolhuis *et al.*, « Twitter evolution : converging mechanisms in birdsong and human speech », *Nat. Rev. Neurosci.*, 11 (2010) : 747-59.
54. *Ibid.*
55. S. London, « Mechanisms for sensory song learning », présentation à l'occasion de la conférence de la SFN, 14-15 novembre 2014.
56. P. K. Kuhl, « Learning and representation in speech and language », *Curr. Opin. Neurobiol.*, 4, n° 6 (1994) : 812-22.
57. J. J. Bolhuis *et al.*, « Twitter evolution : converging mechanisms in birdsong and human speech », *Nat. Rev. Neurosci.*, 11 (2010) : 747-48.
58. D. Aronov *et al.*, « A specialized forebrain circuit for vocal babbling in the juvenile songbird », *Science*, 320 (2008) : 630-34.
59. K. Simonyan *et al.*, « Dopamine regulation of human speech and bird song : a critical review », *Brain Lang.*, 122, n° 3 (2012) : 142-50.
60. S. Derégnaucourt *et al.*, « How sleep affects the developmental learning of bird song », *Nature*, 433 (2005) : 710-16 ; S. S. Shank, D. Margoliash, « Sleep and sensorimotor integration during early vocal learning in a songbird », *Nature*, 458 (2009) : 73-77.
61. S. C. Woolley, A. Doupe, « Social context-induced song variation affects female behavior and gene expression », *PLoS Biol.*, 6, n° 3 (2008) : e62.
62. R. Mooney, « Translating birdsong research », présentation à l'occasion de la conférence de la SFN, 14-15 novembre 2014.
63. E. D. Jarvis *et al.*, « For whom the bird sings : context-dependent gene expression », *Neuron*, 21 (1998) : 775-88.
64. http://babylab.psych.cornell.edu/wp-content/uploads/2012/12/newsletter_fall_2012.pdf.
65. M. H. Goldstein, « Social interaction shapes babbling : testing parallels between birdsong and speech », *PNAS*, 100, n° 13 (2003) : 8030-35.
66. F. Nottebohm, « The neural basis of birdsong », *PLoS Biol.*, 3, n° 5 (2005) : e164.
67. A. J. Doupe, P. K. Kuhl, « Birdsong and human speech : common themes and mechanisms », *Annu. Rev. Neurosci.*, 22 (1999) : 567-631 ; J. J. Bolhuis *et al.*, « Twitter evolution : converging

mechanisms in birdsong and human speech », *Nat. Rev. Neurosci.*, 11 (2010) : 747-48 ; P. Marler, « A comparative approach to vocal learning : song development in white-crowned sparrows », *J. Comp. Physiol. Psych.*, 7, n° 2, pt. 2 (1970) : 1-25 ; F. Nottebohm, « The origins of vocal learning », *Amer. Natur.*, 106 (1972) : 116-40.

68. S. Miyagawa *et al.*, « The integration hypothesis of human language evolution and the nature of contemporary languages », *Front. Psychol.*, 5 (2014) : 564.

69. S. Miyagawa *et al.*, « The emergence of hierarchical structure in human language », *Front. Psychol.*, 4 (2013) : 71.

70. Erich Jarvis, interview, 23 mars 2012.

71. A. R. Pfenning *et al.*, « Convergent transcriptional specializations in the brains of humans and song-learning birds », *Science*, 346, n° 6215 (2014) : 13333.

72. Interview d'Erich Jarvis ; G. Feenders *et al.*, « Molecular mapping of movement-associated areas in the avian brain : a motor theory for vocal learning origin », *PLoS ONE*, 3, n° 3 (2008) : e1768.

73. J. Bolhuis, « Birdsong, speech and language », présentation à l'occasion de la conférence de la SFN, 14-15 novembre 2014.

74. G. Zhang *et al.*, « Comparative genomics reveals insights into avian genome evolution and adaptation », *Science*, 346, n° 6215 (2014) : 1311-19.

75. S. J. Hackett *et al.*, « A phylogenomic study of birds reveals their evolutionary history », *Science*, 320, n° 5884 (2008) : 1763-68 ; E. D. Jarvis *et al.*, « Whole genome analyses resolve early branches in the tree of life of modern birds », *Science*, 346, n° 6215 (2014) : 1320-31 ; H. Horita *et al.*, « Specialized motor-driven dusp1 expression in the song systems of multiple lineages of vocal learning birds », *PLoS ONE*, 7, n° 8 (2012) : e42173.

76. M. Chakraborty *et al.*, « Core and shell song systems unique to the parrot brain », *PLoS ONE*, 10, n° 6 (2015) : e0118496.

77. Interview d'Erich Jarvis ; E. D. Jarvis, « Selection for and against vocal learning in birds and mammals », *Ornith. Sci.*, 5 (numéro spécial consacré à la neuroécologie du chant aviaire, 2006) : 5-14.

78. G. Arriago, E. D. Jarvis, « Mouse vocal communication system : are ultrasounds learned or innate ? », *Brain Lang.*, 124 (2013) : 96-116.

79. Interview d'Erich Jarvis ; H. Kagawa *et al.*, « Domestication changes innate constraints for birdsong learning », *Behav. Proc.*, 106 (2014) : 91-97 ; K. Okanoya, « The Bengalese finch : a window on the behavioral neurobiology of birdsong syntax study », *Ann. N. Y. Acad. Sci.*, 1016 (2006) : 724-35 ; K. Suzuki *et al.*, « Behavioral and neural trade-offs between song complexity and stress reaction in a wild and domesticated finch strain », *Neurosci. Biobehav. Rev.*, 46, pt. 4 (2014) : 547-56.

80. Interview d'Erich Jarvis ; L. Z. Garamszegi *et al.*, « Sexually size dimorphic brains and song complexity in passerine birds », *Behav. Ecol.*, 16, n° 2 (2004) : 335-45.

81. J. M. Reid *et al.*, « Song repertoire size predicts initial mating success in male song sparrows, *Melospiza melodia* », *Anim. Behav.*, 68, n° 5 (2004) : 1055-63.

82. J. Podos, « Sexual selection and the evolution of vocal mating signals : lessons from neotropical birds », in *Sexual Selection : Perspectives and Models from the Neotropics*, R. H. Macedo, G. Machado (éd.), Amsterdam : Elsevier Academic Press, 2013, 341-63.

83. J. Podos, P. S. Warren, « The evolution of geographic variation in birdsong », *Adv. Stud. Behav.*, 37 (2007) : 403-58.

84. J. Uscher, « The language of song : an interview with Donald Kroodsma », *Scientific American*, 1er juillet 2002, https://www.scientificamerican.com/article/the-language-of-song-an-I.
85. P. Marler, M. Tamura, « Song "dialects" in three populations of white-crowned sparrows », *Condor*, 64 (1962) : 368-77.
86. R. B. Payne *et al.*, « Biological and cultural success of song memes in indigo buntings », *Ecology*, 69 (1988) : 104-17.
87. J. M. Lapierre, « Spatial and age-related variation in use of locally common song elements in dawn singing of song sparrows *Melospiza melodia* : old males sing the hits », *Behav. Ecol. Sociobiol.*, 65 (2011) : 2149-60.
88. R. Mooney, « Translating birdsong research ».
89. S. C. Woolley, A. J. Doupe, « Social context-induced song variation affects female behavior and gene expression », *PLoS Biol.*, 6 (2008) : e62.
90. E. Wegrzyn *et al.*, « Whistle duration and consistency reflect philopatry and harem size in great reed warblers », *Anim. Behav.*, 79 (2010) : 1363-92.
91. E. R. A. Cramer *et al.*, « Infrequent extra-pair paternity in banded wrens », *Condor*, 112 (2011) : 637-45 ; B. E. Byers, « Extra-pair paternity in chestnut-sided warblers is correlated with consistent vocal performance », *Behav. Ecol.*, 18 (2007) : 130-36.
92. C. A. Botero *et al.*, « Syllable type consistency is related to age, social status, and reproductive success in the tropical mockingbird », *Anim. Behav.*, 77, n° 3 (2009) : 701-6.
93. Communication personnelle de Neeltje Boogert pour la discussion qui suit, avril 2015.
94. R. A. Suthers *et al.*, « Bilateral coordination and the motor basis of female preference for sexual signals in canary song », *J. Exp. Biol.*, 215 (2015) : 2950-59.
95. *Ibid.*
96. S. Nowicki, W. A. Searcy, « Song function and the evolution of female preferences : why birds sing, why brains matter », *Ann. N. Y. Acad. Sci.*, 1016 (2004) : 704-23.
97. S. Nowicki *et al.*, « Brain development, song learning and mate choice in birds : a review and experimental test of the "nutritional stress hypothesis" », *J. Comp. Physiol.*, A 188 (2002) : 1003-14 ; S. Nowicki *et al.*, « Quality of song learning affects female response to male bird song », *Proc. R. Soc. B*, 269 (2002) : 1949-54.
98. H. Brumm *et al.*, « Developmental stress affects song learning but not song complexity and vocal amplitude in zebra finches », *Behav. Ecol. Sociobiol.*, 63, n° 9 (2009) : 1387-95.
99. N. J. Boogert *et al.*, « Song complexity correlates with learning ability in zebra finch males », *Anim. Behav.*, 76 (2008) : 1735-41 ; C. N. Templeton *et al.*, « Does song complexity correlate with problem-solving performance in flocks of zebra finches ? », *Anim. Behav.*, 92 (2014) : 63-71.
100. N. J. Boogert *et al.*, « Song complexity correlates with learning ability in zebra finch males », *Anim. Behav.*, 76 (2008) : 1735-41 ; N. J. Boogert *et al.*, « Mate choice for cognitive traits : a review of the evidence in nonhuman vertebrates », *Behav. Ecol.*, 22 (2011) : 447-59.
101. N. J. Boogert *et al.*, « Song repertoire size in male song sparrows correlates with detour reaching, but not with other cognitive measures », *Anim. Behav.*, 81 (2011) : 1209-16.
102. C. N. Templeton *et al.*, « Does song complexity correlate with problem-solving performance in flocks of zebra finches ? », *Anim. Behav.*, 92 (2014) : 63-71.
103. Neeltje Boogert, communication personnelle, avril 2015.
104. C. A. Botero *et al.*, « Climatic patterns predict the elaboration of song displays in mockingbirds », *Curr. Biol.*, 19, n° 13 (2009) : 1151-55.

105. C. A. Botero, S. R. de Kort, « Learned signals and consistency of delivery : a case against receiver manipulation in animal communication », in *Animal Communication Theory : Information and Influence*, U. Stegmann (éd.), New York : Cambridge University Press, 2013, 281-96 ; C. A. Botero *et al.*, « Syllable type consistency is related to age, social status and reproductive success in the tropical mockingbird », *Anim. Behav.*, 77, n° 3 (2009) : 701-6.

106. D. Kroodsma, *The Singing Life of Birds*, 201 ; Donald Kroodsma, interview pour *Birding*, www.aba.org/birding/v41n3p18w1.pdf.

107. G. F. Miller, *The Mating Mind : How Sexual Choice Shaped the Evolution of Human Nature*, New York : Doubleday, 2000 ; T. W. Fawcett *et al.*, « Female assessment : cheap tricks or costly calculations », *Behav. Ecol.*, 22, n° 3 (2011) : 462-63.

108. T. D. Sasaki *et al.*, « Social context-dependent singing-regulated dopamine », *J. Neurosci.*, 26 (2006) : 9010-14.

109. L. Riters, « Why birds sing : the neural regulation of the motivation to communicate », présentation à l'occasion de la conférence de la SFN, 14-15 novembre 2014.

Chapitre VI – L'oiseau artiste : aptitudes esthétiques

1. La description du comportement et des démonstrations du jardinier satiné à proximité de son nid repose sur les recherches de Gerald Borgia et de Jason Keagy ; interview (6 juillet 2012) et communication personnelle (13 février 2015) de Gerald Borgia ; communication personnelle (16 mars 2015) de Jason Keagy ; G. Borgia, « Why do bowerbirds build bowers ? », *American Scientist*, 83 (1995) : 542e547.

2. R. E. Hicks *et al.*, « Bower paint removal leads to reduced female visits, suggesting bower paint functions as a chemical signal », *Anim. Behav.*, 85 (2013) : 1209-15.

3. P. Goodfellow, *Avian Architecture*, Princeton, NJ : Princeton University Press, 2011, 102.

4. Jules Michelet, *L'Oiseau*, Hachette, Paris, 1858.

5. Oiseaux néo-zélandais : http://www.nzbirds.com/birds/fantailnest.html#sthash.

6. M. Hansell, *Animal Architecture*, Oxford : Oxford University Press, 2005, 36, 71.

7. C. Dixon, Birds' Nests : An Introduction to the Science of Caliology, London : Grant Richards, 1902, v.

8. W. H. Thorpe, *Learning and Instinct in Animals*, London : Methuen, 1956, 36.

9. M. Hansell, *Animal Architecture*, 71.

10. A. McGowan *et al.*, « The structure and function of nests of long-tailed tits *Aegithalos caudatus* », *Func. Ecol.*, 18, n° 4 (2004) : 578-83.

11. Z. J. Hall *et al.*, « Neural correlates of nesting behavior in zebra finches (*Taeniopygia guttata*) », *Behav. Brain Res.*, 264 (2014) : 26-33.

12. I. E. Bailey *et al.*, « Physical cognition : birds learn the structural efficacy of nest material », *Proc. R. Soc. B*, 281, n° 1784 (2014) : 20133225.

13. R. Zann, The Zebra Finch : A Synthesis of Field and Laboratory Studies, New York : Oxford University Press, 1996.

14. I. E. Bailey *et al.*, « Birds build camouflaged nests », *Auk*, 132 (2015) : 11-15.

15. E. C. Collias, N. E. Collias, « The development of nest-building behavior in a weaverbird », *Auk*, 81 (1964) : 42-52.

16. E. T. Gilliard, *Birds of Paradise and Bower Birds*, Boston : D. R. Godine, 1979.

17. La description de la parade et des vocalisations effectuées par le jardinier satiné s'inspire des travaux de Gerald Borgia et de Jason Keagy ; interview (6 juillet 2012) et communication personnelle (13 février 2015) de Gerald Borgia ; communication personnelle (16 mars 2015) de Jason Keagy.

18. Interview de Gerald Borgia, 6 juillet 2012.

19. *Ibid.*

20. A F. Larned *et al.*, « Male satin bowerbirds use sunlight to illuminate decorations to enhance mating success », extrait de la conférence Front. Behav. Neurosci. : Tenth International Congress of Neuroethology (2012), doi : 10.3389/conf.fnbeh.2012.27.00372.

21. Interview de Gerald Borgia ; J. Keagy *et al.*, « Cognitive ability and the evolution of multiple behavioral display traits », *Behav. Ecol.*, 23 (2011) : 448-56.

22. J. Keagy *et al.*, « Complex relationship between multiple measures of cognitive ability and male mating success in satin bowerbirds, *Ptilonorhynchus violaceus* », *Anim. Behav.*, 81 (2011) : 1063-70.

23. P. Rowland, *Bowerbirds*, Melbourne : CSIRO Publishing, 2008.

24. J. A. Endler *et al.*, « Visual effects in great bowerbird sexual displays and their implications for signal design », *Proc. R. Soc. B*, 281 (2014) : 20140235.

25. John Endler, communications personnelles, 18 janvier et 3 février 2015 ; J. A. Endler *et al.*, « Great bowerbirds create theaters with forced perspective when seen by their audience », *Curr. Biol.*, 20, n° 18 (2010) : 1679-84.

26. John Endler, communications personnelles, 18 janvier et 3 février 2015.

27. http://www.deakin.edu.au/research/stories/2012/01/23/males-up-to-their-old-tricks.

28. L. A. Kelley, J. A. Endler, « Male great bowerbirds create forced perspective illusions with consistently different individual quality », *PNAS*, 109, n° 51 (2012) : 20980-85.

29. S. E. Palmer, K. B. Schloss, « An ecological valence theory of human color preference », *PNAS*, 107, n° 19 (2010) : 8877-82.

30. J. T. Bagnara *et al.*, « On the blue coloration of vertebrates », *Pigment Cell Res.*, 20, n° 1 (2007) : 14-26.

31. Vidéo *Destruction and Stealing*, http://www.life.umd.edu/biology/borgialab/#Videos.

32. A. J. Marshall, « Bower-birds », *Biol. Rev.*, 29, n° 1 (1954) : 1-45.

33. J. Keagy *et al.*, « Male satin bowerbird problem-solving ability predicts mating success », *Anim. Behav.*, 78 (2009) : 809-17 ; J. Keagy *et al.*, « Complex relationship between multiple measures of cognitive ability and male mating success in satin bowerbirds, *Ptilonorhynchus violaceus* », *Anim. Behav.*, 81 (2011) : 1063-70 ; J. Keagy *et al.*, « Cognitive ability and the evolution of multiple behavioral display traits », *Behav. Ecol.*, 23 (2012) : 448-56.

34. Enregistrement vidéo réalisé par Jason Keagy, https://www.youtube.com/watch?v=kn0VsIdD1AA.

35. J. Endler, « Bowerbirds, art and aesthetics », *Commun. Integr. Biol.*, 5, n° 3 (2012) : 281-83.

36. R. O. Prum, « Coevolutionary aesthetics in human and biotic artworlds », *Biol. Phil.*, 28, n° 5 (2014) : 811-32.

37. K. von Frisch, *Animal Architecture*, New York : Harcourt Brace, 1974, 243-44.

38. G. Borgia, J. Keagy, « Cognitively driven co-option and the evolution of complex sexual display in bowerbirds », in *Animal Signaling and Function : An Integrative Approach*, D. Irschick *et al.* (éd.), New York : John Wiley and Sons, 2015, 75-101 ; Jason Keagy, communication personnelle, 16 mars 2015.

39. Gail Patricelli, communication personnelle, 8 mars 2015.

40. G. L. Patricelli *et al.*, « Male satin bowerbirds, *Ptilonorhynchus violaceus*, adjust their display intensity in response to female startling : an experiment with robotic females », *Anim. Behav.*, 71 (2006) : 49-59 ; G. Patricelli *et al.*, « Male displays adjusted to female's response : macho courtship by the satin bowerbird is tempered to avoid frightening the female », *Nature*, 415 (2002) : 279-80.
41. S. Nowicki *et al.*, « Brain development, song learning and mate choice in birds : a review and experimental test of the "nutritional stress hypothesis" », *J. Comp. Physiol.*, A 188 (2002) : 1003-14 ; S. Nowicki *et al.*, « Quality of song learning affects female response to male bird song », *Proc. R. Soc. B*, 269 (2002) : 1949-54.
42. Interview de Gerald Borgia, 6 juillet 2012.
43. Jason Keagy, communication personnelle, 16 mars 2015.
44. R. E. Hicks, « Bower paint removal leads to reduced female visits, suggesting bower paint functions as a chemical signal », *Anim. Behav.*, 85 (2013) : 1209-15.
45. J. Keagy *et al.*, « Male satin bowerbird problemsolving ability predicts mating success », *Anim. Behav.*, 78 (2009) : 809-17 ; J. Keagy *et al.*, « Complex relationship between multiple measures of cognitive ability and male mating success in satin bowerbirds, *Ptilonorhynchus violaceus* », *Anim. Behav.*, 81 (2011) : 1063-70.
46. Jason Keagy, communication personnelle, 16 mars 2015 ; C. Rowe, S. D. Healy, « Measuring variation in cognition », *Behav. Ecol.*, (2014), doi : 10.1093/beheco/aru090.
47. J. A. C. Uy *et al.*, « Dynamic mate-searching tactic allows female satin bowerbirds *Ptilonorhynchus violaceus* to reduce searching », *Proc. R. Soc. B*, 267 (2000) : 251-56.
48. Gail Patricelli, communication personnelle, 8 mars 2015.
49. J. Keagy *et al.*, « Cognitive ability and the evolution of multiple behavioral display traits », *Behav. Ecol.*, 23 (2012) : 448-56 ; G. Borgia, « Bower quality, number of decorations and mating success of male satin bowerbirds (*Ptilonorhynchus violaceus*) : an experimental analysis », *Anim. Behav.*, 33 (1985) : 266-71 ; C. A. Loffredo, G. Borgia, « Male courtship vocalizations as cues for mate choice in the satin bowerbird (*Ptilonorhynchus violaceus*) », *Auk*, 103 (1986) : 189-95.
50. M. D. Prokosch, « Intelligence and mate choice : intelligent men are always appealing », *Evol. Hum. Behav.*, 30 (2009) : 11-20.
51. R. O. Prum, « Aesthetic evolution by mate choice : Darwin's really dangerous idea », *Philos. Trans. R. Soc. Lond. B*, 367 (2012) : 2253-65.
52. Gail Patricelli, communication personnelle, 8 mars 2015.
53. C. Darwin, *The Descent of Man*, London : John Murray, 1871, 793.
54. S. Watanabe, « Animal aesthetics from the perspective of comparative cognition », in S. Watanabe, S. Kuczaj (éd.), *Emotions of Animals and Humans*, Tokyo : Springer, 2012, 129 ; S. Watanabe *et al.*, « Discrimination of paintings by Monet and Picasso in pigeons », *J. Exp. Anal. Behav.*, 63 (1995) : 165-74 ; S. Watanabe, « Van Gogh, Chagall and pigeons », *Anim. Cogn.*, 4 (2001) : 147-51.
55. S. Watanabe, « Pigeons can discriminate "good" and "bad" paintings by children », *Anim. Cogn.*, 13, n° 1 (2010) : 75-85.
56. Y. Ikkatai, S. Watanabe, « Discriminative and reinforcing properties of paintings in Java sparrows (*Padda oryzivora*) », *Anim. Cogn.*, 14, n° 2 (2011) : 227-34.
57. S. Watanabe, « Discrimination of painting style and beauty : pigeons use different strategies for different tasks », *Anim. Cogn.*, 14, n° 6 (2011) : 797-808.
58. R. E. Lubow, « High-order concept formation in the pigeon », *J. Exp. Anal. Behav.*, 21 (1973) : 475-83.

59. C. Stephan *et al.*, « Have we met before ? Pigeons recognize familiar human face », *Avian Biol. Res.*, 5, n° 2 (2012) : 75.

60. J. Barske *et al.*, « Female choice for male motor skills », *Proc. R. Soc. B*, 278, n° 1724 (2011) : 3523-28.

61. L. B. Day *et al.*, « Sexually dimorphic neural phenotypes in golden-collared manakins », *Brain Behav. Evol.*, 77 (2011) : 206-18.

62. W. R. Lindsay *et al.*, « Acrobatic courtship display coevolves with brain size in manakins (*Pipridae*) », *Brain Behav. Evol.*, (2015), doi : 10.1159/000369244.

63. Gerald Borgia, communication personnelle ; B. J. Coyle *et al.*, « Limited variation in visual sensitivity among bowerbird species suggests that there is no link between spectral tuning and variation in display colouration », *J. Exp. Biol.*, 215 (2012) : 1090-1105.

64. B. Rensch, « Die wirksamkeit ästhetischer faktoren bei wirbeltieren », *Z. Tierpsychol.*, 15 (1958) : 447-61.

65. K. von Frisch, *Animal Architecture*, New York : Harcourt Brace, 1974, 244.

Chapitre VII – Un esprit de cartographe : ingéniosité spatiale (et temporelle)

1. K. Thorup *et al.*, « Evidence for a navigational map stretching across the continental US in a migratory songbird », *PNAS*, 104, n° 46 (2008) : 18115-19.

2. J. Frankenstein, « Is GPS all in our heads ? », *New York Times*, Sunday Review, 2 février 2012.

3. Les informations concernant les pigeons de course sont tirées de W. M. Levi, *The Pigeon*, Sumter, SC : Levi Publishing Co., 1941/1998.

4. « Racing Pigeon Returns – Five Years Late », *Manchester Evening News*, 7 may 2005.

5. J. T. Hagstrum, « Infrasound and the avian navigational map », *J. Exp. Biol.*, 203 (2000) : 1103-11 ; J. T. Hagstrum, « Infrasound and the avian navigational map », *J. Nav.*, 54 (2001) : 377-91 ; J. T. Hagstrum, « Atmospheric propagation modeling indicates homing pigeons use loft-specific infrasonic "map" cues », *J. Exp. Biol.*, 216 (2013) : 687-99.

6. « The longest flight on record », *New York Times*, 3 août 1885.

7. G. Ensley, « Case of the 3,600 disappearing homing pigeons has experts baffled », *Chicago Tribune*, 18 octobre 1998.

8. C. Walcott, cité in G. Ensley, *ibid.*

9. J. Lathrop, « Tiny songbird discovered to migrate nonstop, 1,500 miles over the Atlantic », bulletin d'information de l'université du Massachusetts, Amherst, 1er avril 2015.

10. L. N. Voronov *et al.*, « A comparative study of the morphology of forebrain in Corvidae in view of their trophic specialization », *Zool.*, Z73 (1994) : 82-96.

11. W. M. Levi, *The Pigeon*, Sumter, SC : Levi Publishing Co., 1941/1998, 374.

12. *Ibid.*, 374.

13. *Ibid.*

14. D. Scarf *et al.*, « Pigeons on par with primates in numerical competence », *Science*, 334 (2011) : 1664.

15. W. T. Herbranson, J. Schroeder, « Are birds smarter than mathematicians ? Pigeons (*Columba livia*) perform optimally on a version of the Monty Hall Dilemma », *J. Comp. Psychol.*, 124 (2010) : 1-13.

16. M. vos Savant, « Ask Marilyn », *Parade*, 9 septembre 1990 ; 2 décembre 1990 ; 17 février 1991 ; 7 juillet 1991.
17. Walter Herbranson, communication personnelle, 4 juin 2015.
18. W. James, *Principles of Psychology*, New York : Holt, 1890, tome I, 459-60.
19. I. M. Pepperberg, « Acquisition of the same/different concept by an African grey parrot (*Psittacus erithacus*) : learning with respect to categories of color, shape, and material », *Anim. Learn. Behav.*, 15 (1987) : 423-32 ; Irene Pepperberg, communication personnelle, 8 mai 2015.
20. M. J. Morgan *et al.*, « Pigeons learn the concept of an "A" », *Perception*, 5 (1976) : 57-66 ; S. Watanabe, « Discrimination of painting style and beauty : pigeons use different strategies for different tasks », *Anim. Cogn.*, 14, n° 6 (2011) : 797-808 ; S. Watanabe, S. Masuda, « Integration of auditory and visual information in human face discrimination in pigeons », *Behav. Brain Res.*, 207, n° 1 (2010) : 61-69.
21. R. J. Herrnstein, D. H. Loveland, « Complex visual concept in the pigeon », *Science*, 146, n° 3643 (1964) : 549-51.
22. F. A. Soto, W. A. Wasserman, « Asymmetrical interactions in the perception of face identity and emotional expression are not unique to the primate visual system », *J. Vision*, 11, n° 3 (2011) : 24.
23. J Fagot, R. G. Cook, « Evidence for large long-term memory capacities in baboons and pigeons and its implications for learning and the evolution of cognition », *PNAS*, 103 (2006) : 17564-67.
24. W. M. Levi, *The Pigeon*, 37.
25. *Ibid.*, 1.
26. *Ibid.*
27. *Ibid.*, 11.
28. *Ibid.*, 10ff.
29. *Ibid.*, 8.
30. Sergent-chef Clifford Poutre, cité in *Amarillo Globe Times*, avril 1941, http://www.newspapers.com/newspage/29783097/.
31. W. M. Levi, *The Pigeon*, 26.
32. http://www.cadenagramonte.cu/english/index.php/show/articles/1901:carrier-pigeons-an-alternative-communication-means-at-cuban-elections ; M. Moore, « China trains army of messenger pigeons », *The Telegraph*, 2 mars 2011.
33. C. Dickens, « Winged Telegraphs », *London Household Word*, février 1850, 454-56.
34. H. G. Wallraff, « Does pigeon homing depend on stimuli perceived during displacement ? », *J. Comp. Physiol.*, 139 (1980) : 193-201.
35. Les données concernant la vraie navigation sont issues de l'excellente synopsis de R. A. Holland, « True navigation in birds : from quantum physics to global migration », *J. Zool.*, 293 (2014) : 1-15.
36. C. Walcott, « Pigeon homing : observations, experiments and confusions », *J. Exp. Biol.*, 199 (1996) : 21-27 ; il cite le compte-rendu d'une conférence du Lafayette Racing Pigeon Club, http://www.siegelpigeons.com/news/news-walcott.html.
37. W. T. Keeton, « Magnets interfere with pigeon homing », *PNAS*, 8, n° 1 (1971) : 102-6.
38. Première étude du champ magnétique sur des rouges-gorges européens : W. Wiltschko, R. Wiltschko, « Magnetic compass of European robins », *Science*, 176, n° 4030 (1972) : 62-64.
39. H. Mouritsen in *Neurosciences : From Molecule to Behavior*, Berlin : Springer Spektrum, 2013, http://link.springer.com/chapter/10.1007/978-3-642-10769-6_20.

40. M. Zapka *et al.*, « Visual but not trigeminal mediation of magnetic compass information in a migratory bird », *Nature*, 461 (2009) : 1274-77.

41. *Ibid.* ; M. Liedvogel *et al.*, « Lateralized activation of cluster N in the brains of migratory songbirds », *Eur. J. Neurosci.*, 25, n° 4 (2007) : 1166-73.

42. W. Wiltschko, R. Wiltschko, « Magnetic orientation and magnetoreception in birds and other animals », *J. Comp. Physiol.*, A191 (2005) : 675-93 ; R. Wiltschko, W. Wiltschko, « Magnetoreception », *BioEssays*, 28, n° 2 (2006) : 157-68 ; R. Wiltschko *et al.*, « Magnetoreception in birds : different physical processes for two types of directional responses », *HFSP*, J1, n° 1 (2007) : 41-48.

43. C. D. Treiber *et al.*, « Clusters of iron-rich cells in the upper beaks of pigeons are macrophages not magnetosensitive neurons », *Nature*, 484, n° 7394 (2012) : 367-70.

44. R. Wiltschko, W. Wiltschko, « The magnetite-based receptors in the beak of birds and their role in avian navigation », *J. Comp. Physiol. A Neuroethol. Sens. Neural. Behav. Physiol.*, 199 (2013) : 89-99 ; D. Kishkinev *et al.*, « Migratory reed warblers need intact trigeminal nerves to correct for a 1,000 km eastward displacement », *PLoS ONE*, 8 (2013) : e65847.

45. D. Kishkinev *et al.*, « Migratory reed warblers need intact trigeminal nerves to correct for a 1,000 km eastward displacement », *PLoS ONE*, 8 (2013) : e65847.

46. M. Lauwers *et al.*, « An iron-rich organelle in the cuticular plate of avian hair cells », *Curr. Biol.*, 23, n° 10 (2013) : 924-29.

47. H. G. Wallraff, « Homing of pigeons after extirpation of their cochleae and lagenae », *Nat. New Biol.*, 236 (1972) : 223-24.

48. S. Engels *et al.*, « Anthropogenic electromagnetic noise disrupts magnetic compass orientation in a migratory bird », *Nature*, 509 (2014) : 353-56.

49. R. Wiltschko, W. Wiltschko, « Avian navigation : from historical to modern concepts », *Anim. Behav.*, 65, n° 2 (2003) : 257-72.

50. E. C. Tolman, « Cognitive maps in rats and men », première publication in *Psychological Review*, 55, n° 4 (1948) : 189-208.

51. T. Lombrozo, « Of rats and men : Edward C. Tolman », *13.7 Cosmos & Culture* (blog), *NPR*, 11 février 2013, http://www.npr.org/blogs/13.7/2013/02/11/171578224/of-rats-and-men-edward-c-tolman.

52. E. C. Tolman, « Cognitive maps in rats and men », première publication in *Psychological Review*, 55, n° 4 (1948) : 189-208.

53. R. H. I. Dale, « Spatial memory in pigeons on a four-arm radial maze », *Can. J. Psychology*, 42, n° 1 (1988) : 78-83 ; M. L. Spetch, W. K. Honig, « Characteristics of pigeons' spatial working memory in an open-field task », *Anim. Learn. Behav.*, 16 (1988) : 123-31.

54. K. L. Gould *et al.*, « What scatter-hoarding animals have taught us about small-scale navigation », *Philos. Trans. R. Soc. Lond. B*, 365 (2010) : 901-14.

55. B. M. Gibson, A. C. Kamil, « The fine-grained spatial abilities of three seed-caching corvids », *Learn. Behav.*, 33, n° 1 (2005) : 59-66 ; A. C. Kamil, K. Cheng, « Way-finding and landmarks : the multiple-bearings hypothesis », *J. Exp. Biol.*, 204 (2001) : 103-13.

56. B. M. Gibson, A. C. Kamil, « The fine-grained spatial abilities of three seed-caching corvids » ; D. F. Tomback, « How nutcrackers find their seed stores », *Condor*, 82 (1980) : 10-19.

57. A. C. Kamil, J. E. Jones, « The seed-storing corvid Clark's nutcracker learns geometric relationships among landmarks », *Nature*, 390 (1997) : 276-79 ; A. C. Kamil, J. E. Jones, « Geometric rule learning by Clark's nutcrackers (*Nucifraga columbiana*) », *J. Exp. Psychol. Anim. Behav. Process.*, 26 (2000) :

439-53 ; P. A. Bednekoff, R. P. Balda, « Clark's nutcracker spatial memory : the importance of large, structural cues », *Behav. Processes*, 102 (2014) : 12-17.

58. N. S. Clayton, A. Dickinson, « Episodic-like memory during cache recovery by scrub jays », *Nature*, 395 (1998) : 272-74 ; J. M. Dally *et al.*, « The behaviour and evolution of cache protection and pilferage », *Anim. Behav.*, 72 (2006) : 13-23.
59. *Ibid.*
60. C. R. Raby *et al.*, « Planning for the future by western scrub-jays », *Nature*, 445, n° 7130 (2007) : 919-21.
61. L. G. Cheke, N. S. Clayton, « Eurasian jays (*Garrulus glandarius*) overcome their current desires to anticipate two distinct future needs and plan for them appropriately », *Biol. Lett.*, 8 (2012) : 171-75.
62. S. Watanabe, N. S. Clayton, « Observational visuospatial encoding of the cache locations of others by western scrub-jays (*Aphelocoma californica*) », *J. Ethol.*, 25 (2007) : 271-79 ; J. M. Thom, N. S. Clayton, « Re-caching by western scrub-jays (*Aphelocoma californica*) cannot be attributed to stress », *PLoS ONE*, 8, n° 1 (2013) : e52936.
63. S. D. Healy, T. A. Hurly, « Spatial memory in rufous hummingbirds (*Selaphorus rufus*) : a field test », *Anim. Learn. Behav.*, 23 (1995) : 63-68.
64. Site du laboratoire d'ornithologie de Cornell, http://www.allaboutbirds.org/guide/rufous_hummingbird/id.
65. I. N. Flores-Abreu *et al.*, « One-trial spatial learning : wild hummingbirds relocate a reward after a single visit », *Anim. Cogn.*, 15, n° 4 (2012) : 631-37.
66. M. Bateson *et al.*, « Context-dependent foraging decisions in rufous hummingbirds », *Proc. R. Soc. B*, 270 (2003) : 1271-76.
67. S. D. Healy, « What hummingbirds can tell us about cognition in the wild », *Comp. Cogn. Behav.*, 8 (2013) : 13-28.
68. T. A. Hurly *et al.*, « Wild hummingbirds rely on landmarks not geometry when learning an array of flowers », *Anim. Cogn.*, 17, n° 5 (2014) : 1157-65.
69. N. Blaser *et al.*, « Testing cognitive navigation in unknown territories : homing pigeons choose different targets », *J. Exp. Biol.*, 216, pt. 16 (2013) : 3213-31.
70. J. O'Keefe, L. Nadel, *The Hippocampus as a Cognitive Map*, Oxford : Oxford University Press, 1978.
71. J. F. Miller, « Neural activity in human hippocampal formation reveals the spatial context of retrieved memories », *Science*, 342 (2013) : 1111-14.
72. T. C. Roth *et al.*, « Is bigger always better ? A critical appraisal of the use of volumetric analysis in the study of the hippocampus », *Philos. Trans. R. Soc. Lond. B*, 365 (2010) : 915-31.
73. B. J. Ward *et al.*, « Hummingbirds have a greatly enlarged hippocampal formation », *Biol. Lett.*, 8 (2012) : 657-59, citations p. 658.
74. J. R. Corfield *et al.*, « Brain size and morphology of the brood-parasitic and cerophagous honeyguides (Aves : Piciformes) », *Brain Behav. Evol.*, 81, n° 3 (2013) : 170-86.
75. Louis Lefebvre, interviews, février 2012.
76. M. F. Guigueno *et al.*, « Female cowbirds have more accurate spatial memory than males », *Biol. Lett.*, 10, n° 2 (2014) : 20140026.
77. G. Rehkämper *et al.*, « Allometric comparison of brain weight and brain structure volumes in different breeds of the domestic pigeon, *Columba livia* f. d. (fantails, homing pigeons, strassers) », *Brain Behav. Evol.*, 31, n° 3 (1988) : 141-49.

78. J. Cnotka *et al.*, « Navigational experience affects hippocampus size in homing pigeons », *Brain Behav. Evol.*, 72 (2008) : 233-38.
79. V. Pravosudov, communication personnelle, janvier 2015.
80. K. Woollett, E. A. Maguire, « Acquiring "the Knowledge" of London's layout drives structural brain changes », *Curr. Biol.*, 21 (2011) : 2109-14.
81. M. Harris, « Nokia says London is most confusing city », *TechRadar*, 27 novembre 2008, http://www.techradar.com/us/news/world-of-tech/phone-and-communications/mobile-phones/car-tech/satnav/nokia-says-london-is-most-confusing-city-489141.
82. K. Konishi, V. Bohbot, « Spatial navigational strategies correlated with gray matter in the hippocampus of healthy older adults tested in a virtual maze », *Front. Aging Neurosci.*, 5 (2013) : 1.
83. J. Huth, « Losing our way in the world », *New York Times*, Sunday Review, 20 juillet 2013.
84. L. Boroditsky, « Lost in translation », *Wall Street Journal*, 23 juillet 2010 ; L. Boroditsky, « How language shapes thought », *Scientific American*, février 2011.
85. A. Michalik *et al.*, « Star compass learning : how long does it take ? », *J. Ornithol.*, 155 (2014) : 225-34.
86. M. Dacke, « Dung beetles use the Milky Way for orientation », *Curr. Biol.*, 23, n° 4 (2013) : 298-300.
87. K. Thorup *et al.*, « Evidence for a navigational map stretching across the continental US in a migratory songbird », *PNAS*, 104, n° 46 (2007) : 18115-19.
88. K. Thorup, R. A. Holland, « The bird GPS – long-range navigation in migrants », *J. Exp. Biol.*, 212 (2009) : 3597-3604.
89. T. Mueller *et al.*, « Social learning of migratory performance », *Science*, 341, n° 6149 (2013) : 999-1002.
90. K. Thorup, R. A. Holland, « Understanding the migratory orientation program of birds : extending laboratory studies to study free-flying migrants in a natural setting », *Integ. Comp. Biol.*, 50, n° 3 (2010) : 315-22.
91. R. Mazzeo, « Homing of the Manx shearwater », *Auk*, 70 (1953) : 200-201.
92. R. A. Holland, « True navigation in birds : from quantum physics to global migration », *J. Zool.*, 293 (2014) : 1-15.
93. R. A. Holland, B. Helm, « A strong magnetic pulse affects the precision of departure direction of naturally migrating adult but not juvenile birds », *J. R. Soc. Interface*, (2013), doi : 10.1098/rsif.2012.1047.
94. D. Kishkinev *et al.*, « Migratory reed warblers need intact trigeminal nerves to correct for a 1,000 km eastward displacement », *PLoS ONE*, 8, n° 6 (2013) : e65847.
95. J. T. Hagstrum, « Infrasound and the avian navigational map », *J. Exp. Biol.*, 203 (2000) : 1103-11 ; J. T. Hagstrum, « Infrasound and the avian navigational map », *J. Nav.*, 54 (2001) : 377-91 ; J. T. Hagstrum, « Atmospheric propagation modeling indicates homing pigeons use loft-specific infrasonic "map" cues », *J. Exp. Biol.*, 216 (2013) : 687-99.
96. H. M. Streby *et al.*, « Tornadic storm avoidance behavior in breeding songbirds », *Curr. Biol.*, (2014), doi : 10.1016/j.cub.2014.10.079.
97. J. T. Hagstrum, communication personnelle, 13 janvier 2014.
98. Henrik Mouritsen, communication personnelle, 5 mars 2015.
99. J. T. Hagstrum, « Atmospheric propagation modeling indicates homing pigeons use loft-specific infrasonic "map" cues », *J. Exp. Biol.*, 216 (2013) : 687-99.

100. R. A. Holland, « True navigation in birds : from quantum physics to global migration », *J. Zool.*, 293 (2014) : 1-15 ; Richard Holland, communication personnelle, 23 mars 2015.
101. F. Papi *et al.*, « The influence of olfactory nerve section on the homing capacity of carrier pigeons », *Monit. Zool. Ital.*, 5 (1971) : 265-67.
102. H. G. Wallraff, « Weitere Volierenversuche mit Brieftauben : Wahrscheinlicher Einfluss dynamischer Faktorender Atmosphare auf die Orientierung », *Z. Vgl. Physiol.*, 68 (1970) : 182-201.
103. B. L. Finlay, R. B. Darlington, « Linked regularities in the development and evolution of mammalian brains », *Science*, 268 (1995) : 1578.
104. K. E. Yopak *et al.*, « A conserved pattern of brain scaling from sharks to primates », *PNAS*, 107, n° 29 (2010) : 12946-51.
105. S. Healy, T. Guilford, « Olfactory bulb size and nocturnality in birds », *Evolution*, 44, n° 2 (1990) : 339.
106. C. H. Turner, « A few characteristics of the avian brain », *Science*, XIX, n° 466 (1892) : 16-17.
107. M. H. Sieck, B. M. Wenzel, « Electrical activity of the olfactory bulb of the pigeon », *Electroenceph. Clin. Neurophysiol.*, 26 (1969) : 62-69.
108. F. Bonadonna, « Evidence that blue petrel, *Halobaena caerulea*, fledglings can detect and orient to dimethyl sulfide », *J. Exp. Biol.*, 209 (2006) : 2165-69.
109. F. Bonadonna, « Could osmotaxis explain the ability of blue petrels to return to their burrows at night ? », *J. Exp. Biol.*, 204 (2001) : 1485-89.
110. L. Amo *et al.*, « Predator odour recognition and avoidance in a songbird », *Funct. Ecol.*, 22 (2008) : 289-93.
111. A. Mennarat, « Aromatic plants in nests of the blue tit *Cyanistes caeruleus* protect chicks from bacteria », *Oecologia*, 161, n° 4 (2009) : 849-55.
112. S. P. Caro, J. Balthazart, « Pheromones in birds : myth or reality ? », *J. Comp. Physiol. A Neuroethol. Sens. Neural. Behav. Physiol.*, 196, n° 10 (2010) : 751-66.
113. E. T. Krause *et al.*, « Olfactory kin recognition in a songbird », *Biol. Lett.*, 8, n° 3 (2012) : 327-29.
114. L. F. Jacobs, « From chemotaxis to the cognitive map : the function of olfaction », *Proc. Natl. Acad. Sci.*, 109 (2012) : 10693-700.
115. A. Gagliardo *et al.*, « Oceanic navigation in Cory's shearwaters : evidence for a crucial role of olfactory cues for homing after displacement », *J. Exp. Biol.*, 216 (2013) : 2798-2805.
116. *Ibid.*
117. F. Papi, *Animal Homing*, London : Chapman & Hall, 1992 ; H. G. Wallraff, *Avian Navigation : Pigeon Homing as a Paradigm*, Berlin : Springer, 2005.
118. L. F. Jacobs, « From chemotaxis to the cognitive map : the function of olfaction », *Proc. Natl. Acad. Sci.*, 109 (2012) : 10693-700.
119. H. G. Wallraff, M. O. Andreae, « Spatial gradients in ratios of atmospheric trace gases : a study stimulated by experiments on bird navigation », *Tellus B Chem. Phys. Meteorol.*, 52 (2000) : 1138-57 ; H. G. Wallraff, « Ratios among atmospheric trace gases together with winds imply exploitable information for bird navigation : a model elucidating experimental results », *Biogeosciences*, 10 (2013) : 6929-43.
120. P. E. Jorge *et al.*, « Activation rather than navigational effects of odours on homing of young pigeons », *Curr. Biol.*, 19 (2009) : 1-5.
121. R. A. Holland, « True navigation in birds : from quantum physics to global migration », *J. Zool.*, 293 (2014) : 1-15.

122. R. A. Holland *et al.*, « Testing the role of sensory systems in the migratory heading of a songbird », *J. Exp. Biol.*, 212 (2009) : 4065-71.
123. A. Rastogi *et al.*, « Phase inversion of neural activity in the olfactory and visual systems of a night-migratory bird during migration », *Eur. J. Neurosci.*, 34 (2011) : 99-109.
124. N. Blaser *et al.*, « Testing cognitive navigation in unknown territories : homing pigeons choose different targets », *J. Exp. Biol.*, 216, pt. 16 (2013) : 3213-31.
125. C. Walcott, « Multi-modal orientation in homing pigeons », *Integr. Comp. Bio.*, 45 (2005) : 574-81.
126. *Ibid.*
127. M. Shanahan, « The brain's connective core and its role in animal cognition », *Philos. Trans. R. Soc. Lond. B*, 367, n° 1603 (2012) : 2704-14.
128. M. Shanahan *et al.*, « Large-scale network organisation in the avian forebrain : a connectivity matrix and theoretical analysis », *Front. Comput. Neurosci.*, 7, n° 89 (2013), doi : 10.3389/fncom.2013.00089.

Chapitre VIII – La ville des moineaux : génie de l'adaptation

1. T. R. Anderson, *Biology of the Ubiquitous House Sparrow*, Oxford : Oxford University Press, 2006, 9.
2. S. Steingraber, « The fall of a sparrow », *Orion Magazine*, 2008.
3. A. D. Barnosky *et al.*, « Has the earth's sixth mass extinction already arrived ? », *Nature*, 471 (2011) : 51-57.
4. R. E. Green, « Farming and the fate of wild nature », *Science*, 307 (2005) : 550.
5. P. Dunn, *Essential Field Guide Companion*, Boston : Houghton Mifflin, 2006, 679.
6. L'historique de l'expansion des moineaux domestiques est tiré de T. R. Anderson, *Biology of the Ubiquitous House Sparrow*, Oxford : Oxford University Press, 2006, 21-30.
7. C. Lever, *Naturalized Birds of the World*, New York : John Wiley, 1987.
8. E. A. Zimmerman, « House sparrow history », *Sialis*, http://www.sialis.org/hosphistory.htm.
9. Flight Science Committee, données d'évaluation des espèces, 2012, http://rmbo.org/pifassessment.
10. T. R. Anderson, *Biology of the Ubiquitous House Sparrow*, Oxford : Oxford University Press, 2006, 283-84.
11. P. A. Gowaty, « House sparrows kill eastern bluebirds », *J. Field Ornithol.*, (été 1984) : 378-80.
12. D. Sol *et al.*, « Behavioural flexibility and invasion success in birds », *Anim. Behav.*, 63 (2002) : 495-502.
13. D. Sol *et al.*, « The paradox of invasion in birds : competitive superiority or ecological opportunism ? », *Oecologia*, 169, n° 2 (2012) : 553-64.
14. D. Sol, L. Lefebvre, « Behavioural flexibility predicts invasion success in birds introduced to New Zealand », *Oikos*, 90 (2000) : 599-605.
15. D. Sol *et al.*, « Unraveling the life history of successful invaders », *Science*, 337 (2012) : 580.
16. Amphibiens et reptiles : J. J. Amiel *et al.*, « Smart moves : effects of relative brain size on establishment success of invasive amphibians and reptiles », *PLoS ONE*, 6 (2011) : e18277. Mammifères : D. Sol *et al.*, « Brain size predicts the success of mammal species introduced into novel environments », *Am. Nat.*, 172 (2008) : S63-S71.
17. D. Sol *et al.*, « Exploring or avoiding novel food resources ? The novelty conflict in an invasive bird », *PLoS ONE*, 6, n° 5 (2011) : 219535.

18. J. E. C. Flux, C. F. Thompson, « House sparrows taking insects from car radiators », *Notornis*, 33, n° 3 (1986) : 190-91.
19. R. K. Brooke, « House sparrows feeding at night in New York », *Auk*, 88 (1971) : 924.
20. J. L. Tatschl, « Unusual nesting site for house sparrows », *Auk*, 85 (1968) : 514.
21. B. D. Bell, « House sparrows collecting feathers from live feral pigeons », *Notornis*, 41 (1994) : 144-45.
22. M. Suárez-Rodriguez *et al.*, « Incorporation of cigarette butts into nests reduces nest ectoparasite load in urban birds ; new ingredients for an old recipe ? », *Biol. Lett.*, 9, n° 1 (2012) : 201220921.
23. T. Anderson, *Biology of the Ubiquitous House Sparrow*, Oxford : Oxford University Press, 2006, 246-82.
24. K. Rossetti, « House sparrows taking insects from spiders' webs », *British Birds*, 76 (1983) : 412.
25. H. Kalmus, « Wall clinging : energy saving the house sparrow *Passer domesticus* », *Ibis*, 126 (1982) : 72-74.
26. R. Breitwisch, M. Breitwisch, « House sparrows open an automatic door », *Wilson Bulletin*, 103 (1991) : 4.
27. R. E. Brockie, B. O'Brien, « House sparrows (*Passer domesticus*) opening autodoors », *Notornis*, 51 (2004) : 52.
28. P. Matthiessen, *The Wind Birds*, New York : Viking Press, 1973, 20.
29. L. B. Martin, L. Fitzgerald, « A taste for novelty in invading house sparrows, *Passer domesticus* », *Behav. Ecol.*, 16, n° 4 (2005) : 702-7.
30. A. Liker, V. Bokony, « Larger groups are more successful in innovative problem solving in house sparrows », *PNAS*, 106, n° 19 (2009) : 7893-98.
31. Amanda Ridley, communication personnelle, 7 avril 2015.
32. P. R. Laughlin *et al.*, « Groups perform better than the best individuals on letters-to-numbers problems : effects of group size », *J. Pers. and Soc. Psych.*, 90, n° 4 (2006) : 644-51.
33. S. Pinker, « The cognitive niche : coevolution of intelligence, sociality, and language », *PNAS*, 107, suppl. 3 (2010) : 8993-99.
34. J. Morand-Ferron, J. L. Quinn, « Larger groups of passerines are more efficient problem-solvers in the wild », *PNAS*, 108, n° 38 (2011) : 15898-903 ; L. Aplin *et al.*, « Social networks predict patch discovery in a wild population of songbirds », *Proc. R. Soc. B*, 279 (2012) : 4199-205.
35. E. Selous, *Bird Life Glimpses*, London : George Allen, 1905, 79.
36. Cité in M. M. Nice, « Edmund Selous – an appreciation », *Bird-Banding*, 6 (1935) : 90-96. Illustrations remarquables de E. Selous, *Realities of Bird Life*, London : Constable & Co., 1927, 152 ; E. Selous, *The Bird Watcher in the Shetlands*, London : J. M. Dent & Co., 1905, 232.
37. A. M. Kelly, J. L. Goodson, « Personality is tightly coupled to vasopressin-oxytocin neuron activity in a gregarious finch », *Front. Behav. Neurosci.*, 8, n° 55 (2014), doi : 10.3389/fnbeh.2014.0005.
38. J. F. Cockrem, « Corticosterone responses and personality in birds : individual variation and the ability to cope with environmental changes due to climate change », *Gen. Comp. Endocrinol.*, 190 (2013) : 156-63.
39. A. W. Schrey *et al.*, « Range expansion of house sparrows (*Passer domesticus*) in Kenya : evidence of genetic admixture and human-mediated dispersal », *J. Heredity*, 105 (2014) : 60-69.
40. Lynn Martin, communication personnelle, 6 mars 2015.
41. J. D. Parker *et al.*, « Are invasive species performing better in their new ranges ? », *Ecology*, 94 (2013) : 985-94.

42. L. B. Martin *et al.*, « Surveillance for microbes and range expansion in house sparrows », *Proc. R. Soc. B*, 281, n° 1774 (2014) : 20132690.
43. A. L. Liebl, L. B. Martin, « Exploratory behavior and stressor hyper-responsiveness facilitate range expansion of an introduced songbird », *Proc. R. Soc. B*, (2012), doi : 10.1098/rspb.2012.1606.
44. A. L. Liebl, L. B. Martin, « Living on the edge : range edge birds consume novel foods sooner than established ones », *Behav. Ecol.*, 25, n° 5 (2014) : 1089-96.
45. L. B. Martin, L. Fitzgerald, « A taste for novelty in invading house sparrows », *Behav. Ecol.*, 16 (2005) : 702-7.
46. M. J. Afemian *et al.*, « First evidence of elasmobranch predation by a waterbird : stingray attack and consumption by the great blue heron », *Waterbirds*, 34, n° 1 (2011) : 117-20.
47. D. L. Bostic, R. C. Banks, « A record of stingray predation by the brown pelican », *Condor*, 68, n° 5 (1966) : 515-16.
48. B. D. Gartell, C. Reid, « Death by chocolate : a fatal problem for an inquisitive wild parrot », *New Zealand Vet. J.*, 55, n° 3 (2007) : 149-51.
49. Lynn Martin, communication personnelle, 5 mars 2015.
50. L. B. Martin, L. Fitzgerald, « A taste for novelty in invading house sparrows », *Behav. Ecol.*, 16 (2005) : 702-7.
51. Daniel Sol, communication personnelle, janvier 2015.
52. *Ibid.*, avril 2015.
53. R. Johns, « Building owners in new lawsuit over bird collision deaths », American Bird Conservancy, 2012, http://www.abcbirds.org/newsandreports/releases/120413.html.
54. Daniel Sol, communication personnelle, avril 2015 ; D. Sol *et al.*, « Urbanisation tolerance and the loss of avian diversity », *Ecol. Lett.*, 17, n° 8 (2014) : 942-50.
55. D. S. Proppe *et al.*, « Flexibility in animal signals facilitates adaptation to rapidly changing environments », *PLoS ONE*, (2011), doi : 10.1371/journal.pone.0025413.
56. S. Shultz, « Brain size and resource specialization predict long-term population trends in British birds », *Proc. R. Soc. B*, 272, n° 1578 (2005) : 2305-11.
57. L. O. Frishkoff, « Loss of avian phylogenetic diversity in neotropical agricultural systems », *Science*, 345, n° 6202 (2014) : 1343-46.
58. D. Sol *et al.*, « Behavioral drive or behavioral inhibition in evolution : subspecific diversification in Holarctic passerines », *Evolution*, 59, n° 12 (2005) : 2669-77 ; D. Sol, T. D. Price, « Brain size and the diversification of body size in birds », *Am. Nat.*, 172, n° 2 (2008) : 170-77.
59. B. G. Freeman, A. M. Class Freeman, « Rapid upslope shifts in New Guinean birds illustrate strong distributional responses of tropical montane species to global warming », *PNAS*, 111 (2014) : 4490-94.
60. Ben Freeman, communication personnelle, 5 février 2015.
61. P. Kareiva *et al.*, « Conservation in the Anthropocene », *The Breakthrough*, (hiver 2012), http://thebreakthrough.org/index.php/journal/past-issues/issue-2/conservation-in-the-anthropocene.
62. S. Nash, *Virginia Climate Fever*, Charlottesville : University of Virginia Press, 2014, 24.
63. O. Vedder *et al.*, « Quantitative assessment of the importance of phenotypic plasticity in adaptation to climate change in wild bird populations », *PLoS Biol.*, (2013), doi : 10.1371/journal.pbio.1001605.
64. Voir B.-E. Saether, « Climate driven dynamics of bird populations : processes and patterns », *BOU Proceedings – Climate Change and Birds* (2010).

65. S. Shultz, « Brain size and resource specialization predict longterm population trends in British birds », *Proc. R. Soc. B*, 272, n° 1578 (2005) : 2305-11 ; D. Sol *et al.*, « Big brains, enhanced cognition and response of birds to novel environments », *PNAS*, 102 (2005) : 5460-65.

66. A. J. Baker, « Rapid population decline in red knots : fitness consequences of decreased refuelling rates and late arrival in Delaware Bay », *Proc. R. Soc. B*, 271 (2004) : 875-82.

67. H. Galbraith *et al.*, « Predicting vulnerabilities of North American shorebirds to climate change », *PLoS ONE*, (2014), doi : 10.1371/journal.pone.0108899.

68. http://climate.audubon.org/birds/mouchi/mountain-chickadee.

69. C. A. Freas *et al.*, « Elevation-related differences in memory and the hippocampus in mountain chickadees, *Poecile gambeli* », *Anim. Behav.*, 84 (2012) : 121-27.

70. Vladimir Pravosudov, communication personnelle, 29 janvier 2015.

71. Ben Freeman, communication personnelle, 26 février 2015.

72. G De Coster *et al.*, « Citizen science in action – evidence for long-term, region-wide house sparrow declines in Flanders, Belgium », *Landscape Urban Plan*, 134 (2015) : 139-46 ; L. M. Shaw *et al.*, « The house sparrow *Passer domesticus* in urban areas – reviewing a possible link between post-decline distribution and human socioeconomic status », *J. Ornithol.*, 149, n° 3 (2008) : 293-99.

73. http://www.rspb.org.uk/discoverandenjoynature/discoverandlearn/birdguide/redliststory.aspx.

74. W. J. Peach *et al.*, « Reproductive success of house sparrows along an urban gradient », *Anim. Conserv.*, 11, n° 6 (2008) : 493-503 ; http://www.rspb.org.uk/news/details.aspx?id=tcm:9-203663 ; D. Adam, « Leylandii may be to blame for house sparrow decline, say scientists », *Guardian*, 2008, http://www.theguardian.com/environment/2008/nov/20/wildlife-endangeredspecies.

75. G. Seress, « Urbanization, nestling growth and reproductive success in a moderately declining house sparrow population », *J. Avian Biol.*, 43 (2012) : 403-14.

76. Y. Yom-Tov, « Global warming and body mass decline in Israeli passerine birds », *Proc. R. Soc. B*, 268 (2001) : 947-52.

77. Lynn Martin, communication personnelle, 5 mars 2015.

78. T. R. Anderson, *The Biology of the Ubiquitous House Sparrow*, Oxford : Oxford University Press, 2006, 437.

79. P. C. Rasmussen *et al.*, « Vocal divergence and new species in the Philippine hawk owl *Ninox philippensis* complex », *Forktail*, 28 (2012) : 1-20 ; J. B. C. Harris, « New species of *Muscicapa* flycatcher from Sulawesi, Indonesia », *PLoS ONE*, 9, n° 11 (2014) : e112657 ; P. Alström *et al.*, « Integrative taxonomy of the russet bush warbler *Locustella mandelli* complex reveals a new species from central China », *Avian Res.*, 6, n° 1 (2015), doi : 10.1186/s40657-015-0016-z.

80. A. Smirnova *et al.*, « Crows spontaneously exhibit analogical reasoning », *Curr. Biol.*, (2014), doi : http://dx.doi.org/10.1016/j.cub.2014.11.063.

81. R. O. Prum, « Coevolutionary aesthetics in human and biotic artworlds », *Biol. Philos.*, 28, n° 5 (2013) : 811-32.

82. R. F. Johnston, cité in T. R. Anderson, *The Biology of the Ubiquitous House Sparrow*, Oxford : Oxford University Press, 2006, 31.

83. Gavin Hunt, communication personnelle, janvier 2015.

84. L. O. Frishkoff, « Loss of avian phylogenetic diversity in neotropical agricultural systems », *Science*, 345, n° 6202 (2014) : 1343-46.

85. M. N. Romanov *et al.*, « Reconstruction of gross avian genome structure, organization and evolution suggests that the chicken lineage most closely resembles the dinosaur avian ancestor », *BMC Genomics*, 15, n° 1 (2014) : 1060.
86. A. C. Bent, *Life Histories of North American Gallinaceous Birds*, Washington, DC : US Government Printing Office, 1932, 335.
87. A. Leopold, *A Sand County Almanac* (1949), London : Oxford University Press, 1966, 137.
88. E. D. Jarvis *et al.*, « Whole-genome analyses resolve early branches in the tree of life of modern birds », *Science*, 346, n° 6215 (2014) : 1321-31.
89. S. D. Healy, « Animal cognition : the tradeoff to being smart », *Curr. Biol.*, 22, n° 19 (2012) : R840-41.
90. Daniel Sol, communication personnelle, janvier 2015.
91. L. Cauchard *et al.*, « Problem-solving performance is correlated with reproductive success in a wild bird population », *Anim. Behav.*, 85 (2013) : 19-26.
92. E. Cole *et al.*, « Cognitive ability influences reproductive life history variation in the wild », *Curr. Biol.*, 22 (2012) : 1808-12.
93. D. Y. Kozlovsky *et al.*, « Elevation-related differences in parental risk-taking behavior are associated with cognitive variation in mountain chickadees », *Ethology*, 121, n° 4 (2015) : 383-94 ; Vladimir Pravosudov, communication personnelle, 25 janvier 2015.
94. Neeltje Boogert, communication personnelle, avril 2015.
95. Simon Ducatez, interview, février 2012 ; S. Ducatez, « Problem-solving and learning in Carib grackles : individuals show a consistent speed-accuracy tradeoff », *Anim. Cogn.*, 18, n° 2 (2015) : 485-96.
96. Daniel Sol, communication personnelle, janvier 2015.

PAPIER À BASE DE
FIBRES CERTIFIÉES

MARABOUT
s'engage pour l'environnement
en réduisant l'empreinte carbone
de ses livres.
Celle de cet exemplaire est de :
1 000 g éq. CO_2
Rendez-vous sur
www.marabout-durable.fr

Imprimé en Italie par Grafica Veneta en octobre 2017
pour le compte des éditions Hachette Livre (Marabout).
58, rue Jean-Bleuzen – 92178 Vanves Cedex
Dépôt légal : novembre 2017
N° d'impression : 8076205
ISBN : 978-2-501-12488-1